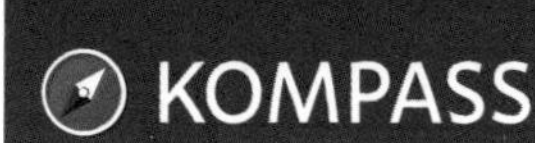

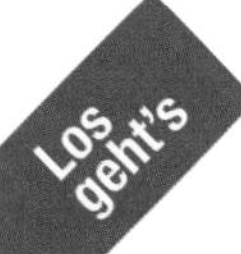

Endlich Waldluft

TEUTOBURGER WALD

WIEHEN- UND EGGEGEBIRGE

44 WANDERTOUREN ZUM DURCHATMEN

TEUTOBURGER WALD
WIEHEN- UND EGGEGEBIRGE
44 WANDERTOUREN ZUM DURCHATMEN

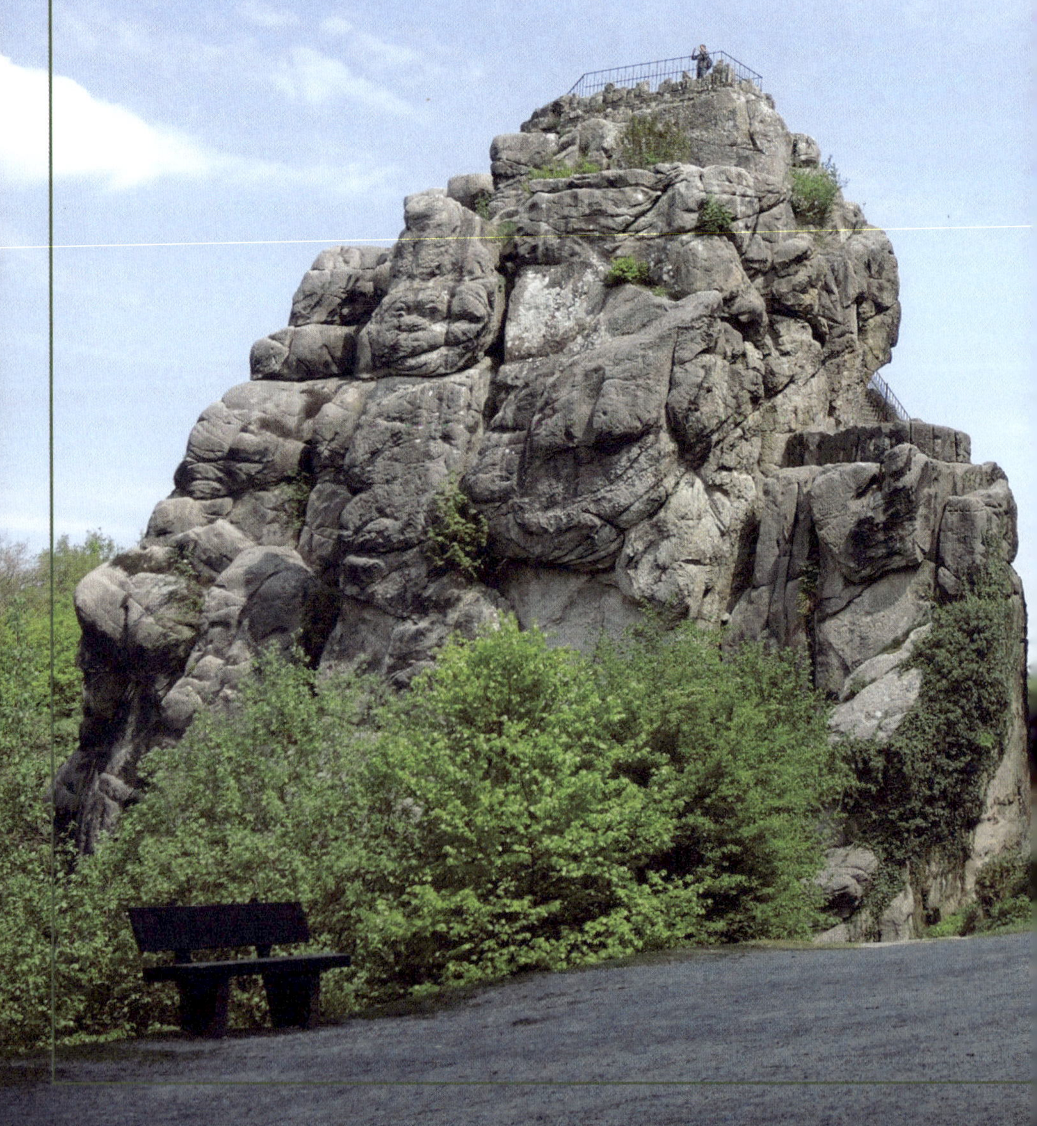

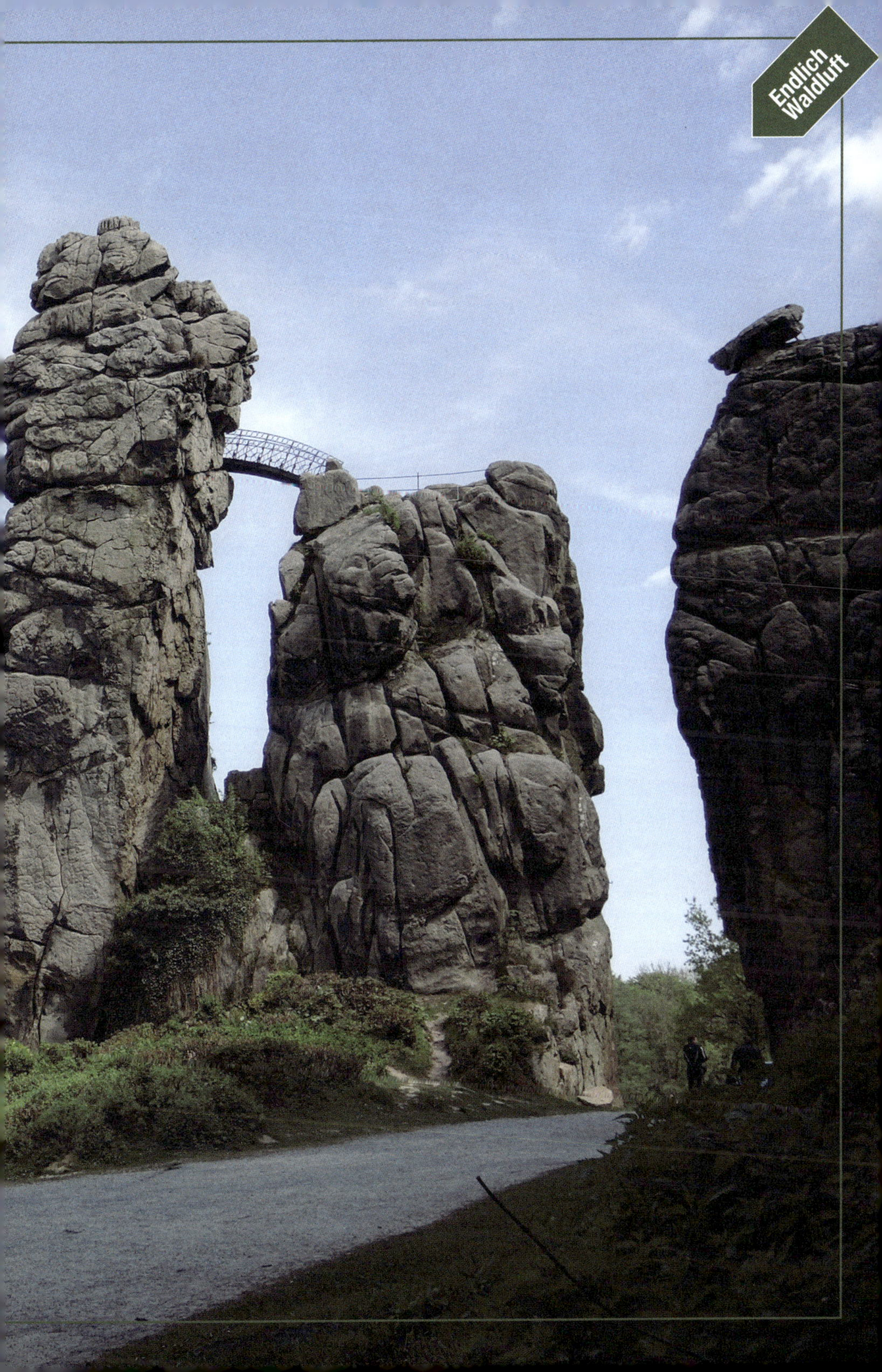
Endlich
Waldluft

Inhalt

Tourenübersicht

Übersichtskarte

Endlich... geht es los!

Packliste

Verhaltenskodex

Endlich Feierabend

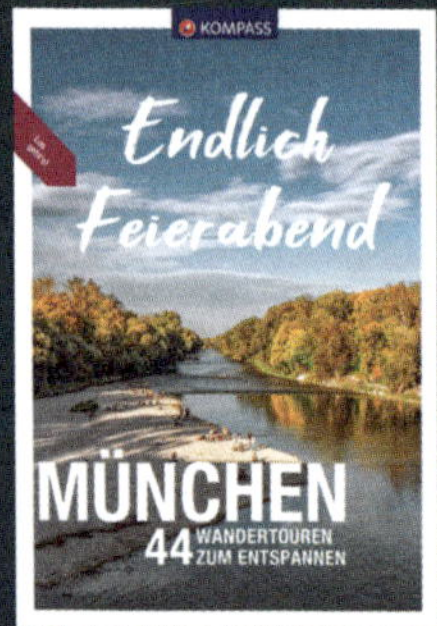

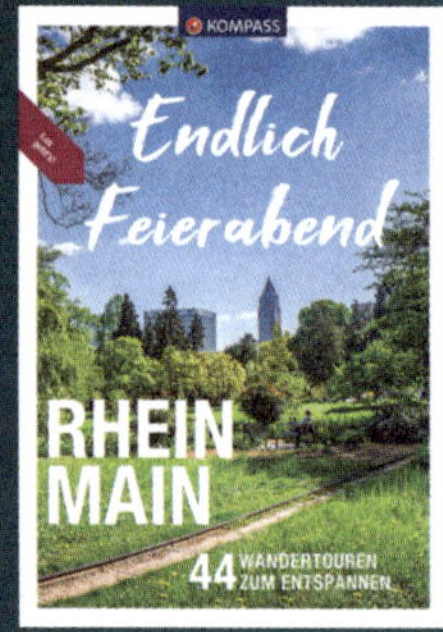

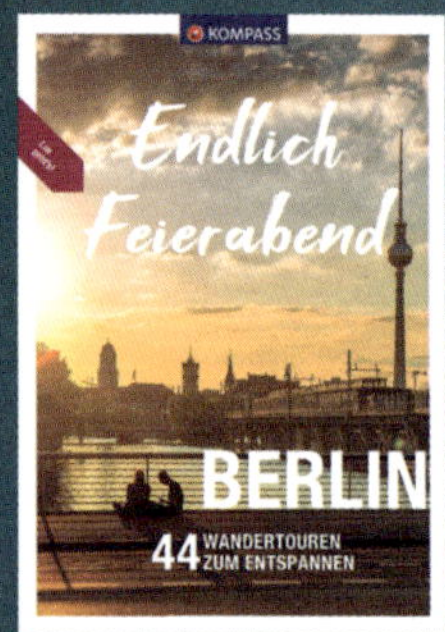

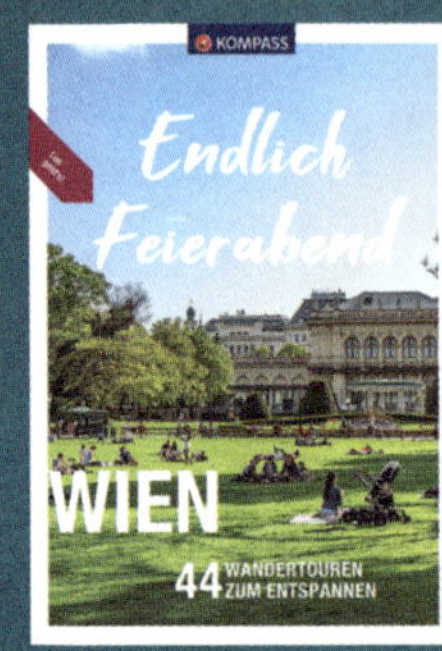

Endlich Erfrischung & Endlich Fahrtwind

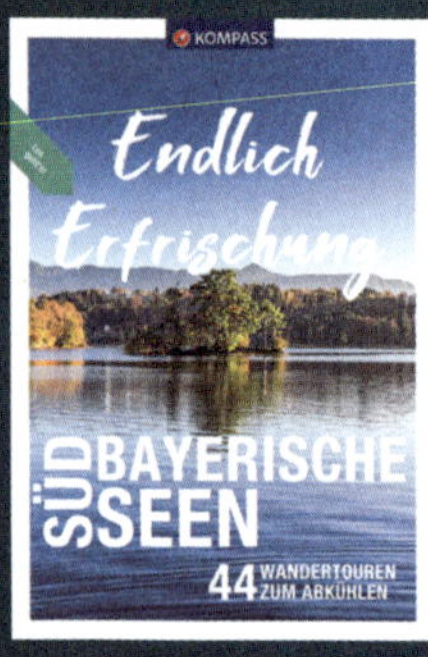

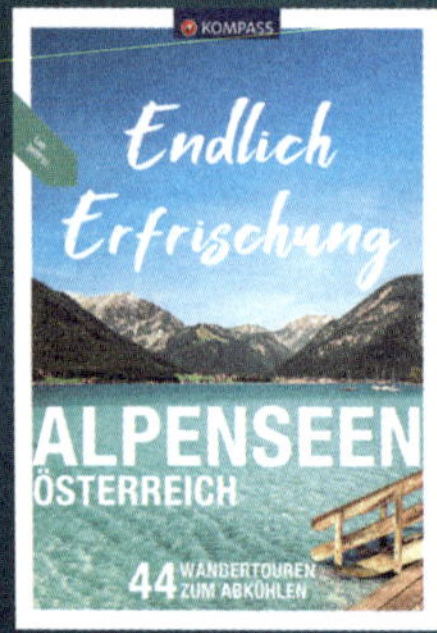

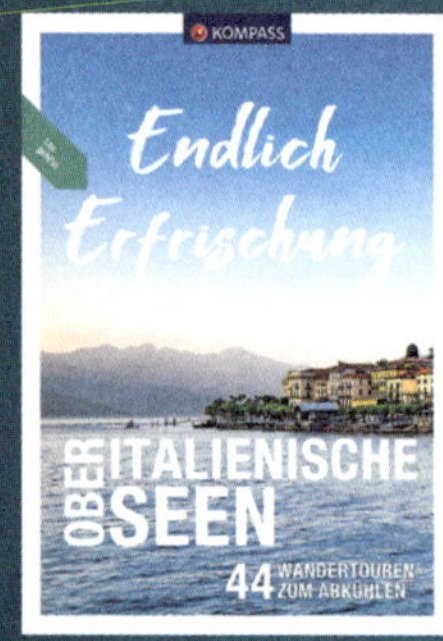

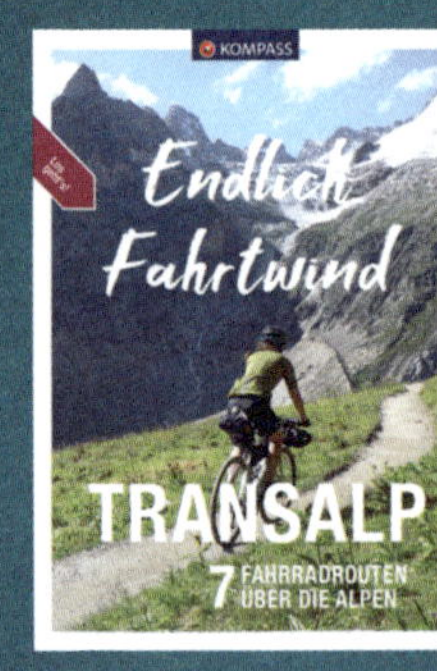

Endlich aufs Wasser & Endlich Sonne

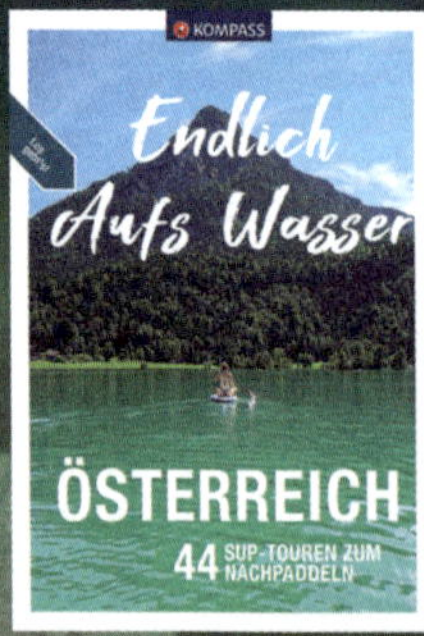

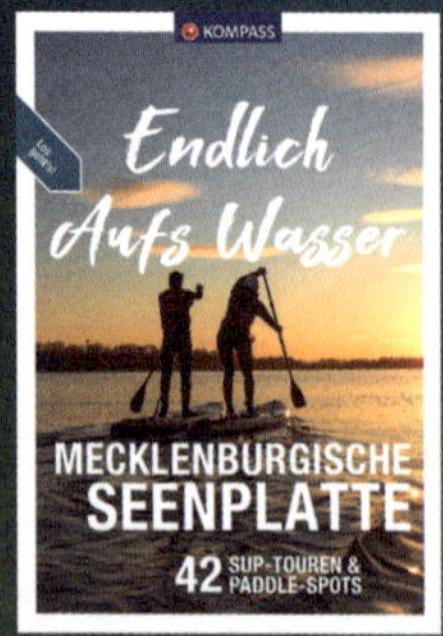

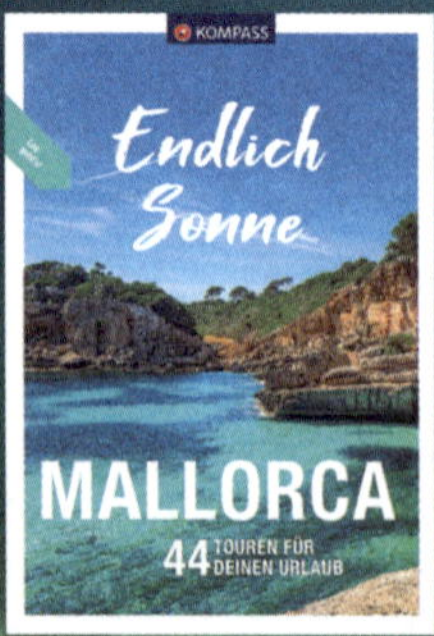

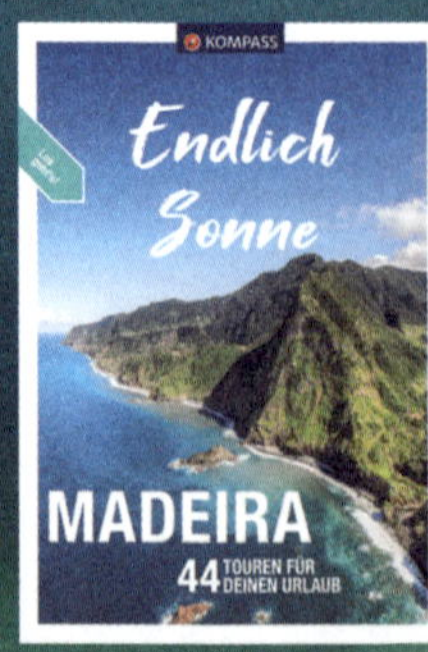

Endlich Wildnis & Endlich hoch hinaus

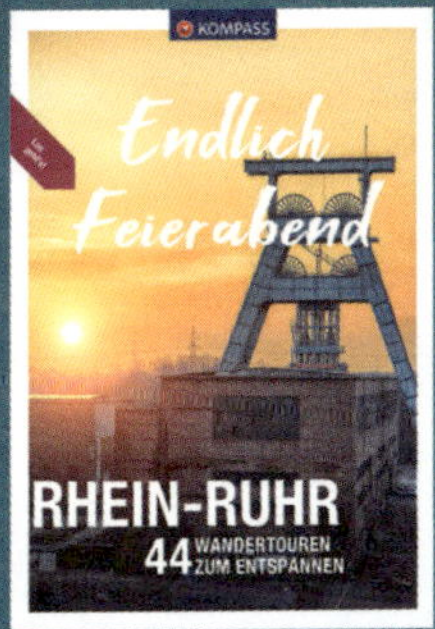

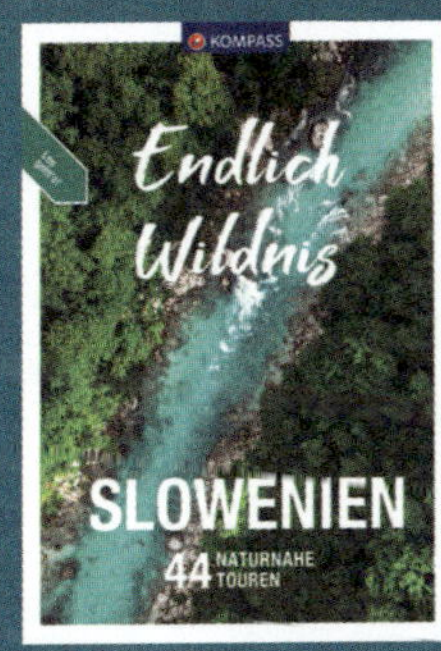

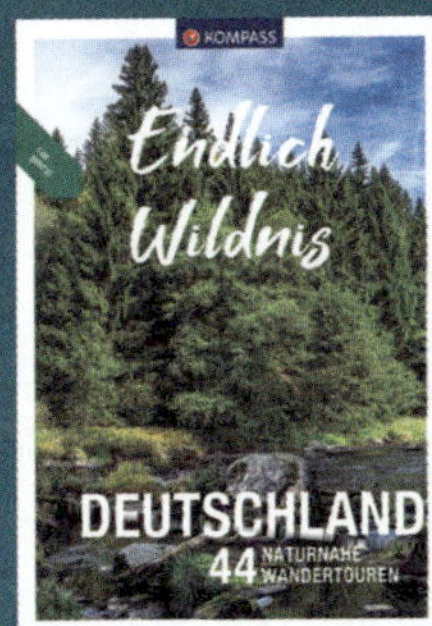

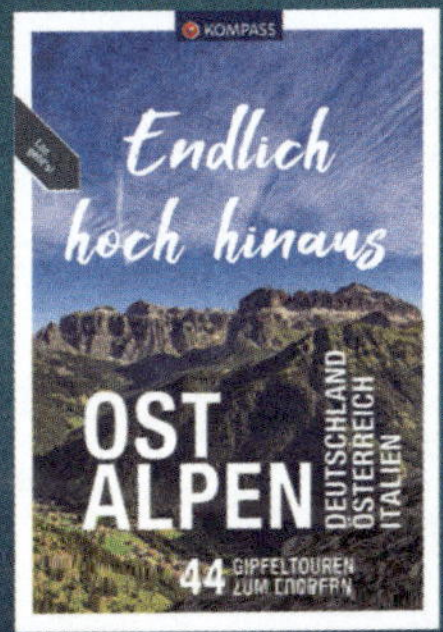

Entdecke mehr aus unserer neuen Reihe Endlich...

Vom Stand-Up-Paddleführer über Hüttenführern bis hin zu entspannten Feierabendtouren haben wir für jedes Vorhaben das Richtige. Wir motivieren dich, geben dir alle nötigen Informationen mit auf den Weg und zeigen dir, worauf es ankommt, um perfekte Momente zu erleben. Schau doch mal auf unserer Website vorbei: www.kompass.at.

Endlich Hüttenzeit & Endlich Genuss

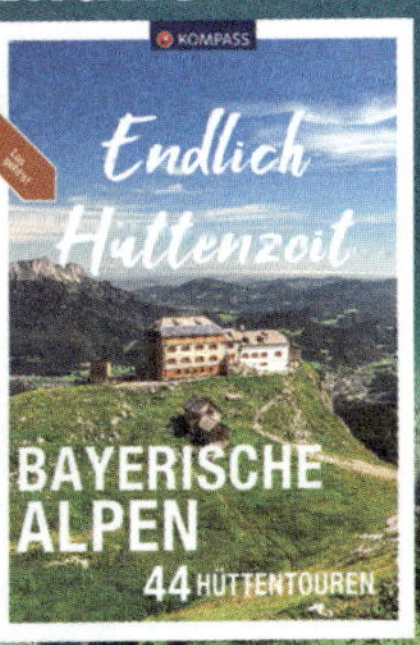

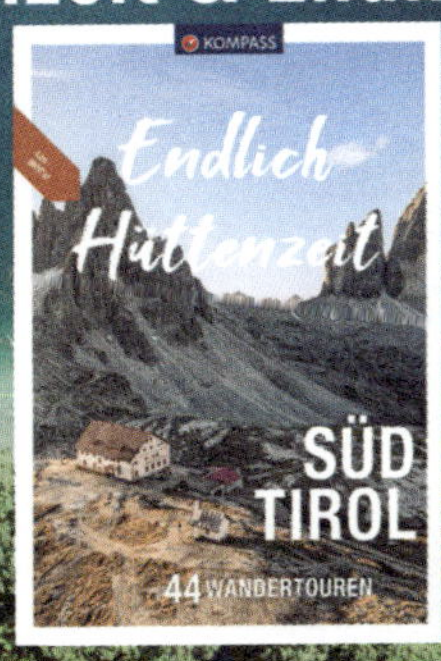

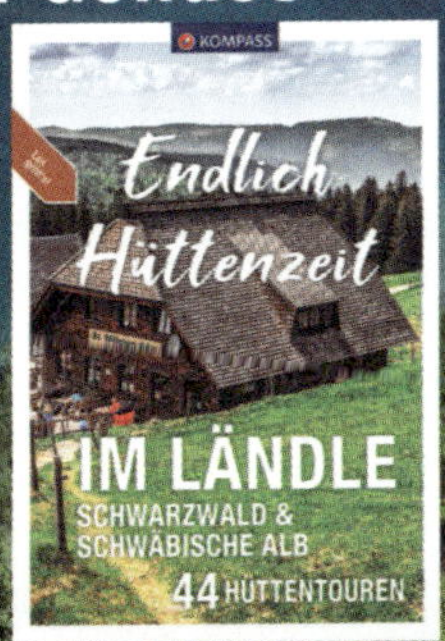

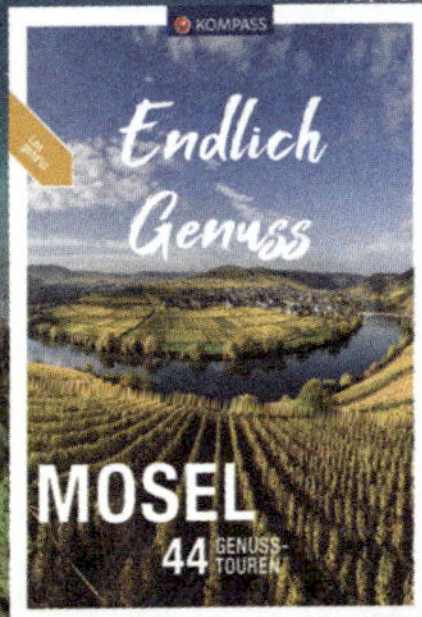

Tourenübersicht

TOUREN 1–11

TOUREN 12–22

Tourenübersicht

TOUREN 23–32

TOUREN 33–44

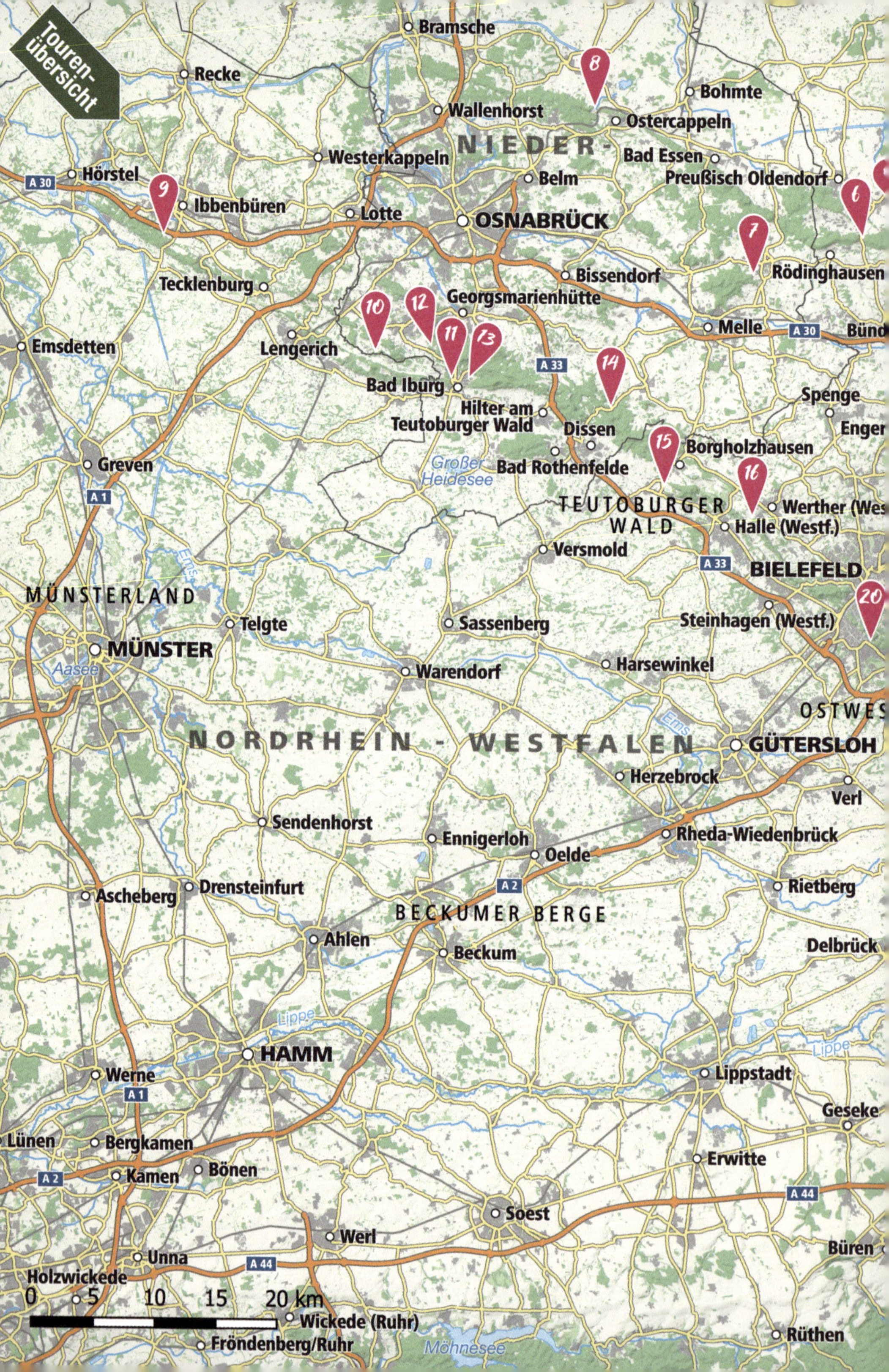

Touren-
übersicht
Bramsche
Recke
Wallenhorst
Bohmte
Ostercappeln
Westerkappeln
NIEDER-
Bad Essen
Preußisch Oldendorf
Hörstel
Belm
Ibbenbüren
Lotte
OSNABRÜCK
Rödinghausen
Tecklenburg
Bissendorf
Georgsmarienhütte
Melle
Bünd
Emsdetten
Lengerich
Bad Iburg
Spenge
Hilter am
Teutoburger Wald
Dissen
Enger
Borgholzhausen
Greven
Großer
Heidesee
Bad Rothenfelde
TEUTOBURGER
WALD
Werther (Wes
Halle (Westf.)
Versmold
BIELEFELD
MÜNSTERLAND
Telgte
Sassenberg
Steinhagen (Westf.)
MÜNSTER
Aasee
Harsewinkel
Warendorf
OSTWES
NORDRHEIN - WESTFALEN
GÜTERSLOH
Herzebrock
Verl
Sendenhorst
Ennigerloh
Rheda-Wiedenbrück
Oelde
Ascheberg
Drensteinfurt
Rietberg
BECKUMER BERGE
Ahlen
Beckum
Delbrück
Lippe
HAMM
Werne
Lippstadt
Geseke
Lünen
Bergkamen
Erwitte
Kamen
Bönen
Soest
Werl
Unna
Büren
Holzwickede
0 5 10 15 20 km
Wickede (Ruhr)
Fröndenberg/Ruhr
Möhnesee
Rüthen
Ems
A 30
A 1
A 33
A 2
A 44

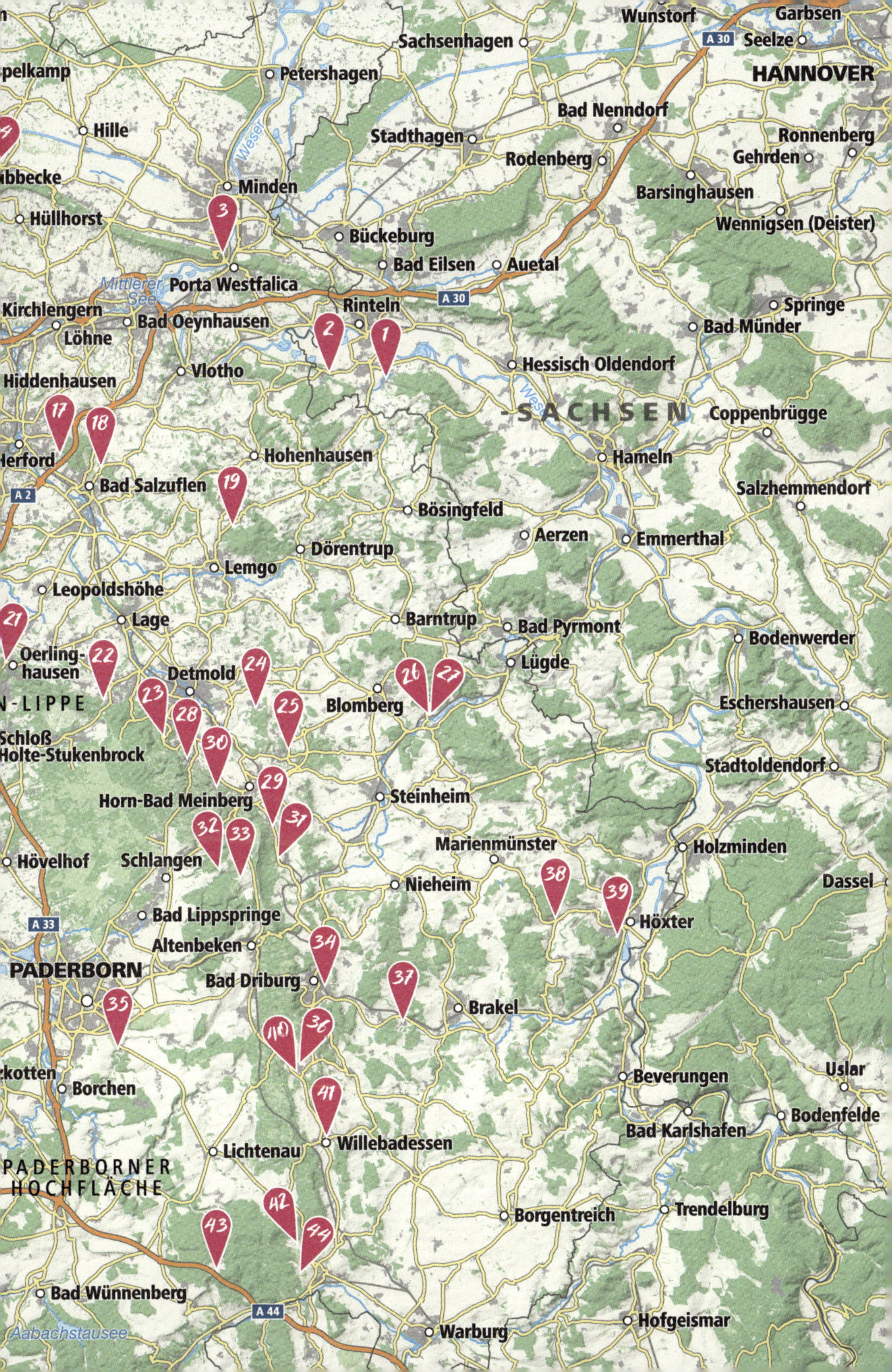

Wunstorf
Garbsen
Sachsenhagen
A 30
Seelze
HANNOVER
Petershagen
Bad Nenndorf
Hille
Stadthagen
Ronnenberg
Rodenberg
Gehrden
Minden
Barsinghausen
Hüllhorst
Bückeburg
Wennigsen (Deister)
Bad Eilsen
Auetal
Mittlerer See
Porta Westfalica
A 30
Kirchlengern
Bad Oeynhausen
Rinteln
Springe
Löhne
Bad Münder
Vlotho
Hessisch Oldendorf
Hiddenhausen
Weser
SACHSEN
Coppenbrügge
Hohenhausen
Hameln
Bad Salzuflen
A 2
Salzhemmendorf
Bösingfeld
Aerzen
Emmerthal
Dörentrup
Lemgo
Leopoldshöhe
Lage
Barntrup
Bad Pyrmont
Bodenwerder
Oerling-
hausen
Detmold
Lügde
Blomberg
LIPPE
Eschershausen
Schloß
Holte-Stukenbrock
Stadtoldendorf
Steinheim
Horn-Bad Meinberg
Marienmünster
Holzminden
Hövelhof
Schlangen
Nieheim
Dassel
Höxter
Bad Lippspringe
A 33
Altenbeken
PADERBORN
Bad Driburg
Brakel
Borchen
Beverungen
Uslar
Bad Karlshafen
Bodenfelde
Lichtenau
Willebadessen
PADERBORNER
HOCHFLÄCHE
Borgentreich
Trendelburg
Bad Wünnenberg
A 44
Hofgeismar
Aabachstausee
Warburg
1
2
3
17
18
19
21
22
23
24
25
26
27
28
29
30
31
32
33
34
35
36
37
38
39
40
41
42
43
44

Endlich ...

geht es los!

---

44 WANDERTOUREN FÜR DICH

Weitläufige Hügellandschaften und frische Waldluft machen das Wandern im Teutoburger Wald sowie dem Wiehen- und Eggegebirge zum Freizeittipp für Naturliebhaber. Fast die gesamte Fläche dieser Region ist Naturparkgebiet. Der Nordwestteil des Teutoburger Waldes und das nördliche Wiehengebirge gehören zum Natur- und Geopark TERRA.vita. Der Südostteil des Teutoburger Waldes sowie das Eggegebirge liegen im 2.711 km² großen Naturpark Teutoburger Wald/Eggegebirge. Der höchste Berg der Region ist mit 464 m der Velmerstot im Eggegebirge. Geprägt ist die Landschaft zudem von Fließgewässern. So ist der Teutoburger Wald auch Bestandteil der Weser-Ems-Wasserscheide und wird von der Ems durchflossen.

Endlich Waldluft Teutoburger Wald nimmt dich mit auf 44 Wanderungen in dieser naturnahen und geschichtsträchtigen Region. Erwanderbare Highlights stellen unter anderem die Wanderung zu den Externsteinen und dem Hermannsdenkmal dar. Ein weiteres Highlight ist eine Wanderung auf den 468 m hohen Velmerstot, der höchste Berg des Eggegebirges. Insgesamt wurden die Touren von unseren Autorinnen und Autoren größtenteils als leicht bis mittelschwer eingestuft. Lediglich zwei Touren stellen herausfordernde Wanderungen dar und setzen eine besonders gute Grundkondition voraus.

Der Teutoburger Wald wartet somit mit einer beeindruckenden Vielfalt landschaftlicher Highlights auf dich, die sich wunderbar im Rahmen von idyllischen oder anspruchsvollen Tageswanderungen erkunden lassen. Ob kurze Familienwanderung oder eine fordernden 6-Stunden-Tour um Driburg mit 710 Höhenmeter Anstieg – wir haben die schönsten Touren zu den schönsten Plätzen und Aussichten in diesem Buch zusammengetragen und wünschen dir viele unvergessliche Wandererlebnisse!

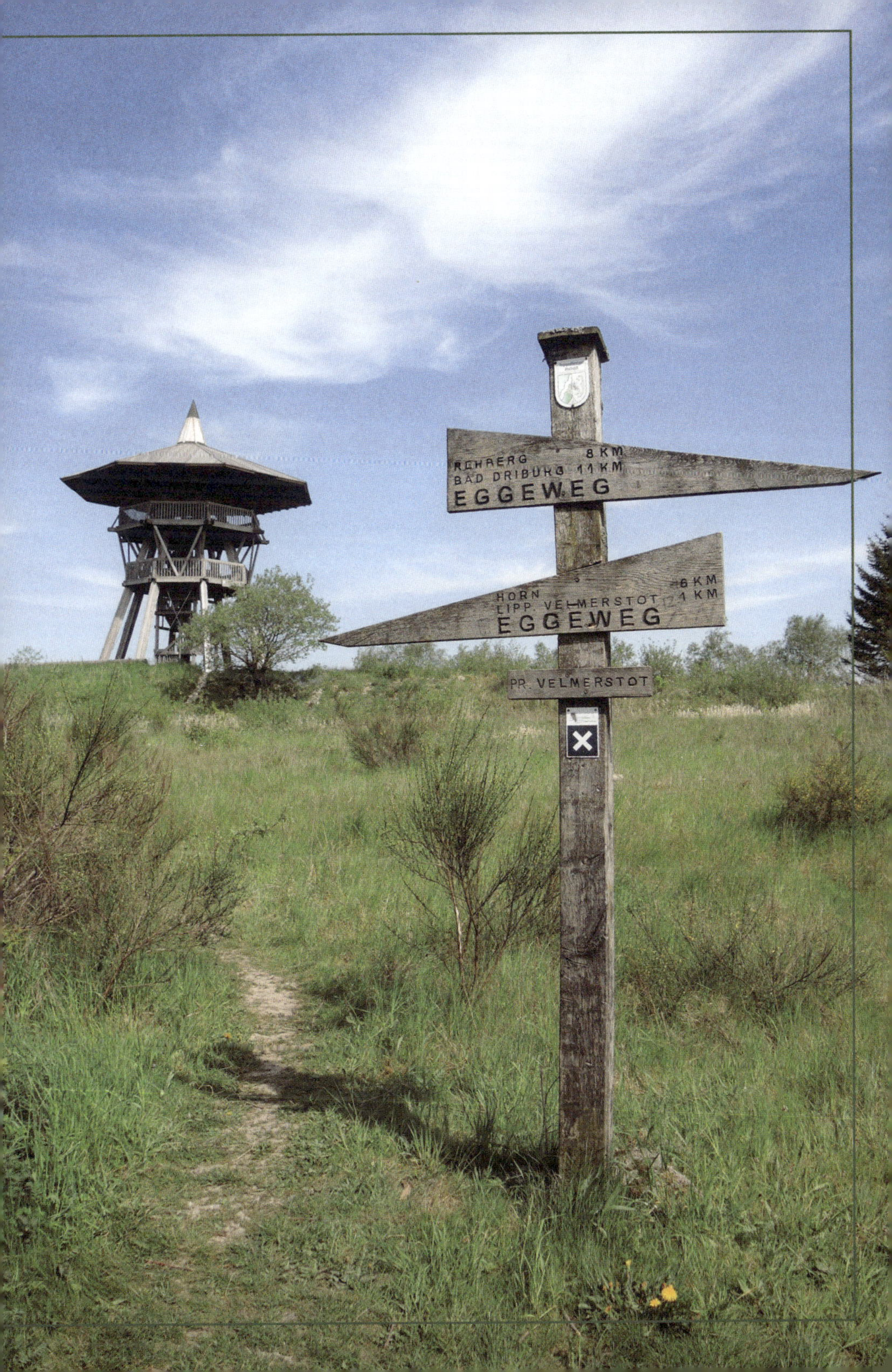
8 KM
BAD DRIBURG 11 KM
EGGEWEG
6 KM
HORN
LIPP. VELMERSTOT 1 KM
EGGEWEG
PR. VELMERSTOT

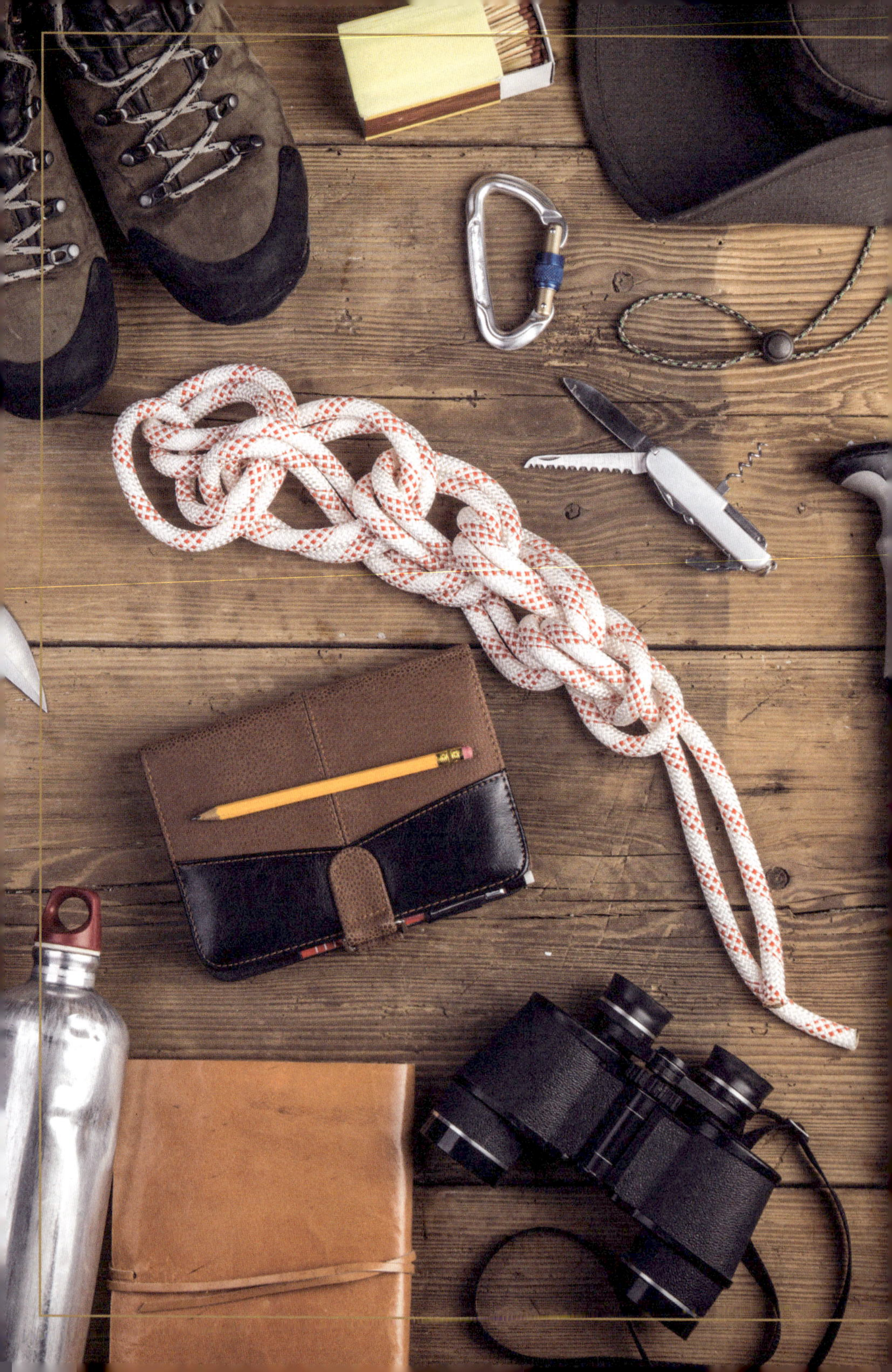

Pack-tipps

Endlich alle 7 Sachen zusammen

Deine Packliste

MATERIALCHECK

Bei den Wandertouren handelt es sich meist um recht einfache und kurze Wanderungen. Daher benötigen wir auch nicht allzu viele Dinge in unserem Rucksack. Dennoch sollte die Region Teutoburger Wald und das Wiehen- und Eggegebirge nicht unterschätzt werden. Die wichtigsten Utensilien haben wir dir hier noch einmal zusammengestellt:

- ○ Festes Schuhwerk mit griffiger Sohle
- ○ Wetterfeste & atmungsaktive Bekleidung
- ○ Getränke (mind. 1,5 Liter!)
- ○ Erste-Hilfe-Set
- ○ Handy (für den Notruf)
- ○ Wechselkleidung
- ○ Proviant
- ○ Gut sitzender Wanderrucksack
- ○ Teleskop- oder Faltstöcke
- ○ Sonnenschutz (Brille, Hut, Sonnencreme)
- ○ Kälteschutz (Handschuhe, Mütze, Halstuch)
- ○ Kompass und Wanderkarte

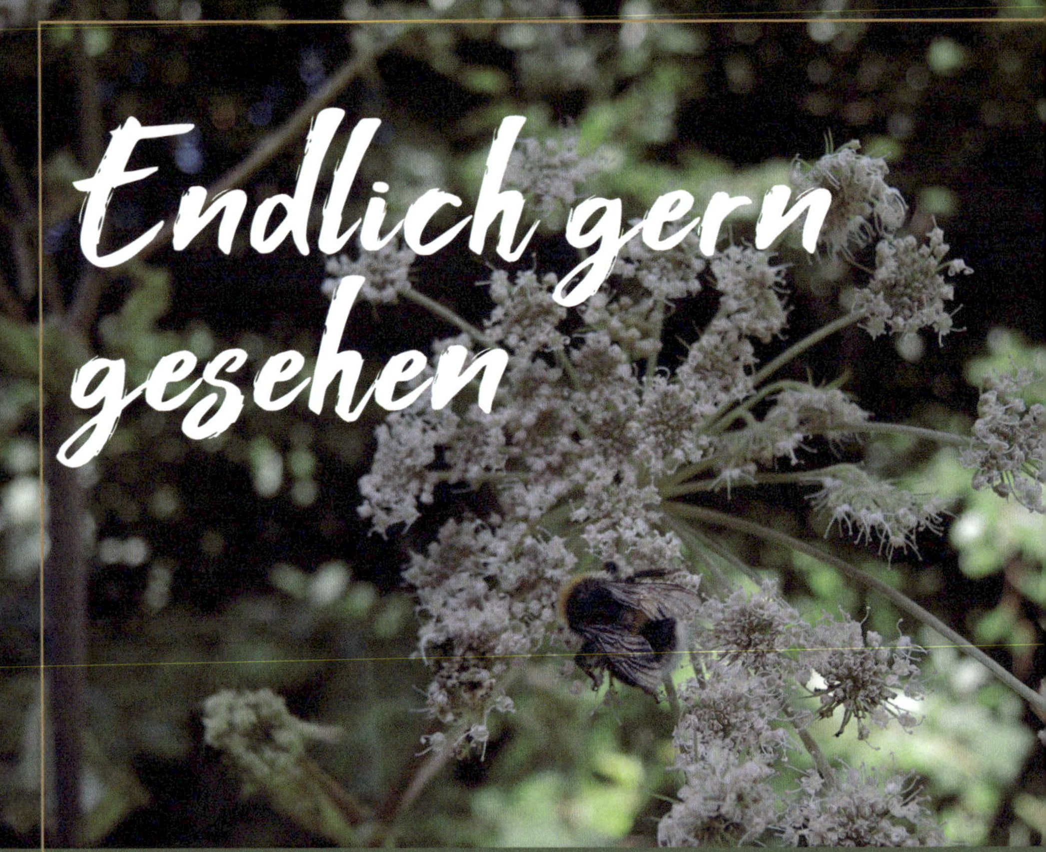

Endlich gern gesehen

Verhaltenskodex

BEIM WANDERN

Immer mehr Menschen lassen sich von der Faszination des Wanderns in den Bann ziehen. So viele, dass man in immer mehr Regionen von „Overtourism" spricht und Ranger zur Überwachung einsetzt. Je mehr wir im Freien unterwegs sind, desto mehr Schaden trägt die Natur davon – außer wir gehen sanft mit der sensiblen Umgebung um. „Take nothing but pictures, leave nothing but footprints": Beherzige dieses Motto, dann steht deinem umweltschonenden Wandererlebnis nichts mehr im Weg. Um im Einklang mit der Umgebung unterwegs zu sein, haben wir wichtige Tipps und einfache Grundregeln zusammengefasst.

Und das kannst du machen ...

Dos & Don'ts

01 Befolge Bestimmungen: Informiere dich über Regelungen in Nationalparks und Schutzgebieten und halte dich an die Hinweise auf Informationstafeln.

02 Bewege dich auf sichtbaren Wegspuren: Durchquere keine Gebiete auf eigene Faust, sondern bleibe auf den festgelegten Routen. Respektiere Privatgrund und schließe Weidegatter.

03 Respektvoller Umgang untereinander: Begegne anderen Wanderern und Forstpersonal sowie Jägern und Landwirten stets freundlich und respektvoll, schließlich bist du Gast in dieser schönen Gegend.

04 Vermeide unnötigen Lärm: Achte auf Ruhezonen und bewege dich möglichst leise in der freien Natur.

05 Respektiere den Lebensraum der Tiere: Weiche Tieren unaufgeregt aus und halte Distanz bei Begegnungen.

06 Halte die Umwelt sauber: Hinterlasse keinen Abfall. Versuche dich bei Notdurft von Gewässern fernzuhalten und nimm Klopapier wieder mit ins Tal.

07 Pflücke und sammle keine Pflanzen: Achte darauf, Pflanzen möglichst unberührt zu lassen.

08 Mache kein offenes Feuer und campiere richtig: Nutze nur ausgewiesene Feuerstellen und beachte die aktuelle Waldbrandgefahr. Wenn du im Freien übernachtest, tu das nur an Plätzen, wo dies erlaubt ist.

Grundwissen

Wandern

SICHERHEIT UND BASICS

Wandern ist ein ideales Mittel, um einfach mal auszuspannen und den Alltag hinter sich zu lassen. Nur der eigenen Bewegung folgen, sich auf seine Schritte und den eigenen Rhythmus konzentrieren. Die Natur und ihre Schönheit genießen. Trotzdem gilt es einiges zu beachten, damit durch unvorhergesehene Ereignisse der Spaß nicht auf der Strecke bleibt.

Der richtige Einstieg: Voller Enthusiasmus, aber ohne jegliche Erfahrungen gleich ins Hochgebirge zu starten, ist nicht klug. Wenn der Körper die Anstrengung nicht gewöhnt ist, werden lange und anstrengende Distanzen schnell zur Qual und verderben jeglichen Spaß. So ist es ratsam, sich erst einmal kleinere Ziele in der näheren Umgebung zu suchen. Zwei bis drei Stunden reine Gehzeit oder 8 bis 12 Kilometer sind dabei vollkommen ausreichend.

Wettercheck: Stabiles Wetter beim Wandern ist sehr wichtig. Sich bereits zwei bis drei Tage vorher zu informieren und am Abend vor der Tour oder bei Unsicherheit sogar morgens nochmal das Wetter abzuklären, kann oft böse Überraschungen vermeiden. Am besten informierst du dich beim Deutschen Wetterdienst. Bei unsicheren Verhältnissen lieber die Tour absagen und auf einen anderen Tag verschieben.

Notruf bei Unfällen: Im Falle eines Unfalls haben Ruhe bewahren und überlegtes Handeln oberste Priorität. Erst einen Überblick über die Situation verschaffen, dann wird mit der europaweit gültigen Notrufnummer 112 ein Notruf abgesetzt. Funklöcher oder kein Handy erfordern das alpine Notsignal mittels Rufen, Pfiffen oder Licht: Alle zehn Sekunden eine Minute lang ein Signal, dann eine Minute Pause, dann wieder alle zehn Sekunden eine Minute lang ein Signal geben. Zudem sollten Erste-Hilfe-Maßnahmen durchgeführt werden, falls möglich.

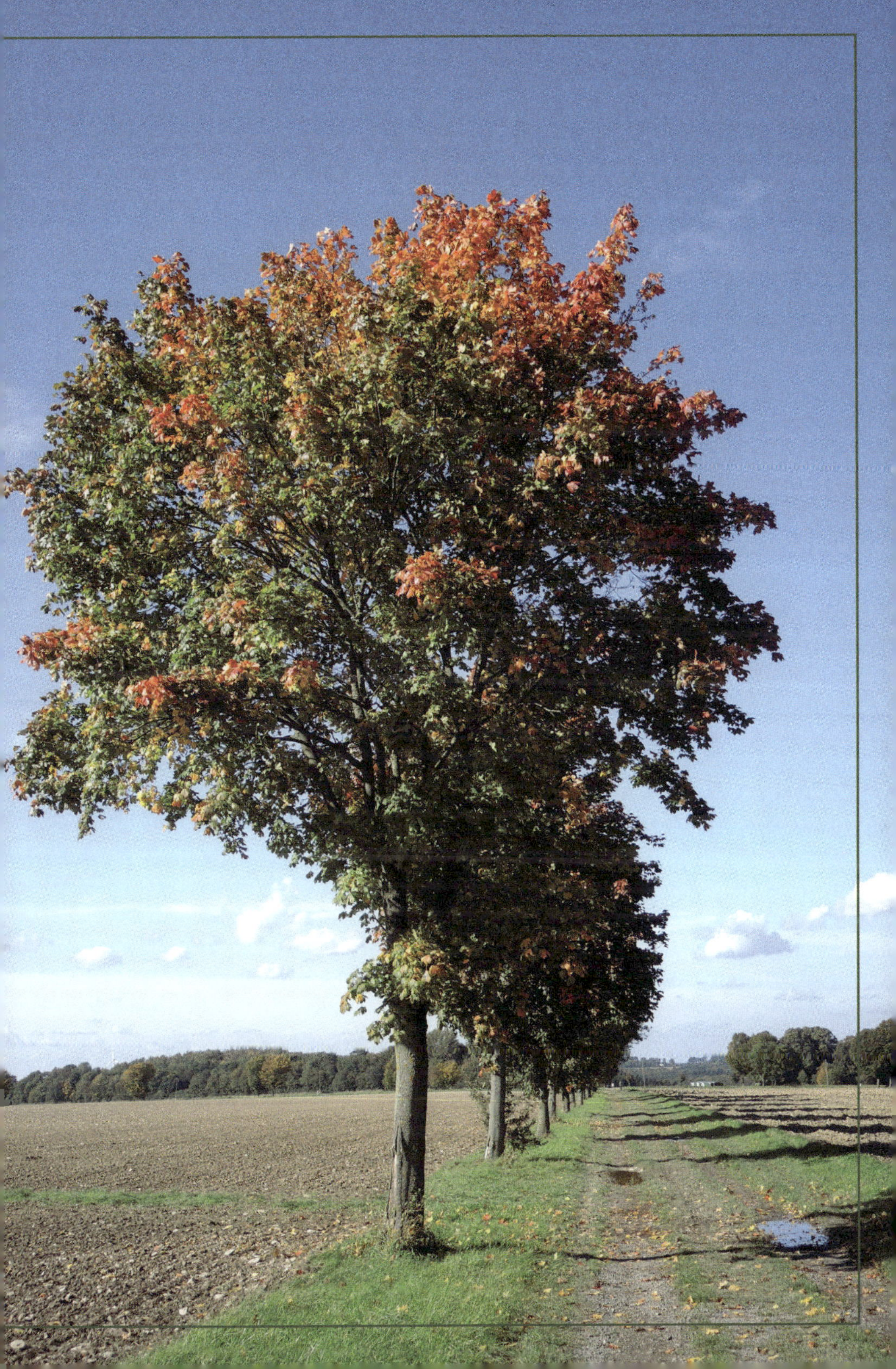

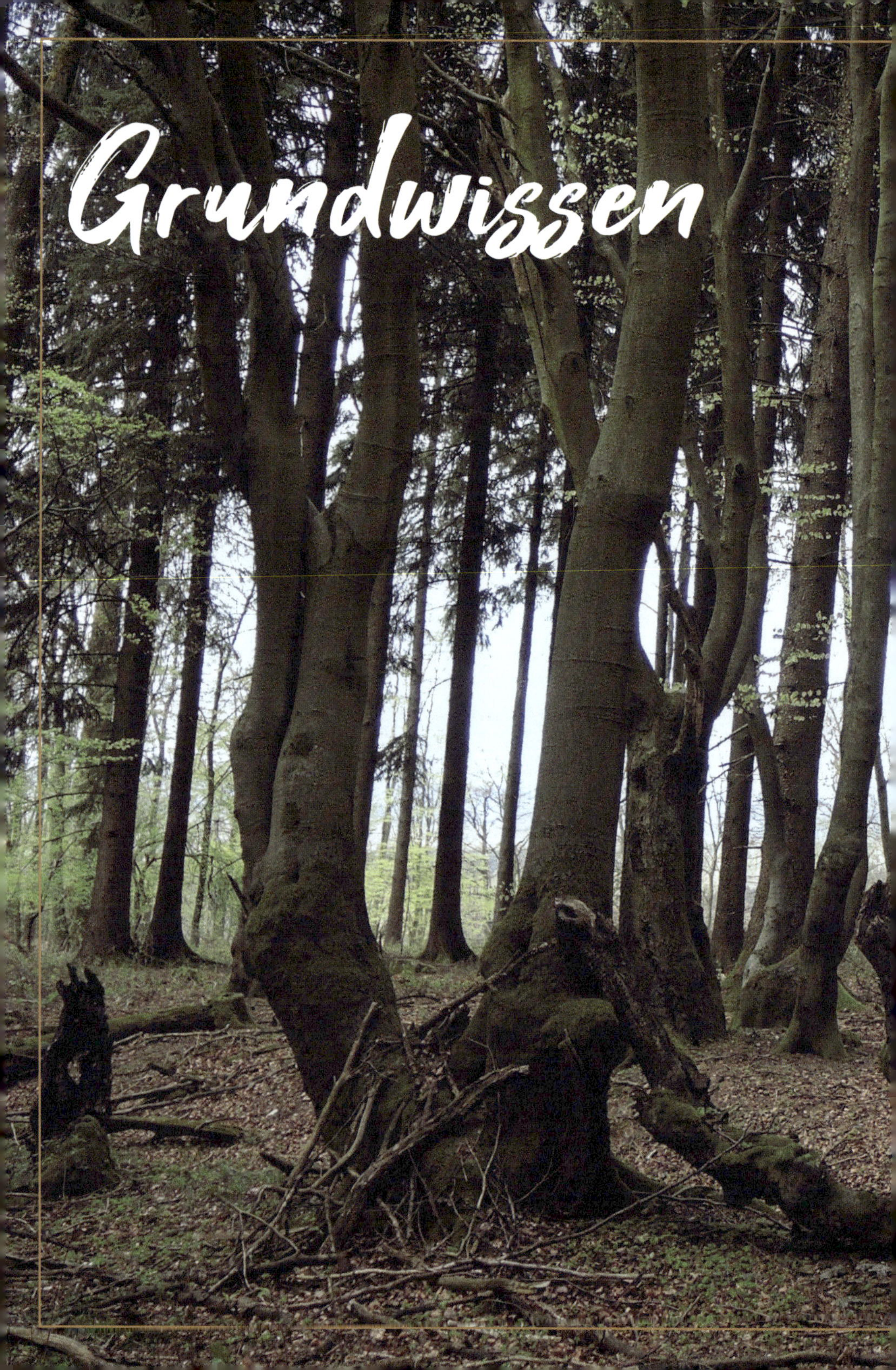
Grundwissen

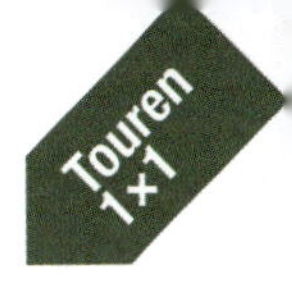

Wandern

TOUREN-1×1 & LEXIKON

Die Klassifizierung der Touren ist als Richtwert zu verstehen. Schätze dein Können und deine Kräfte realistisch ein und richte deine Tourenauswahl danach aus.

LEICHT: Meist gut markierte, breite Wanderwege ohne Gefahrenstellen, die stellenweise auch etwas steilere, wurzelige und felsige Passagen aufweisen können. Die Routen sind für Anfänger, Kinder sowie fitte, ältere Personen geeignet und setzen keine großartige Wandererfahrung voraus.

MITTEL: Anspruchsvollere Wege und Pfade mit teils unwegsamem Untergrund (steinig, wurzelig, verwachsen, rutschig), die meist gut markiert sind und phasenweise leicht ausgesetzte Abschnitte beinhalten können. Die Routen sind überwiegend länger und setzen Wandererfahrung und eine gute Grundkondition voraus.

SCHWER: Herausfordernde Touren, meist auf schmalen und steilen Steigen. Stellenweise können kurze Kletter- und Kraxelpassagen vorkommen, bei denen die Hände zu Hilfe genommen werden müssen. Es ist mit längeren An- und Abstiegen zu rechnen. Langjährige Wandererfahrung, Trittsicherheit und Schwindelfreiheit sowie ausgezeichnete Kondition sind Grundvoraussetzung!

Gehzeiten: Die angeführten Zeitangaben verstehen sich als Richtwerte für die reine Gehzeit ohne Pausen und basieren auf folgenden Erfahrungswerten pro Stunde: Aufstieg 400 Höhenmeter, Abstieg 600 Höhenmeter, 4 km auf flacher Strecke.

Wandersaison: Grundsätzlich lässt es sich in den deutschen Mittelgebirgen und dem Flachland ganzjährig wandern, trotzdem solltest du in den Wintermonaten Schnee und niedrige Temperaturen beachten. Besonders bei Minustemperaturen und Nässe ist auf die Wegverhältnisse zu achten. Deswegen empfehlen wir Wanderungen ab April bis Oktober. Jede Jahreszeit hat dabei ihren ganz eigenen Charme. Der Frühling besticht durch seine Blütenpracht, während im Sommer die großen Feste einladen. Der Herbst schafft eine einmalig farbenfrohe Wanderkulisse und oft besteht sehr gute Fernsicht.

Informiere dich am besten in der Region über die aktuelle Begehbarkeit der Wege und die Öffnungszeiten der Zufahrtsstraßen und Einkehrmöglichkeiten, um keine unerwarteten Überraschungen zu erleben.

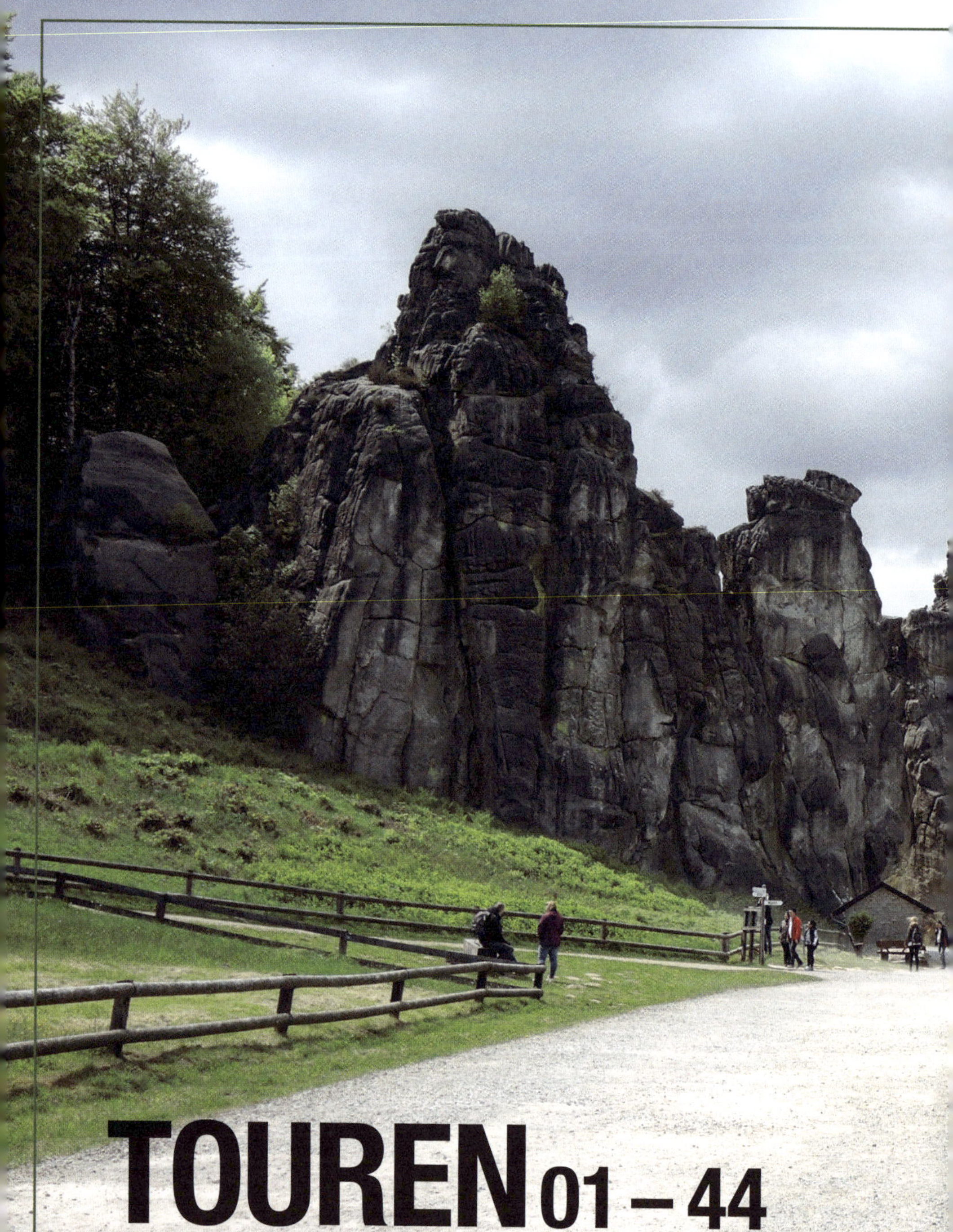

TOUREN 01 – 44 BESCHREIBUNGEN

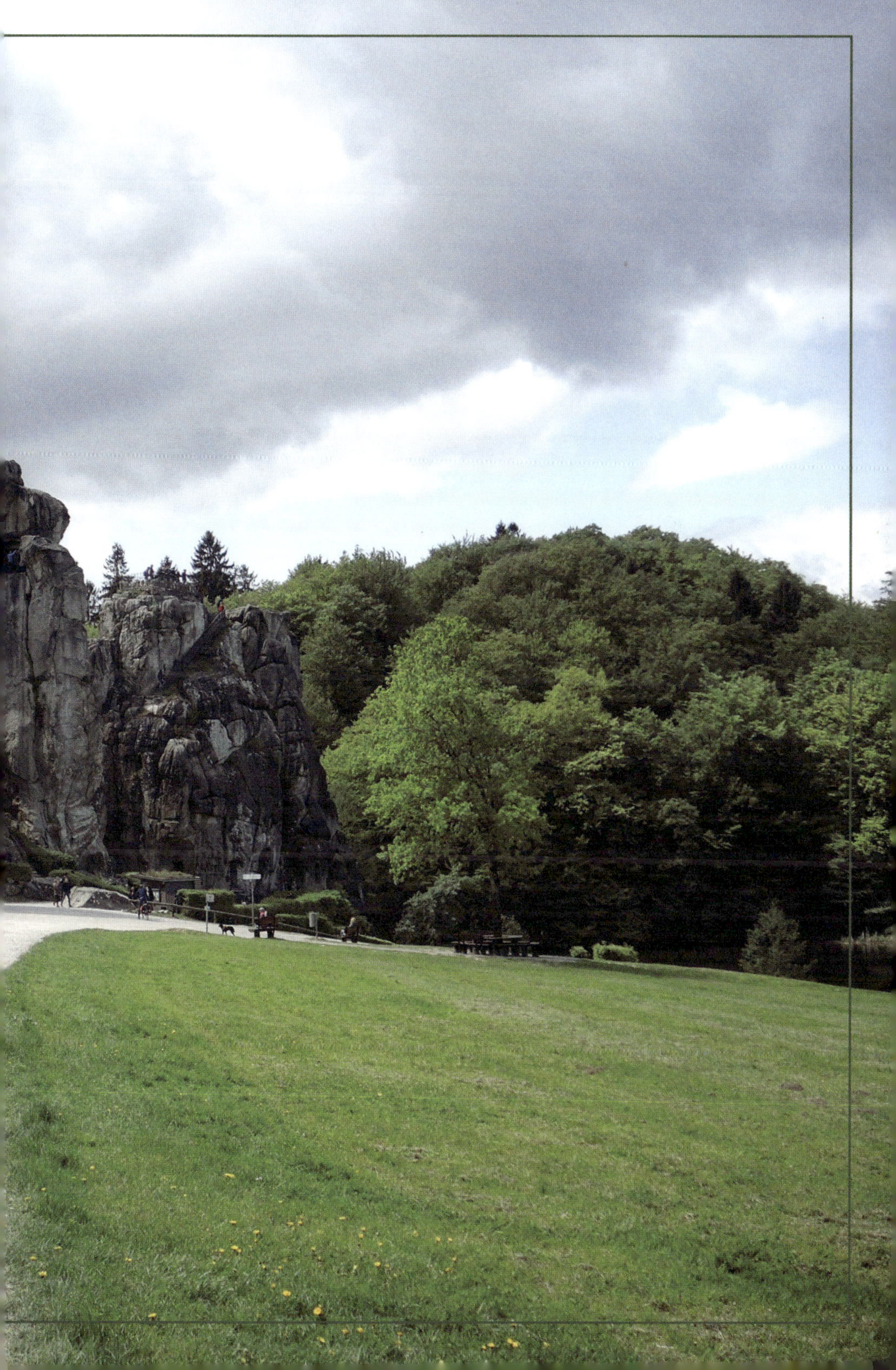

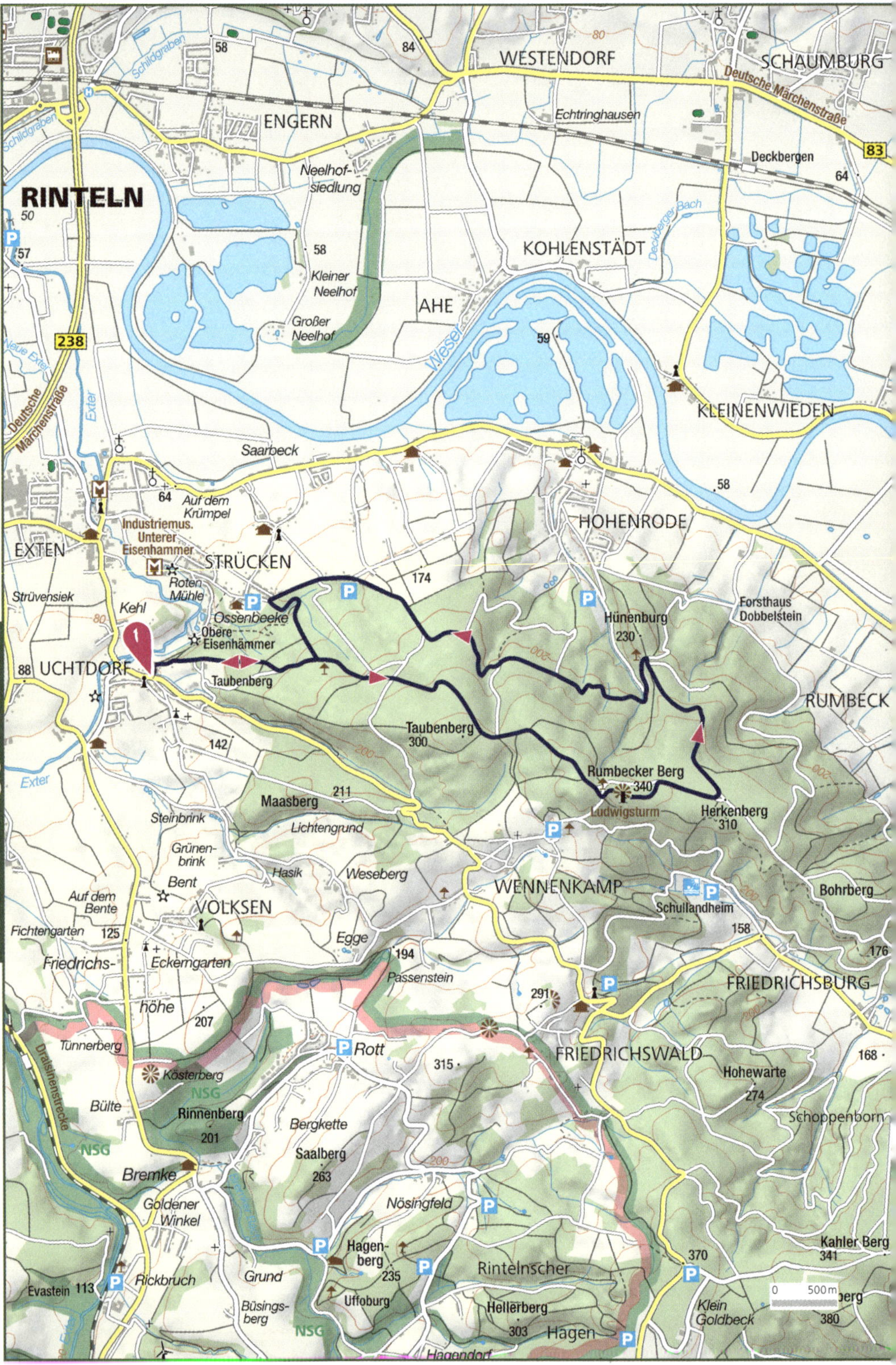

01

RINTELN
50
57
58
ENGERN
84
80
WESTENDORF
SCHAUMBURG
Deutsche Märchenstraße
Echtringhausen
83
Deckbergen
64
Schildgraben
Neelhof-siedlung
58
Kleiner Neelhof
Großer Neelhof
AHE
KOHLENSTÄDT
Deckberger Bach
Weser
59
238
Neue Exter
Exter
Deutsche Märchenstraße
KLEINENWIEDEN
Saarbeck
58
64
Auf dem Krümpel
Industriemus. Unterer Eisenhammer
HOHENRODE
EXTEN
STRÜCKEN
174
Strüvensiek
Roten Mühle
Kehl
Ossenbeeke
Obere Eisenhämmer
Hünenburg
230
Forsthaus Dobbelstein
88
UCHTDORF
1
Taubenberg
200
Taubenberg
300
RUMBECK
142
Rumbecker Berg
340
Ludwigsturm
Herkenberg
310
Exter
211
Maasberg
Steinbrink
Lichtengrund
Grünen-brink
Hasik
Weseberg
WENNENKAMP
Bent
Auf dem Bente
VOLKSEN
Schullandheim
Bohrberg
158
Fichtengarten
125
Egge
Friedrichs-
Eckerngarten
194
Passenstein
FRIEDRICHSBURG
176
höhe
291
207
Tünnerberg
Rott
315
FRIEDRICHSWALD
168
Kösterberg
NSG
Hohewarte
274
Draisinenstrecke
Bülte
Rinnenberg
201
Bergkette
Schoppenborn
NSG
Saalberg
263
200
Bremke
Goldener Winkel
Nösingfeld
Kahler Berg
341
370
Hagen-berg
235
Rintelnscher
Evastein
113
Rickbruch
Grund
Uffoburg
0
500 m
Büsings-berg
Hellerberg
303
Hagen
Klein Goldbeck
380
NSG
Hagendorf

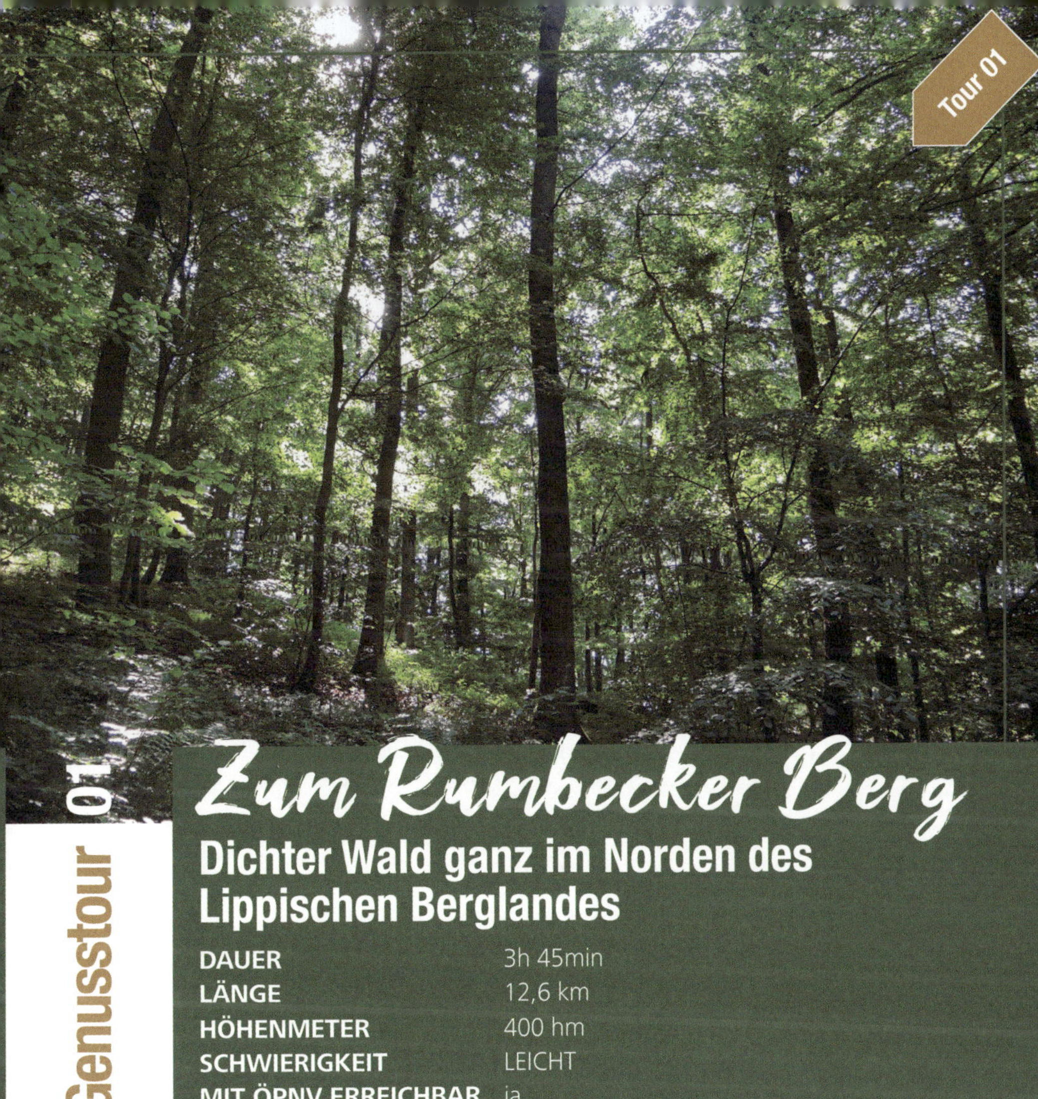

Genusstour 01

Zum Rumbecker Berg

Dichter Wald ganz im Norden des Lippischen Berglandes

DAUER	3h 45min
LÄNGE	12,6 km
HÖHENMETER	400 hm
SCHWIERIGKEIT	LEICHT
MIT ÖPNV ERREICHBAR	ja

Das erwartet dich ...

... eine Wanderung, die ganz dem Wald gewidmet ist. Damit soll dieser Auftakt das Buchthema ganzheitlich treffen, denn Waldluft umweht den Begeher von Anfang bis Ende. Man ist eingeladen, ein Fleckchen Erde zu besuchen, das so vielseitig ist, wie Natur nur sein kann. Wald spricht im Wortsinn alle fünf Sinne an. Das lässt sich am Rumbecker Berg genussvoll erleben. Als „Waldbewohner auf Zeit" betritt man die Runde dort, wo man sie verlässt – und ist danach doch ein anderer. Ein wenig jedenfalls.

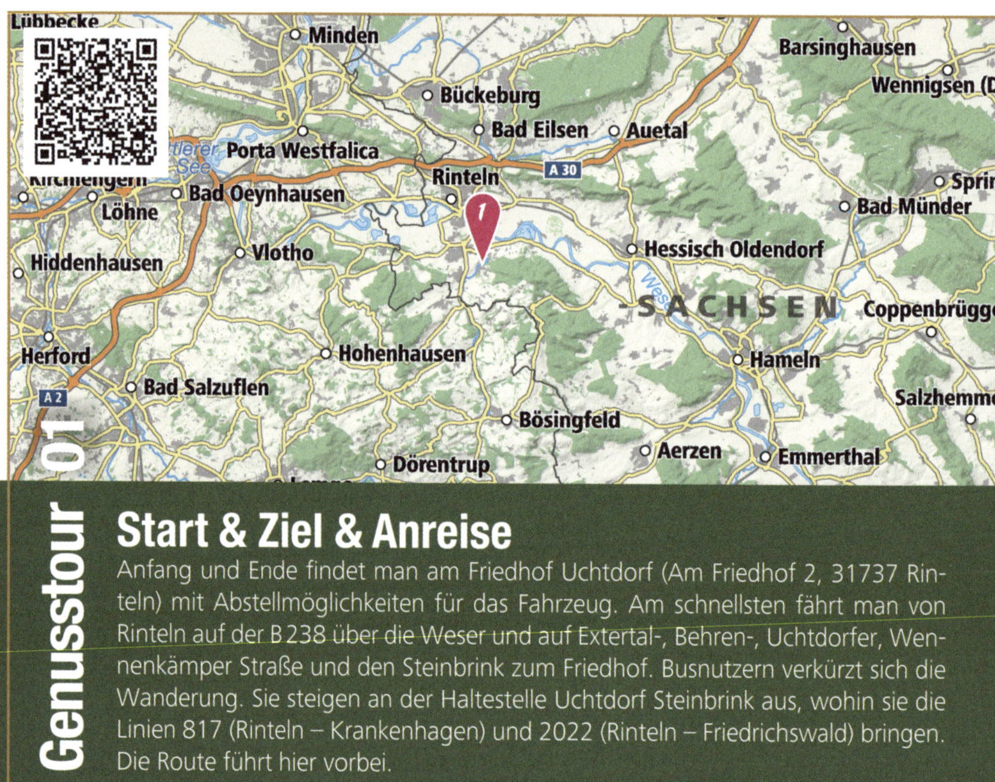

Genusstour 01

Start & Ziel & Anreise

Anfang und Ende findet man am Friedhof Uchtdorf (Am Friedhof 2, 31737 Rinteln) mit Abstellmöglichkeiten für das Fahrzeug. Am schnellsten fährt man von Rinteln auf der B238 über die Weser und auf Extertal-, Behren-, Uchtdorfer, Wennenkämper Straße und den Steinbrink zum Friedhof. Busnutzern verkürzt sich die Wanderung. Sie steigen an der Haltestelle Uchtdorf Steinbrink aus, wohin sie die Linien 817 (Rinteln – Krankenhagen) und 2022 (Rinteln – Friedrichswald) bringen. Die Route führt hier vorbei.

Tourenbeschreibung

Es seien einleitende Worte über den Gesteinsuntergrund des Taubenbergmassivs gestattet. Schließlich sind die Autoren Geologen. Es handelt sich um Mergel, ein Mischgestein aus Kalk und Ton, entstanden in der Keuperzeit, der jüngsten Einheit der Trias vor 235 – 200 Millionen Jahren. Seine Naturprodukte treiben Mineralsucher am Taubenberg ebenso um wie Pflanzenliebhaber, denn der Keupermergel bildet einen idealen Nährboden für artenreiche Waldflora.

Die Wanderung zum Rumbecker Berg beginnen wir mit einem Abstieg auf der Straße Steinbrink. Via Bushaltestelle – wo die Nutzer des ÖPNV zu uns stoßen – und Heldendenkmal in die Wennenkämper Straße und schnell links (Am Taubenberg). An der Gabelung rechts, aufsteigend an den letzten Uchtdorfer Häusern entlang und am Rechtsknick des Weges geradeaus. Endlich Waldluft! Und endlich auch ein schöner Waldpfad. Er zieht empor zu einem breiten Forstweg, dem wir uns nach links anschließen. Wir treffen an einer angewitterten Schutzhütte mit ebensolcher Sitzgruppe auf ein umzäuntes Areal. Dahinter wächst ein Hutewald, den eine Ziegenherde beweidet, die durch ihr Tun für Belichtung und Artenreichtum sorgt. Eine Schautafel gibt Auskunft über diese historische Form der Waldnutzung:

Neben Ahorn, Birken und Eichen säumen einzelne Linden und Akazien den Weg (X5). Ist gerade Blütezeit, würzen diese Duftspender die Waldluft. Das Lippische Bergland, an dessen Nordrand wir wandern, zeigt zunehmend Profil, denn stetig steigen wir empor. Etwa 200 hm am Stück sind es von Uchtdorf zum breiten und unscheinbaren Taubenberg. Und noch höher geht es hinauf. Der Wald nimmt bisweilen wunderliche Gestalt an: Da stehen vollständig von Efeu umkleidete Bäume wie eine Symbiose aus Rankhilfe und Stammhalter. Kaum senkt sich der Grund und leitet hinüber zu einer gleichmäßigen Gabelung. Rechts und über einen Querweg geradeaus auf einen Pfad (Weserbergland 14–16). Nochmals schwingt sich das Gelände auf und gipfelt im Rumbecker Berg, dessen 340 m Meereshöhe mit einer kleinen Schutzhütte gekrönt werden. Gelegentliche Karteneinträge zeigen hier einen Ludwigsturm. Der hölzerne Aussichtsbau musste 2018 wegen fortschreitender Fäulnis gesprengt werden. Geradeaus weiter (14/15), in einem Linksbogen zurück auf breiten Forstweg und rechts zum Umkehrpunkt unserer Wald-Intensiv-Tour. Er steht für den Herkenberg, der dritten Anhöhe dieser Wanderung. Wir steigen jetzt merklich ab zu einer Wegspinne mit Schutzpilz. Geradeaus gehend könnten wir einen Zeitsprung ins 12. Jahrhundert. machen. Da nämlich stand auf einem Plateau die Burg Hohenrode. Immobilienbesitzer waren ortsansässige Grafen. Fortgesetzter Steinraub ließ die Burg zur Ruine und zum Namen Hünenburg verkommen.

In spitzem Winkel links in eine Talkerbe und jenseits wieder leicht hinauf. An einer Trinkwasserversorgungsanlage entdecken wir den schön in Holz gefassten Schlingborn. Ein Rinnsal als Labsal für durstige Wanderer, denn Wasser ist ja ein Lebensquell für Flora und Fauna. Unser Weiterweg windet sich durch die teils steilen Nordhänge unseres Berges. Jede Biegung bietet neue Waldeindrücke. So gehen wir genussvoll dahin. Wo der Weg wieder zu fallen beginnt geht es an einer Verzweigung geradeaus.

Dann stehen wir unvermittelt im Freien. Fast müssen sich die Augen an die Weite gewohnen nach den Stunden im dichten Wald. Wir befinden uns nah am Waldsaum, rechts die Weser, darüber das Wesergebirge, dazu das schöne Rinteln und vor uns Lippisches Bergland. An einem Waldkindergarten betreten wir Teerboden. Wir gelangen an den Ortsrand von Strücken (Große Heide/Fichtengarten) und verlassen den Asphalt nach links (X5). Ein kleiner Schwenk zurück, durch eine Bachsohle und ein letztes Mal bergauf zu einem Querweg, wo wir den Hutewald wiedererkennen. Retour geht es wieder auf dem selben Weg. Die Busfahrer bleiben an der Haltestelle, alle anderen laufen zum Parkplatz.

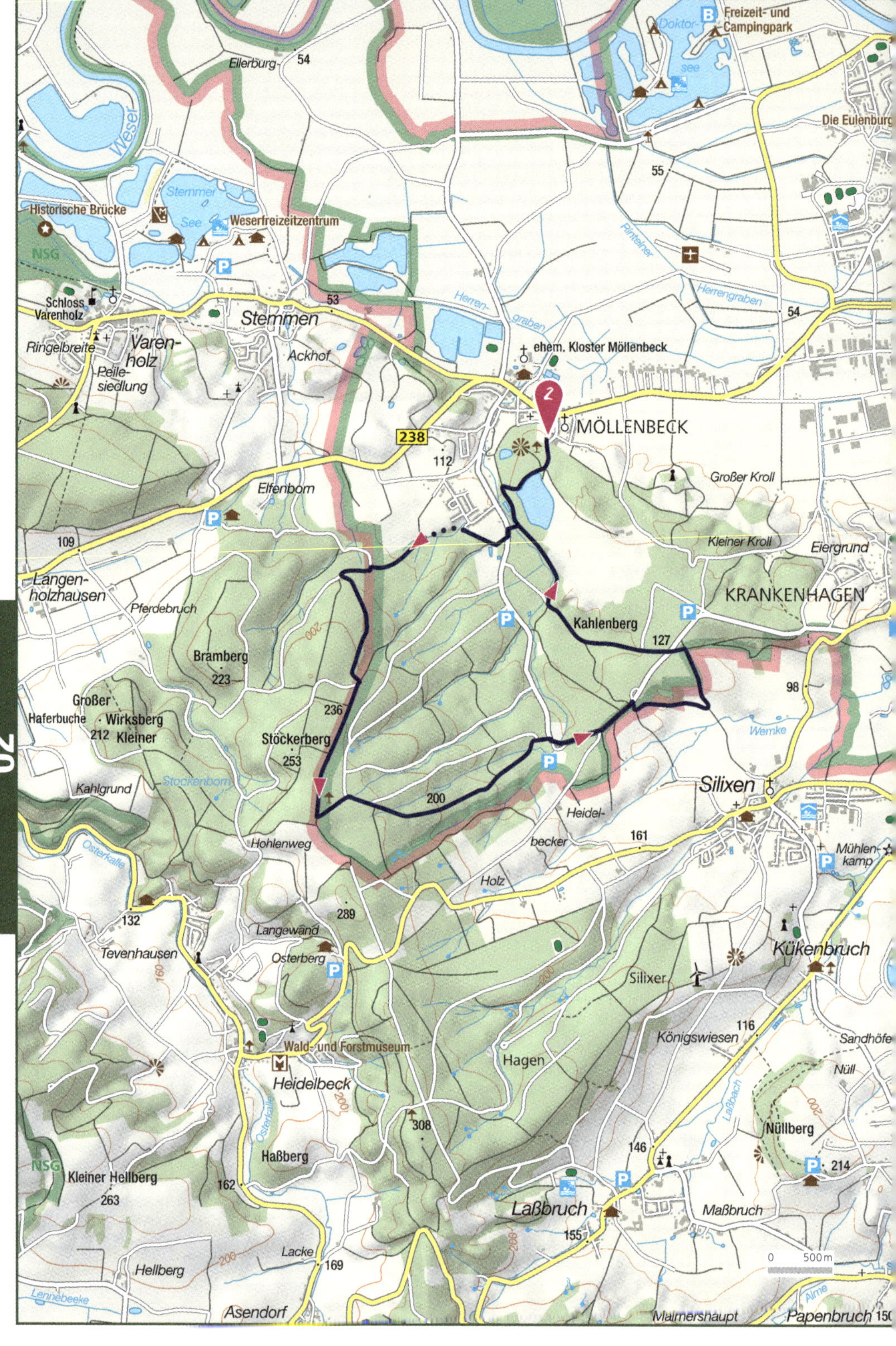
Freizeit- und Campingpark
Doktor-see
Die Eulenburg
Ellerburg
54
Weser
55
Stemmer See
Historische Brücke
Weserfreizeitzentrum
NSG
Rintelner
Herrengraben
Herren-graben
Schloss Varenholz
Stemmen
53
54
Ringelbreite
Varen-holz
Peile-siedlung
Ackhof
ehem. Kloster Möllenbeck
MÖLLENBECK
238
112
Großer Kroll
Elfenborn
109
Kleiner Kroll
Eiergrund
Langen-holzhausen
KRANKENHAGEN
Pferdebruch
Kahlenberg
127
200
Bramberg
223
98
Großer
Haferbuche
Wirksberg
212
Kleiner
236
Stöckerberg
253
Wemke
Kahlgrund
Stockenborn
Silixen
200
Heidel-
becker
Holz
161
Osterkalle
Hohlenweg
Mühlen-kamp
132
289
Langewand
Tevenhausen
Osterberg
Kükenbruch
160
Silixer
200
116
Königswiesen
Sandhöfe
Wald- und Forstmuseum
Hagen
Null
Heidelbeck
200
Nüllberg
308
Osterkalle
Laßbach
Haßberg
146
NSG
Kleiner Hellberg
214
263
162
Laßbruch
Maßbruch
155
200
Lacke
169
0 500 m
Hellberg
200
Lennebeeke
Asendorf
Malmershaupt
Papenbruch
Alme

Tour 02

Erlebnistour 02

Im Möllenbecker Wald

Ein Kieswerk als Gartenbauer, die Erdgeschichte als Landschaftsarchitekt

DAUER	3h 15min
LÄNGE	11,4 km
HÖHENMETER	295 hm
SCHWIERIGKEIT	LEICHT
MIT ÖPNV ERREICHBAR	ja

Das erwartet dich ...

... zu Anbeginn ein Kapitel Regionalgeschichte, das die jüngere Geologie schrieb: der Findlingsgarten Möllenbeck und ein See als Relikt des Kieswerks Reese, der ein ganz eigener Naturraum geworden ist. Hernach eine stattliche Wanderung im Möllenbecker Wald, die ohne die örtliche Erdgeschichte, die im Landschaftsbild der Kameshügel besonderen Ausdruck fand, nicht möglich wäre. Und der Vorschlag, nach Tourende die weitläufige Anlage des ehemaligen Klosters Möllenbeck samt Biergarten zu besuchen.

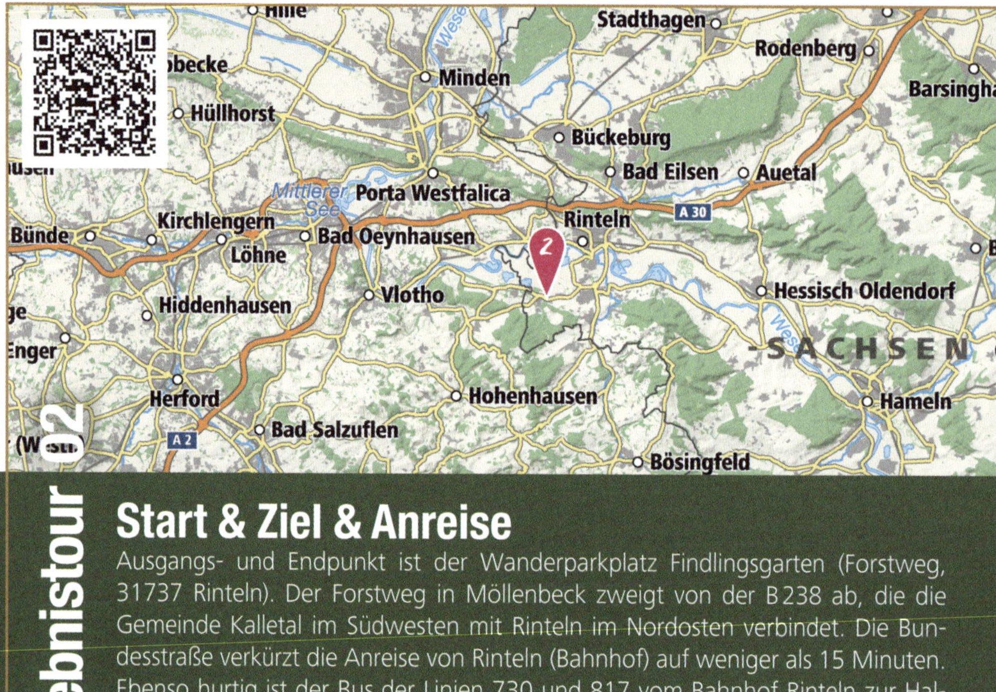

Start & Ziel & Anreise

Ausgangs- und Endpunkt ist der Wanderparkplatz Findlingsgarten (Forstweg, 31737 Rinteln). Der Forstweg in Möllenbeck zweigt von der B 238 ab, die die Gemeinde Kalletal im Südwesten mit Rinteln im Nordosten verbindet. Die Bundesstraße verkürzt die Anreise von Rinteln (Bahnhof) auf weniger als 15 Minuten. Ebenso hurtig ist der Bus der Linien 730 und 817 vom Bahnhof Rinteln zur Haltestelle Möllenbeck Neue Straße. Von dort kurz auf der B 238 (Lemgoer Straße) nach Westen und links (Forstweg) zum Start.

Tourenbeschreibung

Den Wald betreten wir auf einem Plattenweg (RI8/9). Der weitet sich schnell zu einem Platz, von dem es per Steingravur rechts hinauf zum Findlingsgarten geht. Hier nehmen wir uns richtig Zeit, denn es ist eine Menge geboten: mehr als 30 Findlinge unterschiedlichster Machart, Form und Farbe, toll aufbereitete Schautafeln – auch zur Bedeutung des Mischwaldes und zur sogenannten Kameslandschaft, die uns noch beschäftigen wird. Eine Schutzhütte und freie Sicht auf das Kloster Möllenbek und den Wesergebirgskamm dahinter.

Zurück und rechts (RI9). Das alles hier ist ehemaliges Fördergelände der Kieswerke Reese GmbH, so auch der See zur Linken. Das Abbaugewässer und sein Saumbereich sind nun Lebensraum für Amphibien, Wasservögel und Uferpflanzen. Das Werk selbst arbeitet sich in den Kahlenberg vor, doch dazu später mehr. Mit tieferem Blick für Untergrund und Landschaft verlassen wir den teilweise verlandeten

Baggersee und durchforsten einen Waldgürtel. Hinter einem zweiten Fischteich rechts (X7), am Ortseingang entlang der Straße und dann geht's sofort rechts. Neben uns ein Postkartenmotiv aus Kornfeld, Dorfidyll und Wesergebirge. Unterhalten von einem mäandrierenden Bächlein kommen wir tiefer in den Möllenbecker Wald. Auf hübschem Pfad zum Standort Langenholzhausen Kreuzbreite, dann auf breiten Forstwegen (X7) und stets bergauf. Ein angenehmer Waldgang, begleitet von gelegentlichen Grenzsteinen, führt uns nach Süden und zur Wanderschutzhütte „Zweiländereck". Eine Infotafel erklärt uns den Doppelsinn: Hier verläuft heute die Grenze Niedersachsen – Nordrhein-Westfalen, ebenda verlief einst die Trennlinie zwischen dem Fürstentum Lippe und der Grafschaft Schaumburg. Aha, daher die Grenzsteine und daher das Symbol der Lippischen Rose. Nun halten wir uns links (gekreistes W). Der Wald versteckt ein paar Schützengräben als historische Verteidigungsfurchen. Kräftige Kronen von Ahorn, Buche und Eiche beschatten unseren weiten Abstieg zur Straße nach Krankenhagen, die wir ein Stück befolgen und bei dritter Gelegenheit nach rechts verlassen (Hilgenrekte). Vor uns setzt sich der bewaldete Rumbecker Berg in Szene, zur Linken Holunderbüsche so weit die Nase reicht. Es geht einen etwas unscheinbaren Wiesenpfad hinauf. Ein Ziehweg trägt uns zurück zum Wald (RI9) und über die Straße von vorhin.

Und wieder Erdkunde als live-Veranstaltung: Unten ein wildwüchsiger Bach, dessen Windungen kleine Talformen in den Waldboden wuschen. Oben der Kahlenberg, ein Kameshügel (sprich: Kaems) als glaziale Aufschüttung aus geschichteten Sanden und Kiesen, denen der Abbau der Reese GmbH gilt. Noch ein paar hundert Atemzüge in gesunder Waldluft, dann ist am ersten der beiden Fischteiche der Hinweg erreicht. Waldgürtel, Kiesteich, Findlingsgarten: das Erlebte zieht im Rückwärtsgang an uns vorüber und verdichtet unser „Bild von einer Landschaft". Bliebe noch der Vorschlag zum Besuch des Klosters Möllenbeck.

Autoren Tipp

Der Findlingsgarten Möllenbeck beheimatet Fundstücke, die im Kieswerk Reese zutage gefördert und zu einem anschaulichen Fleck Erdgeschichte zusammengefügt wurden. Mehr als 30 dieser natürlich geschliffenen Brocken aus Granit, Gneis oder Diorit – Frachtgut skandinavischer Eiszeitgletscher, die nach der Eisschmelze hier ihr Reiseziel fanden – können bestaunt werden. Schautafeln zu den Findlingen, zum Wald, zur Geologie und zum Kieswerk bereichern den Steingarten. www.findlingsgarten-moellenbeck.de

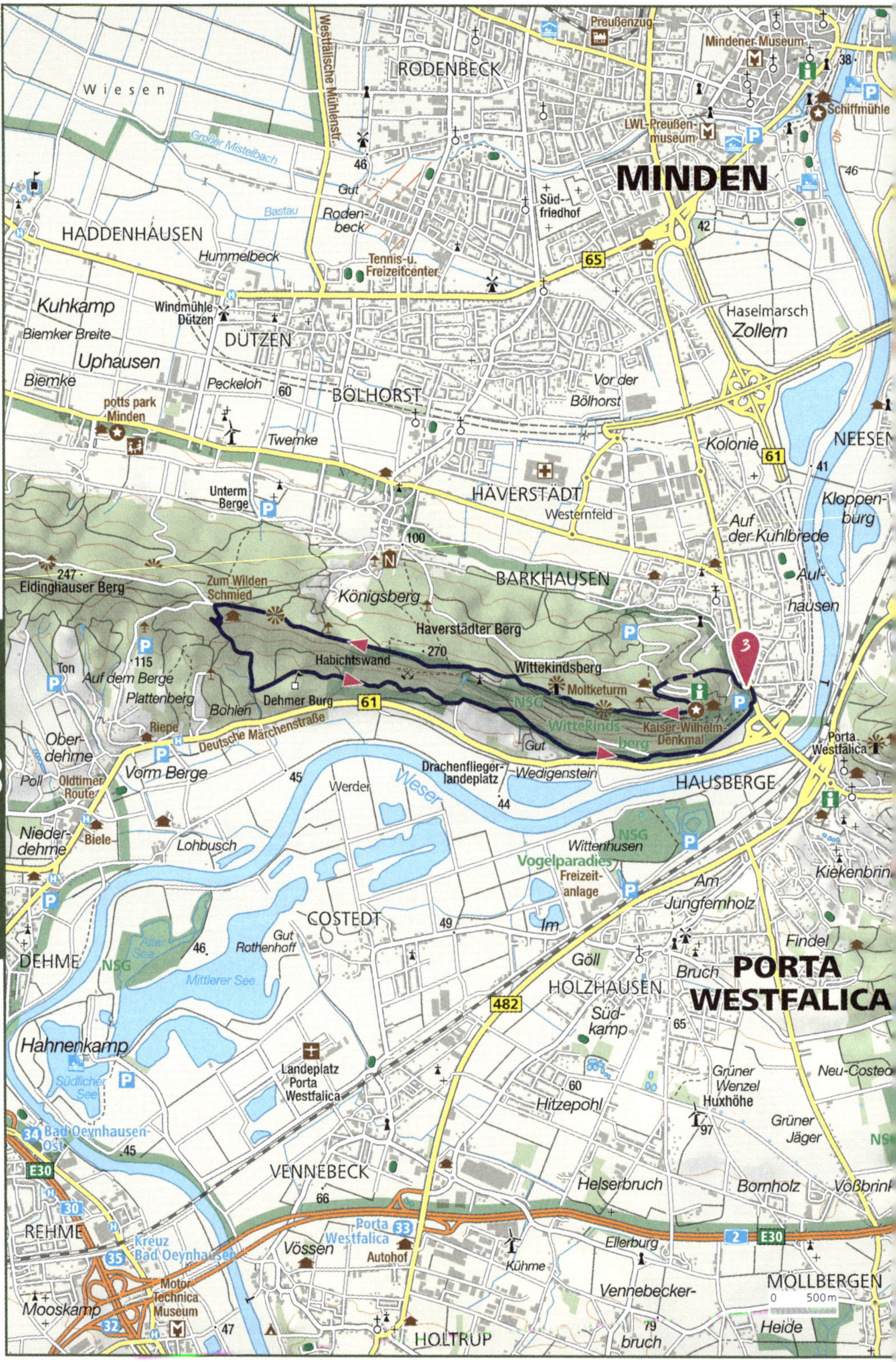

Westfälische Mühlenstr.
Preußenzug
RODENBECK
Mindener Museum
38
Wiesen
Großer Mittelbach
Schiffmühle
LWL-Preußen-museum
40
46
MINDEN
46
Gut
Bastau
Rodenbeck
Süd-friedhof
42
HADDENHAUSEN
Hummelbeck
Tennis-u. Freizeitcenter
65
Kuhkamp
Windmühle Dützen
Haselmarsch
Zollern
Biemker Breite
DÜTZEN
Uphausen
Biemke
Peckeloh
60
BÖLHORST
Vor der Bölhorst
potts park Minden
Twemke
Kolonie
61
NEESEN
41
Unterm Berge
HÄVERSTÄDT
Westernfeld
Kloppenburg
100
Auf der Kuhlbrede
247
Eidinghauser Berg
Zum Wilden Schmied
Königsberg
BARKHAUSEN
Aulhausen
Haverstädter Berg
3
270
Habichtswand
Wittekindsberg
Ton
115
Auf dem Berge
Plattenberg
Moltketurm
NSG
Dehmer Burg
61
Bohlen
Wittekindsberg
Kaiser-Wilhelm-Denkmal
Riepe
Deutsche Märchenstraße
Ober-dehme
Gut
Porta Westfalica
Vorm Berge
Poll
Oldtimer Route
45
Drachenflieger-landeplatz
Wedigenstein
HAUSBERGE
Werder
Weser
44
Nieder-dehme
Biele
Lohbusch
NSG
Wittenhusen
Vogelparadies
Freizeit-anlage
Am Jungfernholz
Kiekenbrink
COSTEDT
49
Im
Alter See
46
Gut Rothenhoff
Findel
DEHME
NSG
Göll
Mittlerer See
HOLZHAUSEN
Bruch
PORTA WESTFALICA
482
Süd-kamp
65
Hahnenkamp
Landeplatz Porta Westfalica
Südlicher See
Grüner Wenzel
Neu-Costedt
60
Huxhöhe
Hitzepohl
97
Grüner Jäger
NS
34
Bad Oeynhausen-Ost
45
E30
VENNEBECK
Helserbruch
Bornholz
Voßbrink
30
66
REHME
Porta Westfalica
33
2
E30
Vössen
Ellerburg
35
Kreuz Bad Oeynhausen
Autohof
Kühme
MÖLLBERGEN
Motor Technica Museum
Vennebecker-bruch
0 500 m
Mooskamp
32
47
79
Heide
HOLTRUP

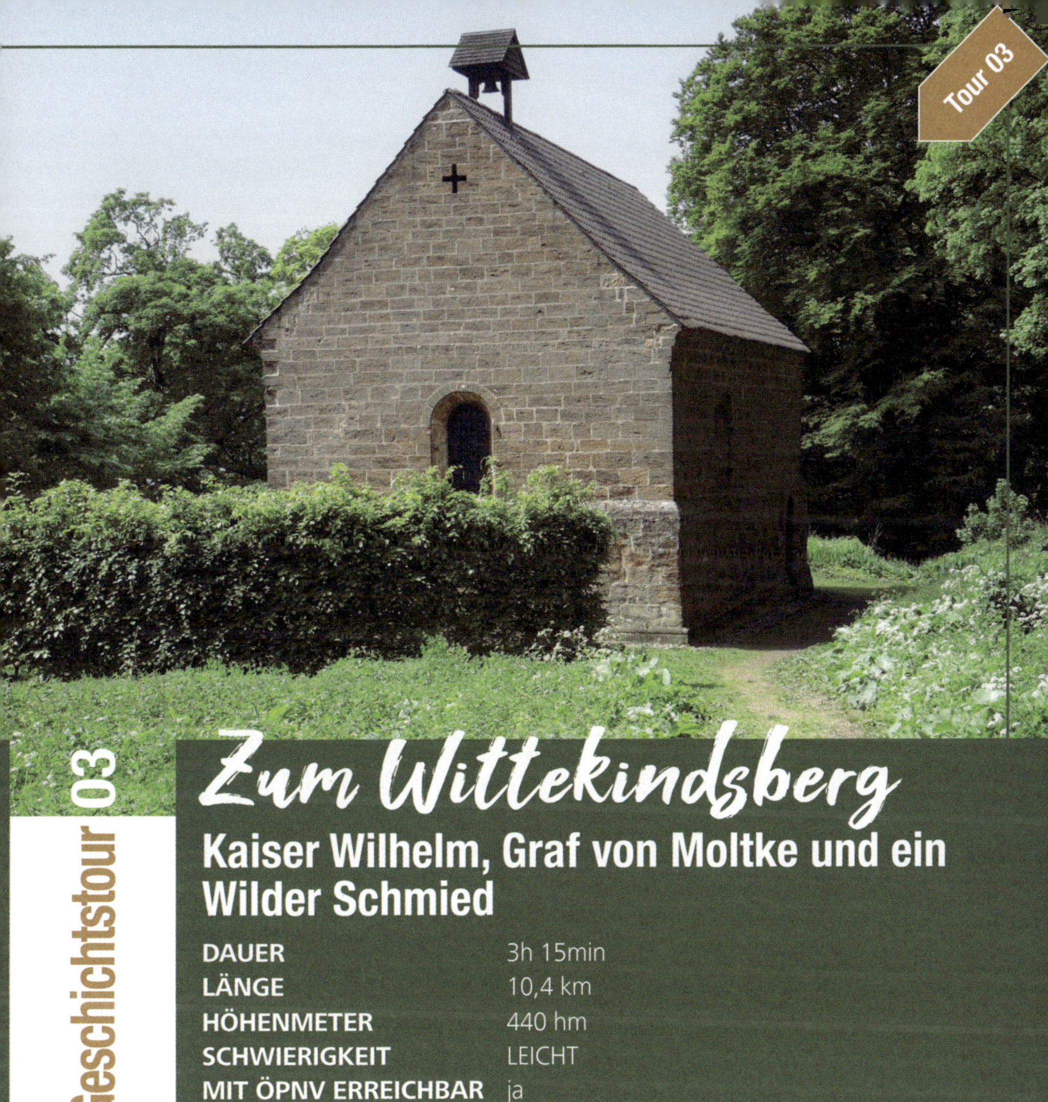

Tour 03

Geschichtstour 03

Zum Wittekindsberg

Kaiser Wilhelm, Graf von Moltke und ein Wilder Schmied

DAUER	3h 15min
LÄNGE	10,4 km
HÖHENMETER	440 hm
SCHWIERIGKEIT	LEICHT
MIT ÖPNV ERREICHBAR	ja

Das erwartet dich ...

... eine Wanderung, auf der die Höhepunkte wie auf einer Perlenschnur aufgereiht sind. Hat man auf steilem Weg den Wiehengebirgskamm erstiegen und dabei das Kaiser-Wilhelm-Denkmal standesgemäß bewundert, stehen ein Aussichtsturm, eine romanische Kapelle, historische Ausgrabungen und eine Einkehr bereit für Blicke ins Land, in die Geschichte und die hiesige Gastronomie. Nach gemütlicher Kammbegehung über den Wittekindsberg geht es steil hinab, dann aber auf bequemen Wegen im und am Wald zurück.

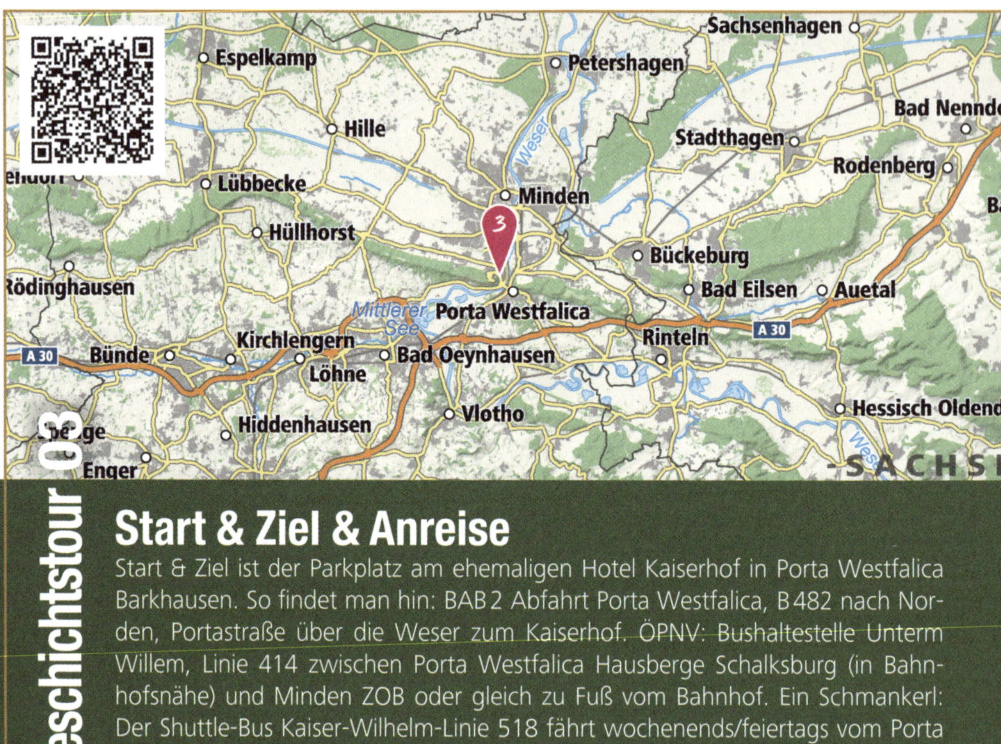

Geschichtstour 03

Start & Ziel & Anreise

Start & Ziel ist der Parkplatz am ehemaligen Hotel Kaiserhof in Porta Westfalica Barkhausen. So findet man hin: BAB 2 Abfahrt Porta Westfalica, B 482 nach Norden, Portastraße über die Weser zum Kaiserhof. ÖPNV: Bushaltestelle Unterm Willem, Linie 414 zwischen Porta Westfalica Hausberge Schalksburg (in Bahnhofsnähe) und Minden ZOB oder gleich zu Fuß vom Bahnhof. Ein Schmankerl: Der Shuttle-Bus Kaiser-Wilhelm-Linie 518 fährt wochenends/feiertags vom Porta Bahnhof und Kaiserhof zum Kaiser-Wilhelm-Denkmal.

Tourenbeschreibung

Am Parkplatz Hotel Kaiserhof gehen wir rechts in den Wald (E11/Arminiusweg) und zu einem Rastplatz, wo mit weiß-rotem Querbalken die Markierung für den Wittekindsweg prangt. Es folgt die Goethe-Freilichtbühne, vor deren Felskulisse ganz schön Theater gemacht wird. In Naturkulisse führt unser Weg (A2) durch steil zertalten Hang, der ein bisschen wie Wildnis anmutet, zum großen Parkplatz. Unvermittelt taucht das Kaiser-Wilhelm-Denkmal vor uns auf. 88 m misst das einstige deutsche Nationaldenkmal, das Wilhelm I. ehrt. Gemessenen Schrittes nehmen wir eine Freitreppe und steigen zum Kuppelbau, der den Bronzekaiser trägt. Folgen wir seinem erlauchten Blick, öffnet sich das weite Land beidseits der Westfälischen Pforte mit dem Wesergebirge als Naht.

Dem Besucherzentrum in der Ringterrasse sollten wir Zeit widmen, dann weist hinterm Denkmal ein Geländer den Weiterweg. Steil sind die Hänge, schmal der Rücken, der unseren Pfad trägt. Links eine Holzhütte namens Silberblick. Der geht über Weserbogen und Lippische Berge. Die Kammlinie zieht zum Moltketurm. Der ehemalige Signalpunkt wurde zu Ehren des preußischen Generalfeldmarschalls Helmuth Graf von Moltke umbenannt. Eine Wendeltreppe verspricht uns ein schönes Panorama. Wir erreichen die geschichtsträchtige Wittekindsburg. Was ein Areal von gerade mal 660 m x 100 m nicht alles beherbergt: ein früheres Hotel, die sagenhafte Wittekindsquelle, die romanische Kapelle Margarethenklus und die Kreuzkirche, deren Mauerreste und Grabfunde aus dem 10. Jahrhundert einen gläsernen Schutzbau tragen. Nach umfassender Erkundung am Kammobersten geht es hinter der Kreuzkirche zu einer Gabelung und anschließend links hinab und angenehm eben zum Gasthaus Zum Wilden Schmied. Der Namensgeber war ein Lebemann vorm Herrn, der, wie man heute sagt, die Kontrolle über sein Leben verlor und sich hierher zurückzog. Die hiesige Westfälische Küche ist uns zur Einkehr empfohlen. Hinter der Wirtschaft geht's auf schmalem Steig hinab (A1/A2). Z-förmig schneidet der Weg den Hang. Wir gehen etwas geradeaus und an einer Querung links (A1). Deutlich unterm lichten Kamm schwingt sich unser Rückweg durch dichten Tann. Der Kontrast vom Belebten zum Einsamen tut gut. Es geht steil hinab und vorm Waldsaum am Schild Dehmer Burg links (A1). Die Dehmer Burg ragt wallförmig im Wald auf. Hier stand um 500 v. Chr. eine Fliehburg, die den Insassen Schutz vor nahenden Feinden bot.

Lichter wird der Forst, wiesengrün leuchtet das freie Land. Ein kleiner, schmiedeeisern umzäunter Friedhof weckt unsere Aufmerksamkeit. Grabinschriften verraten, dass hier seit dem 19. Jahrhundert die langlebige Familie Ströver bestattet wurde. In Waldrandnähe begeben wir uns auf Weserniveau. Oberhalb der B61 kommen wir auf einen Plattenweg. Bevor der zur Sackgasse wird geht es auf einen Forstweg. An einer Querung (PW) kommen wir fast bis zur Bundesstraße. Den Glanz der Weser vor Augen, treten wir hinter einer Schranke aus dem Wald und den Restweg zum Parkplatz an.

Autoren Tipp

Beim LWL-Besucherzentrum im Kaiser-Wilhelm-Denkmal steht LWL für Landschaftsverband Westfalen-Lippe. Das Besucherzentrum steht für multimedial, interaktiv und vielfältig aufbereitete Infos zum Denkmal und zur Kultur und Natur drumherum. Das Zentrum mit sechs Besucherstationen und Gastronomie „Wilhelm 1896" wurde 2018 meisterhaft in die Ringterrasse des Monumentes gebaut. Und das Kaiser-Wilhelm-Denkmal steht dem Ganzen eindrucksvoll gegenüber. www.kaiser-wilhelm-denkmal.lwl.org/de

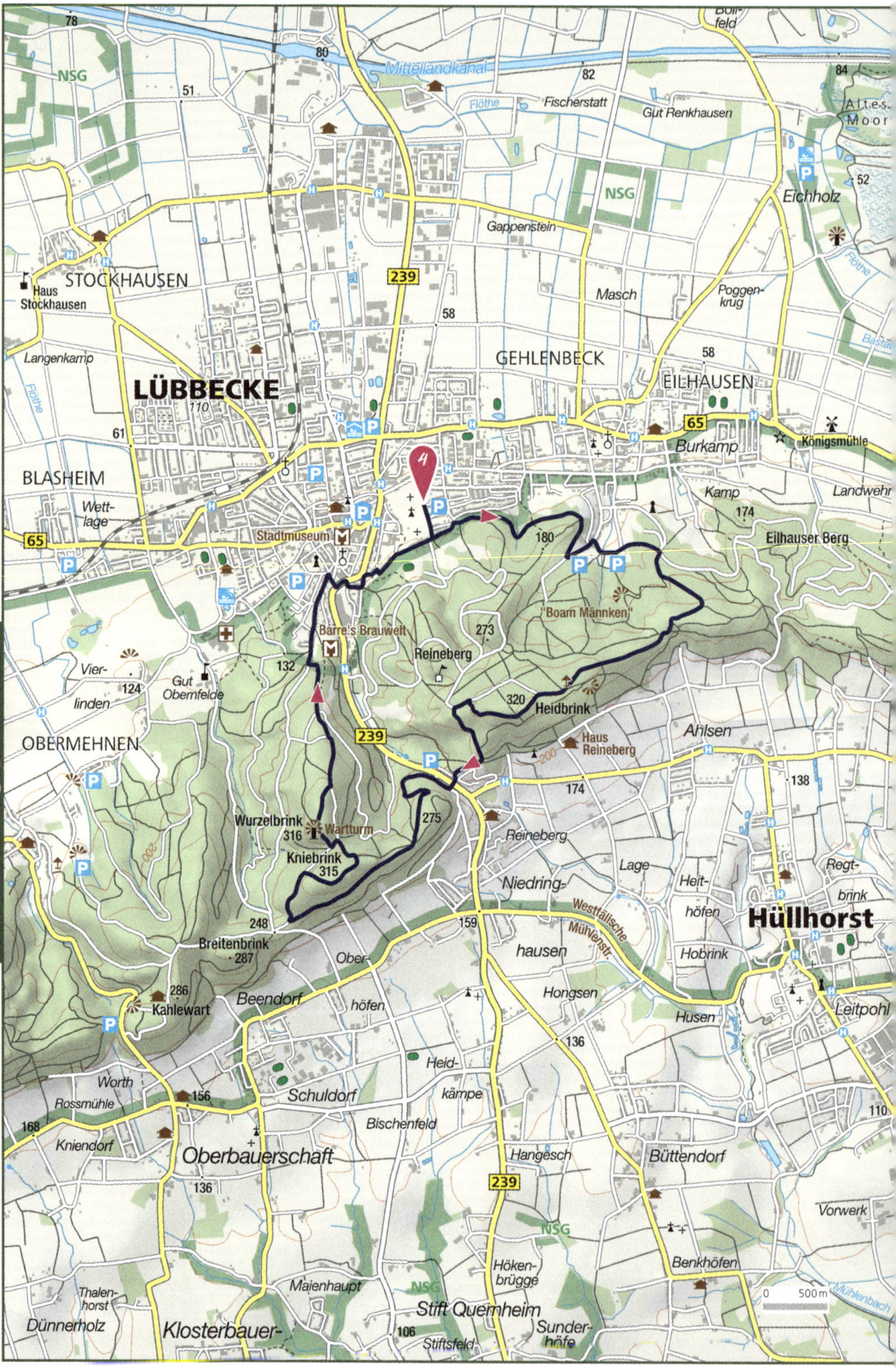

04

Mittellandkanal
Flöthe
Fischerstatt
Gut Renkhausen
Altes Moor
NSG
Eichholz
Gappenstein
Masch
Poggenkrug
STOCKHAUSEN
Haus Stockhausen
Langenkamp
LÜBBECKE
GEHLENBECK
EILHAUSEN
Burkamp
Königsmühle
BLASHEIM
Wettlage
Kamp
Landwehr
Stadtmuseum
Eilhauser Berg
"Boam Männken"
Bärre's Brauwelt
Reineberg
Heidbrink
Vierlinden
Gut Obernfelde
OBERMEHNEN
Haus Reineberg
Ahlsen
Wurzelbrink
Wartturm
Kniebrink
Reineberg
Lage
Regtbrink
Heithöfen
Hüllhorst
Niedringhausen
Westfälische Mühlenstr.
Hobrink
Breitenbrink
Oberhöfen
Hongsen
Husen
Leitpohl
Kahlewart
Beendorf
Heidkämpe
Worth
Rossmühle
Schuldorf
Bischenfeld
Kniendorf
Oberbauerschaft
Hangesch
Büttendorf
Vorwerk
Benkhöfen
Thalenhorst
Dünnerholz
Maienhaupt
Hökenbrügge
Stift Quernheim
Klosterbauer-
Stiftsfeld
Sunderhöfe
Mühlenbach
Basta
0 500 m

239
65
78 80 82 84 51 52 58 58 61 110 174 180 273 320 132 124 200 174 138 275 316 315 248 287 159 286 136 156 168 136 110 106

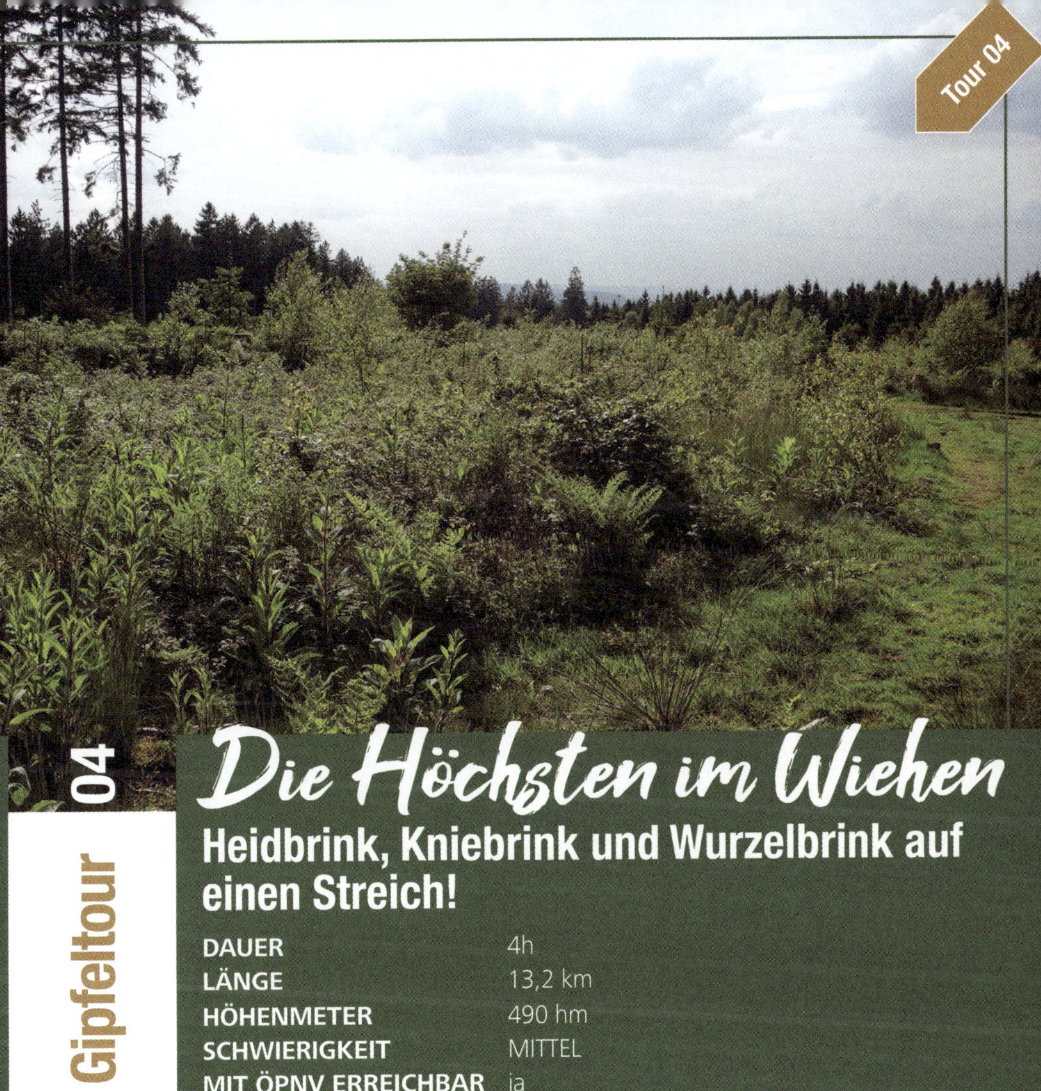

Tour 04

Gipfeltour 04

Die Höchsten im Wiehen

Heidbrink, Kniebrink und Wurzelbrink auf einen Streich!

DAUER	4h
LÄNGE	13,2 km
HÖHENMETER	490 hm
SCHWIERIGKEIT	MITTEL
MIT ÖPNV ERREICHBAR	ja

Das erwartet dich ...

... viel Wald! Er bildet den grünen Rahmen für die Besteigung der drei höchsten Gipfel im Wiehengebirge. Es geht nie steil zur Sache, sondern auf guten Forstwegen flott dahin. Die mittlere Schwierigkeit erklärt sich aus den fast 500 Höhenmetern. Hierfür braucht es etwas „Schmalz in den Beinen". Aber man kann sich ja Zeit lassen. Die üppige Vegetation am Kniebrink und vom Wartturm macht die Wanderung idealtypisch für diese Auswahl. Etwas Stadtrand gegen Ende tut dem Naturgenuss keinen Abbruch.

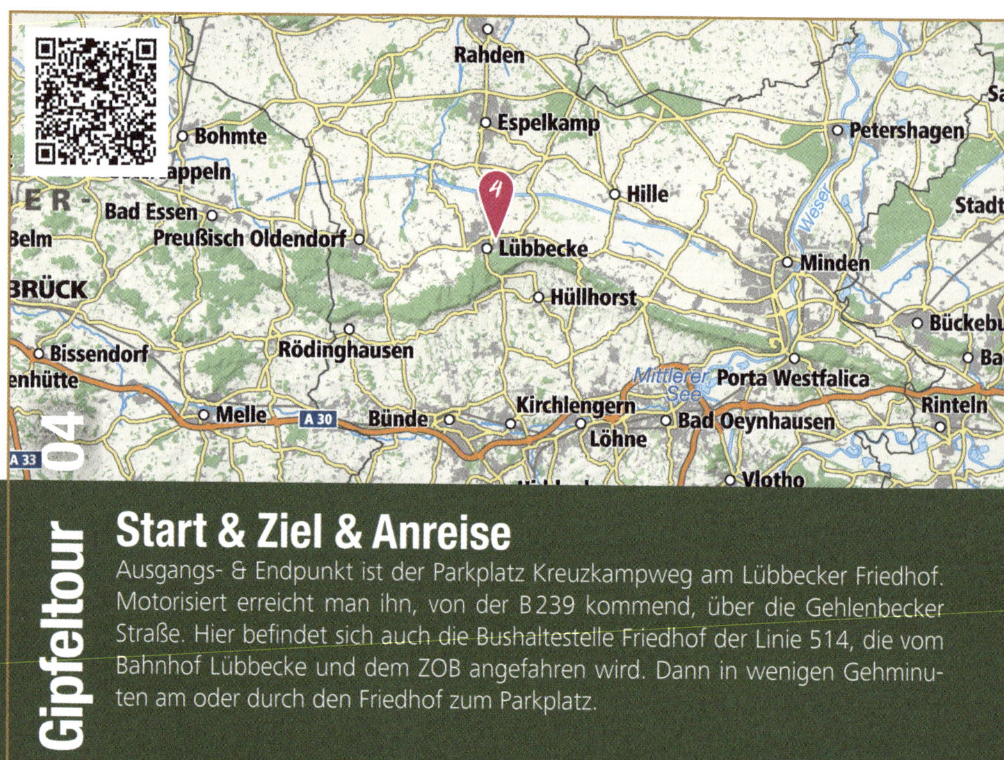

Gipfeltour 04

Start & Ziel & Anreise

Ausgangs- & Endpunkt ist der Parkplatz Kreuzkampweg am Lübbecker Friedhof. Motorisiert erreicht man ihn, von der B239 kommend, über die Gehlenbecker Straße. Hier befindet sich auch die Bushaltestelle Friedhof der Linie 514, die vom Bahnhof Lübbecke und dem ZOB angefahren wird. Dann in wenigen Gehminuten am oder durch den Friedhof zum Parkplatz.

Tourenbeschreibung

Am Friedhof ziehen wir wald- und bergwärts und links in die Reineburgstraße. 1990 wurde in der Region die Gesichtsmaske eines römischen Reiterhelmes gefunden. Auf ein Piktogramm reduziert, kennzeichnet sie den Arminiusweg und unseren Weg zum Parkplatz vom Schießstand des Schützenvereins Gehlenbeck. Ergänzt um die verschiedenfarbigen Ziffern 1-3, zuletzt mit der „grünen 3", finden wir in oft dichtem Buchenwald – zwischendrin überrascht von einem Weitblick ins Norddeutsche Tiefland – hinauf zum Kamm..

Der weiß-rote Querbalken, seines Zeichens Wittekindsweg, übernimmt die Regie. Unser Kreislauf ist in Schwung, so ersteigen wir in gleichmäßiger Waldatmung, vorbei an der „Hütte auf dem Heidbrink", mit Hinweis „Zum Stein" auf einem Abstecher den Heidbrink. Ganze 320 m über dem Meer hat es hier, dazu einen Stein mit Tafel, die die Wappen der Grenzgemeinden aufzeigt.

Zurück zum Kammweg und hinab ins Tal, wo wir die B 239 auf der Wittekindsbrücke verkehrsberuhigt überqueren. Wir tauschen Straßengeräusche gegen Waldesruhe und Asphalt gegen Naturgrund. Im Linksbogen empor und an einer Gabelung geradeaus nehmen wir Anlauf zum zweiten Tagesberg. An einem Abzweig steht ein Wegestein: „Horst's Höhe, Bergkirchen" an der Vorderseite, „Wartturm, Lübbecke" dahinter. Hier hinauf (A6). Etwas Obacht und wir finden zur Rechten einen fahrzeuggespurten Weg, der hinauf leitet zum rundbuckligen, baumarmen, 315 m hohen Kniebrink. Nachdem 2007 der Orkan Kyrill wütete, haben Fingerhut, junge Birken, Brombeer- und Ginsterbüsche das botanische Zepter übernommen. Sie sind widerstandsfähiger als viele Nadelhölzer, die starken Stürmen kaum gewachsen sind.

Auf zur dritten Bergetappe! Nach Norden hinab und wieder in den Wald. Zweimal links auf breite Piste und zu einem weiteren Wegestein mit der Inschrift „Wartturm". In spitzem Winkel hinauf (A6). Hier, auf 318 m Seehöhe, thront der Wartturm, den wir besteigen. Als er 1857 errichtet wurde, ging der Blick noch weit. Heute endet er meist an den nächststehenden Bäumen. Aber Wald ist ja unser Thema.

Auf breitem Weg geradeaus. Wo der nach links knickt folgen wir einem meist unmarkierten, deutlichen Pfad geradeaus hinab nach Lübbecke. Wieder festen urbanen Boden unter den Füssen, laufen wir schmucken Behausungen über den Weg. Auf der Schützenstraße mit Parkanlage und Tennisplatz, rechts das nahe Museum der Barre-Brauerei, gelangen wir hinter der Prachtvilla Wilhelmsplatz 2 erneut zur B 239, die wir hurtig überqueren. Über die Straße Haberland und die Ostertorstraße in die Obere Tilkenbreite. Wieder grüßt der Arminiusweg. Er geleitet uns zum Friedhofsrand. Den Rest kennen wir.

Autoren Tipp

Im Lübbecke gibt es die Barre-Brauerei. Sie beheimatet das Museum Barre's Brauwelt, das im einstigen Gär- und Lagerkeller untergebracht ist und die Bierherstellung anhand originaler Maschinen und Bottiche zeigt. Ein Gasthaus gehört dazu. „Barre" ist auch in der Lübbecker Altstadt ein Begriff: Jedes Jahr im August wird auf dem Marktplatz das Bierbrunnenfest gefeiert. Was 1954 mit dem Bau des Bierbrunnens begann, aus dem Freibier sprudeln sollte, ist längst zu einem begehrten Volksfest geworden.

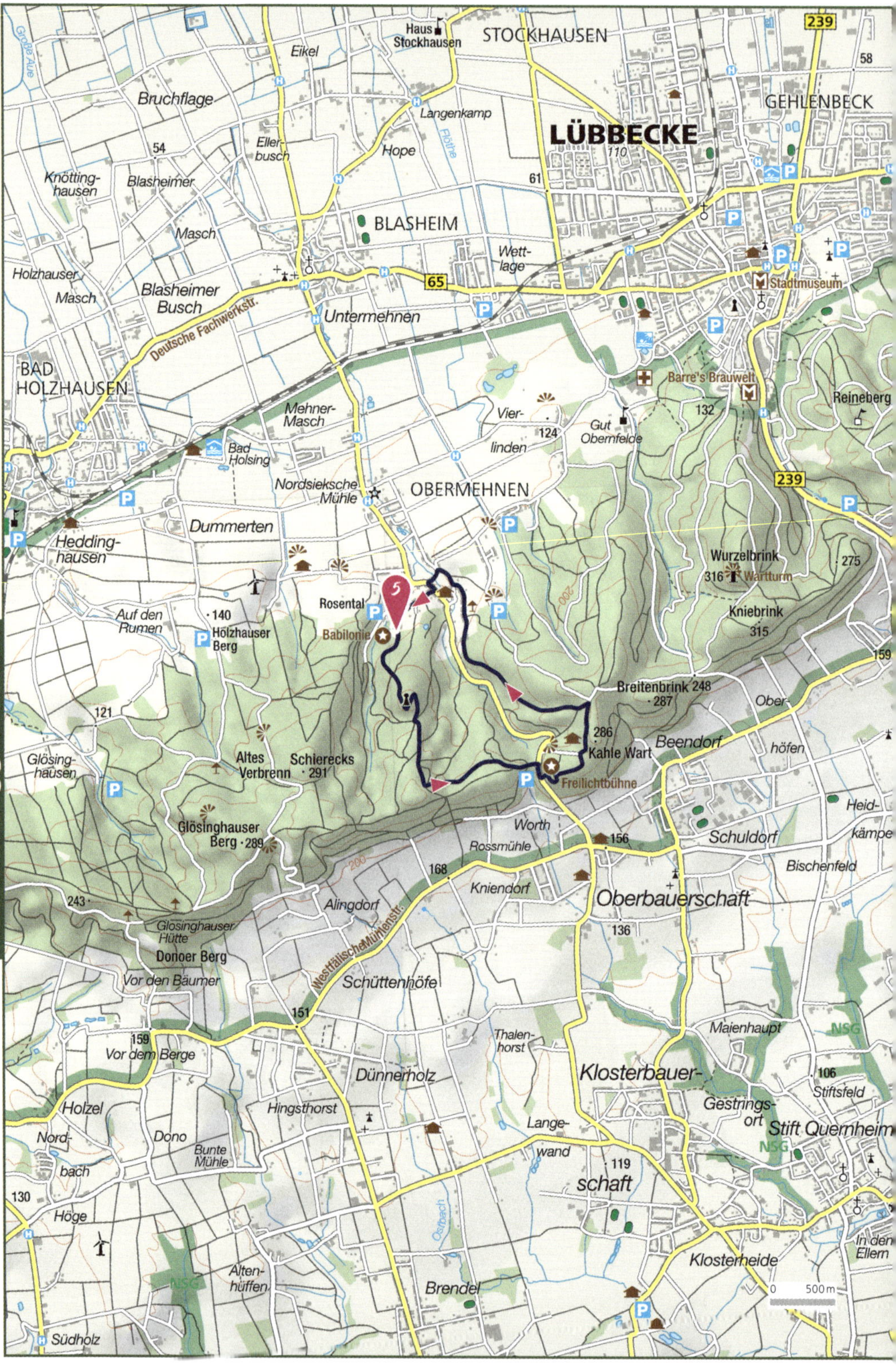

05

Haus Stockhausen
STOCKHAUSEN
239
58
Eikel
GEHLENBECK
Bruchflage
Langenkamp
LÜBBECKE
110
Große Aue
Eller-
busch
Hope
Flöthe
54
Knötting-
hausen
Blasheimer
61
Masch
BLASHEIM
Wett-
lage
Holzhauser
Masch
Blasheimer
Busch
65
Stadtmuseum
Untermehnen
Deutsche Fachwerkstr.
BAD
HOLZHAUSEN
Barre's Brauwelt
Reineberg
Mehner-
Masch
Vier-
linden
124
Gut
Obernfelde
132
Bad
Holsing
239
Nordsieksche
Mühle
OBERMEHNEN
Dummerten
Hedding-
hausen
Wurzelbrink
316
Wartturm
275
200
Rosental
5
Auf den
Rumen
140
Holzhauser
Berg
Babilonie
Kniebrink
315
159
Breitenbrink
248
287
Ober-
121
286
Beendorf
höfen
Kahle Wart
Glösing-
hausen
Altes
Verbrenn
Schierecks
291
Freilichtbühne
Heid-
kämpe
Worth
Glösinghauser
Berg
289
Rossmühle
156
Schuldorf
Bischenfeld
200
168
Kniendorf
243
Oberbauerschaft
Alingdorf
Glösinghauser
Hütte
136
Donoer Berg
Westfälische Mühlenstr.
Vor den Bäumer
Schüttenhöfe
151
Maienhaupt
NSG
159
Vor dem Berge
Thalen-
horst
Klosterbauer-
106
Dünnerholz
Stiftsfeld
Holzel
Hingsthorst
Gestrings-
ort
Stift Quernheim
Nord-
bach
Dono
Lange-
NSG
Bunte
Mühle
wand
119
schaft
130
Höge
Ostbach
In den
Ellern
Klosterheide
Alten-
hüffen
NSG
Brendel
0
500 m
Südholz

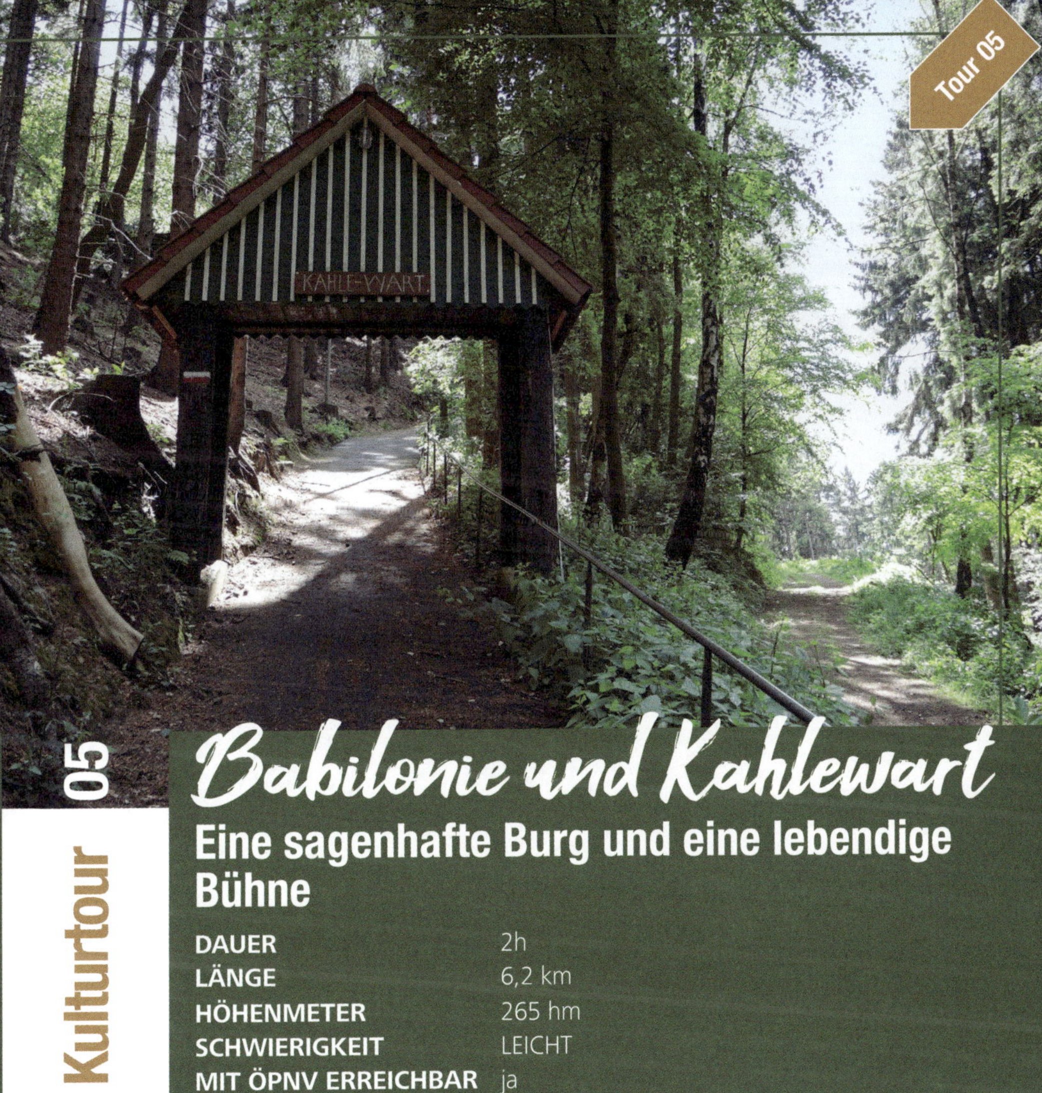

05 Kulturtour

Babilonie und Kahlewart

Eine sagenhafte Burg und eine lebendige Bühne

DAUER	2h
LÄNGE	6,2 km
HÖHENMETER	265 hm
SCHWIERIGKEIT	LEICHT
MIT ÖPNV ERREICHBAR	ja

Das erwartet dich ...

... eine kurze, aber erstaunlich runde Sache. Und eine Kulturtour, die mit der Babilonie zurückreicht in die sagenhafte Vorzeit der Sachsenkriege Karls des Großen und in die theatrale Gegenwart der Freilichtbühne Kahle Wart. Beides ist angesiedelt in typischer Wiehengebirgslandschaft: sehr waldig, manchmal steil, ziemlich zertalt, stets gut ausgebaut und markiert. Wer weiß, ob der geneigte Besucher durch Wallburg und Bühne nicht deutlich länger unterwegs ist als die angegebenen zwei Stunden ...

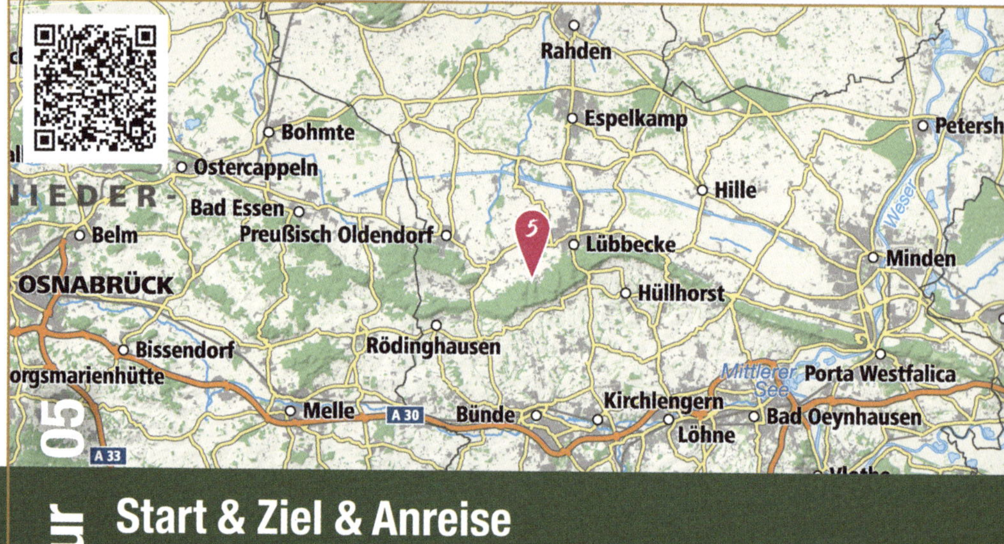

Kulturtour 05

Start & Ziel & Anreise

Den Anfang und das Ende macht der Wanderparkplatz Babilonie in Obermehnen der, von der B 65 zwischen Preußisch Oldendorf und Lübbecke kommend, auf der nach Süden führenden Bergstraße angesteuert wird. Busfahrer nutzen die Haltestelle Obermehnen Heckmann. Dorthin per TaxiBus AST628TB zwischen Lübbecke ZOB und Preußisch Oldendorf (Anmeldung spätestens 30 Min. vor Abfahrt) und durch den Kahle-Wart-Weg und Babilonieweg zum Wanderparkplatz.

Tourenbeschreibung

In Verlängerung des Parkplatzes gehen wir wenige Meter zum ersten Geschichtsunterricht: die Babiloniequelle mit Quellstein. Ihr Wasser fließt auf eine Sage zurück, der zufolge der sächsische Herzog Widukind hier, von Aussatz geplagt, Linderung fand. Wir schwenken rechts, dann zieht ein Pfad (grün A3/Hz) wie ein Hohlweg steil empor.

Ehe man sich´s versieht, stehen wir in der Doppelwallanlage der vorrömischen Fliehburg Babilonie, die im 8. Jahrhundert von ortsansässigen Sachsen baulich überprägt wurde und der Legende nach Herzog Widukinds Geburts- und Sterbeort war. Es braucht Fantasie oder archäologische Rekonstruktionsgabe, um die einstige Wallburg im Geiste auferstehen zu lassen. In der Kernburg steht ein Gedenkstein für Prof. Friedrich Langewiesche, dem Ent-decker der Babilonie. Im Bogen geht es hinab. Finden wir eine Glockenblume? Sie wäre ein legendäres

Zeichen dafür, dass sich darunter ein Schatz befindet, den Wikukind mit seinen Soldaten bewacht. Aber auch so ist dieses Fleckchen Wald ein echtes Schätzchen.

Ein breiter Weg (gelb A4) nimmt uns auf. Ihm folgen wir zu Schierecks Tempel, erreichen den weiß-rot markierten Kammweg und wandern zu einem großen Parkplatz. Wir übergehen die Fahrstraße und stehen vor einem Holztor mit der Aufschrift Kahle Wart. Hier beginnt eine wohlgeformte Komposition aus Natur und Volkskunst. Durch ein Kassenhäuschen betreten wir das bühnenreife Gelände der Freilichtbühne (https://kahlewart.de/). Die Veranstaltungen an dieser ungewöhnlichen Location finden mehrmals täglich statt und könnten Einfluss auf die Tourenplanung haben! Allemal ist die Kulisse aus liebevoll-ländlichen Fachwerkhäuschen mit bunten Schnitzereien und ein stilisierter Bauerngarten echt sehenswert.

Wieder im kühlen Wald des bühnentragenden Berges, der übrigens auch Kahlewart heißt, folgen wir hinter einem Parkplatz der weiß-roten Markierung zu einer Kreuzung. An einem Stamm mit der Aufschrift Obermehnen Kummerbrink links hinab (rot A4). Behände gelangen wir ins Tal, erreichen in schöner Hanglage einen Teil Obermehnens mit dem dubiosen Namen Kummerbrink. Die Straße talwärts und wir gelangen in den Herzog-Wittekind-Weg. Wir verabschieden die Busfahrer an der Haltestelle, gehen ein Stück den Kahle-Wart-Weg hinauf und durch den Babilonieweg zum Wanderparkplatz.

Widukinds Stätte des Schicksals – die Babilonie

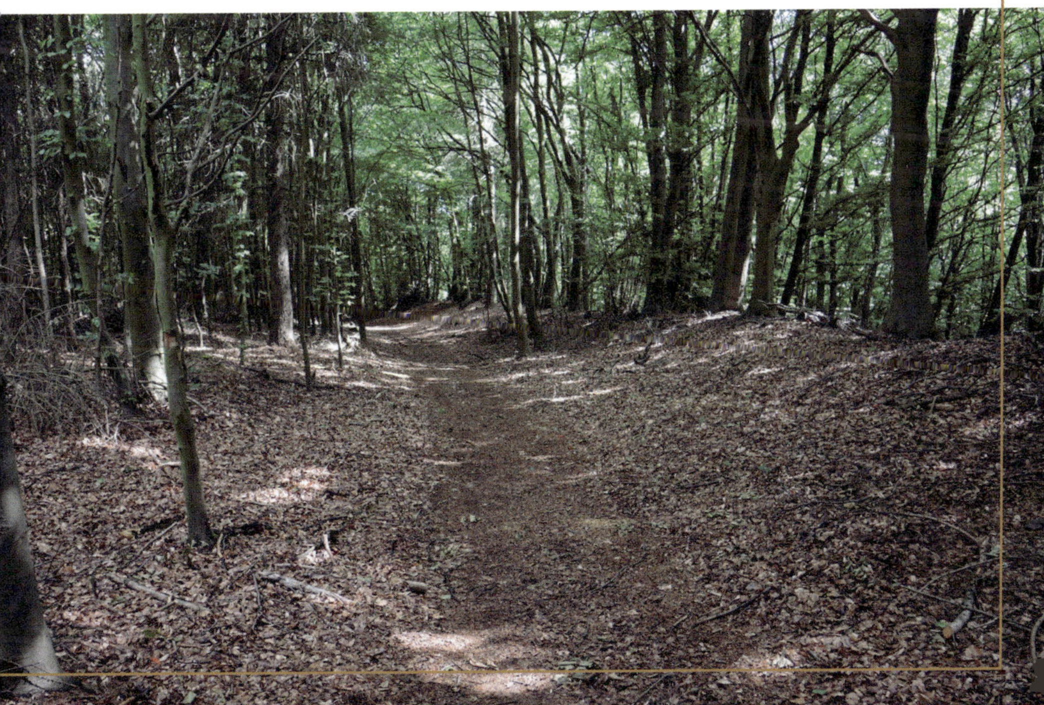

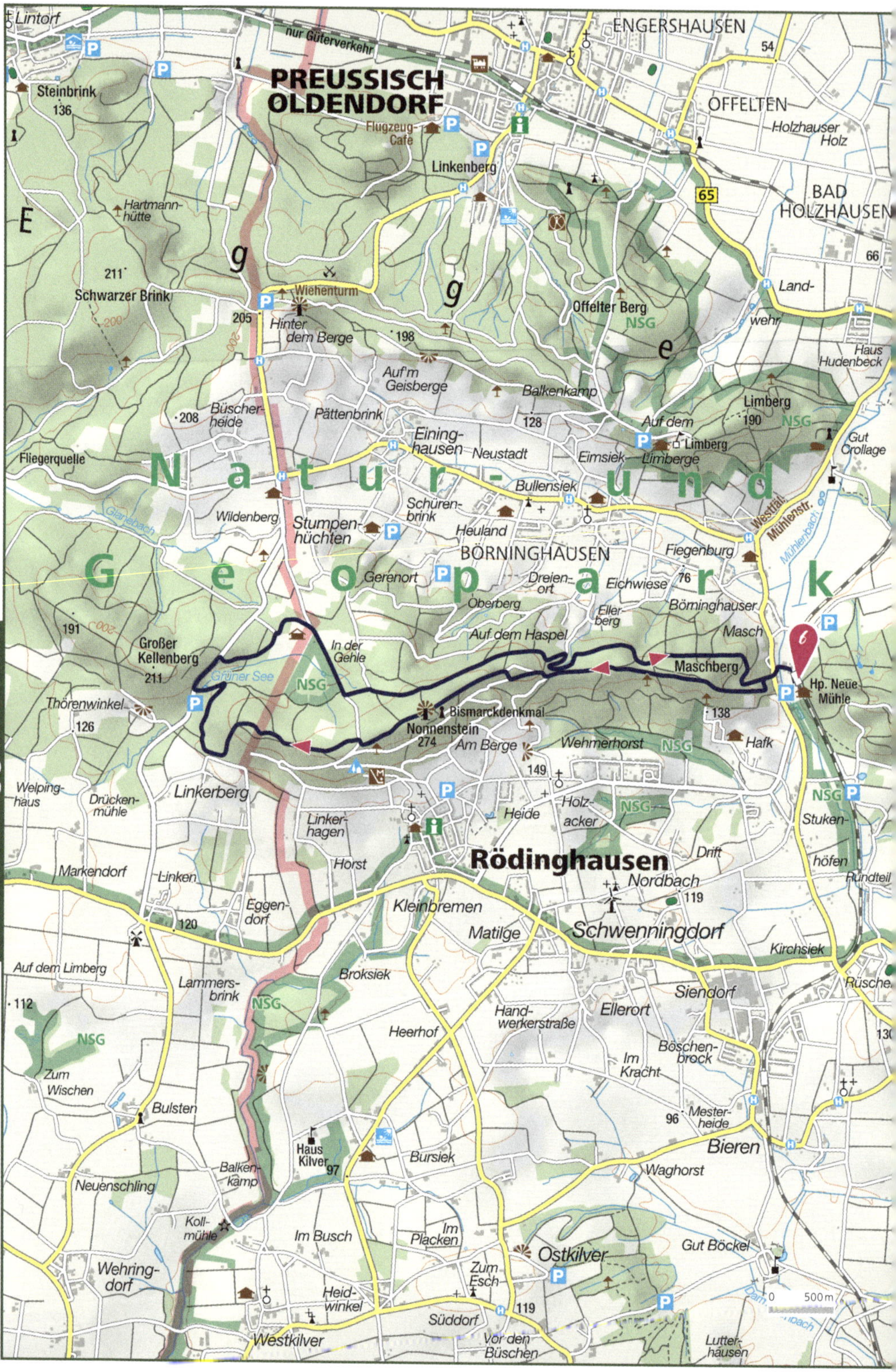

Lintorf
nur Güterverkehr
PREUSSISCH OLDENDORF
ENGERSHAUSEN
54
OFFELTEN
Holzhauser Holz
Steinbrink
136
Flugzeug-Cafe
Linkenberg
65
BAD HOLZHAUSEN
Hartmann-hütte
66
211
Schwarzer Brink
Wiehenturm
Land-wehr
Offelter Berg
NSG
205
Hinter dem Berge
198
Haus Hudenbeck
Auf'm Geisberge
Balkenkamp
Limberg
190
NSG
208
Büscher-heide
Pättenbrink
128
Auf dem Limberg
Gut Crollage
Eining-hausen
Neustadt
Eimsiek
Limberge
Fliegerquelle
Natur- und Geopark
Bullensiek
Westfäl. Mühlenstr.
Mühlenbach
Wildenberg
Stumpen-hüchten
Schüren-brink
Heuland
BÖRNINGHAUSEN
Fiegenburg
Glanebach
Gerenort
Dreien-ort
Eichwiese
76
Oberberg
Eller-berg
Börninghauser Masch
191
Großer Kellenberg
211
In der Gehle
Auf dem Haspel
Maschberg
Grüner See
NSG
Hp. Neue Mühle
Thörenwinkel
Bismarckdenkmal
138
126
Nonnenstein
274
Am Berge
Wehmerhorst
NSG
Hafk
149
Welping-haus
Drücken-mühle
Linkerberg
Linker-hagen
Heide
Holz-acker
NSG
NSG
Stuken-höfen
Markendorf
Horst
Rödinghausen
Drift
Rundteil
Linken
Nordbach
119
Eggen-dorf
Kleinbremen
120
Matilge
Schwenningdorf
Kirchsiek
Auf dem Limberg
Lammers-brink
Broksiek
Siendorf
Rüsche
112
NSG
Hand-werkerstraße
Ellerort
Heerhof
130
NSG
Böschen-brock
Im Kracht
Zum Wischen
Bulsten
96
Mester-heide
Haus Kilver
97
Bursiek
Bieren
Balken-kamp
Neuenschling
Waghorst
Koll-mühle
Im Busch
Im Placken
Gut Böckel
Ostkilver
Wehring-dorf
Zum Esch
0 500 m
Heid-winkel
119
Dam... bach
Süddorf
Lutter-hausen
Westkilver
Vor den Büschen

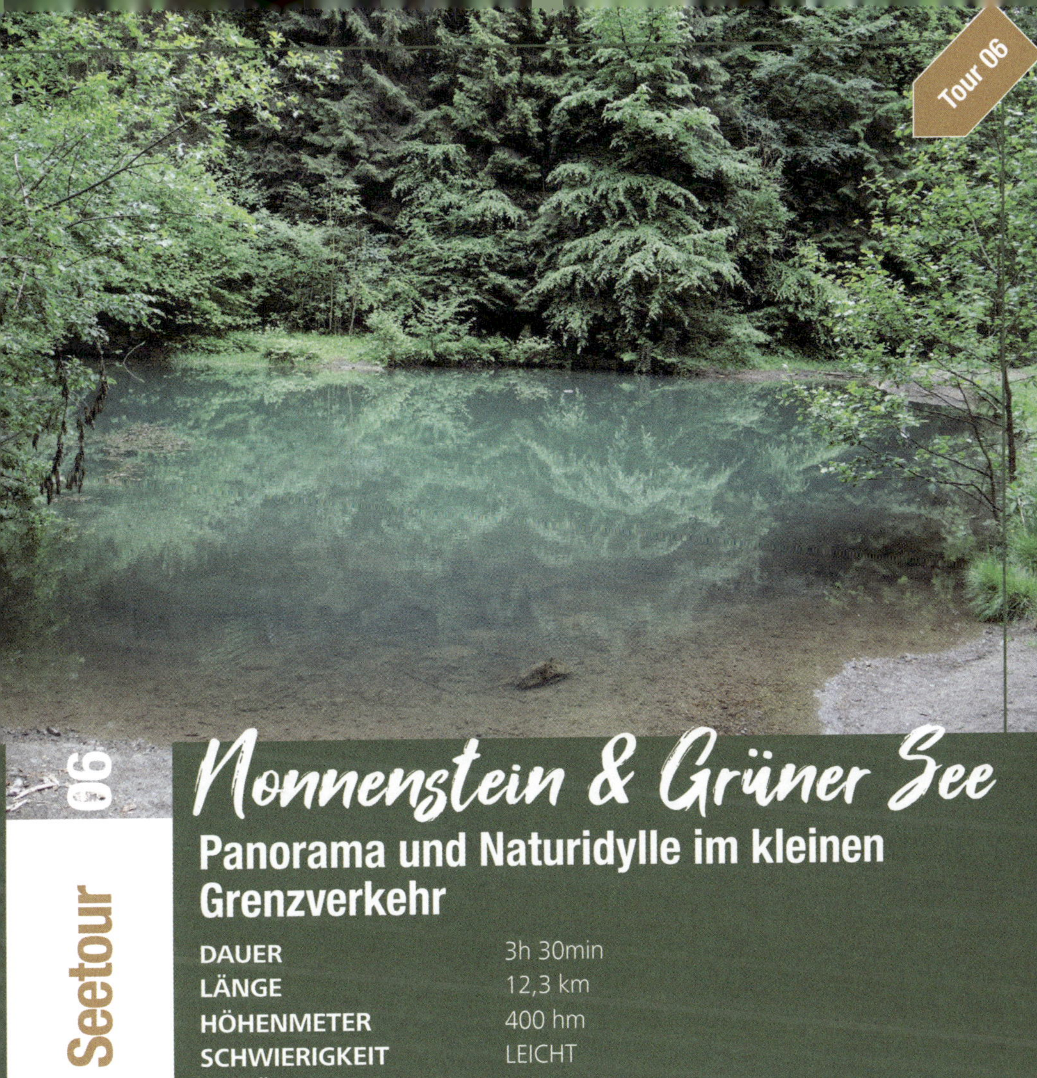

06 Seetour

Nonnenstein & Grüner See

Panorama und Naturidylle im kleinen Grenzverkehr

DAUER	3h 30min
LÄNGE	12,3 km
HÖHENMETER	400 hm
SCHWIERIGKEIT	LEICHT
MIT ÖPNV ERREICHBAR	ja

Das erwartet dich ...

... eine Besonderheit der Streckenführung, denn Hin- und Rückweg liegen meist nah beieinander. Das macht Sinn für die Sinne, denn so ein schönes Stück Wiehengebirgswald kann man gut von zwei Seiten betrachten. Einmal steil empor, einmal steil hinab, sonst hat die Tour sehr wanderfreundliche Wege im Angebot. Eine weitere Besonderheit ist der Grüne See, der auch ohne touristisches Rahmenprogramm zu längerem Aufenthalt verlockt.

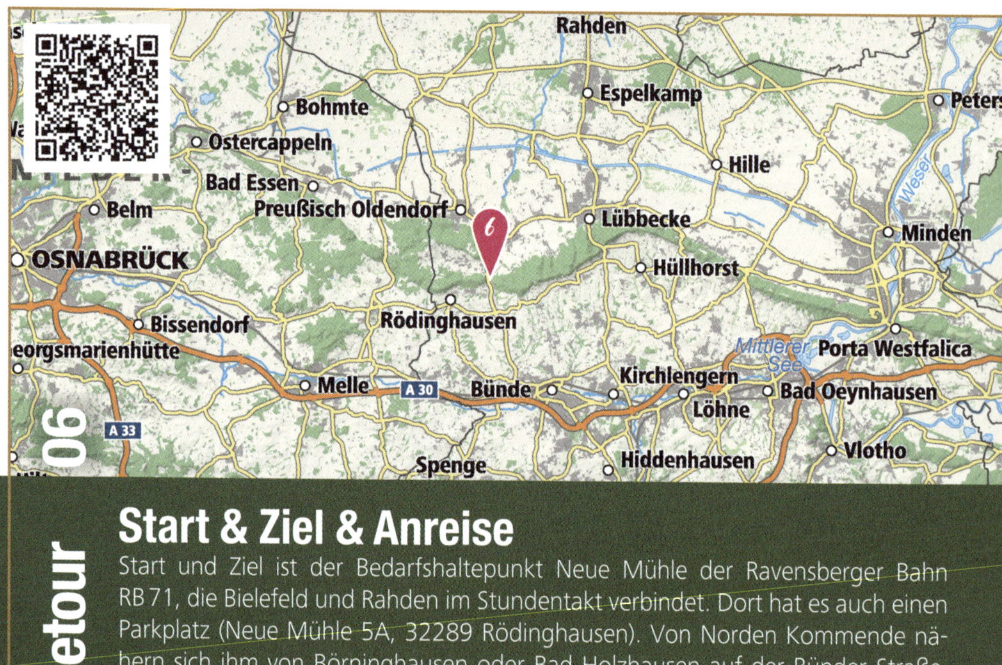

Seetour 06

Start & Ziel & Anreise

Start und Ziel ist der Bedarfshaltepunkt Neue Mühle der Ravensberger Bahn RB 71, die Bielefeld und Rahden im Stundentakt verbindet. Dort hat es auch einen Parkplatz (Neue Mühle 5A, 32289 Rödinghausen). Von Norden Kommende nähern sich ihm von Börninghausen oder Bad Holzhausen auf der Bünder Straße. Im Süden ist Rödinghausen naheliegend. Von dort auf der Wehmerhorst- und Hansestraße zum Haltepunkt.

Tourenbeschreibung

Am Haltepunkt startend, überqueren wir die L 557 und eine erste Grenze: die der Landkreise Herford und Minden/Lübbecke. Wir finden den Hinweis Wittekindsweg/Nonnenstein und sind in der richtigen Spur, wenn wir uns fortan am weiß-roten Querbalken halten. Steil zieht der Weg wie ein Laub(en)gang grün und schmal über 100 hm empor zum Kamm. An einer Schutzhütte fühlen wir uns kurz vom Rückweg berührt. Laut Tafel ist hier die Mitte des Wittekindsweges.

An einer Gabelung mit Straßenschild „Kammweg" rechts hinauf. In erfrischendem Buchenmischwald gelangen wir auf den Nonnenstein, der nebst üppig gestaltetem Rastplatz mit Infotafeln zwei trutzige Bauwerke trägt: die Bismarck-Feuersäule und einen Aussichtsturm, ebenfalls Nonnenstein geheißen. Wenn wir die 70 Turmstufen erklimmen, steht am südlichen Horizont die lange Kette des Teutoburger Waldes, dem in diesem Buch einige schöne Walderlebnisse zugeschrieben sind.

Der Weiterweg ist geologisch interessant – meterhohe Sandsteinfelsen setzen sich in Szene, dazu Hinweise zur Lesart dieser Natur. An einem Schutzpilz führt die Piste nach rechts, fällt als Hohlweg steil ab und wechselt nach Niedersachsen. Kleine Holztäfelchen „Grüner See" (A2) leiten vom Kammweg hinab zur Talsohle. Dieses etwa 1.000 m² kleine lichtgrüne Auge im dunklen Antlitz des Waldes ist ein Gebirgssee. Wenngleich ein künstlicher, denn sein Becken war bis 1936 Steinbruch. Seine erfrischende Farbe verdankt das Wasser dem darin gelösten Kalziumkarbonat. Begehbar ausgebaut ist ein 5 m hoher Wasserfall, der in den See stürzt. Naheliegende Einkehr ist die wochenends oder nach Vereinbarung geöffnete Seehütte. Allein für den Grünen See lohnt das Ja-Wort zu dieser Tour!

Dem Bachlauf folgend, gehen wir hinab zum Parkplatz Grüner See an der Kellerbergstraße. Dieser folgen wir ein Stück, ehe wir bei nächster Gelegenheit in den Wald tauchen. Bald auf breitem Weg schwenken wir rechts – nun wieder Richtung Nordrhein-Westfalen – zur Anlage des Mennonitischen Ferienheims. Auf malerischer Lichtung wandern wir nahe der Berghütte Rödinghausen dem Kamm entgegen. Hinter dem „Wurzelwerk" – einem umgedrehten Baum – bemerken wir einen weißen Kreis als Markierung. Er führt uns stets unterhalb der Kammlinie auf sehr erholsamer Alternativroute zurück zum Haltepunkt.

Geologie zum Anfassen – Sandsteinklippen aus der Jurazeit

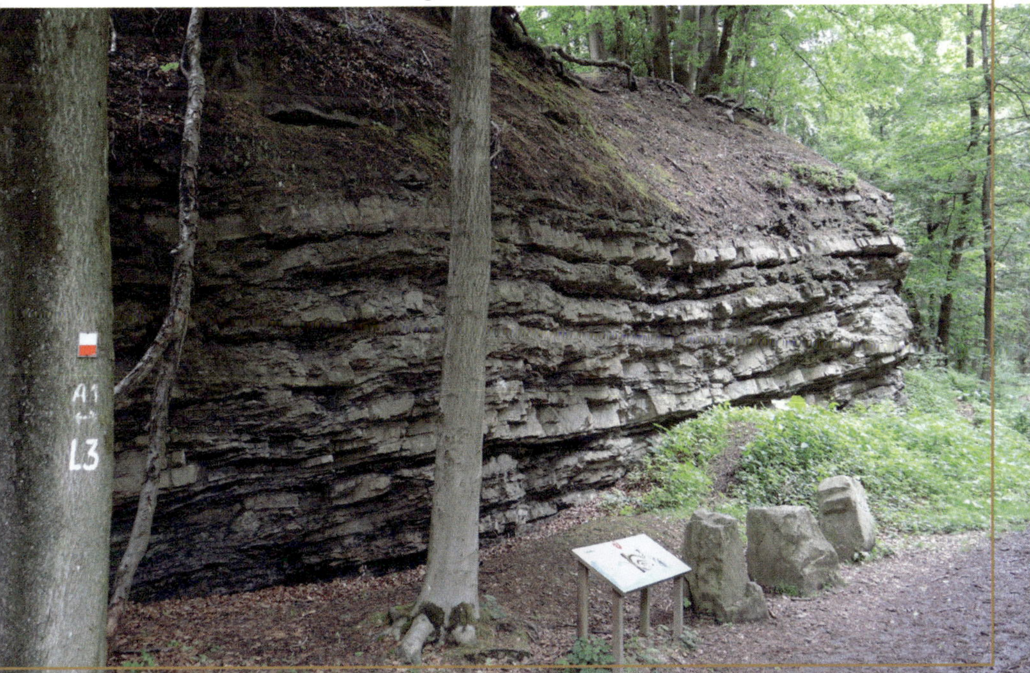

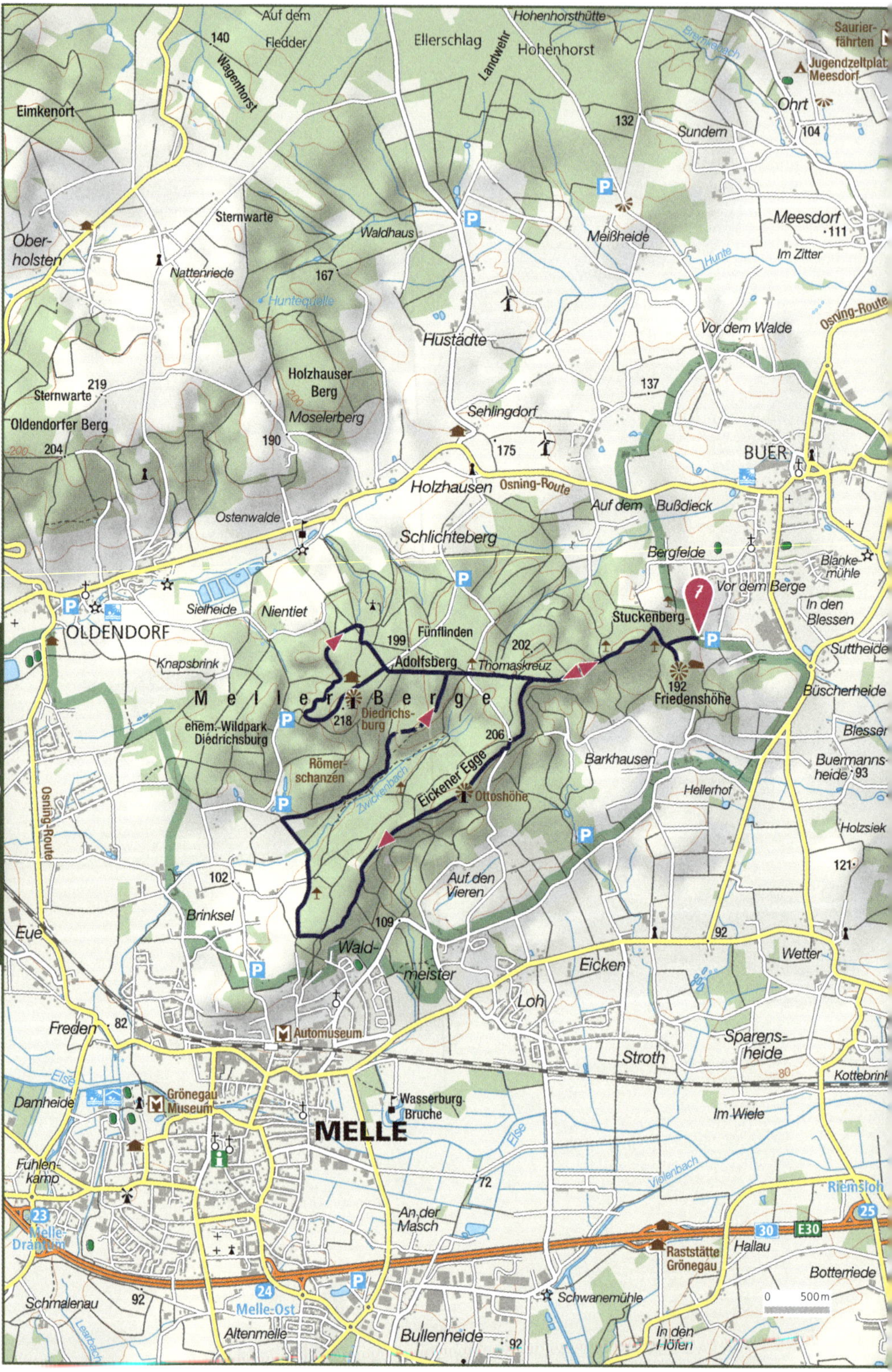

Auf dem Fledder
140
Wagenhorst
Hohenhorsthütte
Ellerschlag
Landwehr
Hohenhorst
Bremkebach
Saurierfährten
Jugendzeltplatz Meesdorf
Eimkenort
Ohrt
132
Sundern
104
Sternwarte
Waldhaus
Meißheide
Meesdorf
111
Oberholsten
Im Zitter
Nattenriede
Hunte
167
Huntequelle
Osning-Route
Hustädte
Vor dem Walde
Holzhauser Berg
Sternwarte 219
200
137
Oldendorfer Berg
Moselerberg
Sehlingdorf
204
190
175
BUER
Holzhausen
Osning-Route
Auf dem Bußdieck
Ostenwalde
Schlichteberg
Bergfelde
Blankemühle
Vor dem Berge
Sielheide
Nientiet
In den Blessen
OLDENDORF
Fünflinden
Stuckenberg
199
202
Suttheide
Knapsbrink
Adolfsberg
Thomaskreuz
192
Friedenshöhe
Büscherheide
M e l l e r B e r g e
218
Diedrichsburg
ehem. Wildpark Diedrichsburg
206
Blesser
Römerschanzen
Barkhausen
Buermannsheide 93
Zwickenbach
Eickener Egge
Ottoshöhe
Hellerhof
Osning-Route
Holzsiek
121
102
Auf den Vieren
Brinksel
109
92
Eue
Waldmeister
Wetter
Eicken
Loh
Freden
82
Automuseum
Sparensheide
Stroth
80
Else
Kottebrink
Damheide
Grönegau Museum
Wasserburg Bruche
Im Wiele
MELLE
Fuhlenkamp
Else
Violenbach
72
Riemsloh
23
Melle-Dratum
An der Masch
30
E30
25
Raststätte Grönegau
Hallau
24
Botterriede
Schmalenau
92
Melle-Ost
Schwanemühle
0 500 m
Altenmelle
Bullenheide
92
In den Höfen
Laerbach

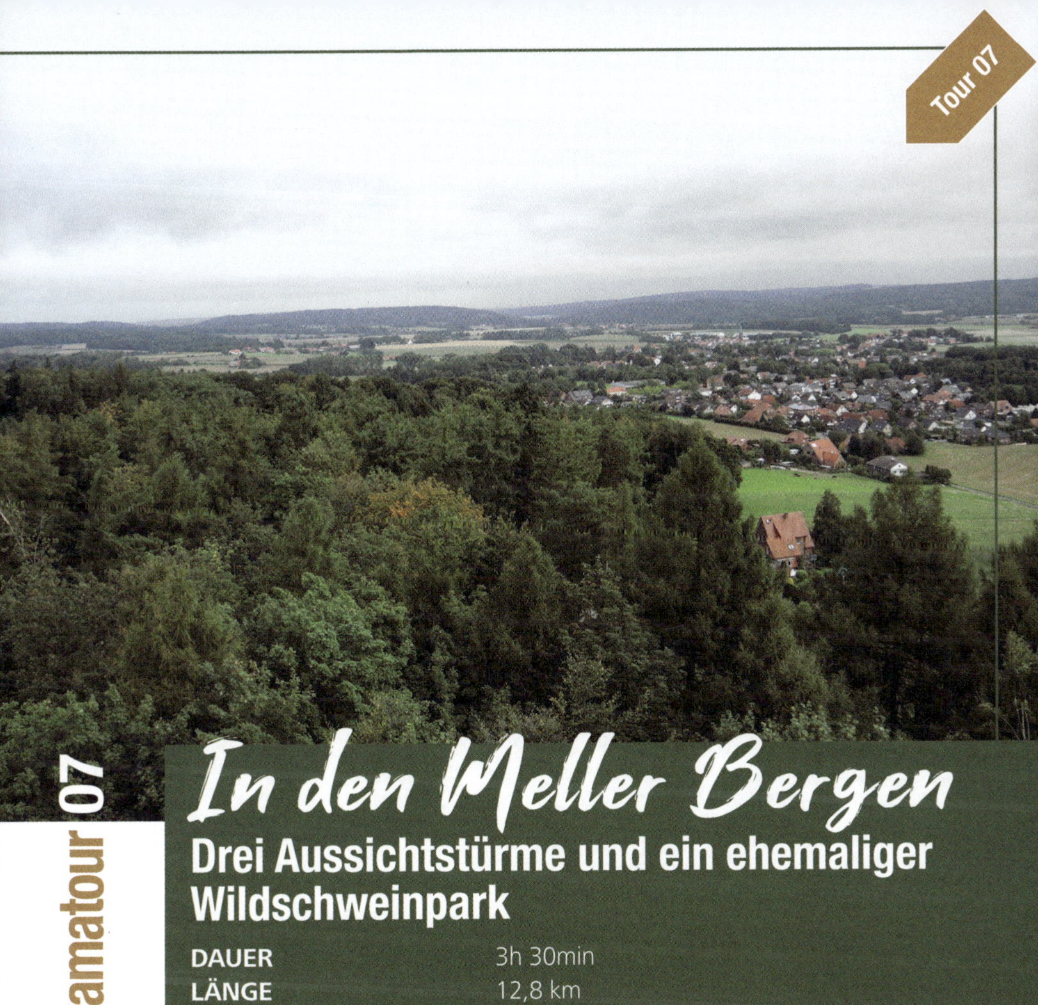

Panoramatour 07

In den Meller Bergen

Drei Aussichtstürme und ein ehemaliger Wildschweinpark

DAUER	3h 30min
LÄNGE	12,8 km
HÖHENMETER	320 hm
SCHWIERIGKEIT	LEICHT
MIT ÖPNV ERREICHBAR	ja

Das erwartet dich ...

… eine Wanderung, die die Meller Berge auf gut ausgebauten Wegen ausgiebig erschließt und abwechslungsreich ihrem berg- und talförmigen Gepräge nachspürt. Damit man nicht vom empfohlenen Weg abkommt, sind hier die Markierungen öfters genannt. Der ehemalige Wildpark, der bis 2021 ein frei zugängliches Damwild-Rudel und ganze viele Wildschweine beherbergte, ist auch ohne diese Tiere sehr sehenswert. Und Action: Besteigt man alle drei Aussichtstürme, kommt man in Summe auf etwa 400 hm.

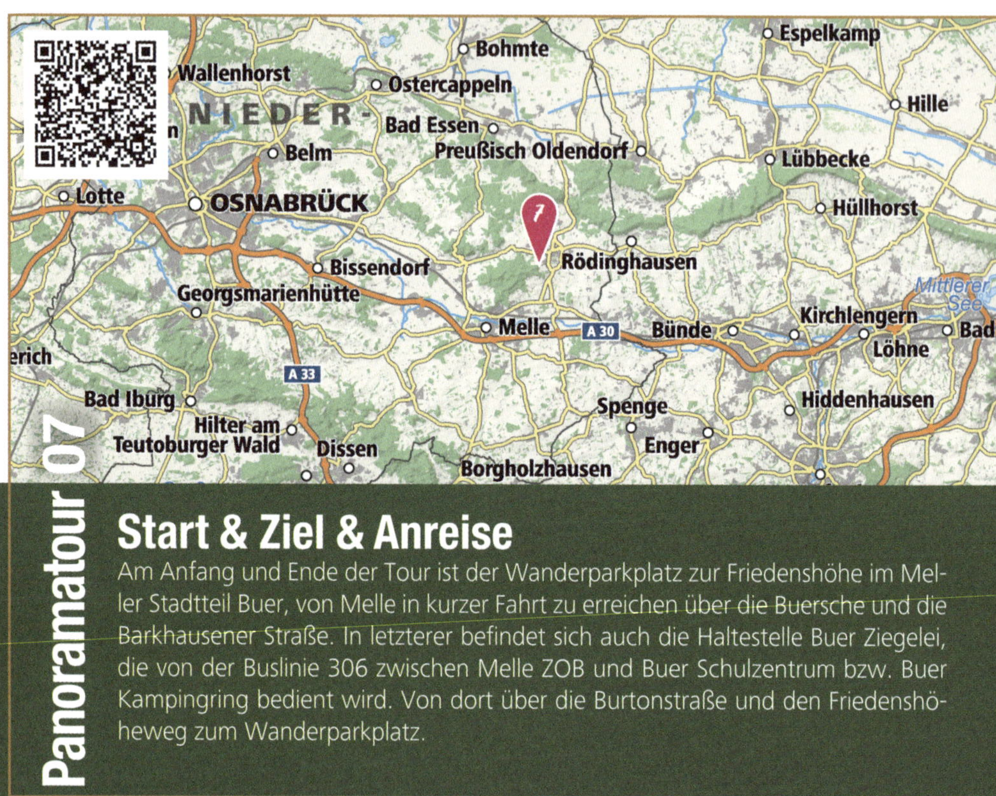

Panoramatour 07

Start & Ziel & Anreise

Am Anfang und Ende der Tour ist der Wanderparkplatz zur Friedenshöhe im Meller Stadtteil Buer, von Melle in kurzer Fahrt zu erreichen über die Buersche und die Barkhausener Straße. In letzterer befindet sich auch die Haltestelle Buer Ziegelei, die von der Buslinie 306 zwischen Melle ZOB und Buer Schulzentrum bzw. Buer Kampingring bedient wird. Von dort über die Burtonstraße und den Friedenshöheweg zum Wanderparkplatz.

Tourenbeschreibung

Das gibt´s nur hier: drei Aussichtstürme in wanderbarer Nähe. Wer sie besteigt und der Tour 80 Höhenmeter hinzufügt, sieht, dass die Meller Berge ein morphologisches Eigenleben führen und dem Wiehengebirge südlich vorgelagert sind. Höhepunkt des Bergzuges ist ein 200 ha großer Park, in dem neben Damwild und Mufflons sage und schreibe 150 eingehegte Wildschweine hausten, denen man im frei zugänglichen Areal nahe sein konnte. Nach neuer Mindestgrößenvorschrift fehlten ihm jedoch 30 ha, weshalb er aufgegeben und das Getier umgesiedelt wurde. Was dem Naturgenuss jedoch keinen Abbruch tut, denn das Parkgelände trägt dichtes Busch- und Waldland und das Panorama dort oben ist toll.

Am Parkplatz gehen wir den 3-Türme-Weg (römische 3 ohne oberen Querbalken) geradeaus hinauf. Zügig gelangen wir an eine Kreuzung, an der wir den ersten Turm erreichen: die 2014 renovierte und als Klimaturm Melle-Buer thematisierte

Friedenshöhe. Klimaschautafel, KlimaApp und ein KlimaKing-Quiz richten sich als Wissensspender vornehmlich an die junge Generation. Sie sollen als gestalterisches Bindeglied zwischen Jugend und Natur die Sinne schärfen für die Lebensnotwendigkeit eines bewussten Umgangs mit der Umwelt. Und das mitten im Wald als grün leuchtendes Beispiel. Von der 30 m hohen Plattform haben wir einen tollen Ausblick auf das Wiehengebirge und das nächste Turmziel.

Zurück zur Kreuzung, leicht links geradeaus (3-Türme-Weg) und zum Meller Bergkamm. Vorbei am verwachsenen Hüttchen Blomenbaum und mit weitem Blick nach Süd, den uns die Stürme frei geräumt haben. Mit dieser Blickrichtung und dem 3-Türme-Weg geht's nach links. Wir bleiben auf der Höhe, orientieren uns an einer Wegspinne am Schild Ottoshöhe und stehen staunend vor dem 2. Aussichtsbau. Etwas niedriger als der Vorherige, besticht der Turm durch gewaltige Douglasienstämme, die ihn stützen und dem hiesigen Wald entstammen. Wir schreiten weiter aus und überlassen uns an einer Kreuzung geradeaus einem Tal (weißer Kreis/Punkt). So kommen wir zum Waldrand nahe Melle und halten uns rechts. Ein Teersträßchen trägt uns gen Norden. Am Abzweig zur Ottoshöhe geradeaus und gemäß Holzschildern (Zwickenbach) auf einen Schotterweg. Wir nehmen das Reststück zum Parkplatz Am Weberhaus, in dessen Nähe das gleichnamige Café wartet. Dem Park steht noch ein Aufstieg im Weg. Vor dem Parkplatz wandern wir nach rechts. Gemächlich gewinnen wir an Höhe und lauschen dem mäandrierenden Zwickenbach unter uns, der den Wald lebhaft durchspült. Nach einem Linksbogen noch etwa 100 m, dann bewältigen wir unmarkiert auf altem Forstweg ein steiles Stück zu einem Querweg. Linkerhand geraten wir zum Rand des einstigen Wildparks, der im Volksmund Wildschweinpark hieß. Da seine Größe nicht richtliniengetreu war, wurde er 2021 aufgegeben und die Einzäunung allmählich zurückgebaut. So durchwandern wir ungehindert ein Tälchen und finden auf der Auffahrtsstraße zur Diedrichsburg, mit 219 m höchster Meller Bergpunkt. Der der Burgenromantik nachempfundene Bau wird vom 3. Tourenturm bekrönt und führt eine Gastronomie.

Dass das Parkgelände durch seinen dichten Bewuchs idealtypisch war für einen artgemäßen Lebensmittelpunkt des Wildes, lässt sich vom Turm aus gut erkennen. Dem spüren nun auch wir nach: rechts der Burganlage führt der 3-Türme-Weg als schmaler Pfad steil hinab und stößt auf den querenden Weg 5, den Wildschweinlehrpfad, wo das viele Borstenvieh den Boden großflächig zu Wildacker pflügte.

Um eine Naturerfahrung reicher, begeben wir uns zurück zur Auffahrtsstraße und zum Parkrand. Nun geradeaus und via Schutzhütte Thomaskreuz zur Einmündung des 3-Türme-Weges. Den Restweg kennen wir von vorhin, als wir noch nicht wussten, was die Meller Berge alles zu bieten haben.

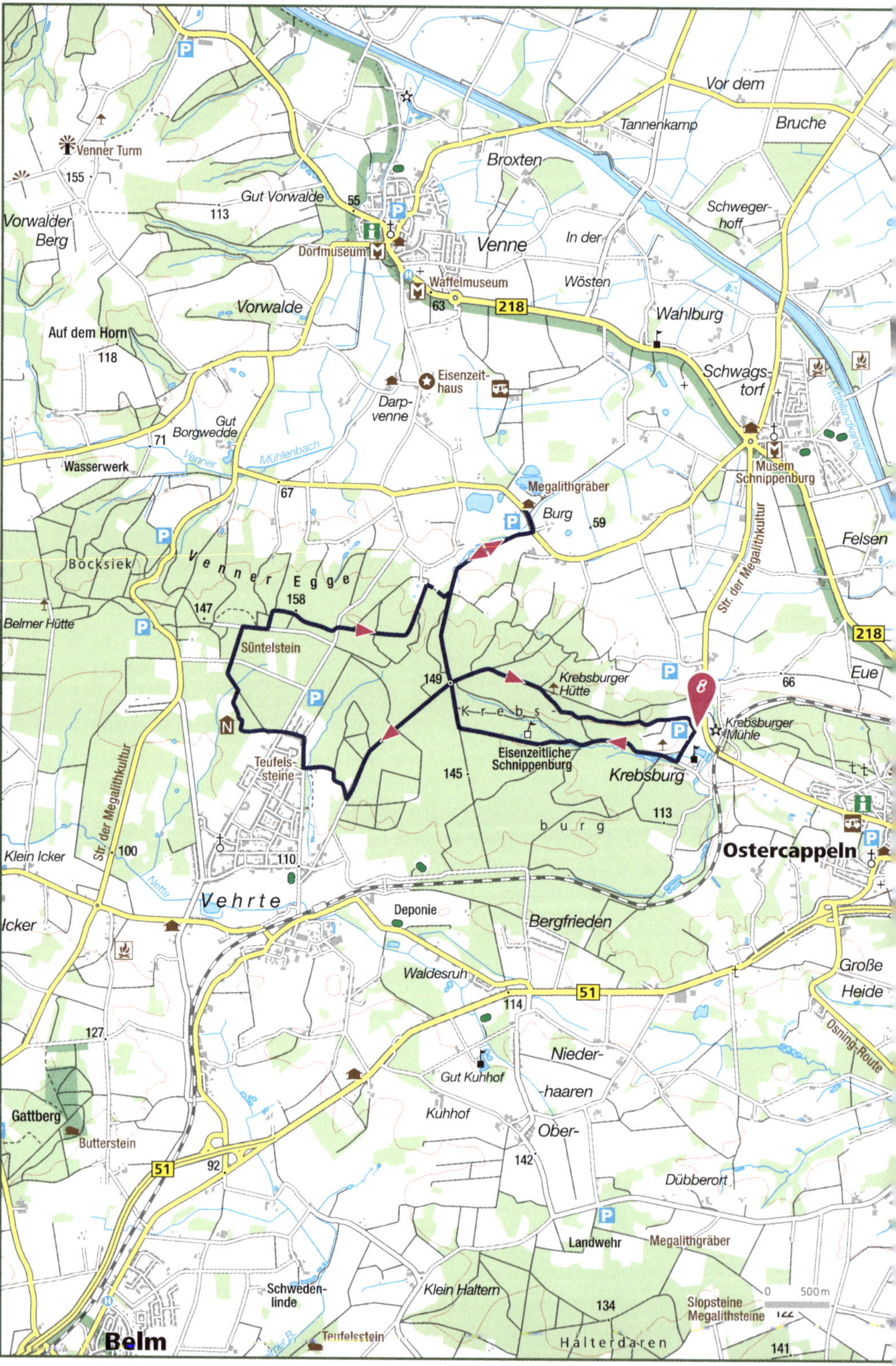

Vor dem
Bruche
Tannenkamp
Venner Turm
155
Broxten
Gut Vorwalde
55
113
Vorwalder
Berg
Schweger-
hoff
Dorfmuseum
Venne
In der
Wösten
Waffelmuseum
63
218
Vorwalde
Wahlburg
Auf dem Horn
118
Schwags-
torf
Eisenzeit-
haus
Darp-
venne
Gut
Borgwedde
71
Wasserwerk
Venner
Mühlenbach
Mittellandkanal
Musem
Schnippenburg
67
Megalithgräber
Burg
59
Str. der Megalithkultur
Felsen
Bocksiek
Venner Egge
147
158
Belmer Hütte
218
Süntelstein
149
Krebsburger
Hütte
Eue
66
8
Krebsburger
Mühle
Krebsburg
Eisenzeitliche
Schnippenburg
Teufels-
steine
145
Krebsburg
113
Str. der Megalithkultur
Klein Icker
100
110
Ostercappeln
Nette
Vehrte
Icker
Deponie
Bergfrieden
Waldesruh
Große
Heide
51
114
Osning-Route
127
Nieder-
haaren
Gut Kuhhof
Gattberg
Kuhhof
Butterstein
Ober-
51
92
142
Dübberort
Landwehr
Megalithgräber
Schweden-
linde
Klein Haltern
134
Sloopsteine
Megalithsteine
0
500 m
Belm
Teufelsstein
Hälterdaren
141

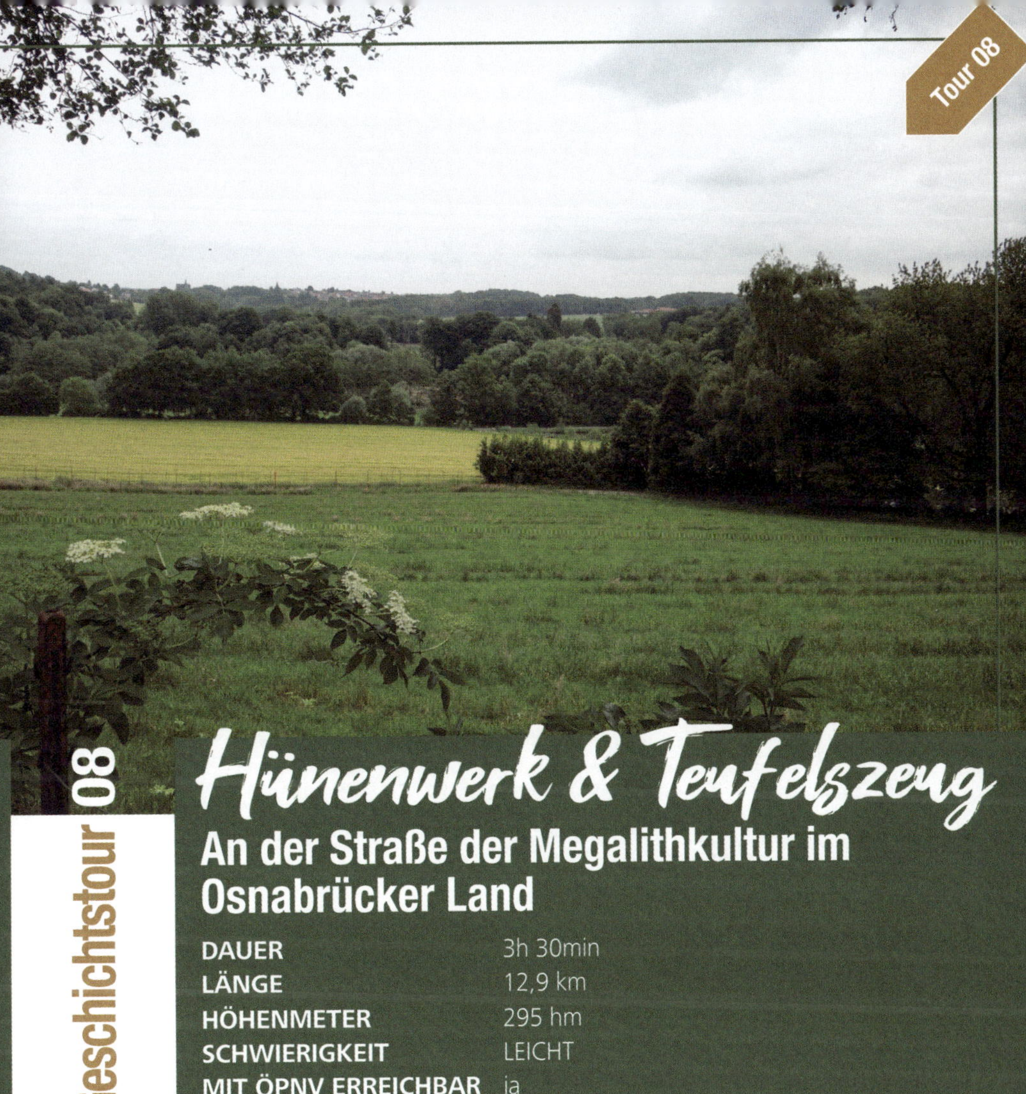

Geschichtstour 08

Hünenwerk & Teufelszeug

An der Straße der Megalithkultur im Osnabrücker Land

DAUER	3h 30min
LÄNGE	12,9 km
HÖHENMETER	295 hm
SCHWIERIGKEIT	LEICHT
MIT ÖPNV ERREICHBAR	ja

Das erwartet dich ...

... eine gut gangbare, waldreiche und wissenswerte Wanderung mit wenig steilen Anstiegen und längeren fast ebenen Partien. Und dich erwartet eine Wanderung in eine Zeit, als „richtige Männer" noch Hünen hießen und die Menschen – auf Teufel komm raus – ihrer Lebenswelt magische Kräfte zuschrieben und Naturgeister entscheiden ließen, wo´s langgeht. Diese Geschichtstour fußt auch auf dem DiVa-Walk, der streckenweise befolgt wird, denn Namensgeber sind Dinosaurier und der römische Statthalter Varus.

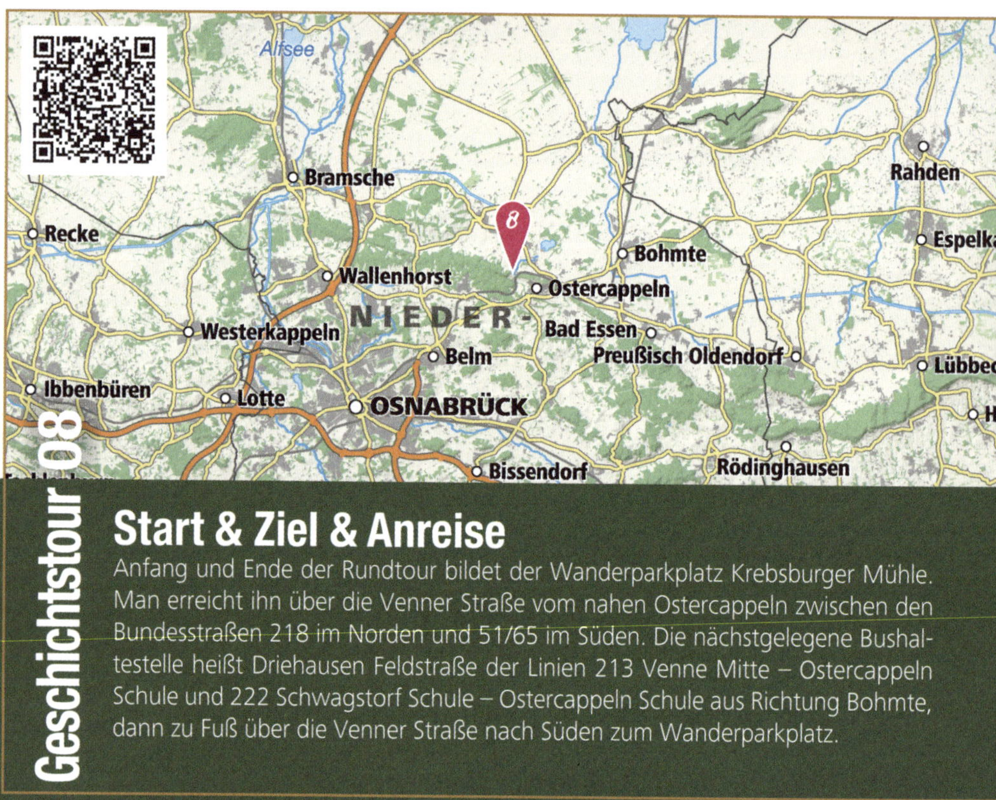

Start & Ziel & Anreise

Anfang und Ende der Rundtour bildet der Wanderparkplatz Krebsburger Mühle. Man erreicht ihn über die Venner Straße vom nahen Ostercappeln zwischen den Bundesstraßen 218 im Norden und 51/65 im Süden. Die nächstgelegene Bushaltestelle heißt Driehausen Feldstraße der Linien 213 Venne Mitte – Ostercappeln Schule und 222 Schwagstorf Schule – Ostercappeln Schule aus Richtung Bohmte, dann zu Fuß über die Venner Straße nach Süden zum Wanderparkplatz.

Tourenbeschreibung

Riesen, Hünen oder Teufel waren stets die üblichen Verdächtigen, wenn Menschen eine Erklärung suchten für das Zustandekommen großer Steinhaufen. Die Moderne brachte viele Legenden aus dem mythischen Dunkel ans Licht der Kulturgeschichte. Der Arbeitskreis „Straße der Megalithkultur" erforscht die jungsteinzeitliche Lebenswelt und schuf eine Ferienstraße, die über 70 Großsteingräber zwischen Meppen, Oldenburg und Osnabrück verbindet. Einem sehenswerten Stück, stimmungsvoll von Wald umrahmt, folgt diese Tour.

Am Parkplatz tun wir die ersten Schritte in die graue Vorzeit. Ein Plattenweg, unter anderem mit dem Symbol für den DiVa Walk – dem geschichtsträchtigen Wanderweg im Naturpark TERRA.vita – weist links hinauf. Schon bald steuern wir auf die Krebsburger Mühle zu (Süntelstein 5,3 km). An deren umfriedetem Gelände ziehen wir rechts vorbei und laufen ansteigend in den Krebsburger Wald.

Wir gehen ins stets gut markierte Grüne. Wie unwegsam muss das Gehölz zur Zeit unserer Altvorderen gewesen sein? Welche Markierungen wählten sie zur Orientierung im Dickicht? Bald lesen wir – näherungsweise – Süntelstein 3,2 km. Das ist eine verheißungsvolle Botschaft, denn der wird uns noch teuflisch gut gefallen. Geradlinig geht's hinab zum Waldrand, Vehrte entgegen.

Am Schützenhaus Vehrte rechts. Das Schild Schwarzkreidegrube führt rechts vom Wege ab. Der Trip in die Jurazeit kostet nur 50 m und bereichert unser Naturkundewissen. Die durch aufsteigende Magma entstandene Schwarze Kreide in diesem geologischen Aufschluss enthält so viel Kohlenstoff, dass sie sich in gemahlener Form als Färbemittel eignete. Oberhalb der Grube am Waldrand im Bogen nach links. Wir sind im Gebiet der Teufelssteine und könnten glauben, am Rand des Höllenschlundes zu stehen, denn ein langgezogenes etwa 10 m tiefes Loch liegt plötzlich vor uns. Wir bleiben in unserer Welt, begeben uns zu einer Baumgruppe, die das archäologische Denkmal „Teufels Backofen" umschließt. Die Riesenfindlinge beherbergten eine Grabkammer von 6 m Länge – als Kraftausdruck eines wahren Hünenwerkes! Zurück zum großen Loch, links daran vorbei und hinauf zu „Teufels Backtrog", einem weiteren Großsteingrab. Seine Kammer steckt noch in den Resten eines Hügels. Unserer Fantasie wachsen Flügel, wir schwingen uns auf über die höchsten Wipfel und schauen hinab auf den Wald, den unsere Ahnen einst durchstreiften und diese Steinzeichen ohne Verfallsdatum hinterließen.

Es geht den Abstecher zurück, kurz darauf sind wir am Ortsrand von Vehrte. Neben der Straße (DiVa Walk) und in die Engelriede – die netten Siedlungshäuser bieten schönen Kontrast zum Teufelszeug. Über die Vehrter Bergstraße zum Naturfreundehaus, davor um einen Bolzplatz. Der DiVa Walk führt in den Forst und kurz darauf ein Pfad zum Süntelstein. Die Rückseite des vier Meter hohen Monoliths trägt ein Teufelsgesicht, das auf eine Sage verweist. Nicht zu lange in die diabolischen Augen schauen, sonst versteinern wir selbst!

Den Pfad zurück und auf dem DiVa Walk nach (Hünenburg 3,4 km). Ein Weglein hinauf und auf querender Forststraße über die Venner Egge. Wir folgen traulich dem DiVa Walk. In der Schutzhütte Venner Egge setzen wir uns kurz zur Ruhe, dann hinab zum Waldesrand und an einem Hof rechts. Wir machen das Megalith-Quartett komplett und wandern einige hundert Meter eine Straße hinab. Hier liegen die Darpvenner Steine – jungsteinzeitliche Ganggräber mit Schmuck- und Werkzeugfunden aus Bernstein und Geschiebe. Zurück zum Herkunftsort und im schattenden Bergwald empor zur vom Hinweg bekannten Kreuzung. Auf dem Kammweg (Krebsburger Mühle 2,4 km) zu einer Verzweigung und zur Krebsburger Hütte. An einem Holzplatz verlassen wir den Kamm. Jenseits des Tales gewahren wir Ostercappeln mit der markanten St. Lambertus-Kirche und gelangen – längst wieder im Hier und Jetzt – zum nahen Parkplatz.

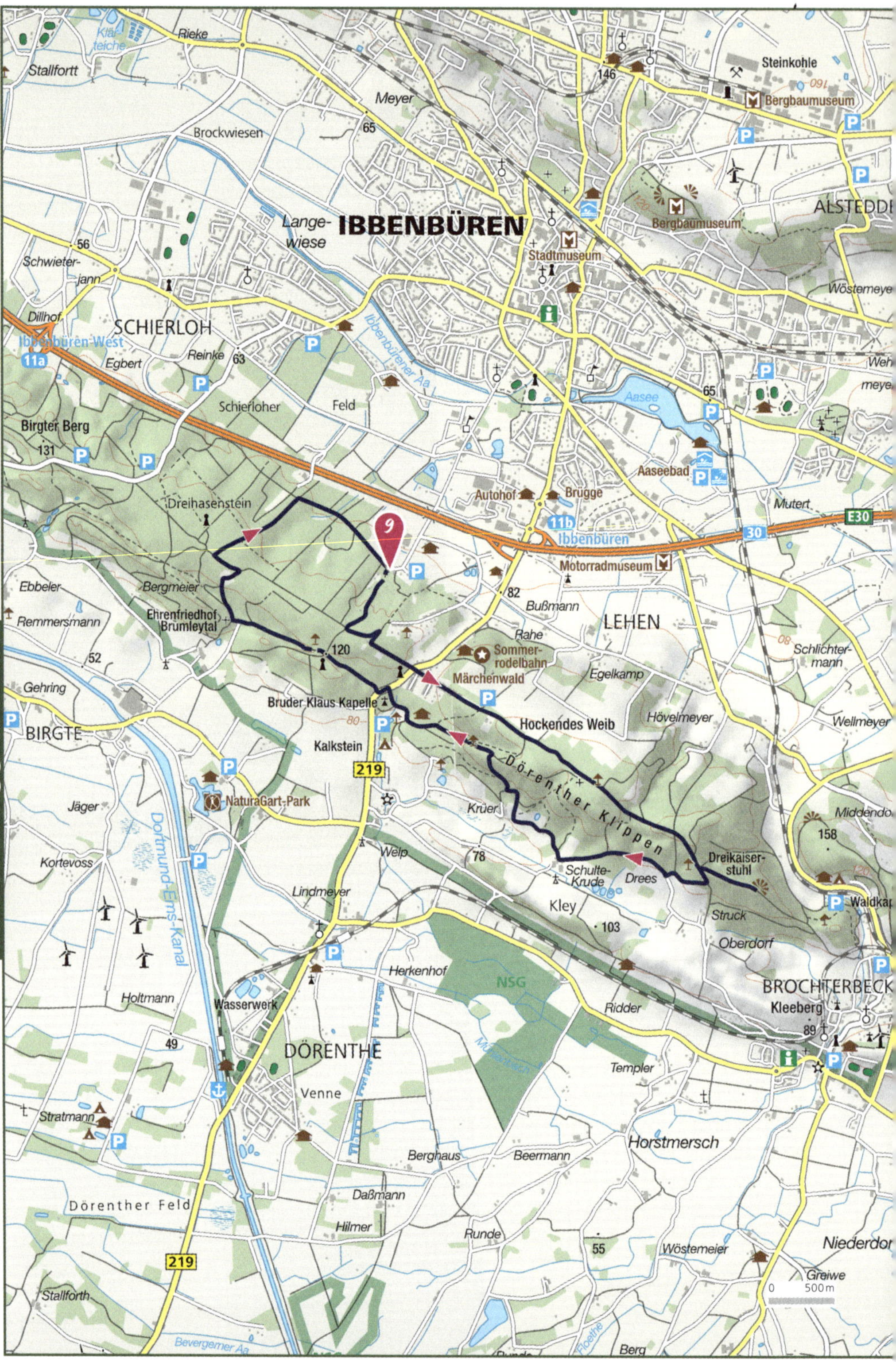

Stallfortt
Rieke
Klärteiche
Meyer
65
146
Steinkohle
Bergbaumuseum
Brockwiesen
Lange-
wiese
IBBENBÜREN
Bergbaumuseum
ALSTEDDE
56
Schwieter-
jann
Stadtmuseum
Wöstemeyer
Dillhof
Ibbenbüren-West
11a
SCHIERLOH
Egbert
Reinke
63
Ibbenbürener Aa
Aasee
65
Schierloher
Feld
Birgter Berg
131
Aaseebad
Autohof
Brügge
Mutert
E30
Dreihasenstein
9
11b
Ibbenbüren
30
Motorradmuseum
Ebbeler
Bergmeier
82
Bußmann
Ehrenfriedhof
Brumleytal
Remmersmann
LEHEN
Rahe
Schlichter-
mann
120
Sommer-
rodelbahn
52
Märchenwald
Egelkamp
Gehring
Bruder Klaus Kapelle
Hockendes Weib
Hövelmeyer
Wellmeyer
BIRGTE
80
Kalkstein
219
Dörenther Klippen
NaturaGart-Park
Jäger
Krüer
Middendorf
158
Dreikaiser-
stuhl
Kortevoss
Welp
78
Schulte-
Krude
Drees
Waldkap
Dortmund-Ems-Kanal
Lindmeyer
Kley
Struck
103
Oberdorf
Herkenhof
NSG
BROCHTERBECK
Holtmann
Wasserwerk
Ridder
Kleeberg
89
49
DÖRENTHE
Templer
Venne
Stratmann
Horstmersch
Berghaus
Beermann
Daßmann
Dörenther Feld
Hilmer
Runde
55
Wöstemeier
Niederdorf
219
Greiwe
0
500 m
Stallforth
Bevergemer Aa
Berg

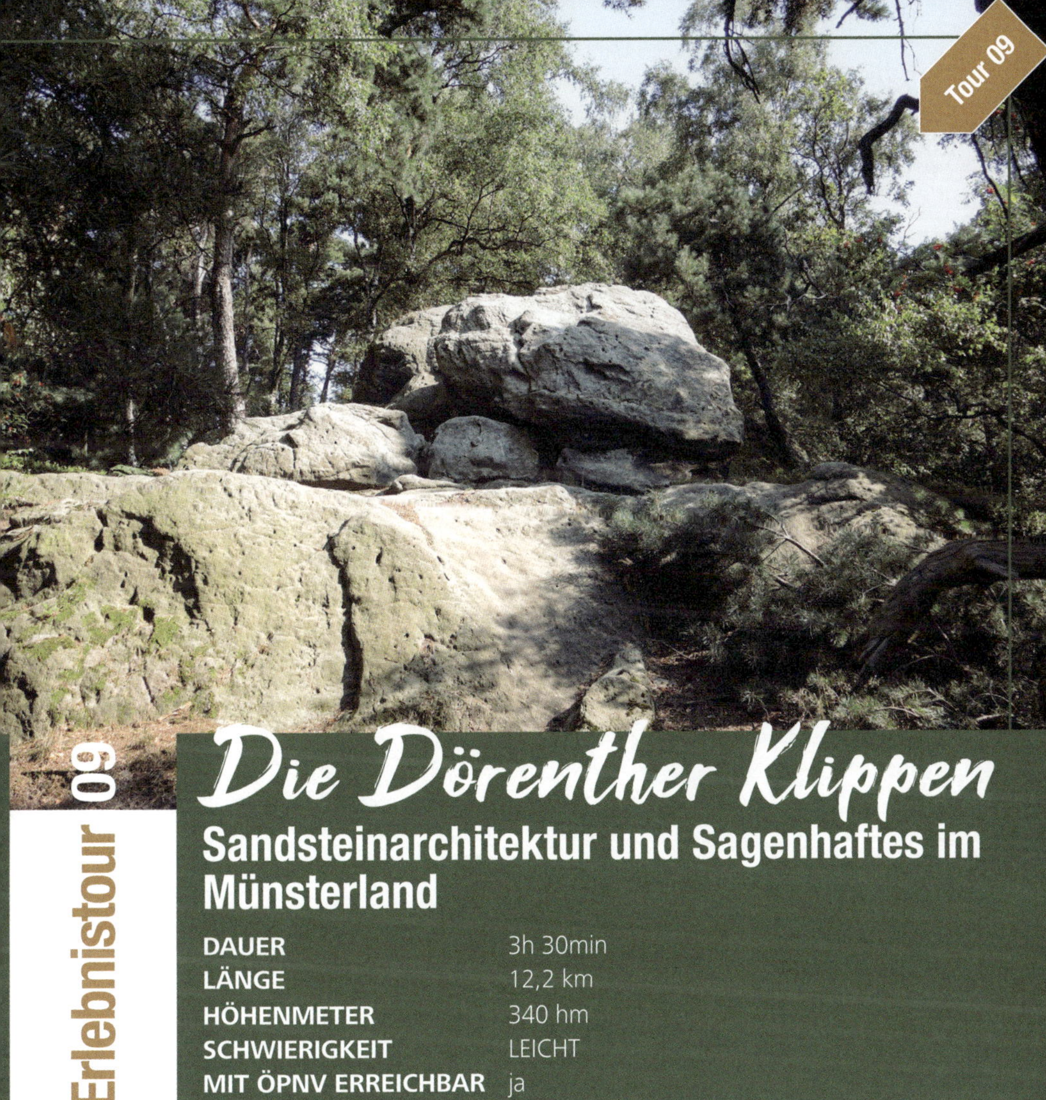

Erlebnistour 09

Die Dörenther Klippen

Sandsteinarchitektur und Sagenhaftes im Münsterland

DAUER	3h 30min
LÄNGE	12,2 km
HÖHENMETER	340 hm
SCHWIERIGKEIT	LEICHT
MIT ÖPNV ERREICHBAR	ja

Das erwartet dich ...

... ein echt steiniges Ambiente, das der ortsansässige Teutoburger Wald am vier Kilometer langen Massiv der Dörenther Klippen malerisch zur Geltung bringt. Dreikaiserstuhl, Plisseefelsen und Hockendes Weib sind herausragende Beispiele einer Felswelt, die man hier in dieser Dichte kaum erwartet. Die Wanderroute verbindet diese Steinzeugen birgt naturgemäß steilere Passagen, befolgt das Motto Wald, bietet einiges an Panorama und besucht eine sagenhafte Frau – doch ist leider auch diese aus Stein.

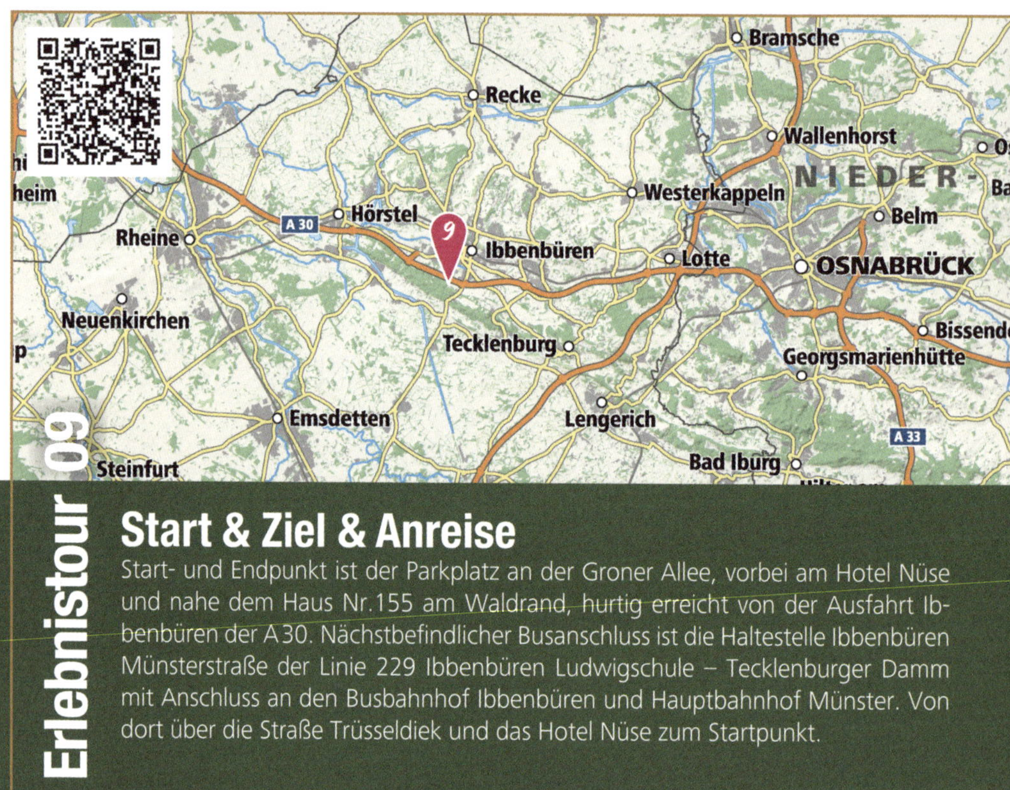

Erlebnistour 09

Start & Ziel & Anreise

Start- und Endpunkt ist der Parkplatz an der Groner Allee, vorbei am Hotel Nüse und nahe dem Haus Nr. 155 am Waldrand, hurtig erreicht von der Ausfahrt Ibbenbüren der A 30. Nächstbefindlicher Busanschluss ist die Haltestelle Ibbenbüren Münsterstraße der Linie 229 Ibbenbüren Ludwigschule – Tecklenburger Damm mit Anschluss an den Busbahnhof Ibbenbüren und Hauptbahnhof Münster. Von dort über die Straße Trüsseldiek und das Hotel Nüse zum Startpunkt.

Tourenbeschreibung

Am Parkplatz folgen wir dem Hinweis auf einen Übungsplatz für Schäferhunde bergwärts, passieren den Schulungsort und gehen an einem Querweg links. Häuser begleiten uns zur B 219. Jenseits dieser geht's die Straße Dörenther Berg steil hinauf. Wir lesen „Dörenther Klippen, Hockendes Weib, Almhütte" – da wollen wir überall hin. Erst wandeln wir am Waldrand, dann geraten wir tiefer in den Forst. An einer Kriegsgräberstätte nimmt uns der Hermannsweg (H) auf und geleitet uns, vorbei an einem Rastpilz, zur ersten Felsattraktion, dem Dreikaiserstuhl.

Wir ersteigen die zahme Seite des Massivs. Überwindet der Blick den Sog der jähen Nordabstürze, die eifrig beklettert werden, präsentiert sich das weite Tecklenburger Land. Die Klüfte, Spalten und Risse der Felsen, entstanden aus der unablässigen Gestaltungskraft der Witterung, bilden eine artgerechte Lebensgrundlage für viele Tier- und Pflanzenarten. Der gesamte Klippenzug wurde zum Fauna-Flora-Habitat erklärt.

Zurück zum Wetterpilz, hinab zum Waldrand (A3) und rechts. Teils im Forst, teils daneben erwandern wir die Ansiedlungen Drees, Schulte-Krude und Krüer. Wir tauchen wieder in den Wald und erklimmen steil den Kamm (A3/A4). Erneut beeindrucken Felsen. Sie locken uns auf einem Stichpfad zu den imposanten Plisseefelsen. So geht Symbiose: Das verwitterte Gestein ist Bodenbildner für den Bewuchs – die Pflanzendecke schützt den Fels. Hier finden bis zu 150 Jahre alte Kiefern Halt – und deutlich jüngere Kletterer lassen sich auch erspähen.

Wieder am Kamm und links (H) zur urigen Almhütte. In nächster Nähe setzt sich das üppigste Naturprodukt der Dörenther Klippen ins rechte Augenlicht: das Hockende Weib. Ihm nähern wir uns bergseitig auf sanftem Weg. Erst von der Talseite, die zu erreichen uns etwas Trittsicherheit abnötigt, erhebt sich der Stein in seiner ganzen Fantasie anregenden Pracht. Den sagenhaften Background dazu liefert der Autorentipp.

Autoren Tipp

Vor langer Zeit reichte das Meer bis an den Teutoburger Wald. Es war so aufbrausend, dass es oft das Land überflutete. Damals lebte eine Frau mit ihren zwei Kindern unter den Dörenther Klippen. Wieder einmal nahten die Wellen, doch so schnell, dass die Mutter mit ihren Kindern auf die Klippen floh, sich zu Boden hockte, die Kleinen auf die Schultern hob und für deren Rettung betete. Ihr Gebet wurde erhört: das Wasser floss ab, die Kinder lebten, doch das Hockende Weib war zu Stein erstarrt.

Fortsetzung Tour 9

Über den Kletterweg oder bequem (H) erlangen wir den Schwäbischen Gasthof Dörenther Klippen und die Bruder-Klaus-Kapelle. Nochmals über die B 219 und nach rechts (H/Riesenbeck 1,5 h). Ein Hohlweg führt uns steil aus dem Tal zu einer Schutzhütte. Über einige Stufen, gleichmäßig hinab zu einer Verzeigung an einem kleinen Weiher und am Soldatenfriedhof vorbei.

Bald zweigt rechts (H verlassend) ein Pfad ab, der uns hinaufführt zu einem umzäunten Sandsteinbruch, den die Bergfreunde Ibbenbüren zum Klettern entdeckt und hergerichtet haben. Mit etwas Glück sehen wir, welche Fortbewegungsarten es nebst Wandern noch gibt. Mit Bestimmtheit aber, wie kräftig das Waldgehölz die Grubenwand säumt – eine Naturkunst, die auf dünner Verwitterungsschicht Bestand hat. Am linken Rand des Bruches hinauf, links auf breiten Weg und unmarkiert rechts auf einen grünen Pfad. Der weitet sich und führt gerade hinab in Richtung Autobahn. Einem zweiten Reitweg folgen wir hinaus aus dem Wald und zum Ziel.

Die Felsformation „Hockendes Weib"

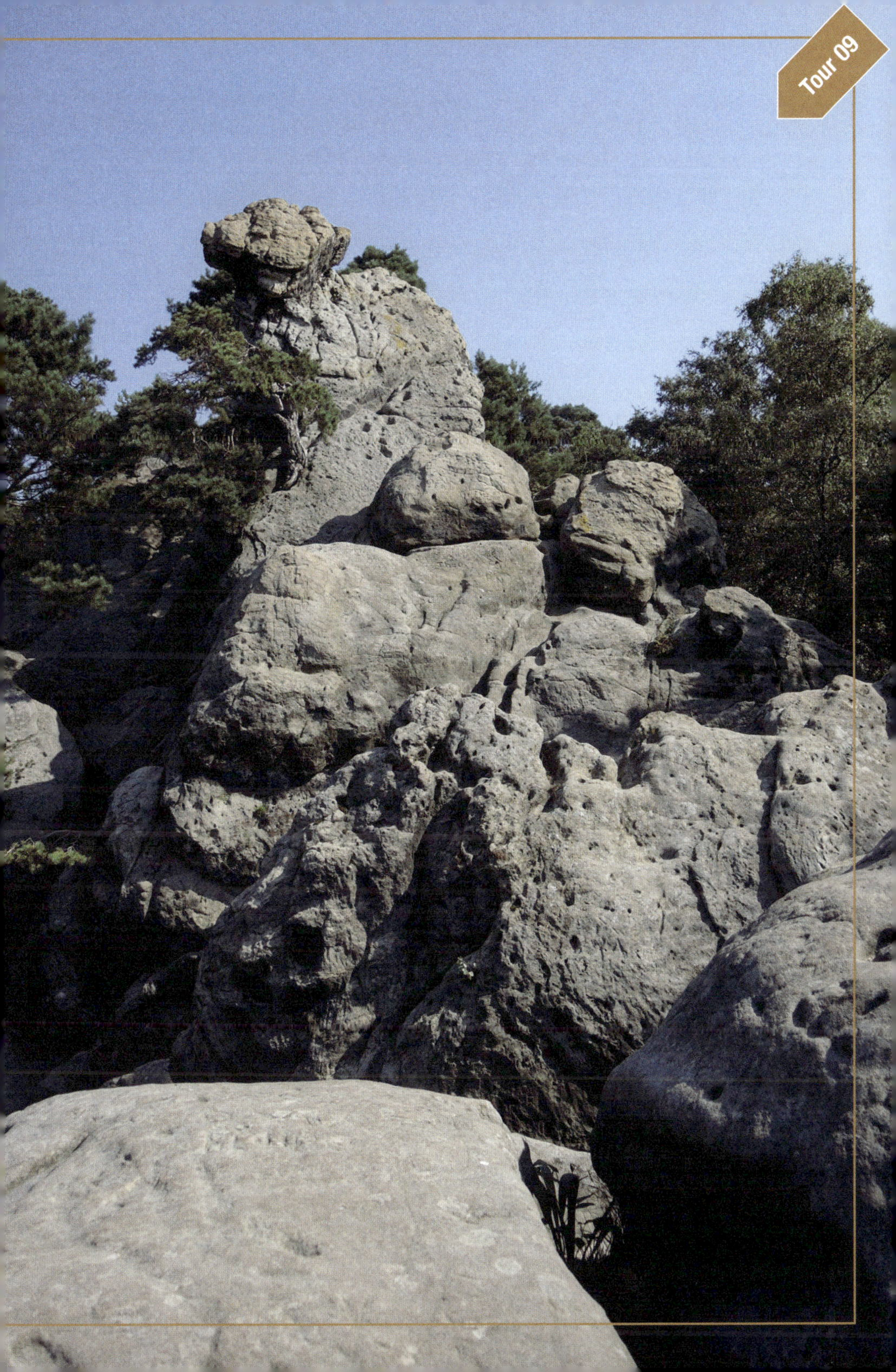

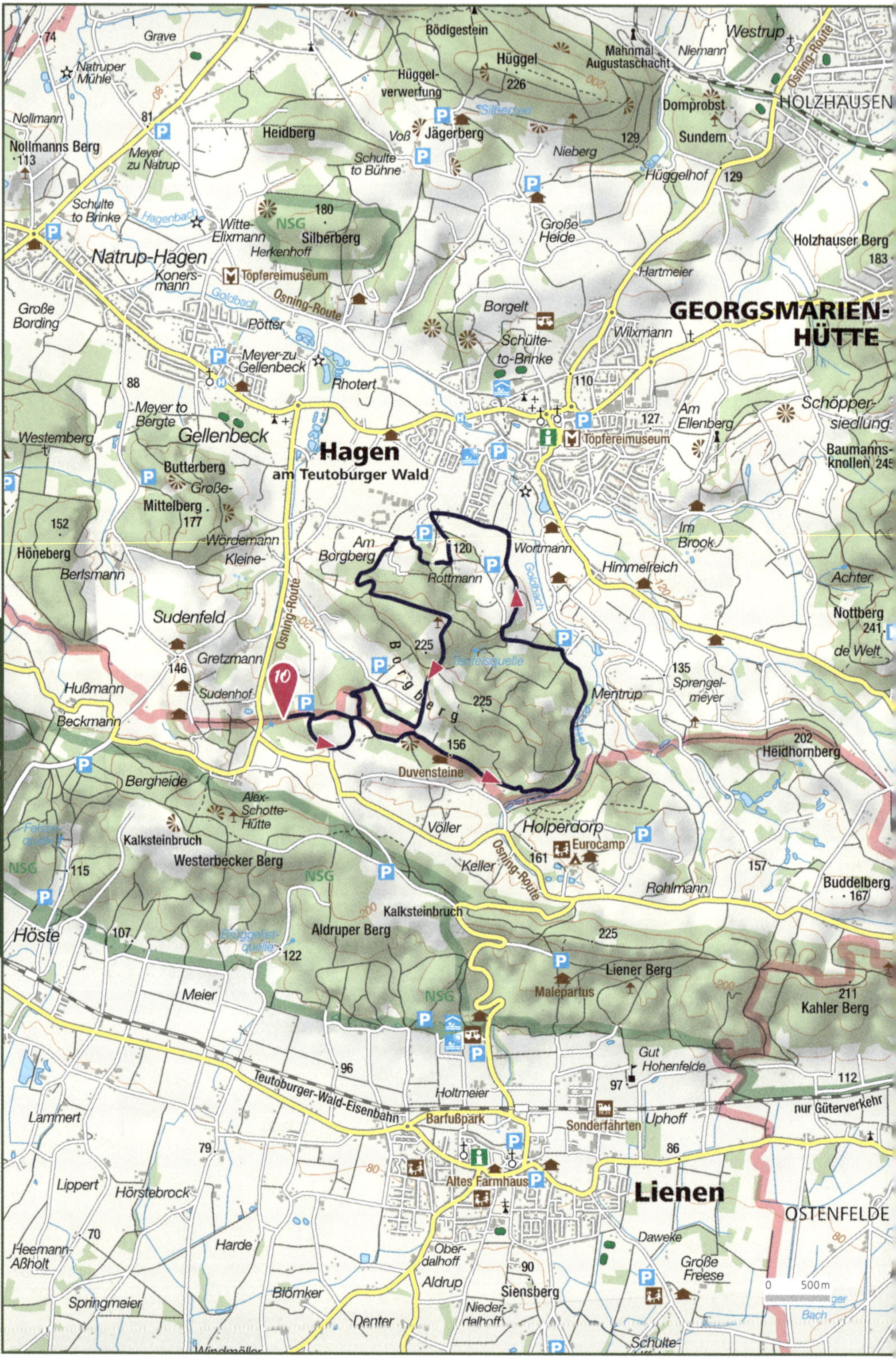

Bödigestein
Hüggel
226
Mahnmal Augustaschacht
Westrup
Niemann
Osning-Route
HOLZHAUSEN
Grave
74
Natruper Mühle
Hüggel-verwerfung
Silbersee
Domprobst
Sundern
Nollmann
81
Heidberg
Voß
Jägerberg
Nieberg
129
Nollmanns Berg
113
Meyer zu Natrup
Schulte to Bühne
Hüggelhof
129
Schulte to Brinke
Hagenbach
Witte-Elixmann
NSG
180
Silberberg
Große Heide
Holzhauser Berg
183
Natrup-Hagen
Herkenhoff
Konersmann
Töpfereimuseum
Hartmeier
Goldbach
Osning-Route
Große Bording
Borgelt
GEORGSMARIEN-HÜTTE
Pötter
Wilxmann
Schülte-to-Brinke
Meyer-zu-Gellenbeck
Rhotert
110
Schöppersiedlung
88
Meyer to Bergte
127
Am Ellenberg
Töpfereimuseum
Westemberg
Gellenbeck
Hagen
am Teutoburger Wald
Baumannsknollen 245
Butterberg
Große-Mittelberg
177
152
Wördemann
Am Borgberg
120
Wortmann
Im Brook
Höneberg
Kleine-
Rottmann
Himmelreich
Berlsmann
Goldbach
Achter
Sudenfeld
Osning-Route
Borgberg
225
Teufelsquelle
Nottberg
241
de Welt
146
Gretzmann
135
Sprengelmeyer
Hußmann
Sudenhof
10
225
Mentrup
Beckmann
156
202
Heidhornberg
Duvensteine
Bergheide
Alex-Schotte-Hütte
Völler
Holperdorp
Felsenquelle
Kalksteinbruch
Eurocamp
161
Westerbecker Berg
Keller
Osning-Route
157
NSG
115
NSG
Rohlmann
Buddelberg
167
200
Kalksteinbruch
Höste
107
Brüggelustquelle
Aldruper Berg
225
122
Liener Berg
Meier
NSG
Malepartus
211
Kahler Berg
200
Gut Hohenfelde
96
97
112
Teutoburger-Wald-Eisenbahn
Holtmeier
nur Güterverkehr
Lammert
Barfußpark
Sonderfahrten
Uphoff
79
86
80
Altes Farmhaus
Lippert
Hörstebrock
Lienen
OSTENFELDE
70
Heemann-Aßholt
Harde
Ober-dalhoff
Daweke
80
90
Aldrup
Große Freese
Blömker
Siensberg
0
500 m
Springmeier
Denter
Nieder-dalhoff
Bach
Windmöller
Schulte-

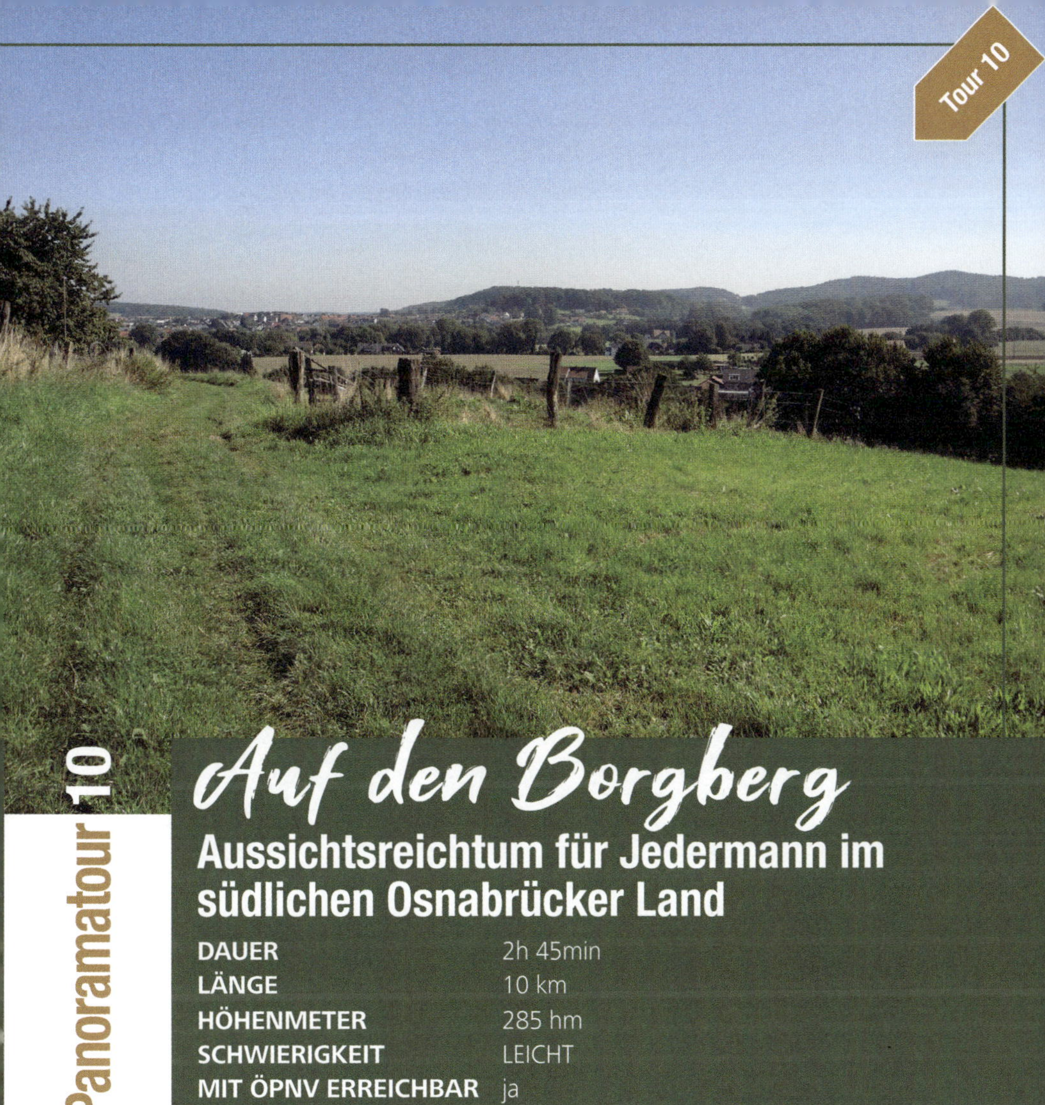

Panoramatour 10

Auf den Borgberg

Aussichtsreichtum für Jedermann im südlichen Osnabrücker Land

DAUER	2h 45min
LÄNGE	10 km
HÖHENMETER	285 hm
SCHWIERIGKEIT	LEICHT
MIT ÖPNV ERREICHBAR	ja

Das erwartet dich ...

... eine Ausnahmeerscheinung in diesem Buch, denn im Wald geht es nur teilweise dahin. Dafür öfter an seinem Rand oder ein Stück davon entfernt. Thema verfehlt? Keineswegs, denn so erwandert sich der „Follower" stets neue Blickwinkel eines umfassenden Panoramas. Zu dem viel Wald gehört, der die schöne Landschaft des Natur- und Geoparks TERRA.vita erfrischend begrünt. Streckenlänge und Höhenmeter halten sich in genussvollen Grenzen, sodass ein steiler Pfad sittsam integriert wird.

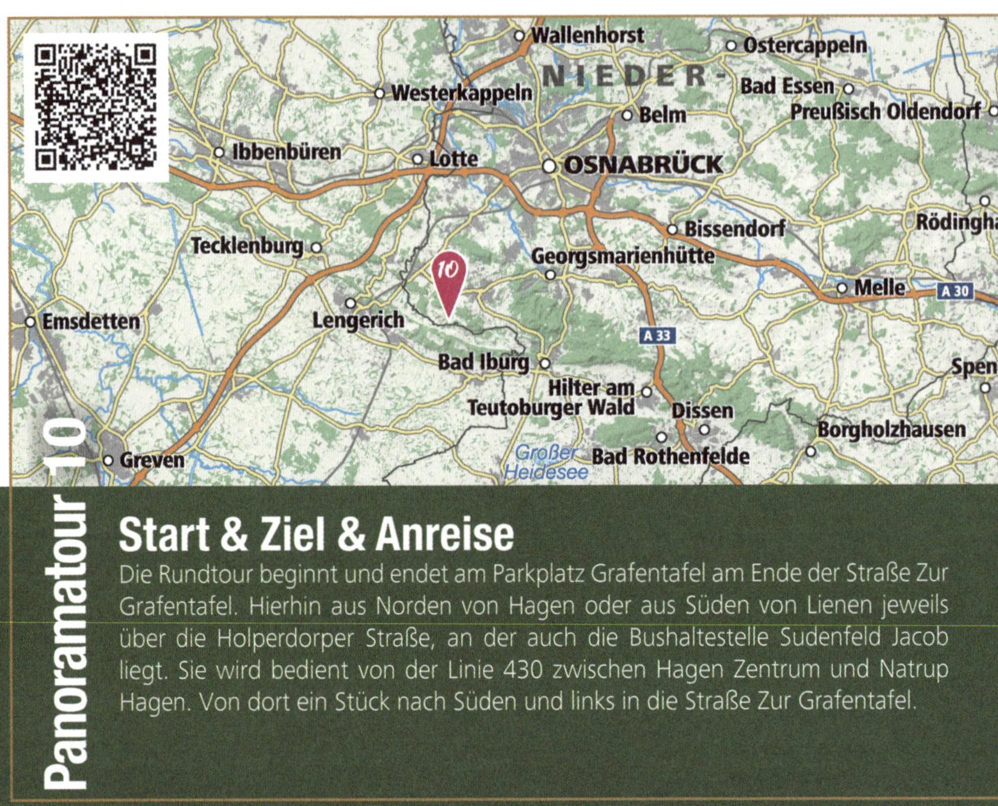

Panoramatour 10

Start & Ziel & Anreise

Die Rundtour beginnt und endet am Parkplatz Grafentafel am Ende der Straße Zur Grafentafel. Hierhin aus Norden von Hagen oder aus Süden von Lienen jeweils über die Holperdorper Straße, an der auch die Bushaltestelle Sudenfeld Jacob liegt. Sie wird bedient von der Linie 430 zwischen Hagen Zentrum und Natrup Hagen. Von dort ein Stück nach Süden und links in die Straße Zur Grafentafel.

Tourenbeschreibung

Der Borgberg ist dem Hauptkamm vorgelagert. Von diesem Alleinstellungsmerkmal profitieren wir, denn den Schauwert liefern bewaldete Höhen und landwirtschaftliche Feldflur. Das südliche Osnabrücker Land präsentiert sich wie ein Kompass: im Norden die Kirschgemeinde Hagen, im Westen weite Bauerschaften, im Süden das Breitband des Teutos, im Osten der massige Dörenberg. Das Panorama ist Gold wert – ein Vermögen, das uns gehören kann. Wir müssen uns nur auf den Weg machen.

Am Parkplatz gehen wir in Fahrtrichtung (A12). Aus einem kleinen Tal vor der Straße nach Bad Iburg links hinauf. Eine Landwirtschaft und eine Baumschule bezeugen die Fruchtbarkeit der Natur. Wir betreten den Ahornweg und gehen zu den Duvensteinen. Die Wortfügung aus Du(nkel) und Ve für Fee oder Mutter ortet diesen Felsen als alten Kultplatz, an dem Muttergöttinnen Kindersegen spendeten. An der Gabelung vor einer Wiese geradeaus (Ahornweg). Das üppige Grün aus Forst und Wiese, flankiert vom Teuto-Kamm, offenbart reichen Natursegen. Im schönen Goldbachtal passieren wir ein paar lauschige Fischteiche. Wir kommen in ein Sträßchen mit Fachwerkhäusern (B) und in den Wald (Almhütte). Einen Feldweg, gesäumt von Kirschbäumen, hinab. Die süßen Früchte prägten Hagen als einst größtes Obstbaugebiet weithin. Noch heute locken die Kirschen zwischen Blüte und Reife viele Menschen zum Kirschfest, auf einen Lehrpfad oder die Kirsch-Rad-Route, die uns hier begleitet.

Auf der Bergstraße nähern wir uns Hagen, das in einem Talkessel liegt, von bewaldeten Höhen schützend umhegt. Den Ortsrand streifend (Am Borgberg), streben wir dem Zielberg entgegen. Am Waldrand links auf einen steilen Pfad, zum Parkplatz Borgberg, zu einem Fachwerkhaus mit Kneipp-Becken. Nochmals steil empor, auf querendem Forstweg links. Nur mehr moderat steigend, dafür angenehm von Wald umwachsen, gelangen wir zur Almhütte. Keine Bergwirtschaft hat es hier, dafür ein robustes Schutzhaus und einen grandiosen Blick auf Hagen und weit darüber hinaus.

Hinab und mit Hinweis Duvensteine/Grafentafel über den Kammscheitel nach Süden. An der Baumschule schließt sich die Runde. Rechts zurück, doch nun geradeaus. Vor der Straße mit Schild Grafentafel links. Es folgt ein kleiner Orientierungslauf, durch weiße Kreise an Bäumen gut markiert, zum Waldrand. Den Rest kennen wir.

Die Almhütte hoch über Hagen

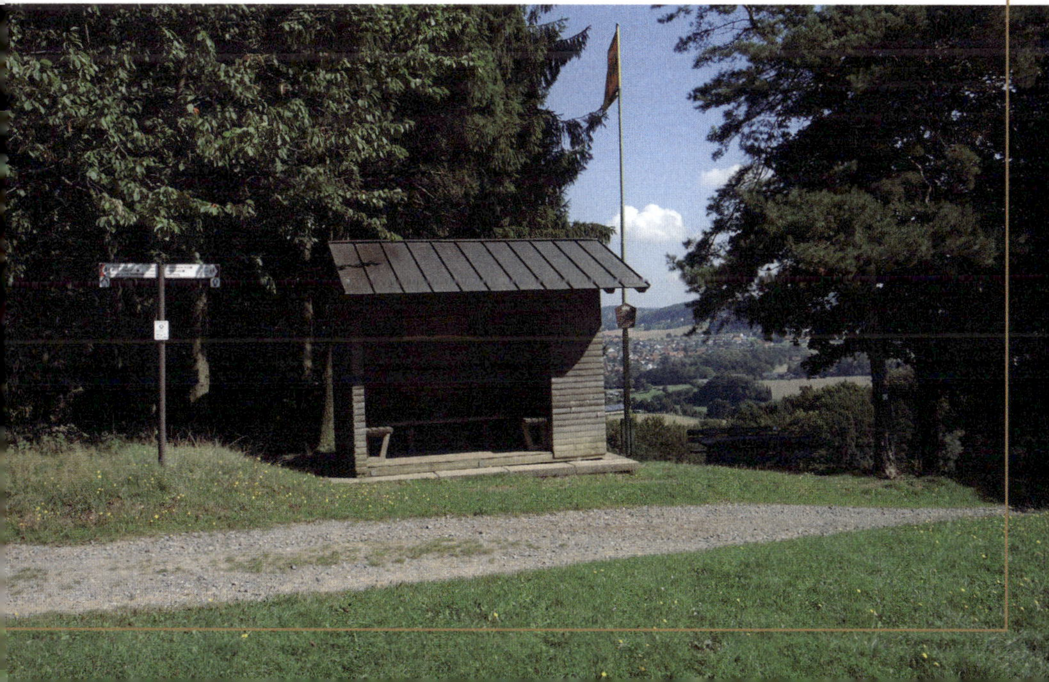

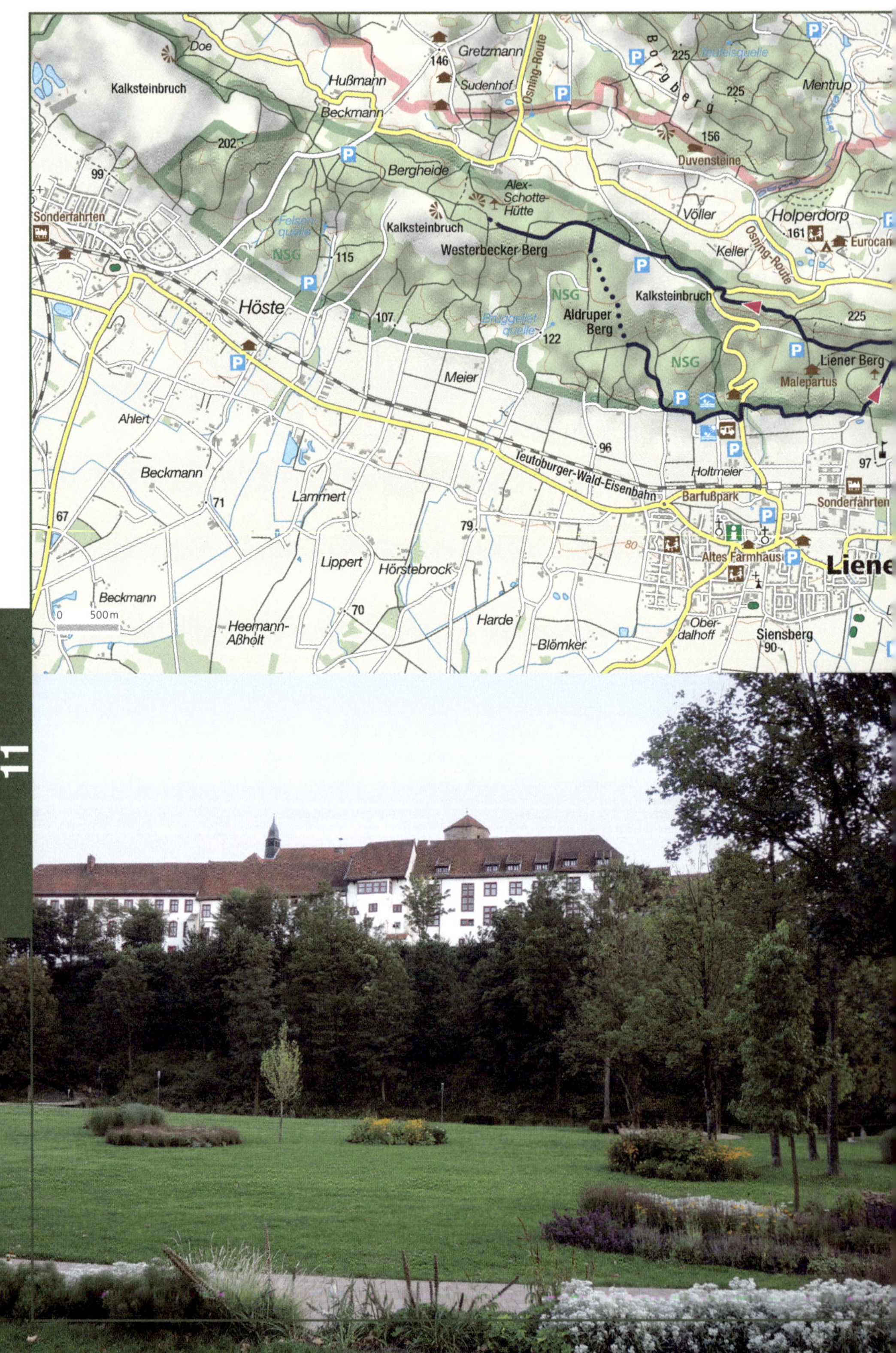

Doe
Kalksteinbruch
Hußmann
146
Gretzmann
Sudenhof
Beckmann
Osning-Route
Borgberg
225
Teufelsquelle
Mentrup
156
Duvensteine
202
99
Bergheide
Alex-Schotte-Hütte
Sonderfahrten
Felsenquelle
NSG
115
Kalksteinbruch
Westerbecker Berg
Völler
Holperdorp
161
Eurocamp
Keller
Höste
107
Brüggeletquelle
122
Aldruper Berg
Kalksteinbruch
225
Liener Berg
Malepartus
Meier
Ahlert
96
97
Holtmeier
Teutoburger-Wald-Eisenbahn
Beckmann
71
Lammert
Barfußpark
Sonderfahrten
67
79
80
Altes Farmhaus
Lienen
Lippert
Hörstebrock
Beckmann
0 500 m
70
Harde
Heemann-Aßholt
Blömker
Ober-dalhoff
Siensberg
90

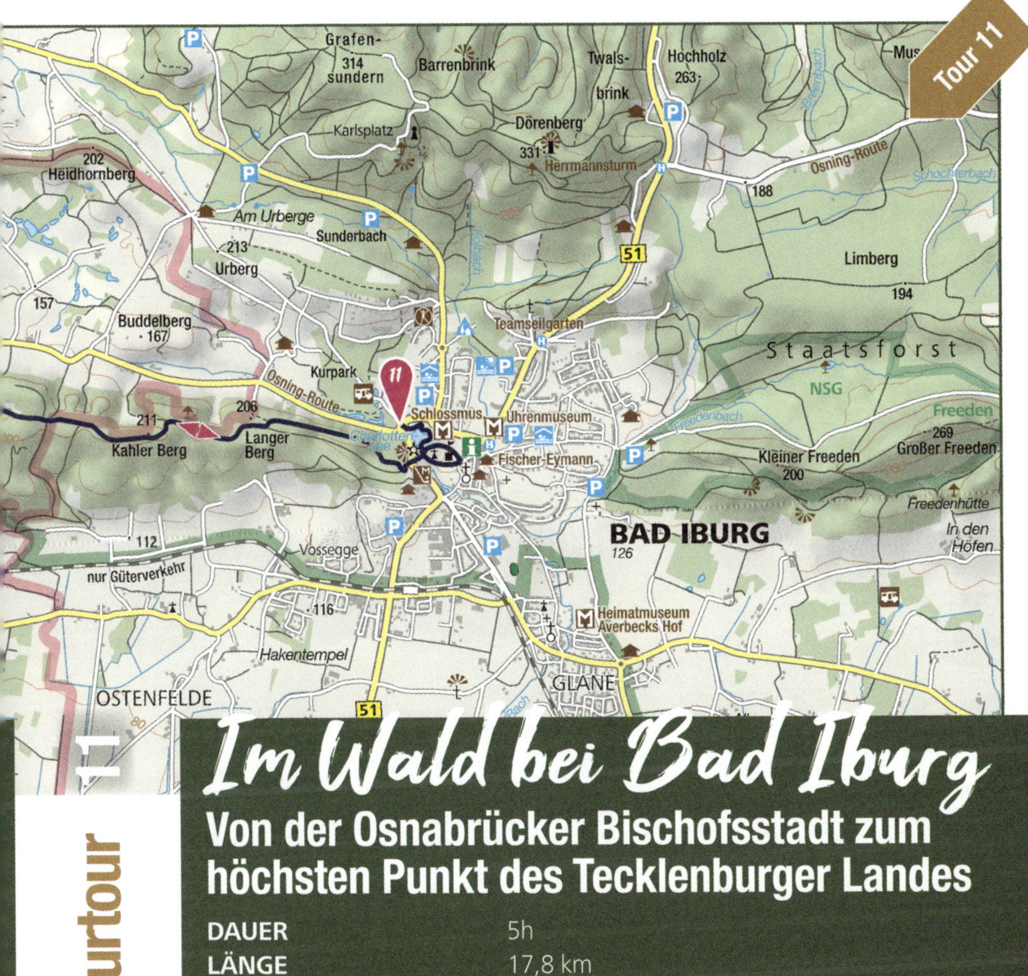

Kulturtour 11

Im Wald bei Bad Iburg

Von der Osnabrücker Bischofsstadt zum höchsten Punkt des Tecklenburger Landes

DAUER	5h
LÄNGE	17,8 km
HÖHENMETER	480 hm
SCHWIERIGKEIT	MITTEL
MIT ÖPNV ERREICHBAR	ja

Das erwartet dich ...

... eine lange und recht höhenmeterreiche Kammwanderung zwischen Osnabrücker und Münsterland. Sie ist mit Ausnahme einer Kurzstrecke bei Lienen sehr wohltuend im Wald angesiedelt, mit einem rustikalen Wirtshaus bestückt, dem aussichtsreichen Westerbecker Berg getoppt und zwei Steilaufstiegen zum Kamm sportlich gewürzt. Und da das noch nicht langt, umkreist die empfohlene Route am Ende noch das Iburger Schloss. Wir empfehlen, die gepflegte Anlage in Augenschein zu nehmen.

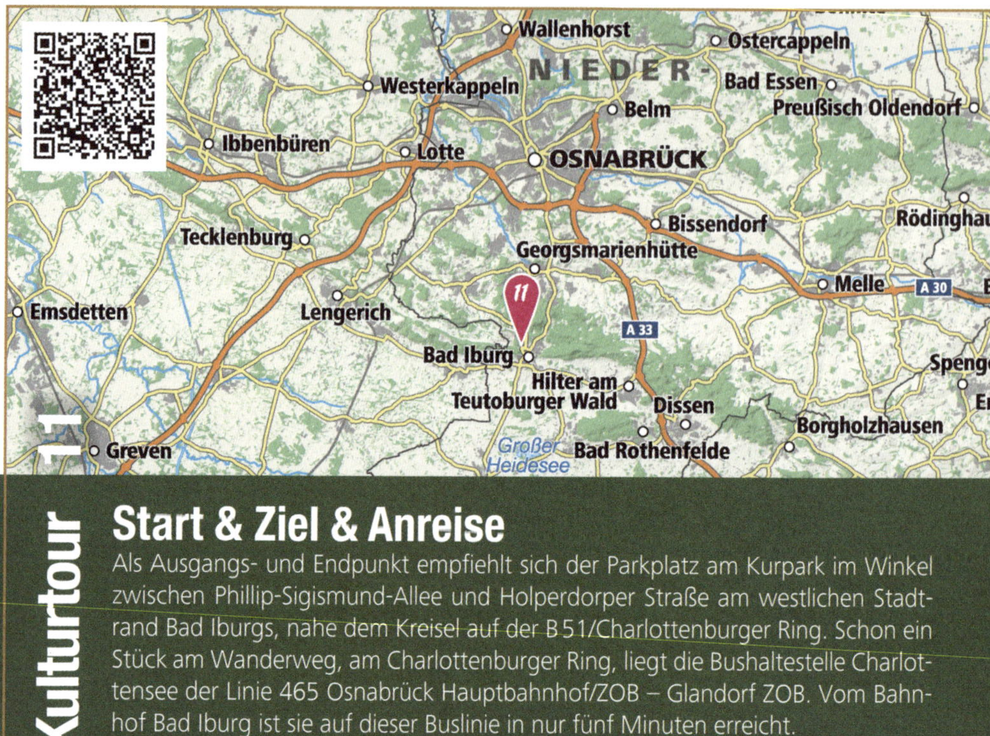

Start & Ziel & Anreise

Als Ausgangs- und Endpunkt empfiehlt sich der Parkplatz am Kurpark im Winkel zwischen Phillip-Sigismund-Allee und Holperdorper Straße am westlichen Stadtrand Bad Iburgs, nahe dem Kreisel auf der B51/Charlottenburger Ring. Schon ein Stück am Wanderweg, am Charlottenburger Ring, liegt die Bushaltestelle Charlottensee der Linie 465 Osnabrück Hauptbahnhof/ZOB – Glandorf ZOB. Vom Bahnhof Bad Iburg ist sie auf dieser Buslinie in nur fünf Minuten erreicht.

Tourenbeschreibung

Bad Iburg ist derart hübsch, dass man glatt das Wandern vergessen könnte. Allein die überragende Burg ist Blickfang und Sehnsuchtsort der Schaulustigen, Kunstsinnigen und Kulturfolger. Und doch lockt Waldland nach draußen, Frischluft nach innen und Bergeshöhe hinauf. Bad Iburg kann warten.

Vom Parkplatz uns burgwärts wendend, gehen wir im Halbrund um den Charlottensee und kontaktieren nochmals den Charlottenburger Ring. Der Hermannsweg (H) führt eine Rampe empor und zum Hotelparkplatz Felsenkeller. Der Weg (H) bringt steil aufsteigend den Kreislauf in Schwung und uns auf den Kamm des Teutos. Im erfrischenden Grün passieren wir eine Schutzhütte der Ostenfelder Bergfreunde, dann entdecken wir hinter dem Kahlen Berg einen Grenzstein von 1837. Wer damals hier wanderte, verließ an dieser Stelle den Herrschaftsbereich Hannovers und betrat Preußen. So verlassen wir Niedersachsen und geraten nach Nordrhein-Westfalen. Die Waldluft jedoch ist grenzenlos, damals wie heute. Links ab vom breiten Hauptweg (H) und an einer Kreuzung geradeaus (Malepartus 1,1 km). Nach dem Kilometer über den Liener Berg stehen wir nicht am fabelhaften Bau des Reineke Fuchs, wie das neulateinische Wort Malepartus vermuten ließe, sondern vor der gleichnamigen Waldwirtschaft. Eine einstige Blockhütte – der Überlieferung nach auf einem Fuchsbau errichtet – wandelte sich unter Zuhilfenahme von Tiroler Bauholz und Zillertaler Handwerkern in eine rustikale Wirtschaft in alpenländischem Stil. Der Zubringerstraße folgen wir nur kurz, dann geht's rechts (H) auf einen Waldweg, der uns zur Passstraße von Holperdorp nach Lienen und darüber hinausführt. Wir setzen unseren Hermannsweg fort, der im Bereich eines Kalksteinbruchs zu einer weiteren Straße mit Parkplatz leitet. Dort gehen wir geradeaus. Durch Zaun vor der Abbruchkante geschützt und vorbei am Abzweig des Rückweges, gehen wir zum Schild „Alex-Schotte-Hütte 200 m". Die Schutzhutte steht auf dem Westerbecker Berg, der zweierlei bietet: den mit 235 m höchsten Punkt des Tecklenburger Landes und eine Fernsicht weit nach Norden bis zum Wiehengebirge. Von hier brachte eine 6,3 km lange Seilbahn den gebrochenen Kalk nach Hüggel, wo er mit der dortigen bergbaulichen Infrastruktur abgefahren wurde.

Und schon geht es wieder zurück. Ein Stück Hinweg, dann rechts (A10), die gesamte Südflanke des schön bewaldeten Berges durchmessend, weit hinab. Am Ölmühlenbach, unweit dem Wasserfall Lienen, treten wir aus dem Forst, das überraschend brettebene Münsterland zu unseren Wanderfüßen. Via Hallenfreibad und Hotel-Restaurant-Café Waldschlösschen auf die bekannte Passstraße. Sofort rechts die Holperdorp Straße und am Abzweig zum Malepartus geradeaus. Wald- und bergwärts (A9) schwenken wir nach sportlich-steilem Anstieg wieder in den Kammweg, der uns auf bekanntem Weg zurück nach Bad Iburg führt. Zeit, uns auf die Ehrenrunde ums Schloss zu freuen.

Autoren Tipp

Mehr als 600 Jahre lang erfüllte Schloss Iburg die Doppelfunktion als Residenz des Bistums Osnabrück und Benediktinerkloster. Dieser Eigenart sind noch zwei hinzuzufügen: Auf den Resten einer sächsischen Fliehburg errichtet, ist Iburg die älteste Ritterburg des Bistums. Und der im Barockstil gestaltete Rittersaal besitzt das einzige original erhaltene perspektivische Deckenbild nördlich der Alpen. Die Anlage, von Schlosswiese und Knotengarten gerahmt, lädt ein zu Führungen oder Schlosskonzerten.

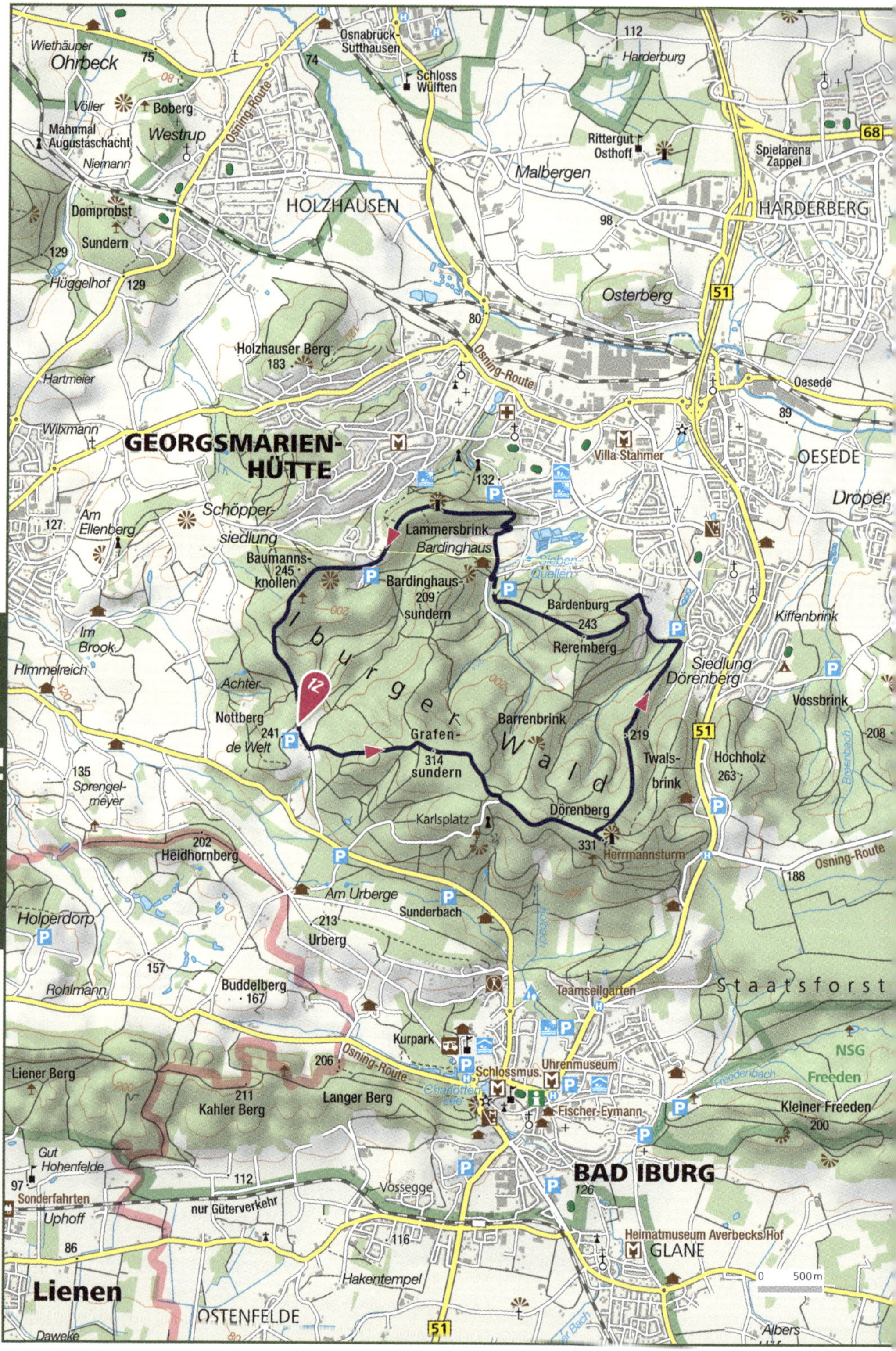

12

Wiethäuper
Ohrbeck
75
Völler
Boberg
Mahnmal Augustaschacht
Westrup
Niemann
Osning-Route
Osnabrück-Sutthausen
74
Schloss Wülften
112
Harderburg
68
Rittergut Osthoff
Spielarena Zappel
Malbergen
HOLZHAUSEN
HARDERBERG
Domprobst
Sundern
98
129
Hüggelhof
129
Osterberg
51
80
Holzhauser Berg
183
Osning-Route
Hartmeier
Oesede
89
Wilxmann
GEORGSMARIEN-HÜTTE
Villa Stahmer
OESEDE
Dröper
132
127
Am Ellenberg
Schöpper-siedlung
Lammersbrink
Bardinghaus
Sieben Quellen
Baumanns-knollen
245
Bardinghaus-sundern
209
Bardenburg
243
Reremberg
Kiffenbrink
Im Brook
Siedlung Dörenberg
Himmelreich
Iburger Wald
Achter
Vossbrink
Nottberg
241
de Welt
Barrenbrink
51
219
Grafen-sundern
314
Twals-brink
Hochholz
263
208
135
Sprengel-meyer
Karlsplatz
Dörenberg
331
Herrmannsturm
202
Heidhornberg
188
Osning-Route
Am Urberge
Sunderbach
Holperdorp
213
Urberg
157
Rohlmann
Buddelberg
167
Teamseilgarten
Staatsforst
Kurpark
NSG Freeden
Freedenbach
206
Osning-Route
Liener Berg
Schlossmus.
Uhrenmuseum
Charlottensee
211
Kahler Berg
Langer Berg
Fischer-Eymann
Kleiner Freeden
200
Gut Hohenfelde
97
Sonderfahrten
112
Vossegge
BAD IBURG
126
nur Güterverkehr
Uphoff
116
Heimatmuseum Averbecks Hof
GLANE
86
0 500 m
Lienen
Hakentempel
OSTENFELDE
51
Daweke
Albers

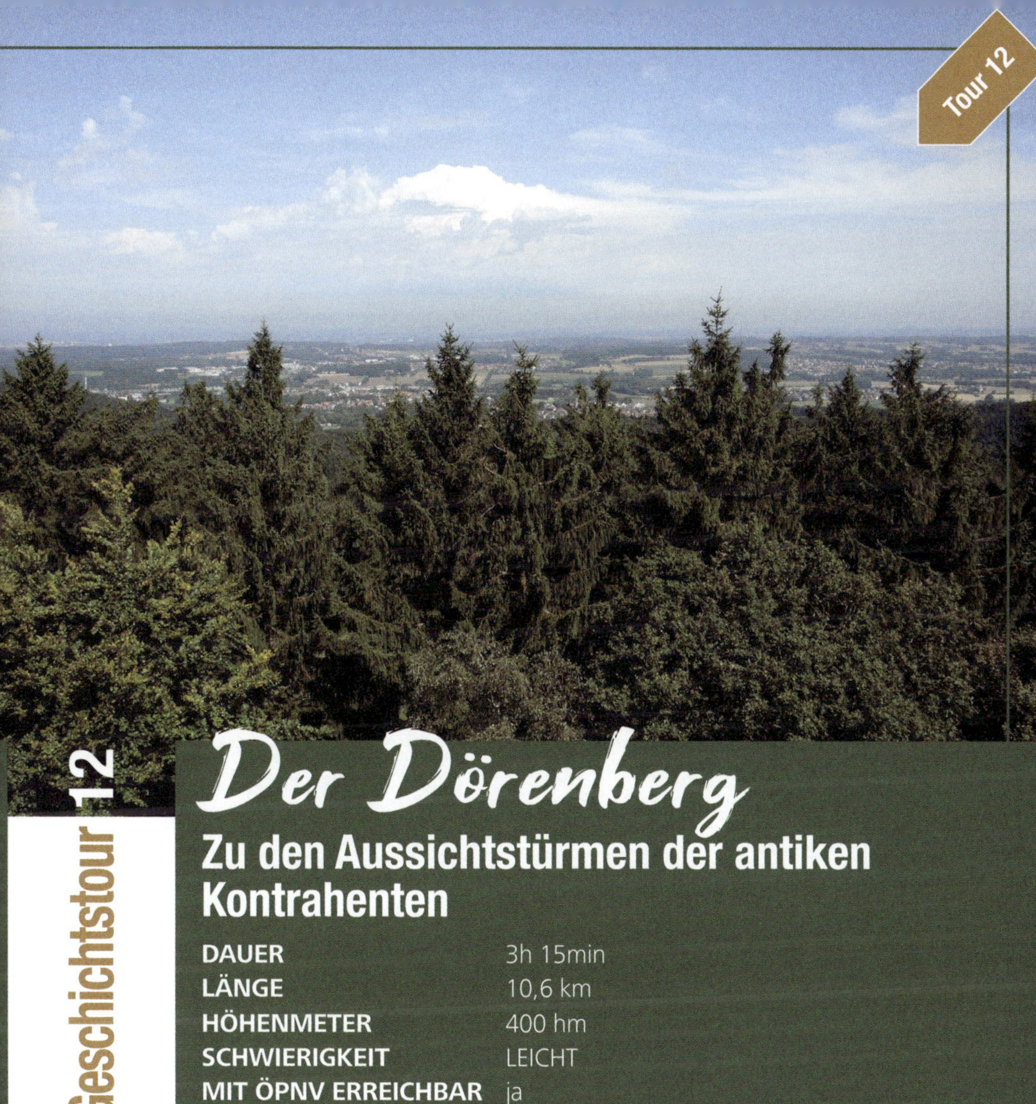

Geschichtstour 12

Der Dörenberg

Zu den Aussichtstürmen der antiken Kontrahenten

DAUER	3h 15min
LÄNGE	10,6 km
HÖHENMETER	400 hm
SCHWIERIGKEIT	LEICHT
MIT ÖPNV ERREICHBAR	ja

Das erwartet dich ...

... gleich vier bewaldete Berge, die der kurzen Strecke gehörig Profil und einiges an Steilheit verleihen. Auf zwei davon wurden Aussichtstürme errichtet, deren „Protagonisten" geschichtsträchtige Gesellen waren. Nur im Randbereich von Georgsmarienhütte – übrigens auch mit historischem Anklang – entweicht die Rundtour dem Wald. Sonst ist es hier schön grün und wunderbar ruhig. Ein Fleckchen Teutoburger Erde, auf dem man´s länger aushält als 3h 15min.

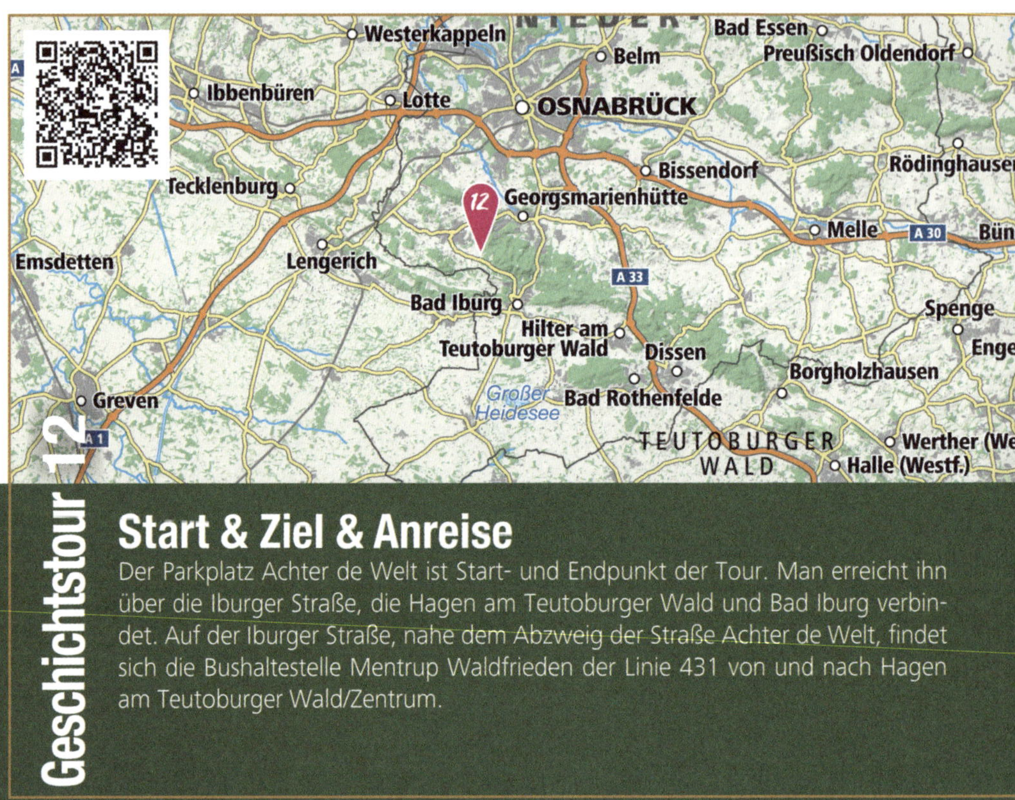

Start & Ziel & Anreise

Der Parkplatz Achter de Welt ist Start- und Endpunkt der Tour. Man erreicht ihn über die Iburger Straße, die Hagen am Teutoburger Wald und Bad Iburg verbindet. Auf der Iburger Straße, nahe dem Abzweig der Straße Achter de Welt, findet sich die Bushaltestelle Mentrup Waldfrieden der Linie 431 von und nach Hagen am Teutoburger Wald/Zentrum.

Tourenbeschreibung

Der Teutoburger Wald zieht von Hörstel im Westen als schmales Bergband ostwärts durch die Region. Vor Bad Iburg dünnt es aus und endet schließlich vor den Pforten der Bischofsstadt. Doch nördlich davon, bei Georgsmarienhütte, sammeln sich die Anhöhen erneut, schwingen sich auf zu stattlicher Höhe. Hier ist der Teuto breit, baumstark, eng zertalt, wuchtig fast. Wer die Wanderkarte forschenden Blicken unterzieht, kann sich schon vorab ein Bild machen von dieser reizenden Landschaft. Die Tour führt auf gleich vier Berge. Zwei davon tragen Türme, deren Namen weit zurückreichen in die Geschichte.

An der Höhensiedlung Achter de Welt gehen wir die Straße, die uns hierherbrachte, ein wenig zurück, dann folgen wir links dem Hinweis „Karlsplatz 1,8 km". Endlich Waldluft! Sie unterstützt wohltuend unseren Bewegungsapparat. Schnell zeigt die Steilheit des Weges (0), dass wir uns für eine kleine Bergtour entschieden haben. Bald aber sorgen zwei einmündende breitere Trassen für Schonung. Der Weg hat weiter die Null, der erste Berg schon eine Höhe von 314 m. Es ist der Grafensundern. Ein Stück hinab und zum Karlsplatz, einer Wegekreuzung mit sogenanntem Schnatgangsstein, der auf historische Grenzbegehungen verweist. Von hier auf die Zufahrt zum Bundeswehrfunkturm. Nach wenigen Metern geht es rechts ab (Hermannsturm 0,9 km). Eine 21 m hohe Konstruktion aus Stahlbeton krönt den 331 m hohen Dörenberg, zugleich Niedersachsens höchster Punkt im Teuto. Benannt ist der Turm, wie auch sein Vorgängerbau von 1898, nach Hermann, dem siegreichen Führer der Germanen aus der Schlacht am Teutoburger Wald. Hinauf zur Turmplattform! Hier ermitteln unsere Augen in alle Richtungen und machen im Norden das Wiehengebirge dingfest als mutmaßlich wahres Austragungsgebiet der kriegerischen Massenveranstaltung. Historische Funde jedenfalls haben den Indizienbeweis geliefert.

Es geht zurück, rechts (Oesede-Süd/Oesede–Zentrum), den Lockungen des Hotel-Restaurants Herrenrest trotzend, waldbeschattet und weit bergab. Vorm Ortsrand der Siedlung Dörenberg werden wir an einem Querweg in Richtung Varusturm geschickt und gehen entlang des Waldrandes (A9). Auf der Straße Im Berge vor den ersten Häusern (Bardenburg 1,7 km) geht's im Forst hinauf. Wo der Weg markant nach links schwenkt, kommt der Ahornweg hinzu, dessen Symbol als stilisiertes weißes Ahornblatt, das Waldmotto trefflich unterstreicht und unseren grünen Pfad begleitet. Wir kommen zu einer Rastbank mit Infotafel über die Bardenburg, der Wallanlage einer frühgeschichtlichen Fluchtburg auf dem Reremberg, und gehen auf dem Ahornweg weiter dem Varusturm entgegen. Ein steil fallender Pfad führt uns zum Forsthaus Oesede. Hinein oder daran vorbei, weiter dem Ahornweg treu, gern wieder im Wald und hinauf, denn zwei Anstiege hat es noch.

Emporstrebend gelangen wir zum Lammersbrink, dem dritten Höhenpunkt dieser Runde. Er trägt den Varusturm, das baugleiche Gegenstück zum Hermannsturm auf dem Dörenberg. Ob die deutlich geringere Gipfelhöhe von 192 m die Niederlage der Römer symbolisiert, können wir beim Turmaufstieg diskutieren. Von der Plattform geht der Blick hinab nach Georgsmarienhütte. Die Namensteile lieferten König Georg V. von Hannover, seine Frau Marie und das Eisenhüttenwerk von 1856, in dessen Umgebung die Werksarbeiter angesiedelt wurden.

Wieder auf dem Boden der Gegenwart, folgen wir dem Kammverlauf zum Wanderparkplatz Zuckerhut. Auf der Straße Lammersbrink kurz durch die Siedlung, dann links (Kohlgarten) und rechts hinauf (Ahornweg/Achter de Welt 2,0 km). Hinter einer Gabelung steht eine Schutzhütte am Wegrand und zu Füßen des Baumannsknollen, knapp unterhalb des höchsten Punktes. An diesem vierten Berg hat das Steigen für uns ein Ende. Gut orientiert (0) werden wir geradewegs und nahezu eben zurück zum Startpunkt geführt.

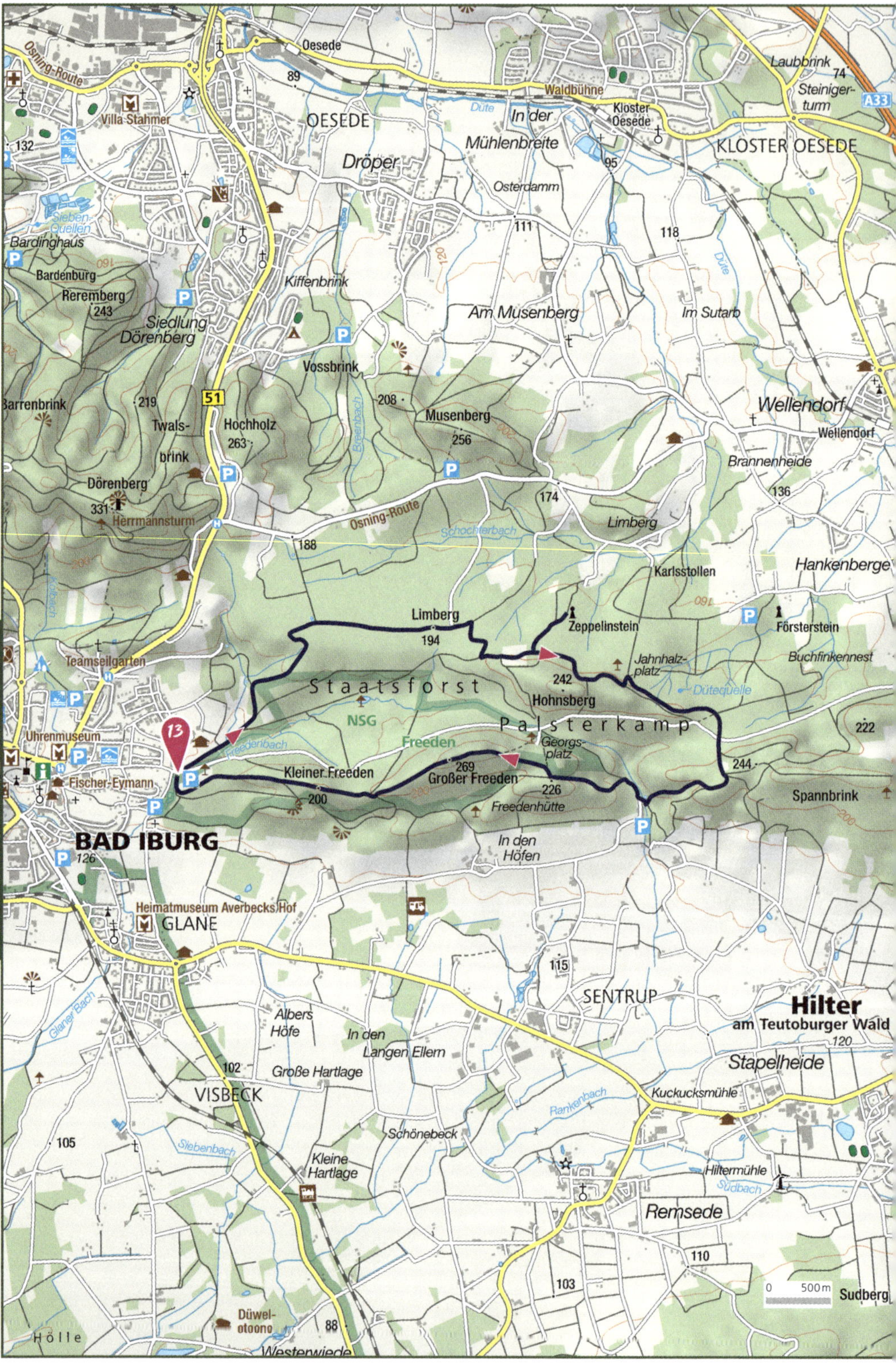

13

Osning-Route
Oesede
89
Villa Stahmer
Waldbühne
Laubbrink
74
Steiniger-
turm
A33
OESEDE
Düte
In der
Mühlenbreite
Kloster
Oesede
KLOSTER OESEDE
132
Dröper
95
Osterdamm
Sieben-
Quellen
Bardinghaus
111
118
Bardenburg
Reremberg
243
Kiffenbrink
Am Musenberg
Im Sutarb
Siedlung
Dörenberg
Vossbrink
Barrenbrink
219
51
208
Musenberg
256
Wellendorf
Wellendorf
Twals-
brink
Hochholz
263
Brannenheide
Dörenberg
331
Herrmannsturm
Osning-Route
174
136
Limberg
188
Schochterbach
Karlsstollen
Hankenberge
Limberg
194
Zeppelinstein
Försterstein
Teamseilgarten
Jahnhalz-
platz
Buchfinkennest
242
Staatsforst
Hohnsberg
Düte quelle
Uhrenmuseum
NSG
Palsterkamp
222
Freedenbach
Freeden
Georgs-
platz
Fischer-Eymann
Kleiner Freeden
269
Großer Freeden
244
226
Spannbrink
200
Freedenhütte
BAD IBURG
In den
Höfen
126
Heimatmuseum Averbecks Hof
GLANE
115
Glaner Bach
SENTRUP
Hilter
am Teutoburger Wald
Albers
Höfe
In den
Langen Ellern
120
Stapelheide
102
Große Hartlage
VISBECK
Kuckucksmühle
Rankenbach
Schönebeck
105
Siebenbach
Kleine
Hartlage
Hiltermühle
Südbach
Remsede
110
103
0 500 m
Sudberg
Düwel-
otoono
88
Hölle
Westerwiede

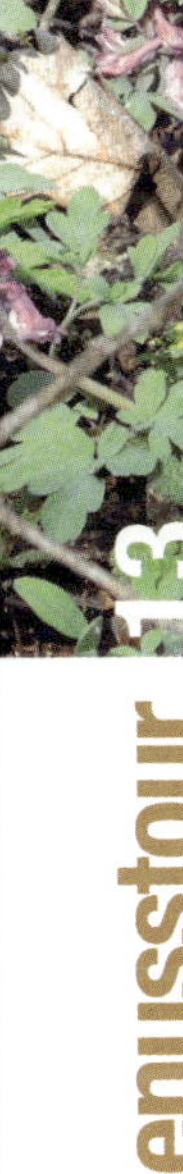

Großer & Kleiner Freeden

Blüten-Zauber und Urwald-Charme im Staatsforst Palsterkamp

DAUER	3h 15min
LÄNGE	11,7 km
HÖHENMETER	315 hm
SCHWIERIGKEIT	LEICHT
MIT ÖPNV ERREICHBAR	ja

Das erwartet dich ...

... ein wahrer Blütenzauber, wenn ab Ende März und im April am Freeden der Hohle Lerchensporn zur Blüte kommt. Da ist man freilich nicht allein, denn das blumige Frühlingserwachen hat sich rumgesprochen. Wer´s einsamer mag, kommt halt zu einer anderen Zeit. Die Rundtour auf breiten Wegen, schmalen Pfaden und moderatem Gefälle ist eine ganzjährige Genusstour, denn der Urwald-Charme im Staatsforst Palsterkamp kennt keine Jahreszeiten.

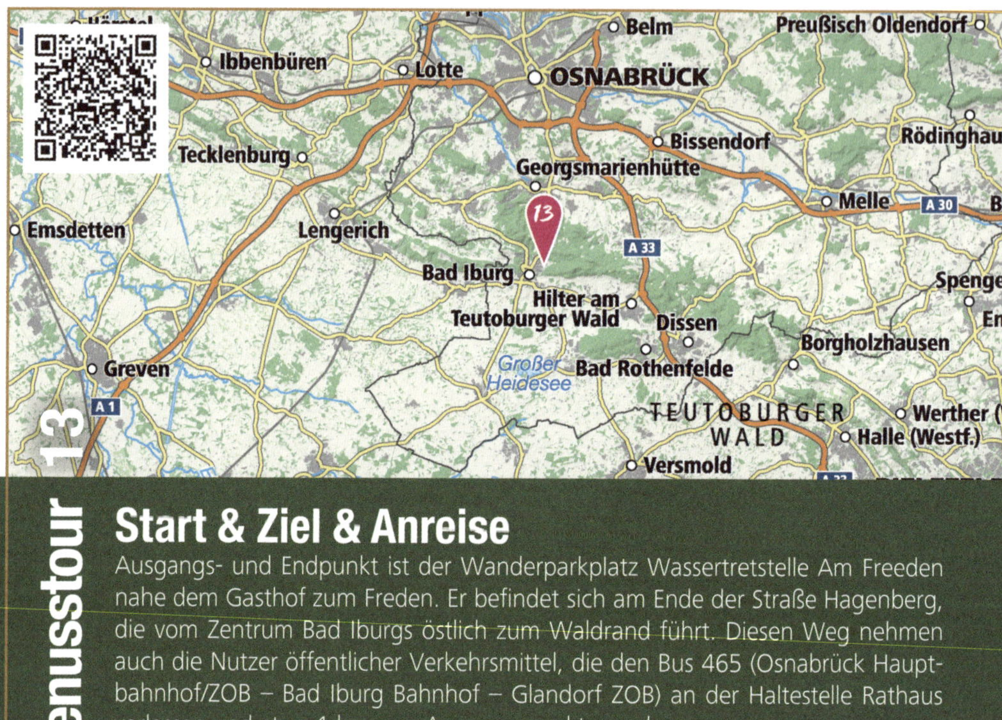

Genusstour 13

Start & Ziel & Anreise

Ausgangs- und Endpunkt ist der Wanderparkplatz Wassertretstelle Am Freeden nahe dem Gasthof zum Freden. Er befindet sich am Ende der Straße Hagenberg, die vom Zentrum Bad Iburgs östlich zum Waldrand führt. Diesen Weg nehmen auch die Nutzer öffentlicher Verkehrsmittel, die den Bus 465 (Osnabrück Hauptbahnhof/ZOB – Bad Iburg Bahnhof – Glandorf ZOB) an der Haltestelle Rathaus verlassen und etwa 1 km zum Ausgangspunkt wandern.

Tourenbeschreibung

Am Parkplatz stimmen Infotafeln ein auf das Naturerlebnis. Zuvor aber machen wir einen Bogen um den Freedenkamm. Wir nehmen den geteerten linken von drei Wegen. Entlang des mit einem Zeppelin markierten Weges (Zeppelinstein 3,5 km) wandern wir in freundlicher Begleitung des Freedenbaches am Waldrand entlang, passieren die umzäunte Druckstation Limberg, finden zusätzlich das Blattsymbol des Ahornweges und geraten in den Staatsforst, dem so viel Urwüchsiges nachgesagt ist.

Das Land schwingt stetig auf zum Limberg, dem die beiden Freeden südlich vorgelagert sind. Am Abzweig zum Kloster Oesede gradaus. Nach 200 m rechts auf einen etwas unscheinbaren Pfad. Nach kurzem Waldlauf mit den bekannten Symbolen auf breiteren Weg und über eine fast quadratische Lichtung mit gelbem Haus. Wir gönnen uns einen Abstecher zum Zeppelinstein – einen auf

Sandsteinsockel ruhenden Findling samt Bronzetafel mit dem Konterfei Graf Zeppelins. Demnach erlitt hier 1910 das Luftschiff Z7 eine Bruchlandung, die für die Besatzung, dem Flughimmel sei Dank, glimpflich verlief. Sind auch wir gut gelandet, können wir hier trefflich rasten, dann geht es das Stück zurück. Links (Dütequelle) – die breite Forstpiste geht in einen schmaleren Pfad über, der steiler ansteigt und zur Karussellplatz-Schutzhütte leitet. An der Verzweigung (Karussellplatzweg) geht's weiter zur Dütequelle. Hier tun sich viele Kleinstgewässer zusammen, die als Düte der Hase zufließen und den Teutoburger Wald als Wasserspender verorten. Wir kreuzen die Waldchaussee, sie führt rechts zum Freeden. Da wir einen anregenderen Weg wollen, gehen wir geradeaus. Merklich steigend gelangen wir zum Hermannsweg (H) und auf diesem erst steil, dann moderater hinab zum Waldrand, ins Tälchen des Sentruper Grabens und zu den Häusern am Höfeweg. Wir folgen dem Schild Georgsplatz 1,0 km, wenden uns an baldiger Gabelung hinter einer Schranke nach links.

Jetzt aber genug der Umwege, wir sind reif für den Urwald! Wir treffen auf einen Steinbruch, dann mündet der Weg an einem Forstplatz in einen Pfad. Er zieht zu einem Seitenzweig mit undeutlicher Kreuzung auf 226 m. Rechts empor zur Hauptlinie des Palsterkamps. Ein rotes Schild zum Naturwald Großer Freeden sagt, dass wir in einem „Wald ohne menschliche Einflussnahme" sind, was wir hier dürfen und was nicht. Sorgsam gehen wir am Kammobersten in den entstehenden Urwald. Ersteigen den Großen Freeden, ergötzen uns an der vielfältigen Flora aus üppigem Gebüsch, schattenden Bäumen und, falls wir gerade einen Lenz haben, flächendeckend blühendem Hohlen Lerchensporn. Sah so ein Urwald aus? Wie muss es sich angefühlt haben, in einem solchen zu wandeln? Wie roch er, wie hörte er sich an? Es ist eine Wanderzeitreise in die Vergangenheit und Zukunft zugleich. Wir bleiben auf dem Höhenzug (H), überschreiten auch den Kleinen Freeden, erleben ein steiles Talfinale, die Rückkehr in die Gegenwart und zum Parkplatz.

Autoren Tipp

Im Staatsforst Palsterkamp entsteht ein Urwald der Zukunft. Mehr als 40 ha Fläche wurden zum Naturwald erklärt. Keinerlei Bewirtschaftung nimmt Einfluss auf den natürlichen Kreislauf aus Entstehen und Vergehen. So entwickelt sich eine individuelle Pflanzenwelt und ein besonderes Tierreich – ein Waldleben, das eigenen Gesetzen folgt. Und doch den Wanderer willkommen heißt, der auf den Wegen bleibt, achtsam ist und am besten im Frühjahr kommt, wenn der Hohle Lerchensporn den Waldboden verzaubert.

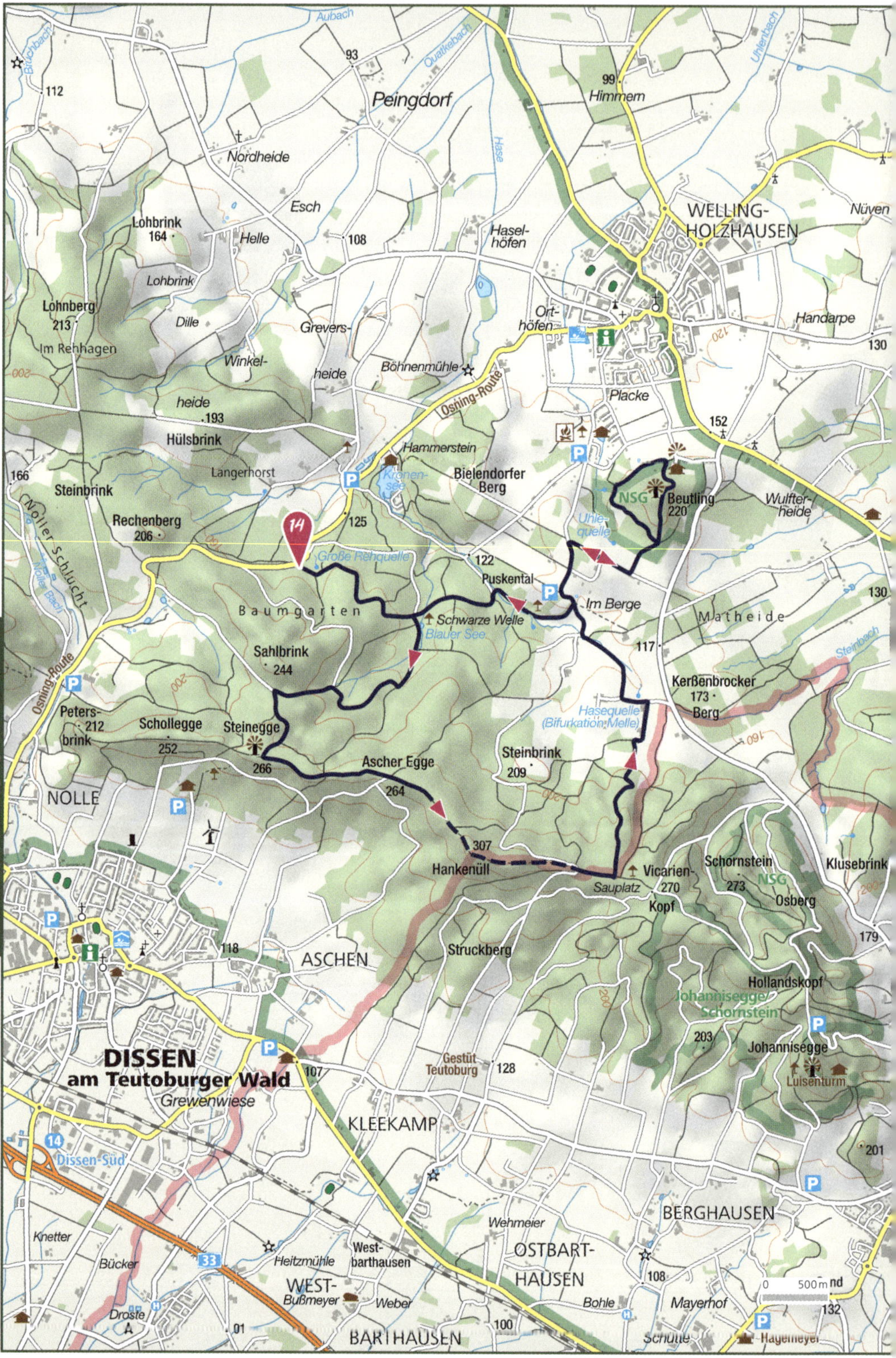

14

Bruchbach
Aubach
93
Quatkebach
Uhlenbach
99
Himmern
112
Peingdorf
Hase
Nordheide
Esch
WELLING-
HOLZHAUSEN
Nüven
Lohbrink
164
Helle
108
Hasel-
höfen
Lohbrink
Lohnberg
213
Dille
Grevers-
heide
Ort-
höfen
Handarpe
130
Im Rehhagen
Winkel-
heide
Böhnenmühle
Osning-Route
Placke
.193
Hülsbrink
Hammerstein
152
166
Steinbrink
Langerhorst
Kronen-
see
Bielendorfer
Berg
NSG
Beutling
220
Wulfter-
heide
Rechenberg
206
Noller Schlucht
Noller Bach
14
125
Uhle-
quelle
Große Rehquelle
122
Puskental
130
Baumgarten
Schwarze Welle
Blauer See
Im Berge
Matheide
Steinbach
Osning-Route
Sahlbrink
244
117
Kerßenbrocker
173
Berg
Peters-
212
brink
Schollegge
252
Steinegge
Hasequelle
(Bifurkation Melle)
266
Ascher Egge
Steinbrink
209
NOLLE
264
307
Hankenüll
Vicarien-
270
Kopf
Sauplatz
Schornstein
273
NSG
Osberg
Klusebrink
118
ASCHEN
Struckberg
179
Hollandskopf
Johannisegge/
Schornstein
203
Johannisegge
Luisenturm
DISSEN
am Teutoburger Wald
Grewenwiese
107
Gestüt
Teutoburg
128
KLEEKAMP
14
Dissen-Süd
201
Wehmeier
BERGHAUSEN
Knetter
Bücker
33
Heitzmühle
West-
barthausen
OSTBART-
HAUSEN
108
WEST-
Bußmeyer
Weber
Bohle
Mayerhof
0
500 m
132
Droste
01
100
BARTHAUSEN
Schulte
Hagemeyer

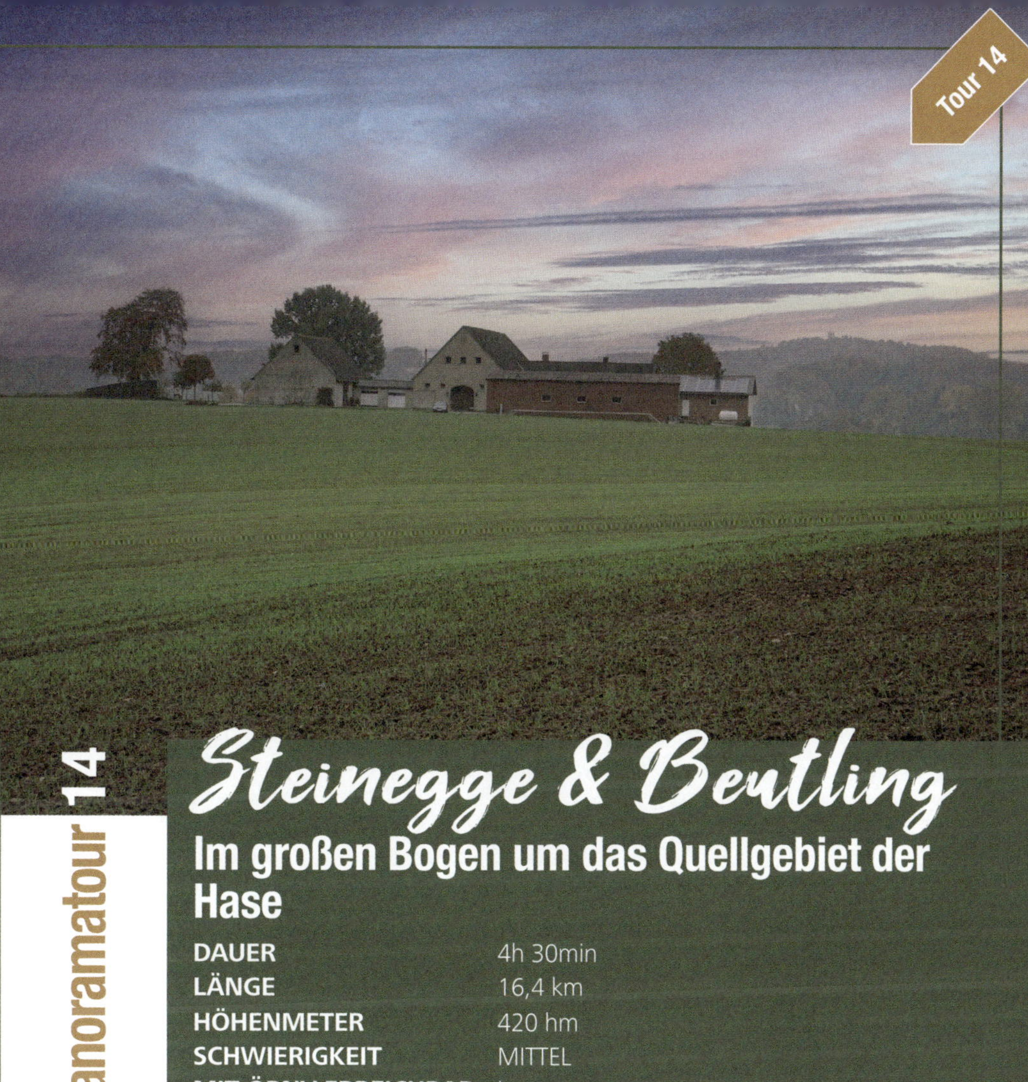

Panoramatour 14

Steinegge & Beutling

Im großen Bogen um das Quellgebiet der Hase

DAUER	4h 30min
LÄNGE	16,4 km
HÖHENMETER	420 hm
SCHWIERIGKEIT	MITTEL
MIT ÖPNV ERREICHBAR	ja

Das erwartet dich …

… eine der längeren Wanderungen dieses Buches mit mehr als 400 Höhenmetern, was in Summe eine solide Kondition voraussetzt. Die etwas verschlungene Wegführung vor Erreichen und nach Verlassen des Hermannsweges folgt einem abwechslungsreichen Gebiet, das im Westteil Baumgarten heißt, nur im Bereich Hasequelle/Puschkental unbewaldet ist und mit Steinegge und Beutling zwei mit Aussichtstürmen gekrönte Häupter trägt, die weitreichendes Panorama versprechen. Und es erwartet dich das Thema Wasser.

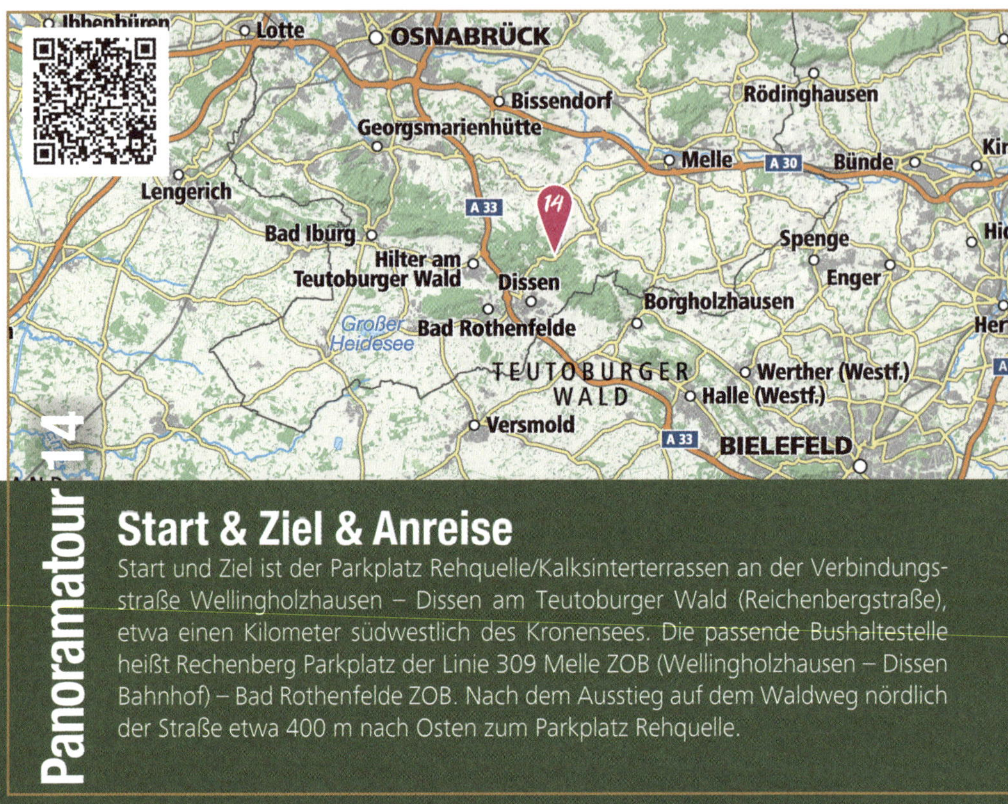

Panoramatour 14

Start & Ziel & Anreise

Start und Ziel ist der Parkplatz Rehquelle/Kalksinterterrassen an der Verbindungsstraße Wellingholzhausen – Dissen am Teutoburger Wald (Reichenbergstraße), etwa einen Kilometer südwestlich des Kronensees. Die passende Bushaltestelle heißt Rechenberg Parkplatz der Linie 309 Melle ZOB (Wellingholzhausen – Dissen Bahnhof) – Bad Rothenfelde ZOB. Nach dem Ausstieg auf dem Waldweg nördlich der Straße etwa 400 m nach Osten zum Parkplatz Rehquelle.

Tourenbeschreibung

Rehquelle, Sauplatz, Hase, Beutling. Der Teuto zwischen Wellingholzhausen und Dissen findet tierisch Anklang. Hat farbige Namen: Blauer See, Schwarze Welle. Und grundnatürliche: Baumgarten, Steinegge. Und seltsam klingende: Hankenüll, Puschkental. Vor allem aber trägt er einen wuchtigen Bergkamm, dichten Wald und eine Flussquelle – diese Tour macht erst einen großen Bogen darum, ehe sie nach dem Abstecher zu einem Aussichtsturm und einer Gaststätte seinem jungen Lauf ein Stück folgt.

Wenn wir vom Parkplatz links der Straße nach Wellingholzhausen laufen (A1–A3), zeigt ein weißer Tropfen auf blauem Grund, dass hier Quellgebiet ist. Prompt ist zur Naturschau ein Holzpodest über die Große Rehquelle gebaut. Wir überqueren die Straße, dringen wandernd in den Wald ein, halten uns an einer Gabelung mit rotem Schriftzug TERRA links, folgen alsbald der Markierung weißes Dreieck, das von links zu uns stößt und zu einer Forstwegkreuzung mit Schutzhütte leitet. Es geht zum Blauen See. Sein kalkiger Grund ist Namensgeber. Der See ist Sammelbecken mehrerer Bäche, die, wie auch die Rehquellen, der Hase zufließen. Nun zur Steinegge (2,4 km). Wir nehmen den Ahornweg, der sich südlich der Baumgarten genannten Höhe in einigen Bögen der Kammlinie zuwindet. Ein Schild sagt, in 600 m steht ein Aussichtsturm. Links und zuletzt auf Plattenweg zum Kamm. Hier auf der Steinegge, stellen wir fest, dass der Aussichts- ein Fernmeldeturm ist. Sein umzäuntes Gelände können wir betreten und – wie spannend – eine Aussichtsplattform in 25 m Höhe über eine außen führende Wendeltreppe erklimmen. Wenn unsere Bitte nach klarer Luft vom obersten Wettermelder erhört wurde, wird uns eine schöne Rundschau zuteil.

Der Weiterweg wird geradliniger. Wir wandeln auf dem Hermannsweg (H) leicht steigend gen Osten über die Ascher Egge zum Hankenüll. An einer Lichtung gewahren wir zur Linken den Beutling mit dem zweiten Zielturm. Es geht weiter entlang der Landesgrenze (H), bis wir kurz vor der Schutzhütte Sauplatz eine Rastbank finden. Unmittelbar davor verlassen wir den Kamm auf etwas unscheinbarem Pfad nach links hinab und folgen diesem unbeirrt bis zum Waldrand, wo wir einen Hof anstreben. Im Rückblick – auch das ist Panorama – zeigt sich uns der durchwanderte Bergforst in voller Breite. Zu einem weiteren Hof, in die Hauptstraße und zur Hasequelle. Ein liebevoll angelegtes Bild bietet sich uns: ein natursteingefasster Quelltopf, Tische, Rastbänke, Infotafeln zum weiteren Hase-Verlauf. Dieses Gerinne wird mal fast 170 km lang und bereichert bei Meppen die Ems.

Wir folgen dem Gewässer ein Stück und halten uns an einer Querstraße talwärts. Die Straße Puschkental, dem wir gerade entsteigen, hinauf. Aus Richtung Schwarzer Welle ist der Ahornweg wieder mit uns. Bald rechts (Beutling 1,2 km) und vor einem der vielen Höfe, die das Land wirtschaftlich und bildlich prägen, gehen wir Berg und Turm entgegen. Nochmals empor, dann sind Beutling und Turm erstiegen. Wieder ein Blick zurück: ja, vom Kamm des Teutos kommen wir her. Wir vollenden die Überschreitung, steigen ab zum Café-Gasthaus Zum Beutling.

Der Straße vorm Gasthaus folgen wir in den Wald (A3). Wir umrunden den Beutling auf dessen Westseite und folgen dem Hinweg bis knapp ins Puschkental. Am Abzweig des Ahornweges betreten wir Neuland, steigen ab zur Hase und folgen ihr erneut. Wir gelangen zur Schwarzen Welle oder Almaquelle, benannt nach der Frau eines hiesigen „Lebkuchenimperators", dem die Quelle gehörte. Der attraktiv gestaltete Sprudel ist der üppigste Wasserlieferant der Hase. Noch etwas den Bach runter, dann lassen wir der Hase freien Lauf. Links zu einer Forststraße im Scheitel einer Kurve und auf ihr zur bekannten Schutzhütte am Blauen See. Und zurück zum Start.

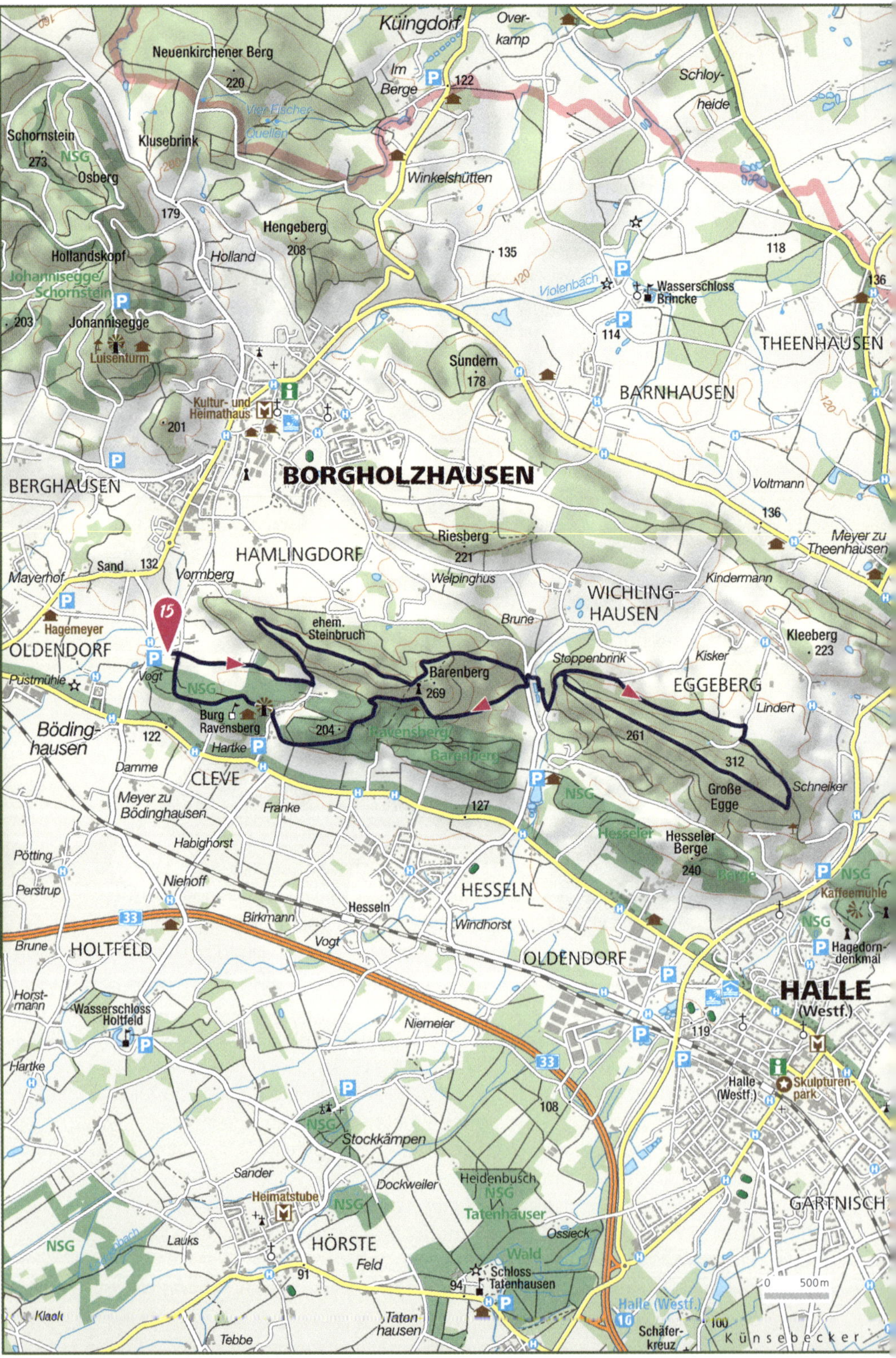

15

Küingdorf
Over-
kamp
Neuenkirchener Berg
220
Im
Berge
122
Vier Fischer-
Quellen
Schloy-
heide
Schornstein
273
NSG
Osberg
Klusebrink
Winkelshütten
179
Hengeberg
208
Hollandskopf
Holland
135
118
Johannisegge/
Schornstein
Violenbach
Wasserschloss
Brincke
136
203
Johannisegge
114
Luisenturm
Sundern
178
THEENHAUSEN
Kultur- und
Heimathaus
BARNHAUSEN
201
BERGHAUSEN
BORGHOLZHAUSEN
Voltmann
136
Riesberg
221
Meyer zu
Theenhausen
Sand
132
HAMLINGDORF
Mayerhof
Vormberg
Welpinghus
Kindermann
WICHLING-
HAUSEN
Hagemeyer
ehem.
Steinbruch
Brune
Kleeberg
223
OLDENDORF
Stoppenbrink
Kisker
Pustmühle
Vogt
Barenberg
269
EGGEBERG
NSG
Lindert
Böding-
hausen
Burg
Ravensberg
204
261
122
Hartke
Ravensberg/
Barenberg
312
Damme
CLEVE
Große
Egge
Schneiker
Meyer zu
Bödinghausen
Franke
127
NSG
Habighorst
Hesseler
Hesseler
Berge
240
Pötting
Berge
NSG
Perstrup
Niehoff
HESSELN
Kaffeemühle
33
Birkmann
Hesseln
NSG
Windhorst
Brune
HOLTFELD
Vogt
Hagedorn-
denkmal
OLDENDORF
Horst-
mann
HALLE
(Westf.)
Wasserschloss
Holtfeld
Niemeier
119
Hartke
33
Halle
(Westf.)
Skulpturen-
park
108
NSG
Stockkämpen
Sander
Dockweiler
Heidenbusch
NSG
GARTNISCH
Heimatstube
NSG
Tatenhäuser
NSG
Lauks
HÖRSTE
Ossieck
Wald
Feld
Schloss
Tatenhausen
91
94
0 500 m
Klaolı
Taten-
hausen
Halle (Westf.)
Tebbe
10
Schäfer-
kreuz
100
Künsebecker

Kulturtour 15

Burg Ravensberg

Zum mittelalterlichen Stammsitz der Ravensberger Grafen

DAUER	4h
LÄNGE	13,6 km
HÖHENMETER	510 hm
SCHWIERIGKEIT	MITTEL
MIT ÖPNV ERREICHBAR	ja

Das erwartet dich ...

... eine Wanderung, die eigentlich keine sein müsste, denn die Distanz vom Ausgangspunkt zur Burg ist nur ein Katzensprung – für gut trainierte Vierbeiner. Diese Tour aber lebt von Waldluft, die hier reichlich weht und deshalb das Hin und Her am Kamm bei Borgholzhausen lohnend macht. Doch prüfe man seine Kondition: 500 Höhenmeter hat es im Ganzen. Nach viel erholsamem Wald und kräftigem bergauf-bergab rundet die außergewöhnlich gut erhaltene Burg Ravensberg diese Wanderung würdevoll ab.

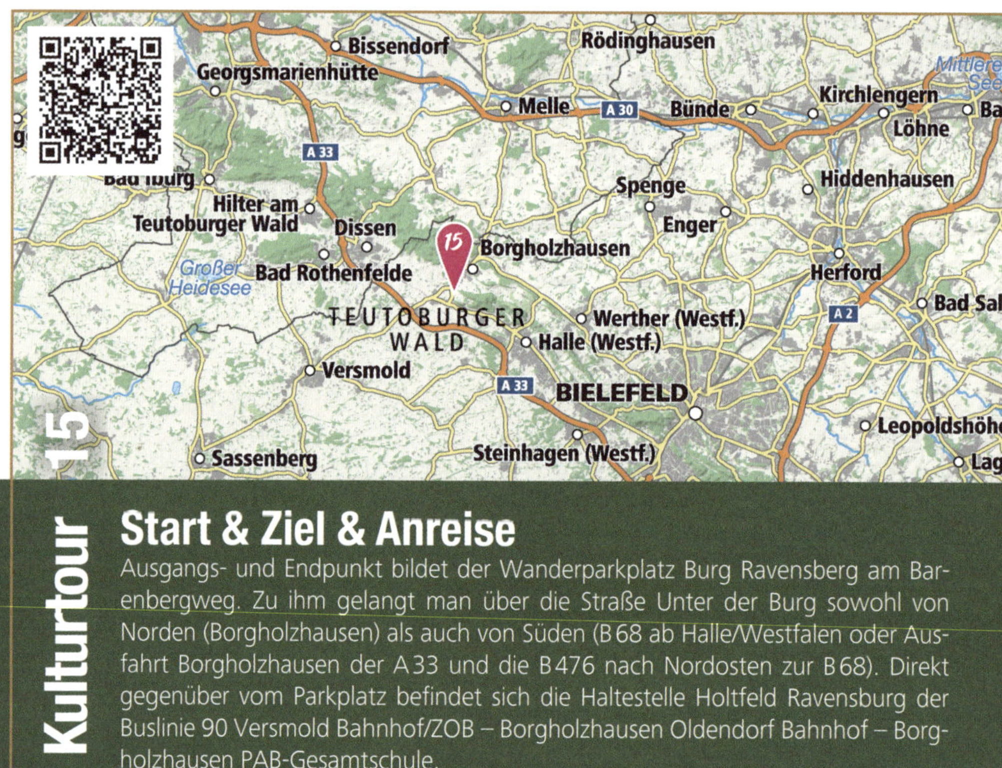

Start & Ziel & Anreise

Ausgangs- und Endpunkt bildet der Wanderparkplatz Burg Ravensberg am Barenbergweg. Zu ihm gelangt man über die Straße Unter der Burg sowohl von Norden (Borgholzhausen) als auch von Süden (B 68 ab Halle/Westfalen oder Ausfahrt Borgholzhausen der A 33 und die B 476 nach Nordosten zur B 68). Direkt gegenüber vom Parkplatz befindet sich die Haltestelle Holtfeld Ravensburg der Buslinie 90 Versmold Bahnhof/ZOB – Borgholzhausen Oldendorf Bahnhof – Borgholzhausen PAB-Gesamtschule.

Tourenbeschreibung

Ein Schild zur Ravensburg weist uns rechts am angrenzenden Haus vorbei. Hinter einer Deponiezufahrt geht's rechts (Haus-Nr. 51, 55) zu einem Querweg. Der bringt uns zum Forsthaus Rummel. Waldfrisch ziehen wir dem Kamm entgegen (S/A6), bis das Schild „Cleverschlucht Erlebniswald“ unsere Neugierde weckt. Ein Pfad führt in einen Steinbruch, der nach Stilllegung renaturierte, und bringt unsere Fantasie zur Blüte. Zurück und hinauf zur Kammhöhe, die wir an einem Wasserwerk gewinnen.

Wir gehen rechts (A6). Allmählich tritt der Forst zurück. Der Blick wird freier, geht zum trutzigen Rundturm der Burg, der unser Streben gilt. An einer Wegspinne halten wir uns halblinks (Schutzhütte 1,1 km). Auf Höhe des Barenberges gewahren wir die Große Egge mit Sendemast über dem Hesseltal. Am Schild Schutzhütte 0,6 km in markanter Rechtskurve weg vom breiten Weg und auf schmalem Pfad talwärts. Es geht über die Verbindungsstraße Wichlinghausen – Hesseln und nun auf dem Hermannsweg (H) über die Talsohle. Jenseits geht's wieder bergan (H/A5). Nah am Wald, oberhalb von Bergwiesen, gewinnen wir an Höhe und Schaulust. Am linken Horizont gewahren wir den Parallelkamm der Werther Egge, im Tal davor erblicken wir fein verteilte Siedlungen, als gäbe es nichts Schöneres.

Höher kommen wir im Waldesgrün. Wieder auf H und rechts aufwärts zur Großen Egge, der 312 m hohen Krönung dieser Landschaft. Wir passieren einen Richtfunkturm und genießen die längere Baumpassage in wohltuender Ruhe. Nochmals lenken wir unsere Schritte ins Hesseltal und darüber hinaus. Nach 700 m gelangen wir zu einer Schutzhütte und gehen weiter der Burg entgegen (H). Nun finden wir uns am Mittagessensplatz – ein Wink mit der Brotzeit? – mit Tisch und Bänken links (Ravensburg 1,8 km). Über die Straße Clever Schlucht mit sehenswerten Höfen und noch höher.

Der Stammsitz der Ravensberger Grafen ist erobert. Nach einem Rundweg nehmen wir die gepflasterte Rampe und begeistern uns am Ensemble aus Bergfried, Brunnenhaus, Amphitheater, „Ravensberger Klassenzimmer" und Burggaststätte. Was um 1080 errichtet wurde, hat viel zu erzählen. Das nehmen wir auf und ziehen uns bereichert zurück (H/Borgholzhausen 2,5 km). Eine Burg braucht steilen Unterbau, was wir beim Abstieg merken. Raus aus dem geschichtsträchtigen Wald und zurück zum Ausgangspunkt.

Herbstnebel an der Großen Egge

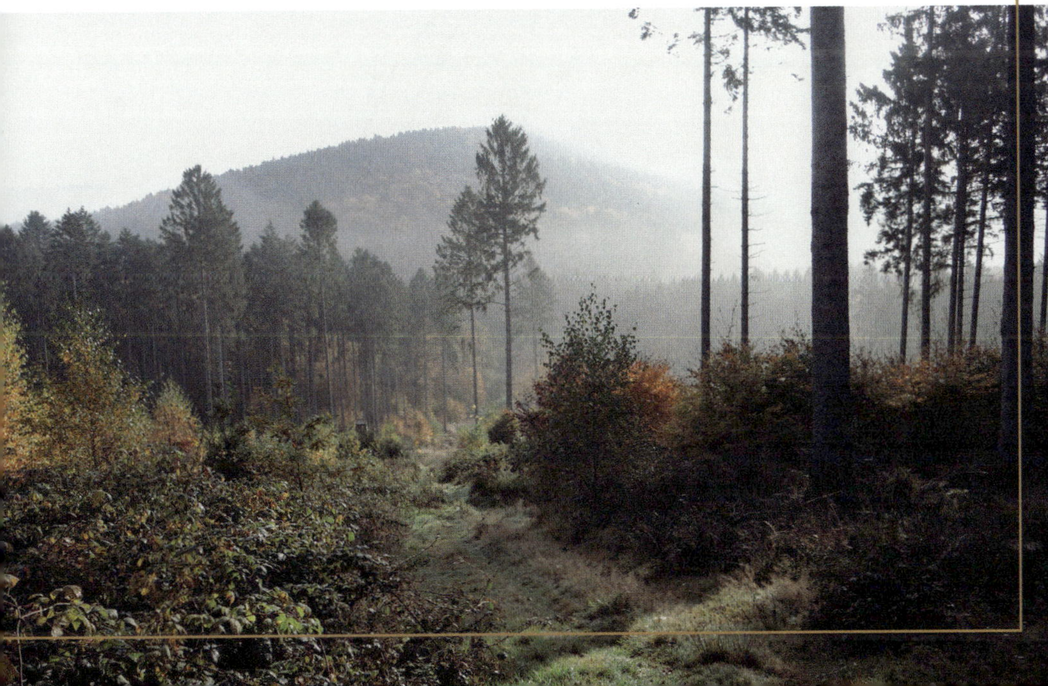

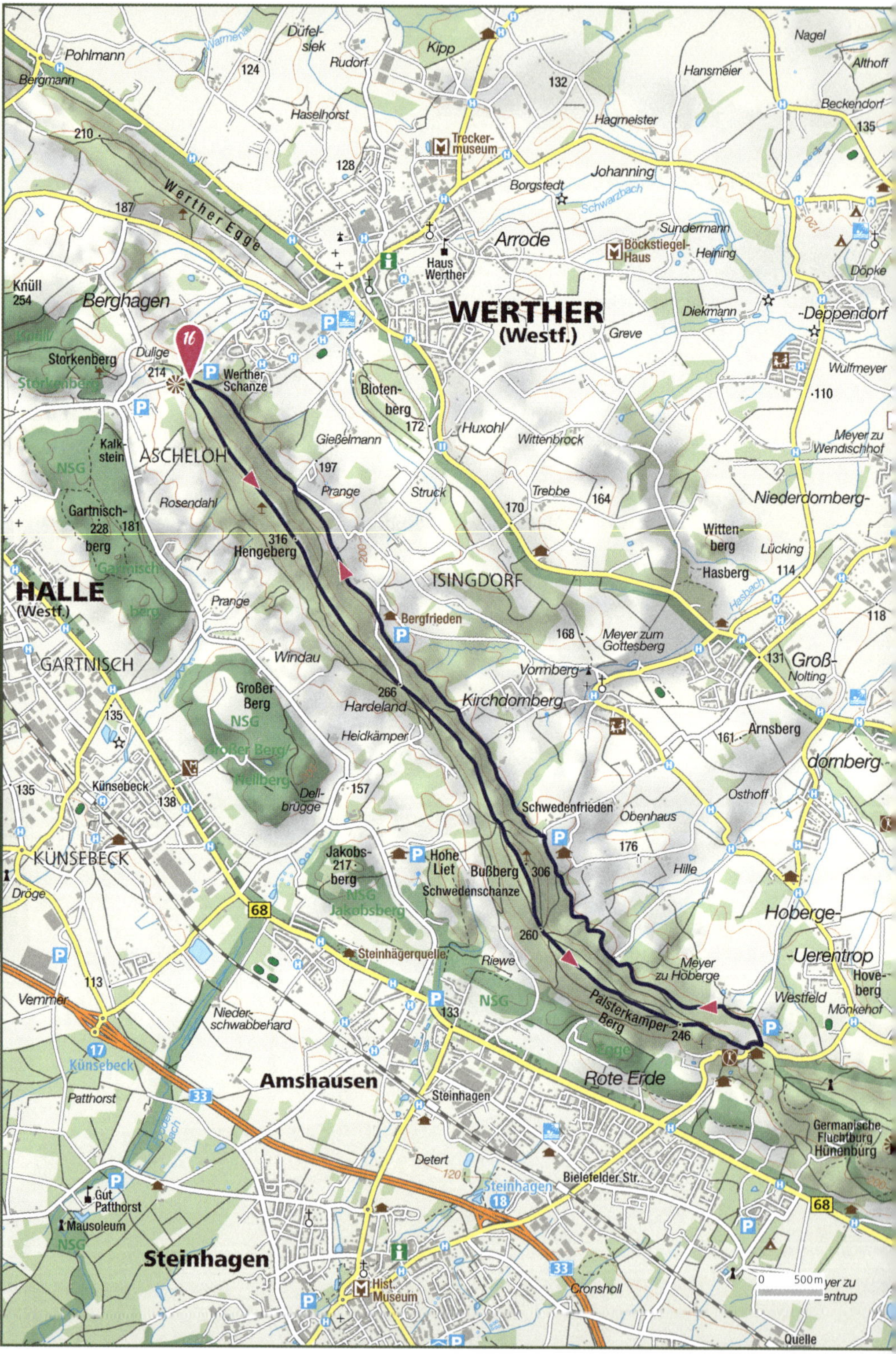

16

Pohlmann
Bergmann
Warmenau
Düfel-
siek
124
Rudorf
Kipp
132
Nagel
Althoff
Hansmeier
Haselhorst
Hagmeister
Beckendorf
135
210
Trecker-
museum
128
Borgstedt
Johanning
Schwarzbach
Werther Egge
187
Arrode
Sundermann
Böckstiegel-
Haus
Heining
Haus
Werther
Döpke
Knüll
254
Berghagen
WERTHER
(Westf.)
Diekmann
-Deppendorf
Greve
Knüll/
Storkenberg
Dulige
16
Storkenberg
214
Werther
Schanze
Wulfmeyer
Bloten-
berg
172
·110
Kalk-
stein
ASCHELOH
Gießelmann
Huxohl
Wittenbrock
Meyer zu
Wendischhof
NSG
197
Prange
Struck
Trebbe
164
Niederdornberg-
Gartnisch-
Rosendahl
170
228
181
berg
316
Hengeberg
Witten-
berg
Lücking
Hasberg
114
Gartnisch-
berg
ISINGDORF
Hasbach
HALLE
(Westf.)
Prange
Bergfrieden
118
168
Meyer zum
Gottesberg
GARTNISCH
Windau
Vormberg
131
Groß-
Nolting
Großer
Berg
266
Hardeland
Kirchdornberg
NSG
135
Heidkämper
161
Arnsberg
Großer Berg/
Hellberg
-dornberg-
Künsebeck
Dell-
brügge
157
Osthoff
135
138
Schwedenfrieden
Obenhaus
176
Jakobs-
217
berg
Hohe
Liet
Bußberg
306
Hille
KÜNSEBECK
Schwedenschanze
Dröge
NSG
Jakobsberg
68
Hoberge-
260
Steinhägerquelle
Riewe
-Uerentrop
Meyer
zu Höberge
Hove-
berg
113
Westfeld
Mönkehof
Vemmer
NSG
133
Nieder-
schwabbehard
Palsterkamper
Berg
246
17
Künsebeck
Egge
Rote Erde
Amshausen
33
Patthorst
Steinhagen
Germanische
Fluchtburg
Hünenburg
Detert
120
Bielefelder Str.
Steinhagen
18
68
Gut
Patthorst
Mausoleum
NSG
Steinhagen
33
Cronsholl
0
500 m
Hist.
Museum
Meyer zu
Ententrup
Quelle

Tour 16

Genusstour 16

Zur Schwedenschanze

Auf schmalem Kamm, an weiter Flur und nahe der ostwestfälischen Großstadt

DAUER	4h
LÄNGE	14,3 km
HÖHENMETER	385 hm
SCHWIERIGKEIT	MITTEL
MIT ÖPNV ERREICHBAR	ja

Das erwartet dich ...

… eine Tour, deren Hin- und Rückweg nah beisammen liegen, da Berg- und Talvariante ihre eigenen Reize haben. Wer zunächst am Kamm wandert, lernt einen regionaltypischen Sandstein, ein historisches Weidebiotop und ein bewirtschaftetes Denkmal kennen. Nach dem Umkehrpunkt – schon nahe den Toren Bielefelds – gibt´s lauschige Waldrandwanderei, eine besondere Einkehr und eine hübsch zurechtgemachte Quelle. Nur anfangs und am Bußberg wird der Weg steiler, sonst ist er angenehm geländegängig.

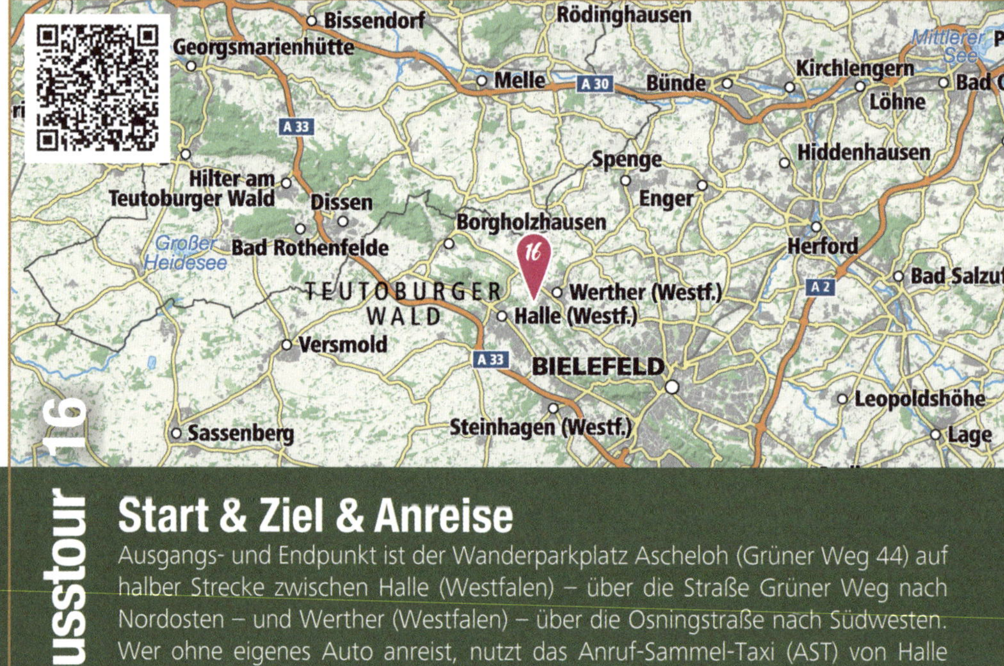

Genusstour 16

Start & Ziel & Anreise

Ausgangs- und Endpunkt ist der Wanderparkplatz Ascheloh (Grüner Weg 44) auf halber Strecke zwischen Halle (Westfalen) – über die Straße Grüner Weg nach Nordosten – und Werther (Westfalen) – über die Osningstraße nach Südwesten. Wer ohne eigenes Auto anreist, nutzt das Anruf-Sammel-Taxi (AST) von Halle (Westfalen) Bahnhof/ZOB, das Reisende zur Haltestelle Haus Ascheloh direkt am Parkplatzbefördert. Anmeldung bis 60 Minuten vor Abfahrt von 8-22 Uhr.

Tourenbeschreibung

Schwedenschanzen sind keine Sportstätten Nordisch Kombinierter, sondern Relikte aus dem 30-jährigen Krieg, als man sich gegen die anrückenden Schweden verschanzte. Solche Erdbefestigungen wurden oft auf fundamentaler Basis alter Fliehburgen erbaut, denn Schutz vor Kriegsnot suchten die Menschen seit jeher. Eine Schwedenschanze gibt es auch im Teutoburger Wald – zumindest im Volksmund und auf Karten, denn sie musste längst einem Nachfolgebau weichen.

Am Ausgangspunkt wenden wir uns gen Werther, gehen ein paar Schritte und finden ein Wegschild mit Nah- und Fernzielen. Und das H, das den Hermannsweg markiert. Ein Hohlweg führt recht steil kammwärts. Eine Verschnaufpause bietet der Steinbruch Gödeke, der bis 1966 den Osning-Sandstein lieferte. Dieser Erdstoff, dem Namen nach Urbegriff des Teutos, leistete Jahrhunderte lang Aufbauhilfe für viele regionale Bauwerke. Mit diesem Baustoff geschottert führt der Weg empor, begleitet von Schautafeln eines Kultur- und Mooslehrpfades. Die Steigung gipfelt im Hengeberg mit Schutzhütte und baumfreiem Südblick über Halle. Der Bergrücken – freundlich gesäumt von Waldesfrische und fast zur Schneide verengt – verliert an Höhe. Eine spitzwinkelige Querung zweigt hinab nach Werther. Wir folgen H. Es bringt uns zu einer Lichtung mit Wacholderheide. Dieses Gebüsch aus der waldarmen Zeit der Wanderschafherden, das trockene, nährstoffarme Böden gut toleriert, trägt heilkräftige Früchte – sie prägen das Aroma des geistreichen Original Teutoburger Steinhägers.

Eine Kreuzung (links Berggaststätte Schwedenfrieden): noch 400 m zum Tourentitel. Steil geht es hinauf, dann stehen wir dezimetergenau auf Höhe des Bußberges. Er trug einst die Schwedenschanze, die sich als Wallanlage an den südlichen Hang lehnte. Ob sie der Verteidigung des katholischen Glaubens gegen die protestantischen Truppen König Gustav Adolfs diente oder erst nach Kriegsende gebaut wurde – heute steht hier die Berghütte Schwedenschanze. Ein Andenken der örtlichen Bevölkerung an Kaiser Friedrich III., deren wechselvolle Geschichte 1891 begann und gegenwärtig tageweise bewirtete Einkehr bietet.

Der Weiterweg verzweigt sich, wir folgen H (Peter auf´m Berge 1,8 km) und unserem Bedürfnis nach Bewegung in kühlem Forst. Die Kammlinie neigt sich Bielefeld entgegen und hat ihren Tiefpunkt vor dem Hotel Restaurant Café Peter auf´m Berge. An diesem Umkehrpunkt tauschen wir H gegen 10 in Raute für fast den gesamten Rückweg. Vor der Straße und in der Parkplatzverlängerung geht's einen Pfad hinab. Vor dem Bielefelder Golfclub schwenken wir zum Waldrand. Stets sind wir dem Teuto-Kamm nahe, nur ein Steilhang trennt die Wege. Rechts zergliedern sich die Ausläufer in engräumiges Klein-klein, in raschem auf und ab zeichnet unser Weg genussvoll die Talungen nach. Zwischendurch weites Feld aus Lippischem Bergland und Wiehengebirge am Horizont. Viel Sehenswertes aus Nah und Fern. An einer Gabelung geht's empor zum Schwedenfrieden, einem nicht alltäglichen Ausflugslokal, von dessen Anhöhe wir den Sendemast der Hünenburg erblicken als letzte markante Aufragung vor der ostwestfälischen Großstadt.

Hinter dem Parkplatz links, an sofortiger Wegschere rechts hinab. Erst wandern wir in Waldrandnahe fast eben mit Blick ins nördliche Vorland des Teutoburger Waldes, dann queren wir einen Forstgürtel und entdecken das Hotel Restaurant Bergfrieden. Hinter dessen ausgedehnter Parkanlage geht's in den Wald und zu wegsäumenden Häusern mit baum- und feldreicher Flur. So gelangen wir zur reizenden Arminiusquelle mit Mauerfassung, Sitzgelegenheit und Stempelstelle für den Weg für Genießer, der uns hier berührt. Wie passend für die Tourenart! Wir verlassen 10 in Raute und nehmen den linken Weg (600 m zum Parkplatz, weißer Winkel als Hermannsweg-Zugang). Auf finalem Weg kommen wir durch einen Buchenwald, vorbei an Mooslehrpfadtafeln sowie dem Wasserwerk Werther und gelangen schließlich wieder zum Ausgangspunkt unserer Tour.

17

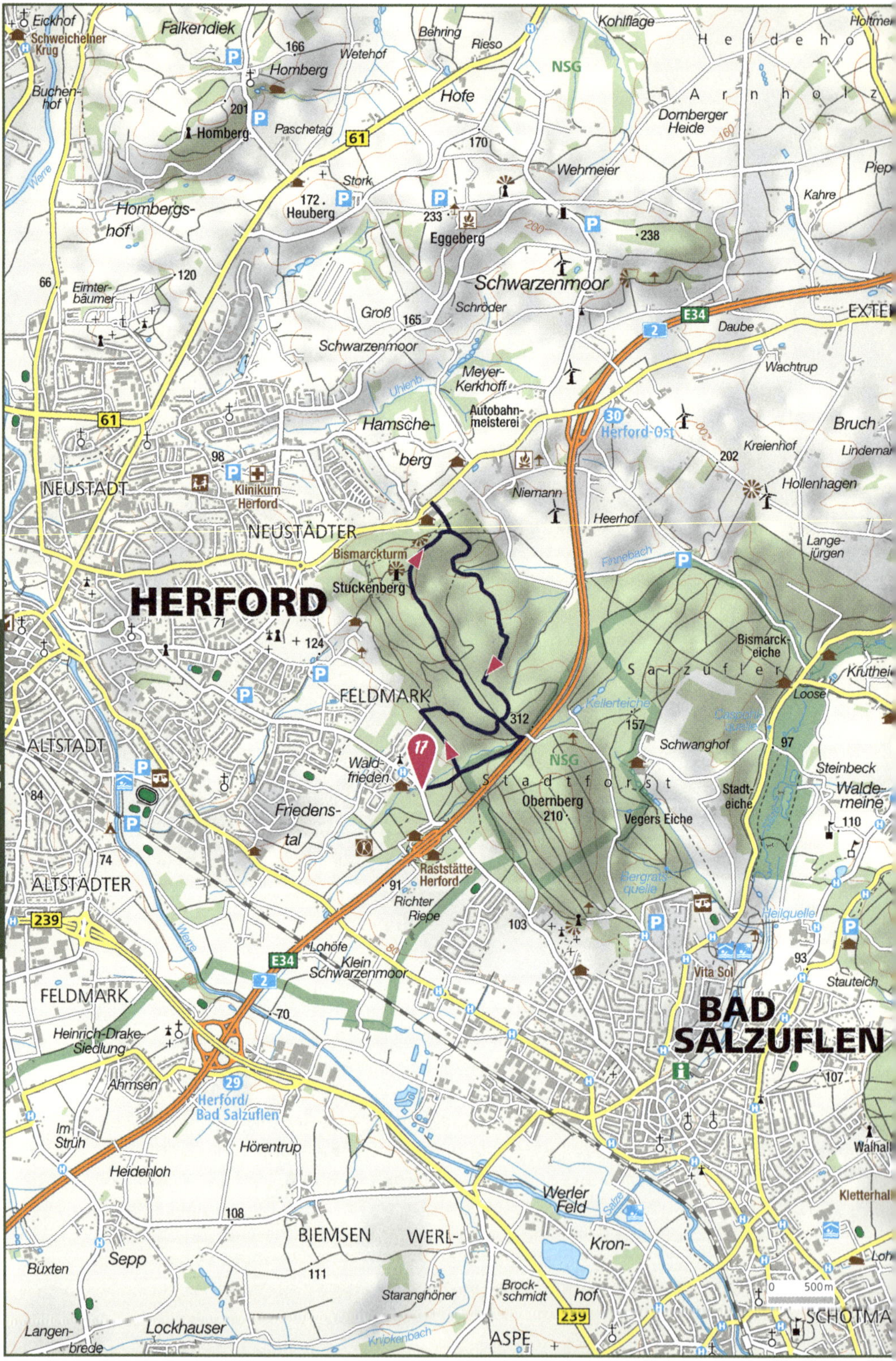

HERFORD

BAD SALZUFLEN

NEUSTADT
NEUSTÄDTER
ALTSTADT
ALTSTÄDTER
FELDMARK
Klinikum Herford
Bismarckturm
Stuckenberg
Wald-frieden
Friedens-tal
Raststätte Herford
Richter Riepe
Lohöfe
Klein Schwarzenmoor
Hamsche-berg
Autobahn-meisterei
Meyer-Kerkhoff
Herford-Ost
Groß Schwarzenmoor
Schwarzenmoor
Schröder
Eggeberg
Heuberg
Stork
Homberg
Hombergs-hof
Paschetag
Falkendiek
Wetehof
Behring
Rieso
Hofe
Kohlflage
Heidehof
Arnholz
Dornberger Heide
Wehmeier
Kahre
Daube
Wachtrup
Bruch
Kreienhof
Hollenhagen
Niemann
Heerhof
Lange-jürgen
Bismarck-eiche
Salzufler Stadtforst
Kellerteiche
Schwanghof
Obernberg
Vegers Eiche
Stadt-eiche
Steinbeck
Walde-meine
Bergrats-quelle
Vita Sol
Stauteich
Heilquelle
Loose
Eimter-bäumer
Eickhof
Schweichelner Krug
Buchen-hof
Heinrich-Drake-Siedlung
Ahmsen
Herford/Bad Salzuflen
Im Strüh
Heidenloh
Hörentrup
Büxten
Sepp
Langen-brede
Lockhauser
BIEMSEN
WERL-
Werler Feld
Kron-hof
Brock-schmidt
Staranghöner
ASPE
Knickenbach
SCHÖTMA
Kletterhall
Walhall
Werre
Salze
E34
61
239
0 500m

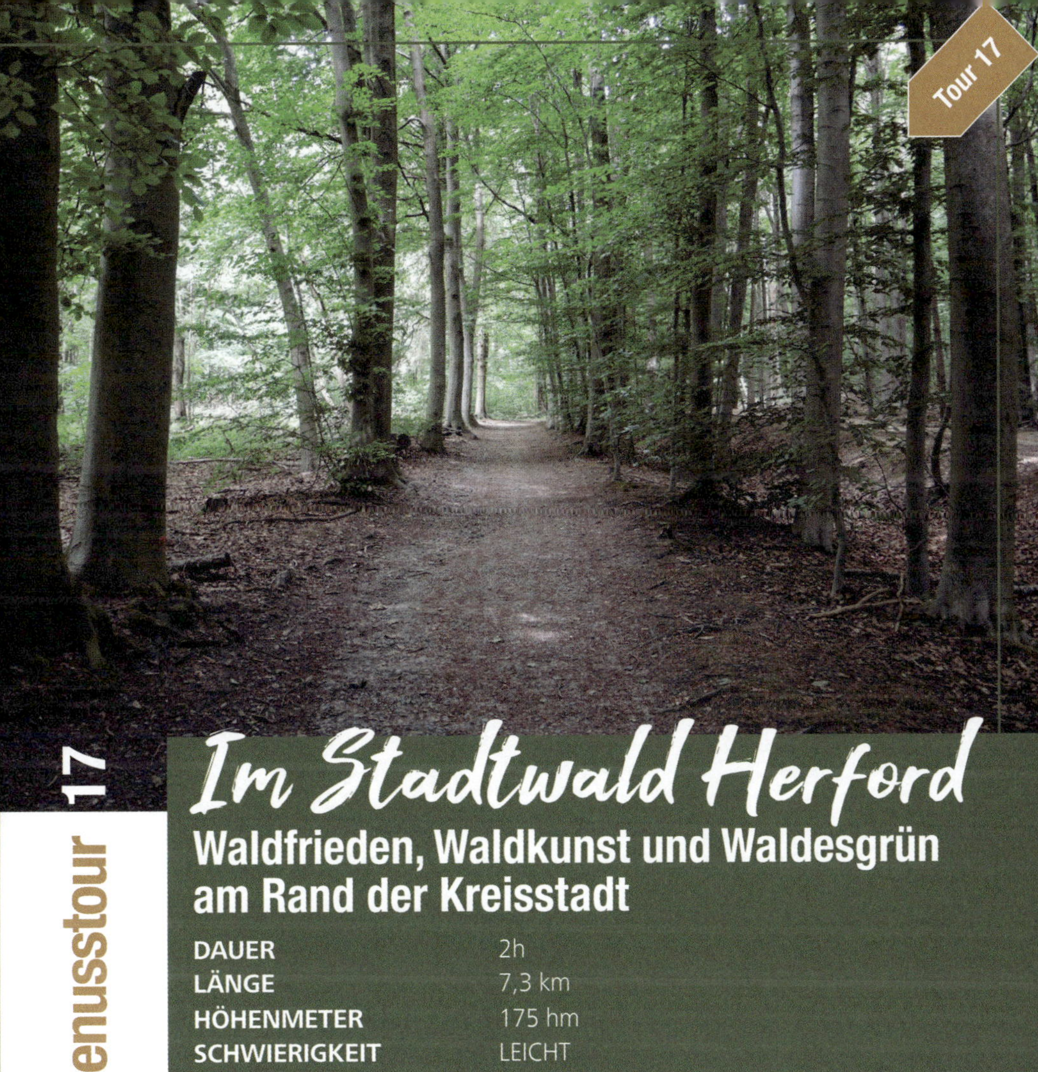

Genusstour 17

Im Stadtwald Herford

Waldfrieden, Waldkunst und Waldesgrün am Rand der Kreisstadt

DAUER	2h
LÄNGE	7,3 km
HÖHENMETER	175 hm
SCHWIERIGKEIT	LEICHT
MIT ÖPNV ERREICHBAR	ja

Das erwartet dich ...

... eine Tour, die so oder so ähnlich viele Herforder wählen, die sich vor der städtischen Haustür gern im Stadtwald die Füße vertreten. Auf dieser Wanderung, die sich auf bequemen Wegen abspielt und wenig Steigleistung fordert, ist man dennoch oft allein. Die Runde bietet auf nicht mal 8 km Länge ein schönes Stück Kammweg mit Entdeckerpotenzial, einen Aussichtsturm für die Rundschau, eine Einkehr zur inneren Anwendung, einen pfiffigen Rückweg und den Tierpark zur zoologischen Studie. Und viel Waldfrische.

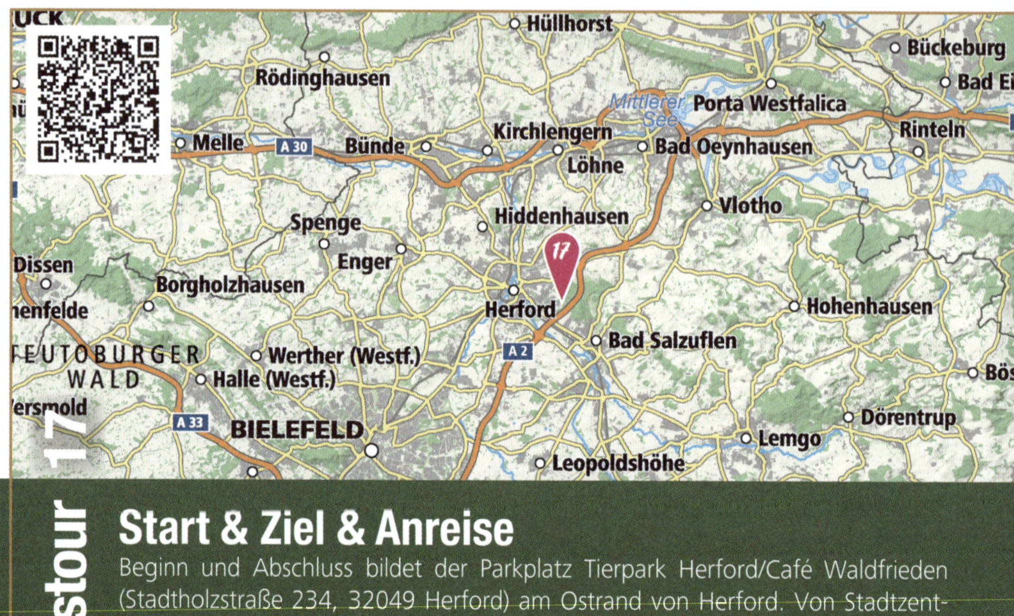

Genusstour 17

Start & Ziel & Anreise

Beginn und Abschluss bildet der Parkplatz Tierpark Herford/Café Waldfrieden (Stadtholzstraße 234, 32049 Herford) am Ostrand von Herford. Von Stadtzentrum in wenigen Minuten über die Stiftberg- und Stadtholzstraße zum Tierpark. Hier ist Endpunkt der Linie S 5 (Ostwestfalen-Lippe-Bus) von Ahmsen bzw. Schobeke. Die Haltestelle Alter Markt liegt an der Strecke Herford (Bahnhof) – Vlotho (Bahnhof) der Linie 434. Auch ein fußläufiger Anmarsch vom Zentrum Herford ist bei der Kürze der Tour denkbar.

Tourenbeschreibung

Einstweilen lassen wir Tierpark und Café, Bewohner und Besucher hinter uns. Im Wortsinn, denn den Eingang im Rücken überqueren wir die Stadtholzstraße, hinter der uns der Stadtforst in Empfang nimmt. Also geradeaus in den Wald, zu einer Kreuzung am Standort Wüstener Berg und links (Bismarckturm 2,3 km). Eine grüne Allee, von stolzen Buchenstämmen gesäumt, weist uns den Weg. Wo von links die Bergstraße einmündet, halten wir uns rechts.

Mit Höhengewinn (10) ziehen wir zum Kamm des Herforder Hausberges, dem wir uns nach links anschließen (10/X9) und der noch weiter ansteigt. Dieser Abschnitt „über den Dächern der Stadt“ ist wie ein Sinneswandel: waldschattig, kurzweilig und fantasieanregend. Dafür sorgen spannende Skulpturen aus Holz, die am Wegrand für Entdeckerfreude aufkommen lassen: ein schlüpfender Saurier, ein emporgehaltenes Herz, ein Wesen mit Irokesenschnitt. Waldweibel, Wurzelgeist,

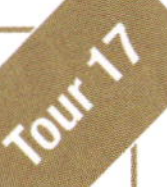

Gnom. Vielleicht auch etwas völlig anderes. Man schaue selbst. Doch so unterhaltsam die Schnitzereien sind – wir vergessen nicht auf den Weg und achten auf den Abzweig eines Pfades nach links (X9).

Der Stadtwald lichtet sich, unvermittelt stehen wir am Bismarckturm auf dem Stuckenberg. Von April bis Oktober steht er uns gegen kleines Geld für Besteigung und Rundumsicht offen. In diesen Monaten ist die Natur ja auch am grünsten. Vor dem Turm erstreckt sich eine Wiese mit Grillplatz, Picknickbänken und Schutzhütte für entspannte Wanderauszeiten. Für den Weiterweg geht's rechts am Turm vorbei (2/Parkplatz Gaststätte Waldesrand 600 m) und gut hinab. Ist uns nach Gastwirtschaft, bietet sich das nahe Hotel Waldesrand an. Andernfalls rechts oder nach Rückkehr von der Einkehr geradeaus.

Werfen wir einen Blick auf den Tourenverlauf, können wir die Geländeform lesen: der Hinweg wie ein Strich in der Landschaft auf der Kammlinie, der Rückweg geschwungen, da er Berg und Tal nachzeichnet. So geht es auf schönem Waldweg ganz schön hin und her und im Trend bergauf. Eben so, wie es die Natur vorgibt. Wir kreuzen einen Reitweg, steuern links auf einen Pfad (2/X9), gelangen an den Standort Stadtwald kurz vor der Autobahn. Waldfrisch laufen wir talwärts (4) und finden die bekannte Kreuzung Am Wüstener Berg. Abschließend gehen wir geradewegs zum Tierpark, der früher Waldfrieden hieß und glauben zu wissen warum.

Fantasie in Holz im Stadtwald Herford

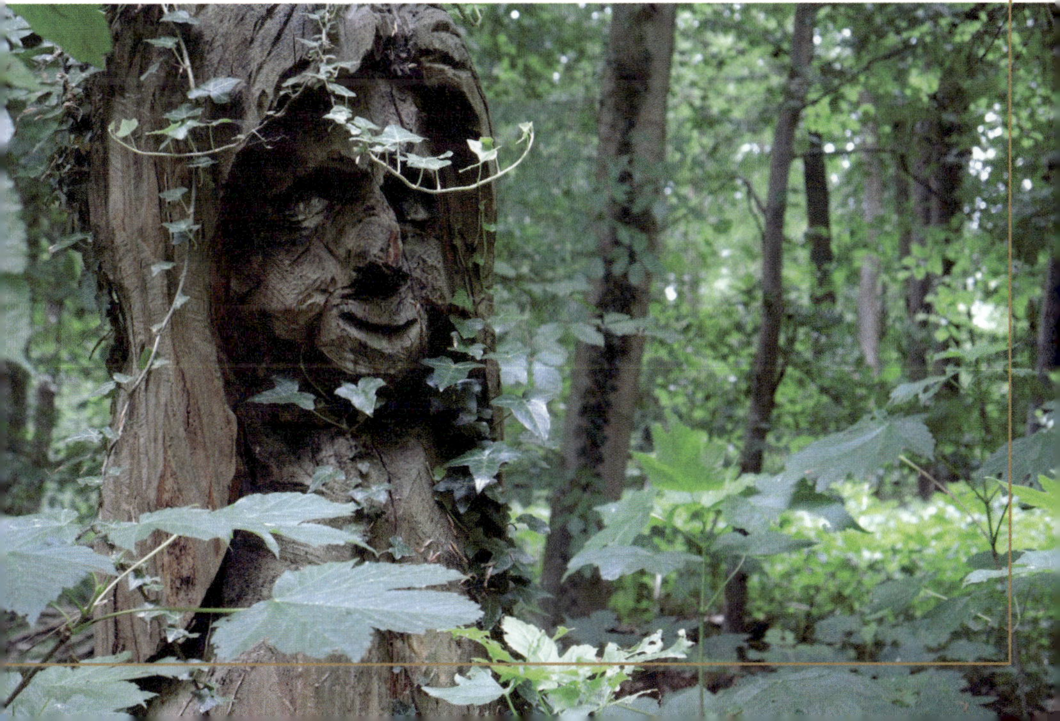

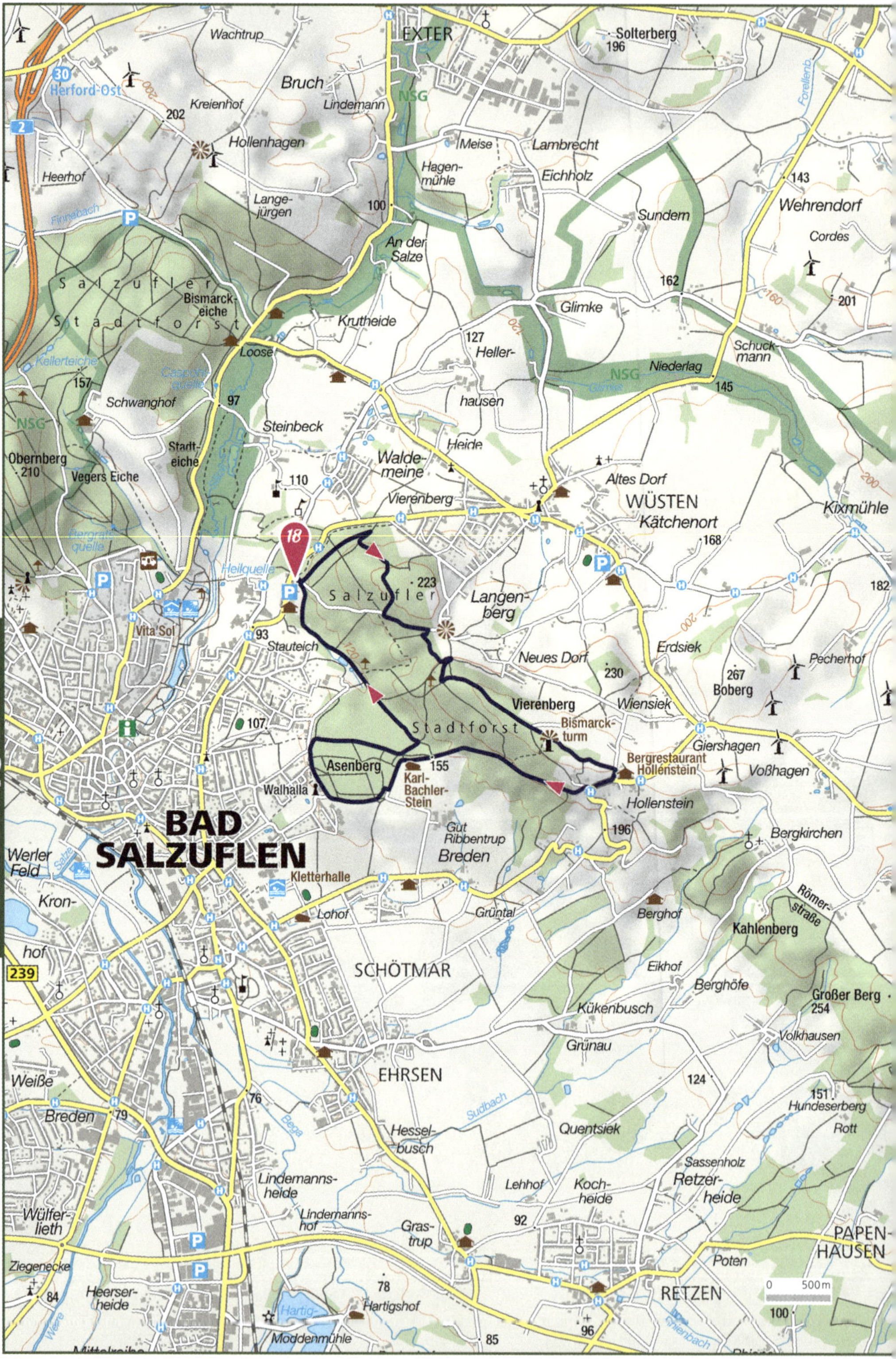

18

Wachtrup
EXTER
Solterberg
196
Herford-Ost
30
2
Bruch
Kreienhof
202
Lindemann
NSG
Hollenhagen
Meise
Lambrecht
Heerhof
Hagen-mühle
Eichholz
143
Wehrendorf
Finnebach
Lange-jürgen
100
Sundern
Cordes
An der Salze
Salzufler
Bismarck-eiche
Stadtforst
162
201
Glimke
Krutheide
127
Heller-
hausen
Loose
Schuck-mann
Kellerteiche
157
Niederlag
NSG
145
NSG
Schwanghof
97
Steinbeck
Stadt-eiche
Heide
Obernberg
210
Vegers Eiche
110
Walde-meine
Altes Dorf
WÜSTEN
Vierenberg
Kätchenort
168
Kixmühle
Heilquelle
223
Salzufler
Langen-berg
182
Vita'Sol
93
Stauteich
120
Neues Dorf
Erdsiek
200
267
Boberg
Pecherhof
230
Vierenberg
Wiensiek
107
Stadtforst
Bismarck-turm
Giershagen
Asenberg
155
Bergrestaurant Hollenstein
Voßhagen
Walhalla
Karl-Bachler-Stein
Hollenstein
196
BAD SALZUFLEN
Gut Ribbentrup
Breden
Bergkirchen
Werler Feld
Kletterhalle
Römer-straße
Kron-hof
Lohof
Grüntal
Berghof
Kahlenberg
239
SCHÖTMAR
Eikhof
Berghöfe
Großer Berg
254
Kükenbusch
Volkhausen
Grünau
Weiße
EHRSEN
124
Breden
79
76
Bega
Sudbach
151
Hundeserberg
Rott
Quentsiek
Hessel-busch
Sassenholz
Retzer-heide
Lindemanns-heide
Lehhof
Koch-heide
Wülfer-lieth
Lindemanns-hof
Gras-trup
92
PAPEN-HAUSEN
Ziegenecke
Poten
84
Heerser-heide
78
Hartigshof
RETZEN
0 500 m
100
Hartig-
Moddenmühle
85
96

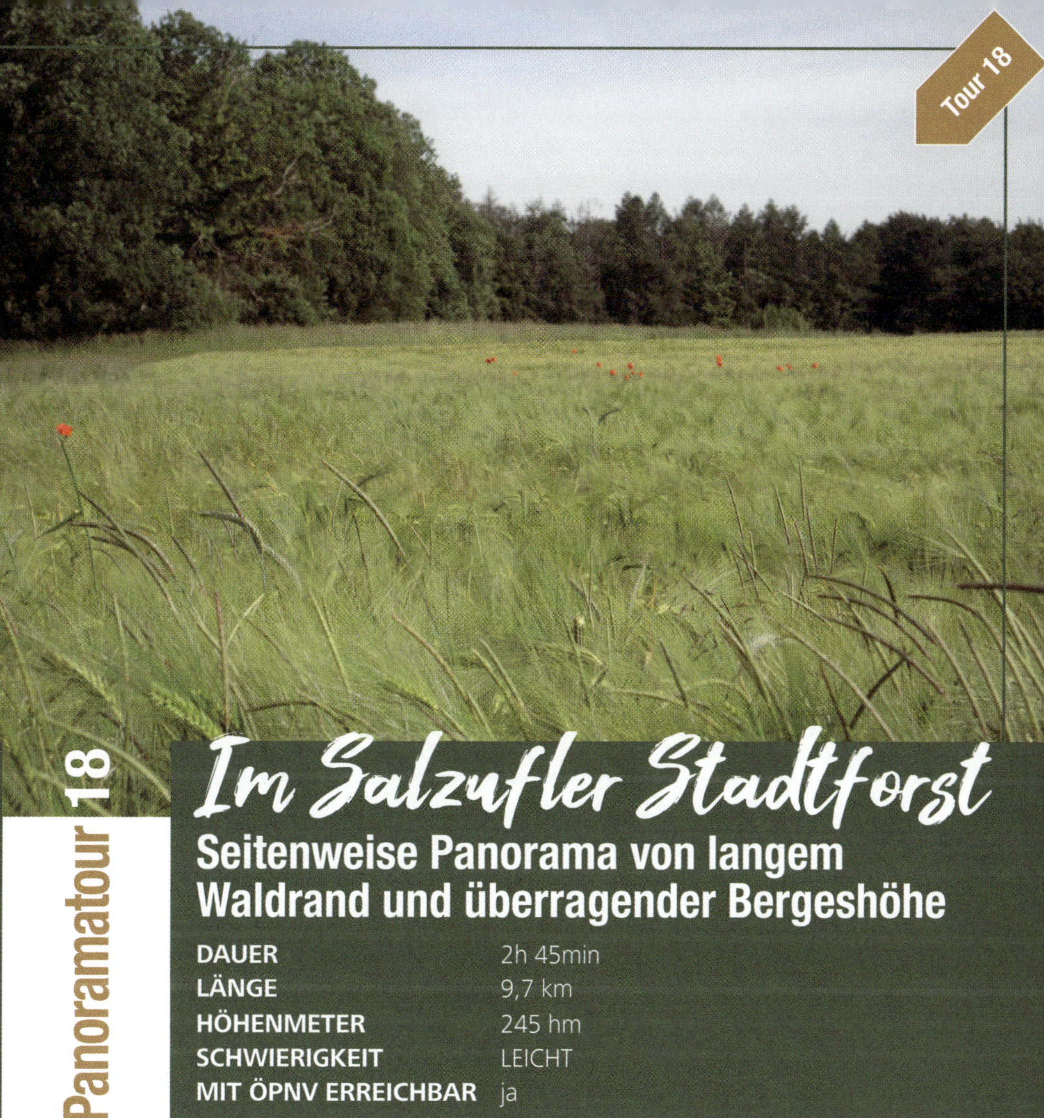

Panoramatour 18

Im Salzufler Stadtforst

Seitenweise Panorama von langem Waldrand und überragender Bergeshöhe

DAUER	2h 45min
LÄNGE	9,7 km
HÖHENMETER	245 hm
SCHWIERIGKEIT	LEICHT
MIT ÖPNV ERREICHBAR	ja

Das erwartet dich ...

... eine Routenwahl, die ungewöhnlich wechselvolle Panoramen nach allen Seiten bietet. Die steten Ortswechsel entlang ausgedehnter Waldsäume und von den Hochlagen des Stadtforstes sorgen für immer neue Ausblicke in das Lippische Bergland. Wegpunkte wie der Bismarckturm, das Bergrestaurant Hollenstein oder der Karl-Bachler-Stein werten die Eindrücke detailreich auf, die vielgestaltige Waldnatur tut ganzheitlich gut. Die Streckenlänge und das gebotene Landschaftsbild versprechen eine gemütliche Wanderung.

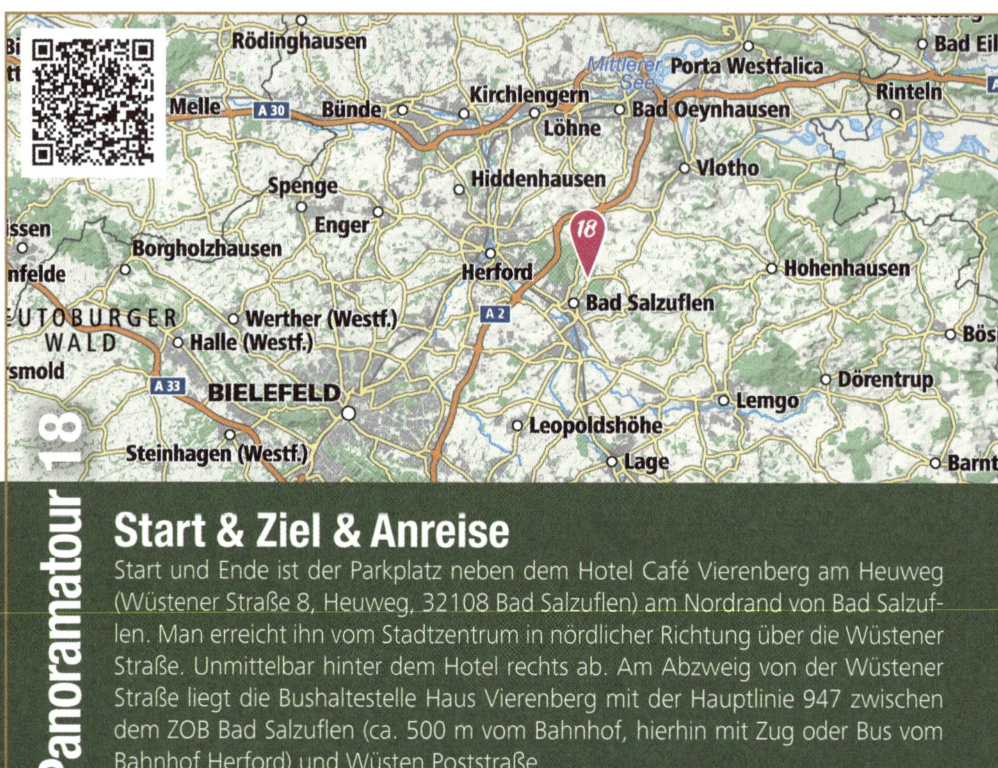

Panoramatour 18

Start & Ziel & Anreise

Start und Ende ist der Parkplatz neben dem Hotel Café Vierenberg am Heuweg (Wüstener Straße 8, Heuweg, 32108 Bad Salzuflen) am Nordrand von Bad Salzuflen. Man erreicht ihn vom Stadtzentrum in nördlicher Richtung über die Wüstener Straße. Unmittelbar hinter dem Hotel rechts ab. Am Abzweig von der Wüstener Straße liegt die Bushaltestelle Haus Vierenberg mit der Hauptlinie 947 zwischen dem ZOB Bad Salzuflen (ca. 500 m vom Bahnhof, hierhin mit Zug oder Bus vom Bahnhof Herford) und Wüsten Poststraße.

Tourenbeschreibung

Sofort haben wir die Wegwahl. Gern geht's links (1/Hühnerwiem/Bismarckturm), damit's gleich richtig waldet. An einem Querweg rechts hinauf (1), vorbei am holzverkleideten Hochbehälter einer Wassergewinnungsanlage. Das Gelände wird steiler – da wirken die Bäume vor uns noch mächtiger – und wird noch botanischer, denn Büsche und Zweige verengen die Spur. Sie erklimmt die originelle Hasenkanzel. Ein grüner Pfad übergibt uns einer Forststraße. Wir gehen links (1), wo Rastbänke zum Entspannen einladen.

Plötzlich zeigen sich Waldrand und Panorama wie im Heimatfilm: Lippische Ländlichkeit, von Feldern, Wäldern und Hügeln traulich umschmeichelt. Es geht nach rechts, wo Brombeerbüsche dem Wegrand entwachsen, die zur rechten Zeit zu süßer Nahrungsergänzung reifen. Wir erreichen den Anstieg zum Aussichtspunkt Hühnerwiem. Kunstvoll sitzt Federvieh auf der Stange, gunstvoll geht der Weitblick bis zur Porta Westfalica zwischen Wiehen- und Wesergebirge. Rechts der Bänke geht's weiter hinab.

Wir stehen hoch über dem Umland auf dem Vierenberg und am Bismarckturm. Der wuchtige Sandsteinbau ist eckig und kantig, aber nur zu bestimmten Zeiten begehbar. Zum Hauptweg und rechts. Der Blickwinkel weitet sich nach Süden und Osten und ruft zu neuen Ausflügen ins Lippische Bergland, in den fernen Teutoburger Wald. Oder ins nahe Bergrestaurant Hollenstein mit anmutigem Bauerngarten. Kurz gehen wir auf der Straße Hollenstein (1), dann zurück in den Wald und links zu einem verwunschenen Häuschen im Efeukleid. Lichter Mischwald sorgt für Nähe, ehe sich wieder das Südpanorama öffnet.

Wir bleiben am Waldsaum, geraten an ein Eckstück Bad Salzuflen. Dem folgen wir zur Bushaltestelle Asenburg und laufen rechts hinauf (2). Dieser Teil des Stadtforstes heißt Asenberg. Er präsentiert uns eine einfach gezimmerte Schutzhütte und einen Mordsfindling zur Erinnerung an den Wandervater Karl Bachler, dem hier ein Sinnspruch zur Gnade der Stille in Stein gemeißelt ist.

Fast fühlen wir uns vom Hinweg berührt. Halblinks geht's hinab ins Asental (Zum Stumpfen Turm, Kurparksee). Hier lohnt sich ein Blick auf die hübsch gefasste Asenquelle. Ebenso lohnt es sich, den Kopf in den Nacken zu werfen und die stattlich gewachsenen Bäume mit ihren weit ausladenden Kronen zu bewundern. Eine Schutzhütte zur Rechten, ein Gewässer zur Linken, ein lauschiges Waldstück geradeaus und kurz hinauf, dann wird der Start- zum Endpunkt.

Tricolore des Sommers, Feldrain bei Hollenstein

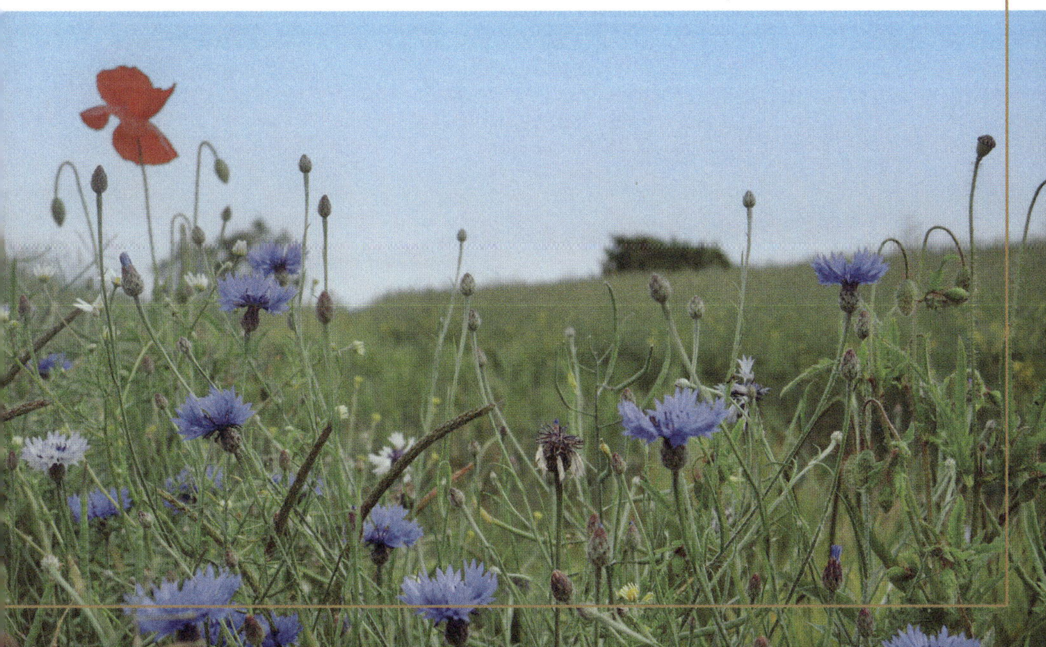

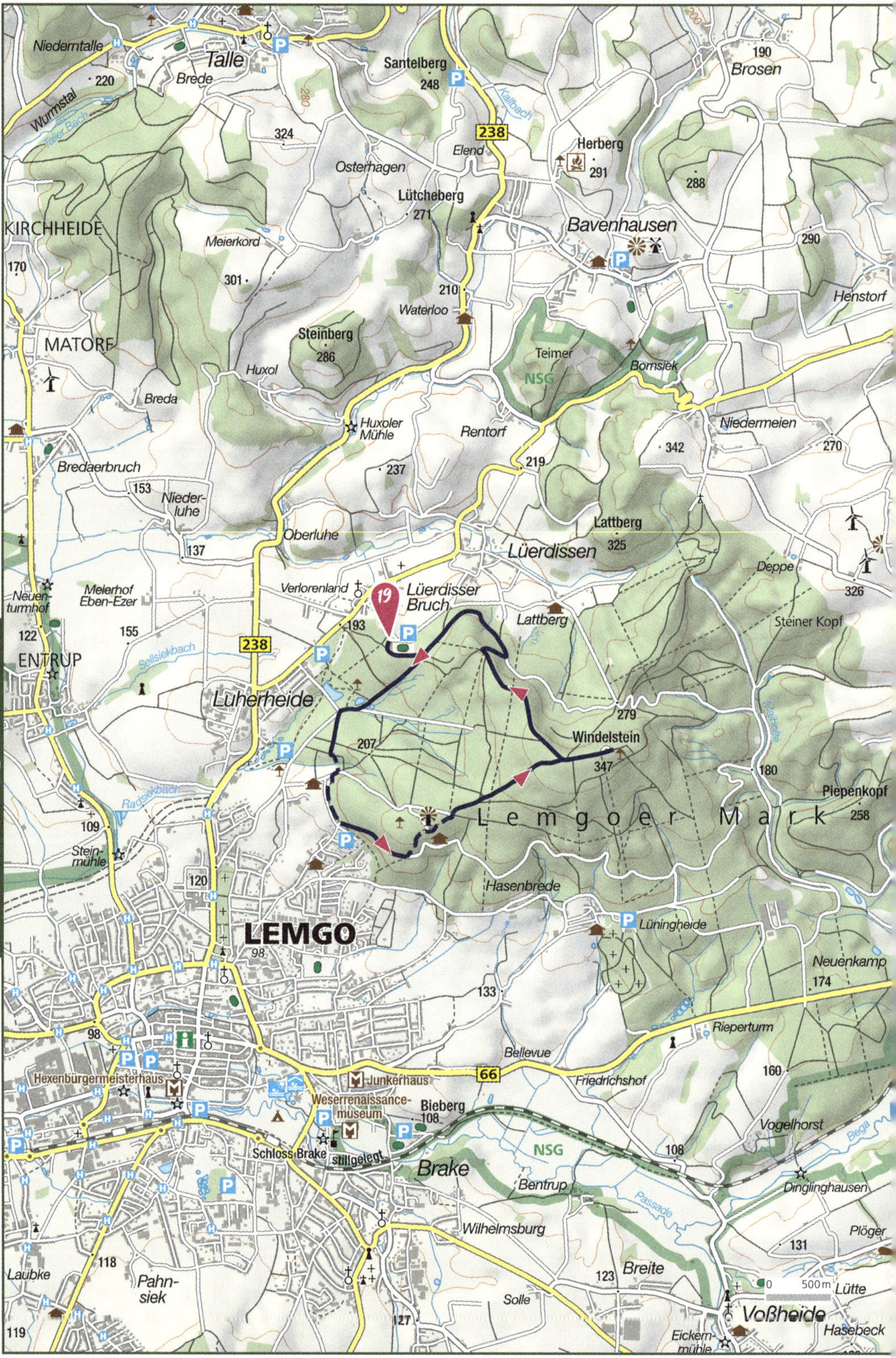

19

Niederntalle
Talle
Brede
220
Wurmstal
Taller Bach
Santelberg
248
238
Kallbach
190
Brosen
324
Osterhagen
Elend
Herberg
291
288
Lütcheberg
271
KIRCHHEIDE
Meierkord
Bavenhausen
290
170
301
210
Waterloo
Henstorf
Steinberg
286
Teimer
Bomsiek
MATORF
Huxol
NSG
Breda
Huxoler Mühle
Rentorf
Niedermeien
342
270
219
Bredaerbruch
237
153
Nieder-luhe
Lattberg
325
Oberluhe
Lüerdissen
137
Deppe
326
Neuen-turmhof
Meierhof Eben-Ezer
Verlorenland
19
Lüerdisser Bruch
Lattberg
122
155
193
Steiner Kopf
ENTRUP
Sellsiekbach
238
Luherheide
279
Windelstein
207
347
180
Piepenkopf
258
Radsiekbach
109
Lemgoer Mark
Stein-mühle
120
Hasenbrede
Lüningheide
LEMGO
98
Neuenkamp
174
133
98
Rieperturm
Bellevue
Hexenbürgermeisterhaus
Junkerhaus
66
Friedrichshof
160
Weserrenaissance-museum
Bieberg
108
Vogelhorst
Schloss Brake
stillgelegt
108
NSG
Brake
Bentrup
Dinglinghausen
Passade
Bega
Wilhelmsburg
Plöger
131
118
Laubke
Pahn-siek
Breite
123
Solle
0 500 m
Lütte
119
127
Voßheide
Eickern-mühle
Hasebeck

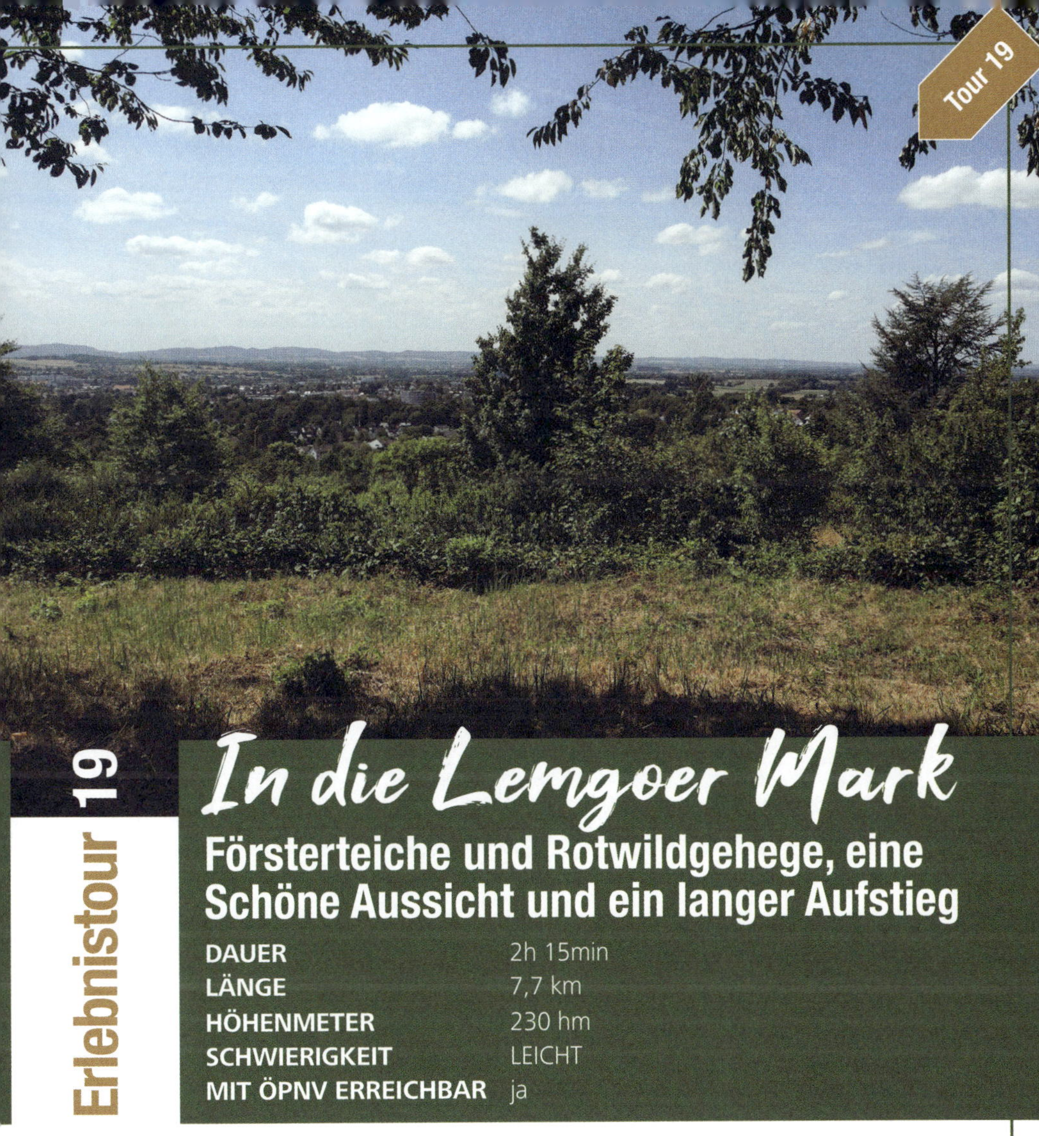

Erlebnistour 19

In die Lemgoer Mark

Försterteiche und Rotwildgehege, eine Schöne Aussicht und ein langer Aufstieg

DAUER	2h 15min
LÄNGE	7,7 km
HÖHENMETER	230 hm
SCHWIERIGKEIT	LEICHT
MIT ÖPNV ERREICHBAR	ja

Das erwartet dich ...

... eine sehr abwechslungsreiche Startphase mit den lauschigen Försterteichen, dem weitläufigen Rotwildgehege, eine aussichtsreiche Einkehrgelegenheit und ein, wenn auch verschlossener Aussichtsturm. Ein zwei Kilometer langes Mittelstück als Daueraufstieg zum höchsten Punkt der Lemgoer Mark, an deren Nordhängen der Wald gerade neu entsteht. Und eine ausgesprochen waldreiche Endrunde als Kammweg und Abstieg. Die Weganlage ist benutzerfreundlich, der „Gipfelaufstieg" lang, aber wenig steil.

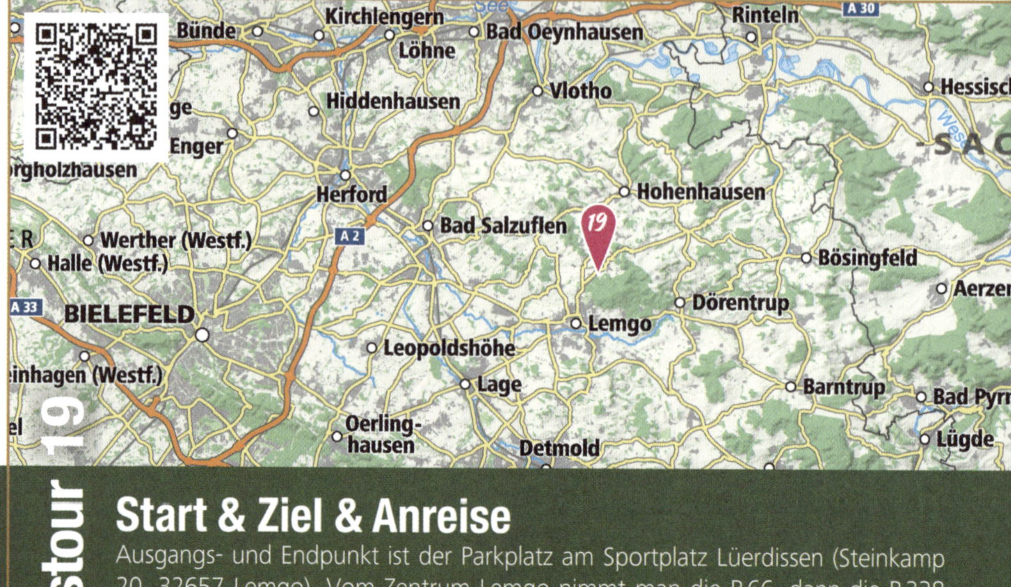

Erlebnistour 19

Start & Ziel & Anreise

Ausgangs- und Endpunkt ist der Parkplatz am Sportplatz Lüerdissen (Steinkamp 20, 32657 Lemgo). Vom Zentrum Lemgo nimmt man die B66, dann die B238 (Rintelner Straße) vorbei am Klinikum Lippe nach Norden. Im Ortsteil Luherheide rechts in den Lüerdisser Weg mit der Bushaltestelle Lüerdissen Bruch (Linien 881 Brake-Lüerdissen mit Halt am Bahnhof Lemgo und 901 zwischen den Bahnhöfen Lemgo und Almena). Von dort gemeinsam über die Straßen Am Stumpenturm und Steinkamp hinauf zum Park- und Sportplatz.

Tourenbeschreibung

Wir umwandern den Sportplatz gegen den Uhrzeigersinn, das ist für den Auftakt sportlich genug. Am Waldrand erwartet uns ein Querweg. Ihm schließen wir uns nach rechts an. In leichtem Trab geht es hinab zu den Försterteichen, die sind nicht nur beliebt bei Bewohnern am und im Wasser, sondern auch bei Liebhabern ausgedehnter Feuchtgebiete. Hinter der Uferzone links (X7/X9/L). Sodann stoßen wir auf den Zaun eines Rotwildgeheges und machen es wie beim Sportplatz: Wir laufen außen rum. Vielleicht haben wir Blickkontakt zu den hier wohnhaften Hirschen.

Schritt für Schritt schwenken wir an den Südrand der Lemgoer Mark, nähern uns der Gaststätte Schöne Aussicht und haben diese kurz darauf selbst. Wir lassen unseren Blicken freien Lauf – über die Dächer der Alten Hansestadt Lemgo hinweg zum weiten und breiten Bergband des Teutoburger Waldes. Ein schön umwachsener Pfad in Hanglage leitet uns zum Standort Spiegelberg, wo uns ein Aussichtsturm und der Windelstein erwarten.

Wir steigen ein in den sonnigen Südhang der Mark. Der erste Eindruck ist bedrückend – bis weit hinauf ist der Berg gesät mit toten Baumstangen. Als Ergebnis von langen Trockenperioden und Borkenkäferbefall sind die Fichtenbestände weitgehend abgestorben. Doch wenn wir genauer hinschauen, sehen wir das Totholz unterwachsen von dichtem Buschwerk und jungem Laubgehölz. Es ist ein hoffnungsvolles Zeichen für die Wiedergeburt des Waldes.

Dann ist der Aussichtsturm erreicht. Er wurde in den letzten Jahren renoviert, doch ist er generell verschlossen. Der Sesam öffnet sich nach Abholung eines Leihschlüssels in der Lemgo-Information. Es geht weiter bergauf (E1/X7/A2/A3), dem Kamm entgegen. Wir erreichen ihn an höchster Stelle auf 347 m ü. NN und gehen noch 300 m nach rechts, denn dort ist der richtige Windelstein – mit Mast und einer Schutzhütte mit Mühlrad als Tisch für die zünftige Gipfeljause.

Wir schreiten das bekannte Stück zurück, gradaus weiter (A2) und auf dem Kammscheitel bald merklich hinab. Der Mittelgebirgswald trägt west- und nordseitig das gewohnte Grün und nährt die Hoffnung auf eine fruchtbare Zukunft des Waldes. An einer Gabelung in eine markante Rechtskurve, weiter talwärts, nachfolgend links. In weitem Linksbogen oberhalb der Ortslage Lüerdisser Bruch zum Abzweig Sportplatz und auf dem Hinweg zurück zum Ausgangspunkt.

Raststätte am Kamm der Lemgoer Mark

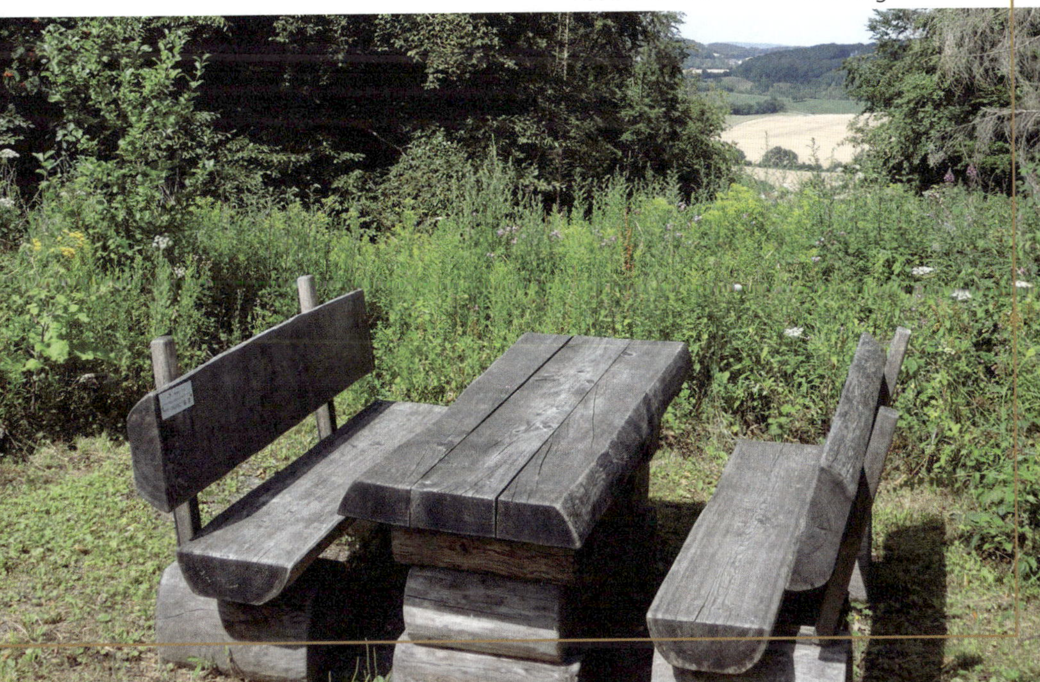

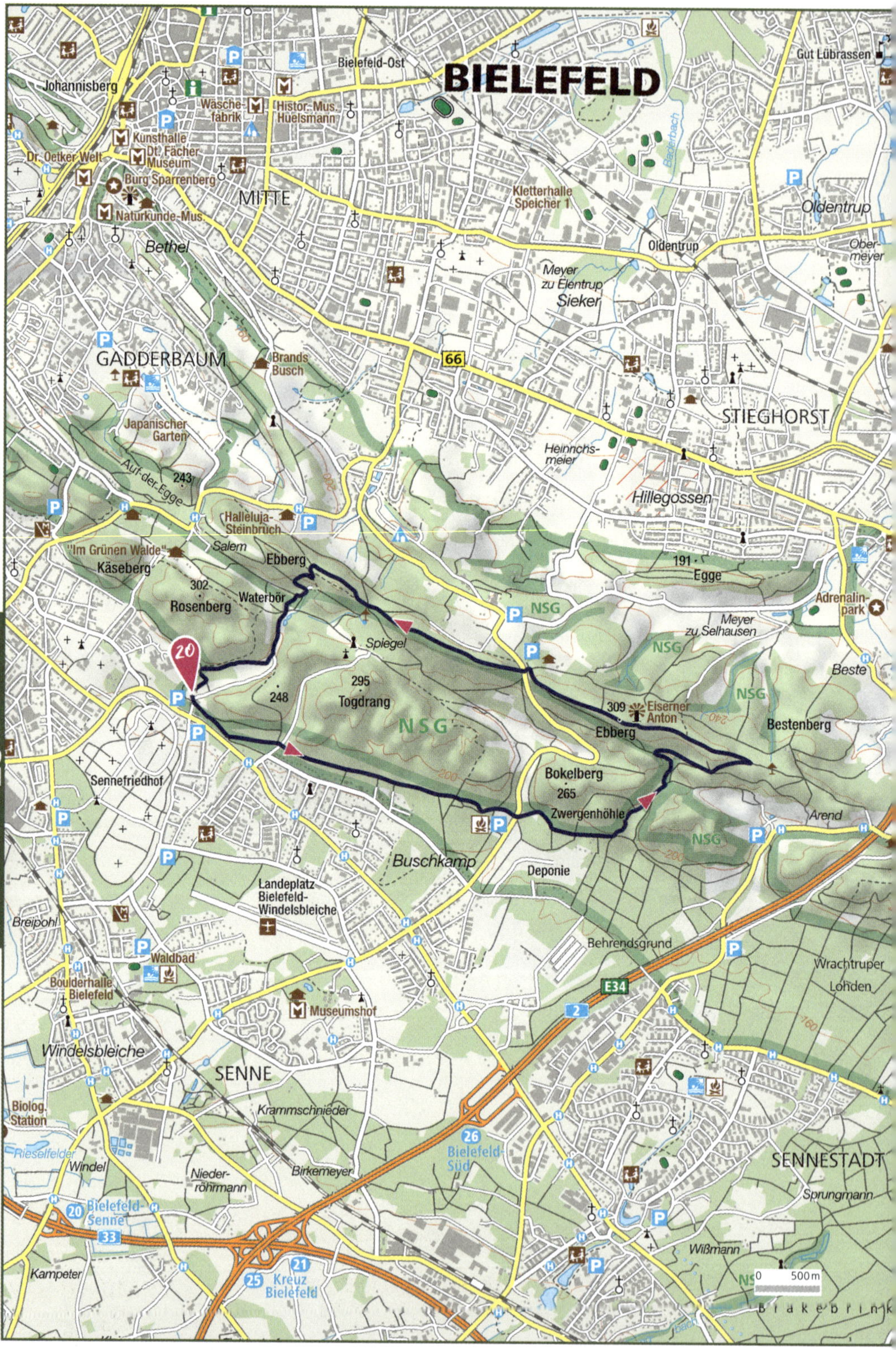

20

BIELEFELD

Bielefeld-Ost
Gut Lübrassen
Johannisberg
Wäsche-fabrik
Histor. Mus. Huelsmann
Kunsthalle
Dr. Oetker Welt
Dt. Fächer Museum
Burg Sparrenberg
MITTE
Naturkunde-Mus.
Bethel
Kletterhalle Speicher 1
Baderbach
Oldentrup
Oldentrup
Ober-meyer
Meyer zu Elentrup
Sieker
66
GADDERBAUM
Brands Busch
STIEGHORST
Japanischer Garten
Heinrichs-meier
Auf der Egge
243
Hillegossen
Halleluja-Steinbruch
Salem
"Im Grünen Walde"
Käseberg
Ebberg
191
Egge
302
Rosenberg
Waterbör
NSG
Adrenalin-park
Meyer zu Selhausen
Spiegel
NSG
Beste
295
Togdrang
248
NSG
309
Eiserner Anton
Ebberg
Bestenberg
Sennefriedhof
Bokelberg
265
Zwergenhöhle
Arend
NSG
Buschkamp
Deponie
Landeplatz Bielefeld-Windelsbleiche
Breipohl
Behrendsgrund
Waldbad
Wrachtruper Lohden
Boulderhalle Bielefeld
E34
Museumshof
2
Windelsbleiche
SENNE
Biolog. Station
Krammschnieder
26
Bielefeld-Süd
Rieselfelder
Windel
Nieder-röhrmann
Birkemeyer
SENNESTADT
Sprungmann
20
Bielefeld-Senne
33
Wißmann
Kampeter
21
25
Kreuz Bielefeld
0
500 m
Blakebrink

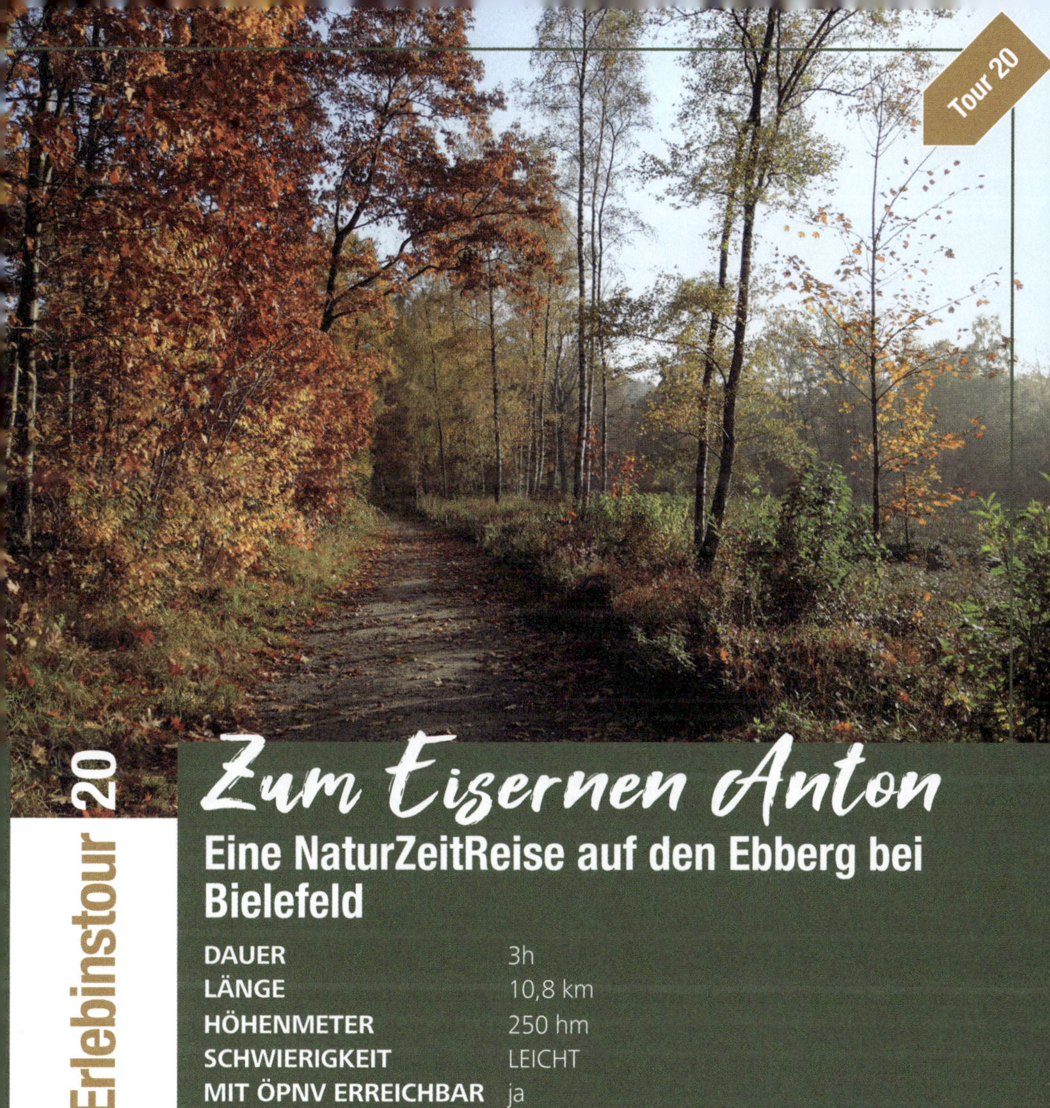

Erlebinstour 20

Zum Eisernen Anton

Eine NaturZeitReise auf den Ebberg bei Bielefeld

DAUER	3h
LÄNGE	10,8 km
HÖHENMETER	250 hm
SCHWIERIGKEIT	LEICHT
MIT ÖPNV ERREICHBAR	ja

Das erwartet dich ...

... etwa drei erlebnisreiche Wanderstunden, geprägt von freundlichem Wissenszuwachs auf den Abschnitten der NaturZeitReisen: über die Zeit als vergängliche Dimension, zur Geologie mit erdgeschichtlichem Bezug und in den Buchenwald, der dem Motto des Buches entwächst. Die vorgeschlagenen Wege sind gut gangbar, der Aufstieg zum Kamm ist im oberen Teil mal etwas steiler. Zusätzliche Würze liefert der Eiserne Anton als Aussichtsturm mit Seltenheitswert und als Einladung zu geruhsamer Einkehr.

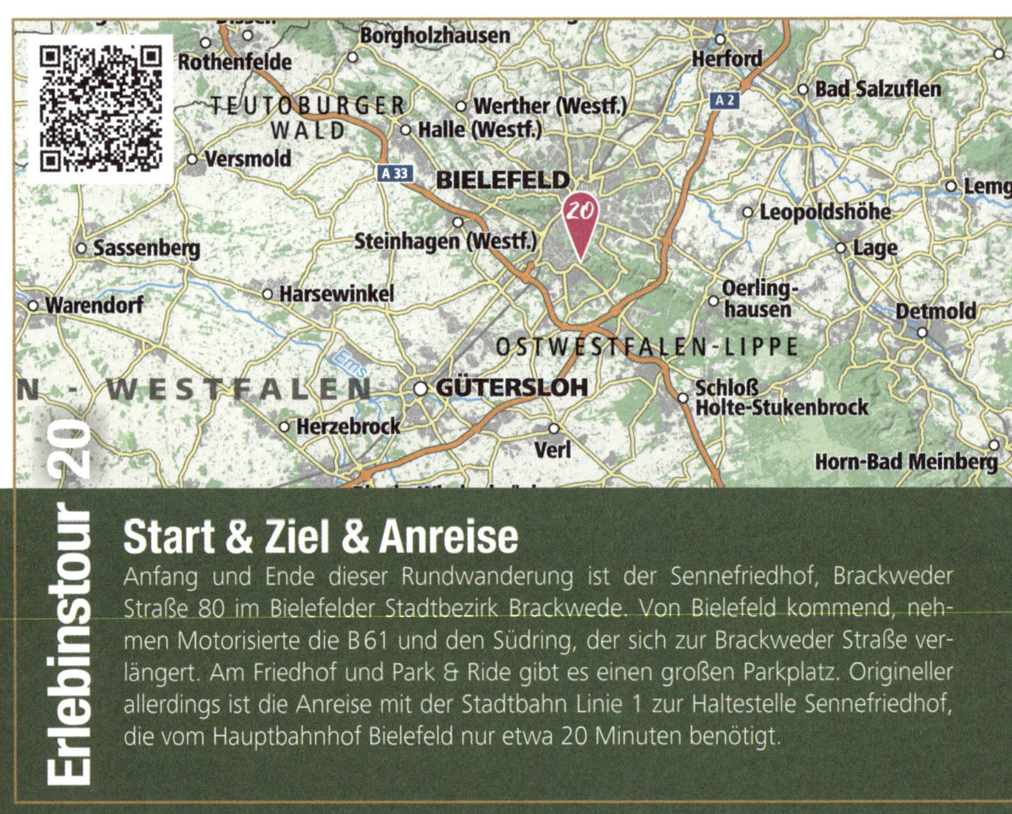

Erlebinstour 20

Start & Ziel & Anreise

Anfang und Ende dieser Rundwanderung ist der Sennefriedhof, Brackweder Straße 80 im Bielefelder Stadtbezirk Brackwede. Von Bielefeld kommend, nehmen Motorisierte die B61 und den Südring, der sich zur Brackweder Straße verlängert. Am Friedhof und Park & Ride gibt es einen großen Parkplatz. Origineller allerdings ist die Anreise mit der Stadtbahn Linie 1 zur Haltestelle Sennefriedhof, die vom Hauptbahnhof Bielefeld nur etwa 20 Minuten benötigt.

Tourenbeschreibung

Ins Projekt „Natura 2000" passen Gebiete, deren Flora, Fauna und landschaftlich-geologische Besonderheiten besonders schutzwürdig sind. Neben Schwalenberger Wald und Weserhöhenweg ist es in der Region der Teuto bei Bielefeld. Um ihn ins Blickfeld des Interesses zu rücken, wurden hier sechs NaturZeitReisen eingerichtet. Rundwanderwege, die die „Dynamische Landschaft" im Wandel der Zeit erlebbar machen. Diese Tour besucht drei davon. Wer mehr wissen will zu den NaturZeitReisen, dem sei das Wanderbegleitheft „Naturparktrails Bielefeld" empfohlen, erhältlich in der Bielefelder Tourist-Information oder als Download unter www.naturpark-teutoburgerwald.de/bielefeld

Am Parkplatz steht eine Infotafel zur NaturZeitReise mit verschiedenen Themenwegen. Das lesen wir, denn deren Konzept begleitet uns. Das Schild zeigt eine stilisierte Sanduhr, die verrinnende Zeit ist symbolisch. Wir überqueren die Stadtbahnschienen, passieren das Ortschild Bielefeld-Senne. Hinter einem Fachwerkhaus weist die NaturZeitReise 4 (Verborgene Zeitzeichen) die Richtung. An folgender Gabelung gehen wir rechts, bald darauf über die Spiegelsberger Straße und wir befinden uns in Nähe des Waldes und der Ortschaft. Uns fällt der weiche Boden auf. Es ist Sennesand, den Winde in Jahrhunderte langer Kleinarbeit an den Südhang des Teutos wehten und der Bodenbildner ist für eine Gesellschaft aus Bäumen, Büschen und Sträuchern, deren Nachfrage an Lebensbedingungen gut zum Angebot passt. So geraten wir an eine Freifläche. Sie beheimatete das Bunker-Café – ein versprengtes Überbleibsel nach Abrissarbeiten militärischer Weltkriegsanlagen, das Ende der 50er Jahre ebenfalls dem Erdboden gleichgemacht wurde. Die NaturZeitReise 4 zieht links hinauf, der Rundweg 5 (Geologie – Steinbrüche als Zeitzeugen) übernimmt. Über den Parkplatz und die Osningstraße gradaus in den Wald. Wir durchqueren die urige Kleinschlucht des Landwehrbaches. Jenseits des steilen Grabens kommen wir zu einer Kreuzung und auf dem 5-er Weg das Zwergental hinauf. Diese Runde widmet sich der Geologie und hat in einem stillgelegten Steinbruch einen Zeitzeugen, in dem Schotter aus hartem Flammenmergel gewonnen wurde. An einer Wegegabel danken wir dem informativen Rundweg 5, gehen unmarkiert nach rechts und an einer Verzweigung empor zum Kamm.

Hier läuft der Hermannsweg (H), dem wir folgen und dem 309 m hohen Ebberg zu Kopfe steigen. Er trägt den Eisernen Anton von 1895 – kein geharnischter Krieger untergegangener Streitmacht, sondern einer der wenigen stählernen Aussichtstürme. Acht Meter höher böte die Aussichtsplattform ausschweifenden Blick, wären die hohen Bäume nicht. Auf Plattenweg dem Kamm nach und wieder mit der NaturZeitReise 5 zum Hotel Café & Restaurant Eiserner Anton, einem beliebten Lokal der Bielefelder.

Wieder über die Osningstraße und am Kamm dahin. Eine Schutzhütte bietet sich an, aber vielleicht regnet es ja nicht. Nun rechts der Kammlinie (H) entlang. Wo der Weg sich senkt, Obacht geben: spitzwinkelig links zurück (7 in Raute) zur Kammhöhe. Wir ziehen hinab und passieren ein Anwesen. Der rechte von zwei Weiterwegen führt an einem Platz für Waldgottesdienste und zur Veranstaltungsstätte Waterbör in westfälischem Fachwerk. Wir wandeln auf den NaturZeitReisen 4 und neuerdings auch 3 (Jahreszeiten im Buchenwald). Diese Laubbäume genießen den Oberkreidekalk als gedeihlichen Untergrund. Das ändert sich, wenn wir, vorbei an zwei Löschwasserteichen, die Waterboerstraße hinabwandern, diese auf beiden Themenwegen geradeaus verlassen und einen Pfad am Hang des Kortenberges nehmen. Der wird zum geologischen Grenzgang zwischen Kalk zu unseren Häupten und dem Sennesand, der uns zu Füssen liegt. Prompt wandelt sich die Vegetation von üppiger Buche zur kargeren Kiefer. Böden und ihr Bewuchs machen natürlichen Sinn. An der Folgekreuzung links (NaturZeitReise 4), erneut auf die Waterboerstraße und zum nahen Ausgangspunkt.

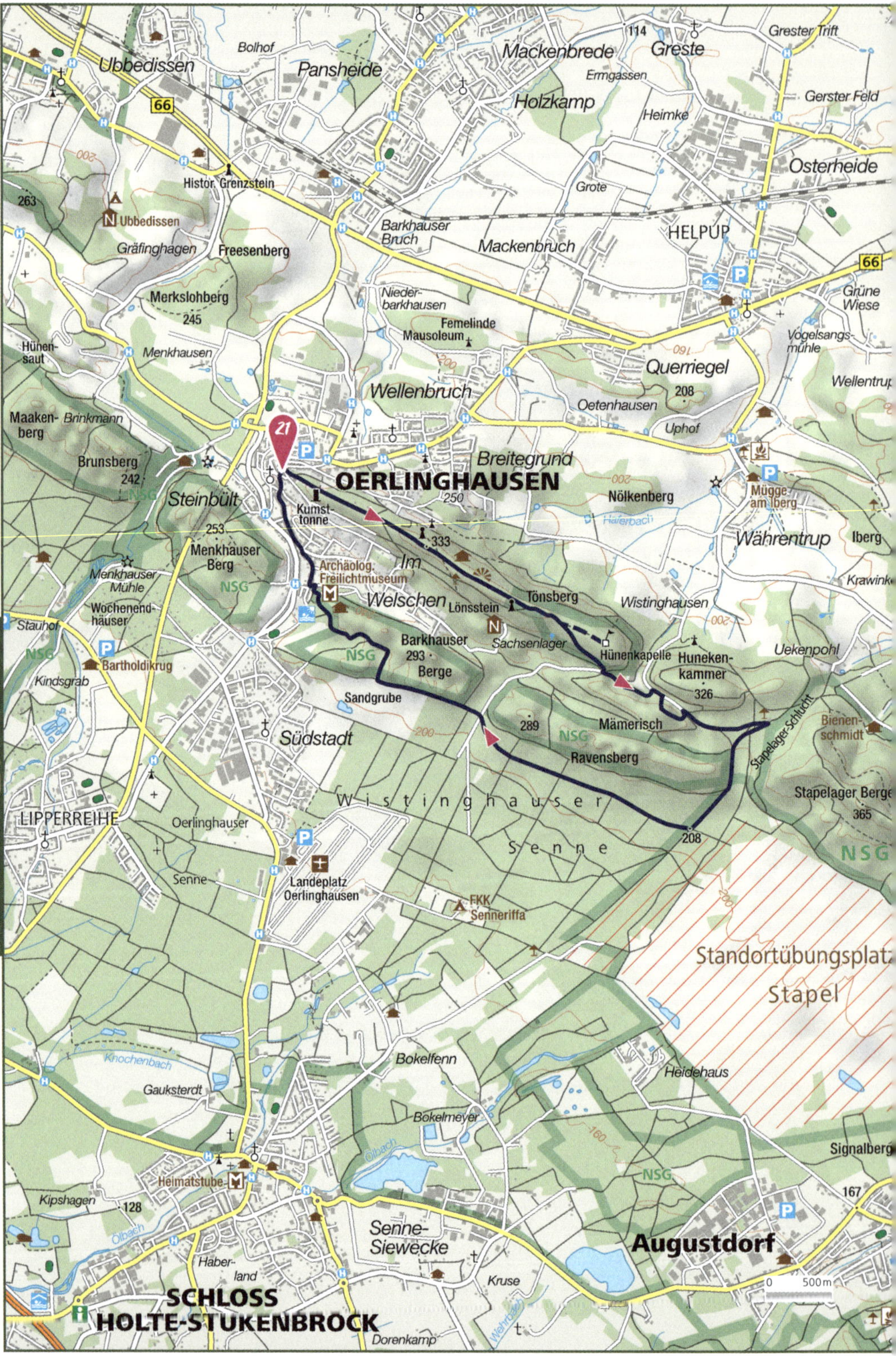

21

Ubbedissen
Bolhof
Pansheide
Mackenbrede
114
Greste
Grester Trift
Ermgassen
Holzkamp
Gerster Feld
66
Heimke
Osterheide
Histor. Grenzstein
200
263
Ubbedissen
Grote
Barkhauser Bruch
Mackenbruch
HELPUP
Gräfinghagen
Freesenberg
66
Merkslohberg
245
Nieder-barkhausen
Grüne Wiese
Femelinde Mausoleum
Vogelsangs-mühle
Hünen-saut
Menkhausen
200
160
Querriegel
Wellenbruch
Wellentrup
208
Maaken-berg
Brinkmann
Oetenhausen
Uphof
21
Breitegrund
Brunsberg
242
OERLINGHAUSEN
200
Nölkenberg
Steinbült
Kumst-tonne
250
Mügge am Iberg
253
Haferbach
Währentrup
Iberg
333
Menkhauser Berg
Im
NSG
Archäolog. Freilichtmuseum
Tönsberg
Menkhauser Mühle
Welschen
Lönsstein
Wistinghausen
Krawinkel
Wochenend-häuser
Stauhof
Barkhauser
Sachsenlager
200
Hünenkapelle
Huneken-kammer
Uekenpohl
NSG
Bartholdikrug
293
Berge
326
NSG
Kindsgrab
Sandgrube
289
Mämerisch
Stapelager-Schlucht
Bienen-schmidt
Südstadt
200
NSG
Ravensberg
Stapelager Berge
365
Wistinghauser
LIPPERREIHE
Oerlinghauser
Senne
208
NSG
Senne
Landeplatz Oerlinghausen
200
FKK Senneriffa
Standortübungsplatz
Stapel
Knochenbach
Bokelfenn
Heidehaus
Gauksterdt
Bokelmeyer
160
Signalberg
Ölbach
NSG
Heimatstube
Kipshagen
128
167
Ölbach
Senne-Siewecke
Augustdorf
Haber-land
Kruse
0 500m
SCHLOSS HOLTE-STUKENBROCK
Wehrbach
Dorenkamp

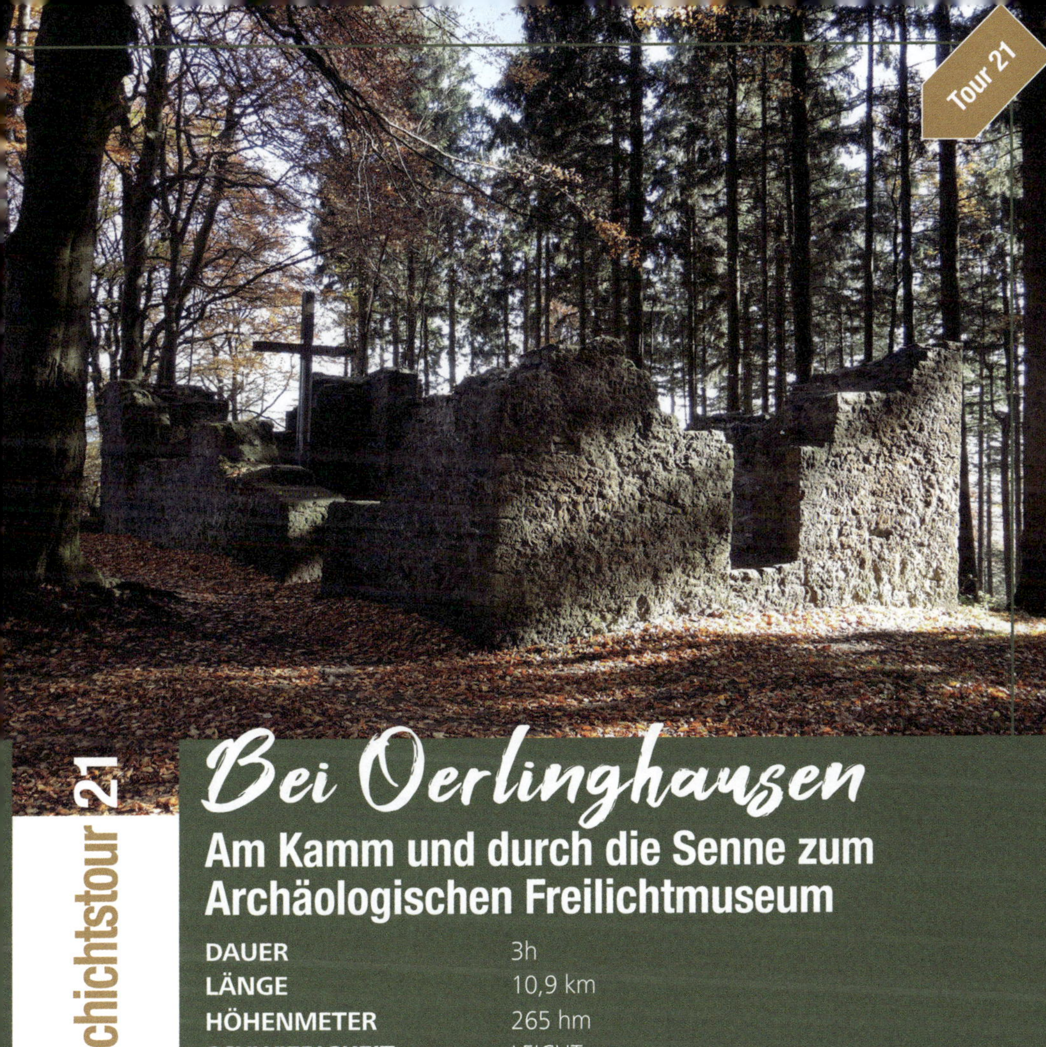

Geschichtstour 21

Bei Oerlinghausen

Am Kamm und durch die Senne zum Archäologischen Freilichtmuseum

DAUER	3h
LÄNGE	10,9 km
HÖHENMETER	265 hm
SCHWIERIGKEIT	LEICHT
MIT ÖPNV ERREICHBAR	ja

Das erwartet dich ...

… eine Tour im Zeichen der Vorgeschichte, denn schon im 5. vorchristlichen Jahrhundert war der Tönsberg besiedelt. Das germanische Sachsen- oder Tönsberglager diente der Kontrolle der Handelsstraßen und dem Schutz der Insassen vor dem Bösen. Wer Oerlinghausen durchaus steil entsteigt, wird auf alte Siedlungsspuren hingewiesen. Unterhaltsam geht es am waldreichen Kamm hin und durch die Senne zurück. Schließlich ist im Archäologischen Freilichtmuseum Gelegenheit, das Erlebte museal zu vertiefen.

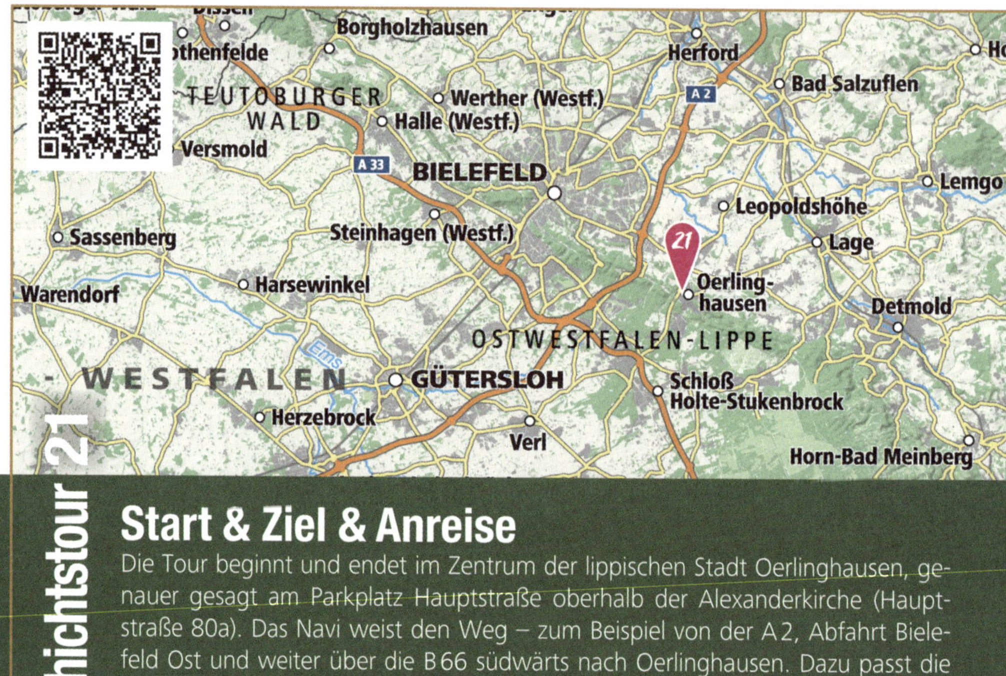

Start & Ziel & Anreise

Die Tour beginnt und endet im Zentrum der lippischen Stadt Oerlinghausen, genauer gesagt am Parkplatz Hauptstraße oberhalb der Alexanderkirche (Hauptstraße 80a). Das Navi weist den Weg – zum Beispiel von der A2, Abfahrt Bielefeld Ost und weiter über die B66 südwärts nach Oerlinghausen. Dazu passt die Bushaltestelle Brachtshof der Linie 39 auf der Holter Straße direkt am Rückweg. Ein Endpunkt ist der Asemissen Bahnhof Oerlinghausen, dorthin geht's mit dem Regional-Express vom Hauptbahnhof Bielefeld.

Tourenbeschreibung

Am Parkplatz, die Alexanderkirche im Rücken, nehmen wir einen Treppenweg (Tönsberg 2,4 km/H), der spüren lässt, warum Oerlinghausen eine Bergstadt ist. Die Stufen gehören zu 26 sogenannten Tweten: Stiegen und Gassen, die die Straßen verbinden. Die Straße Auf dem Berge hinauf, der Name ist Programm, mündet in den Kammweg, der bergwärts zieht und mit Attraktionen gespickt ist. Da ist der Kegelstumpf der Kumsttonne. Die Mundart für Sauerkrauttopf sagt, dass die einstige Windmühle bei einem Sturm die Flügel verlor. Es folgen der Berggasthof Tönsberg und ein Säulenensemble mit Bronzekrieger auf einem Sarkophag zur Mahnung an den 1. Weltkrieg.

Der Tönsberg ist erreicht. Von da ab unterhalten uns verzierte Findlinge mit Sinnvollem zu den vier Kardinaltugenden. Rechts grüßt die Heimat aus berufener Feder des Naturdichters Hermann Löns, dem hier ein Denkmal ruht. Wir wandern nun auch auf dem archäologischen Rundwanderweg, der am Freilichtmuseum beginnt. Dann durchschreiten wir das Nordwesttor zur Vorzeit. Im Frühmittelalter auf den Fundamenten einer Germanensiedlung errichtet, stand hier eine Toranlage, dahinter ein Hallenbau. Im Wald fallen Wälle auf; Reste einstiger Verteidigungsmauern. Ein Stich (A5) führt links zur Hünenkapelle, einer karolingischen Kirche. Erbaut in den Wallanlagen des vorchristlichen Sachsenlagers, war sie dem Heiligen Antonius geweiht, daher der Name Töns. Im Gemäuer steht heute ein Holzkreuz. Zurück und links (H), vorbei an ehemals besiedelten Hangterrassen hinab zu einer Kreuzung. Wieder links (Bienenschmidt 2,4 km), durch die einst bewachte Tallage. Am Eingang der Stapelager Schlucht steht eine Schutzhütte, an der wir unseren Rückweg antreten (A3/A4). Etwaige Hufabdrücke sind nicht des Teufels; der Weg ist auch Reitweg, denn die Wistinghauser Senne führt pferdefreundlich-weichen Sandboden. Die Botanik ändert ihr Antlitz und folgt artgerecht dem Wechsel der Gesteine. Fußt der Wuchs aus Buchenmischwald und üppigem Buschwerk am Kamm auf Kalk, wird die Flora im kargeren Sennesand anspruchsärmer und weitständiger.

Wir geraten an ein umzäuntes Weidegelände, das im Zuge eines Naturschutzprojektes zum Erhalt der historischen Kulturlandschaft von schottischen Hochlandrindern bearbeitet wird. Auf dem Lönspfad (X10) geht's ans Ende des Areals und zu einer Schutzhütte gegenüber einer Grube zur Sennesandgewinnung und danach wieder rechts (X10). Wir kommen vom Sand erneut in den Kalk und dem Kamm entgegen. Palisadenzaun und Holzhütten befeuern unser Zeitreisefieber. Das Archäologische Freilichtmuseum entführt uns in die Frühgeschichte. Der Rundgang folgt einem klugen Konzept, die Anlage besticht mit Originaltreue, die Pflanzungen sind vorzeitgemäß. Wieder im Hier und Jetzt übergehen wir den Parkplatz am Museumsladen, laufen den Triftweg hinauf und in die Holter Straße. An der Bushalte in die Küstertwete und hinter der Kirche kommen wir zu unserem Ausgangspunkt.

Autoren Tipp

Das Germanen-Gehöft, wie das Archäologische Freilichtmuseum Oerlinghausen bei seiner Gründung hieß, besteht seit 1936. Auf dem Parcours verjüngt sich die Geschichte vom Sommerzelt altsteinzeitlicher Rentierjäger über ein Totenhaus der Bronzezeit zur frühmittelalterlichen Schmiede. Die zeittypische Architektur wird um die passende Vegetation bereichert. Neben museumspädagogischen Angeboten für Kinder und Jugendliche gibt es auch vielfältige Veranstaltungen für Erwachsene. www.afm-oerlinghausen.de

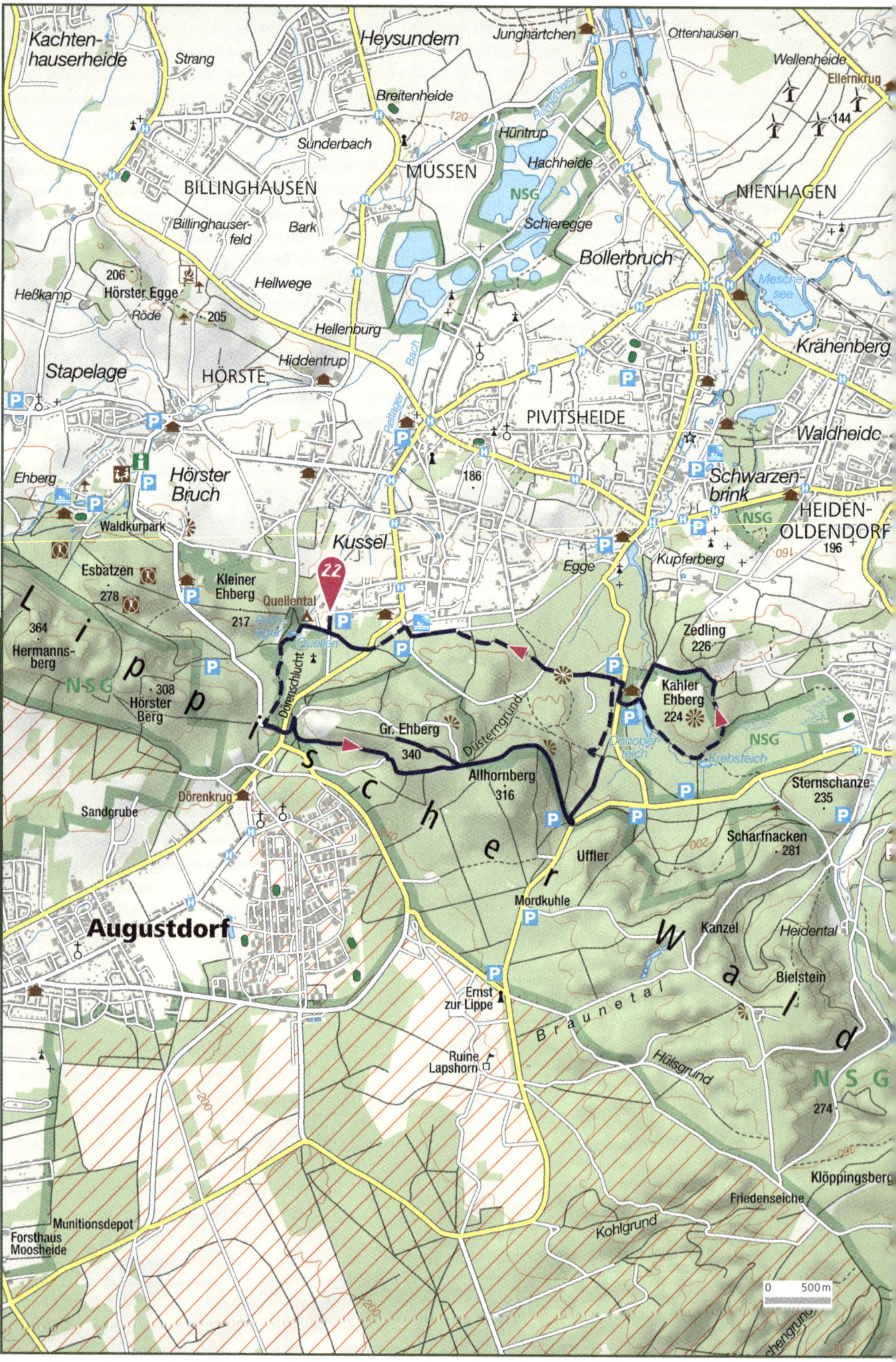

22

Kachtenhauserheide
Strang
Heysundern
Junghärtchen
Ottenhausen
Wellenheide
Ellernkrug
144
Breitenheide
Hüntrup
Sunderbach
MÜSSEN
Hachheide
BILLINGHAUSEN
NSG
NIENHAGEN
Billinghauserfeld
Bark
Schieregge
Bollerbruch
206
Hörster Egge
Hellwege
Heßkamp
Röde
205
Meschesee
Hellenburg
Krähenberg
Stapelage
Hiddentrup
HÖRSTE
PIVITSHEIDE
Waldheide
Ehberg
Hörster Bruch
186
Schwarzenbrink
HEIDEN-OLDENDORF
NSG
Waldkurpark
Kussel
196
Esbatzen
Egge
Kupferberg
278
Kleiner Ehberg
22
Quellental
217
Quellen
Zedling
226
364
Hermannsberg
Lippischer Wald
NSG
308
Hörster Berg
Dörenschlucht
Kahler Ehberg
224
Gr. Ehberg
Düsterngrund
NSG
340
Donoperteich
Krebsteich
Allhornberg
316
Sternschanze
235
Dörenkrug
Sandgrube
Scharfnacken
281
Uffler
Mordkuhle
Augustdorf
Kanzel
Heidental
Bielstein
Ernst zur Lippe
Braunetal
Ruine Lapshorn
Hülsgrund
NSG
274
Klöppingsberg
Friedenseiche
Munitionsdepot
Forsthaus Moosheide
Kohlgrund
0 500 m

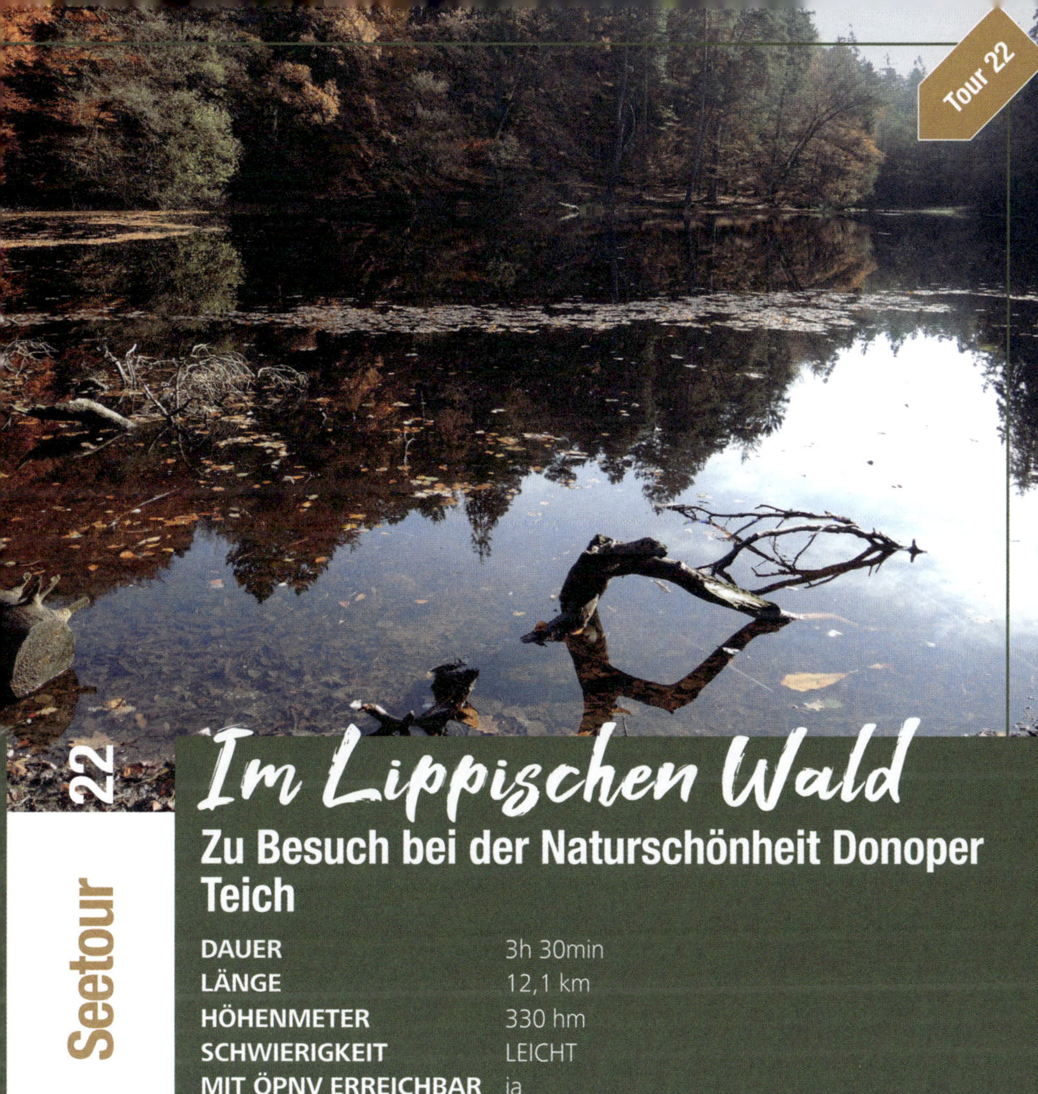

22

Seetour

Im Lippischen Wald

Zu Besuch bei der Naturschönheit Donoper Teich

DAUER	3h 30min
LÄNGE	12,1 km
HÖHENMETER	330 hm
SCHWIERIGKEIT	LEICHT
MIT ÖPNV ERREICHBAR	ja

Das erwartet dich ...

... zunächst ein längerer Anmarsch mit Besteigung des Großen Ehbergs, ehe der Wanderer der Naturschönheit Donoper Teich seine Aufwartung macht. Das soll so sein, denn am Hinweg im dichten Lippischen Wald findet das Gemüt eine natürliche Grundlage für den ungebremsten Genuss des See-Juwels. Seinem üppig bewachsenen Ufer folgt der Weg, ehe er ausholt zur aussichtsreichen Passage des Kahlen Ehbergs und zurück zieht auf alternativer Route. Die Weganlage ist bequem, der „Gipfelgang" ein wenig steiler.

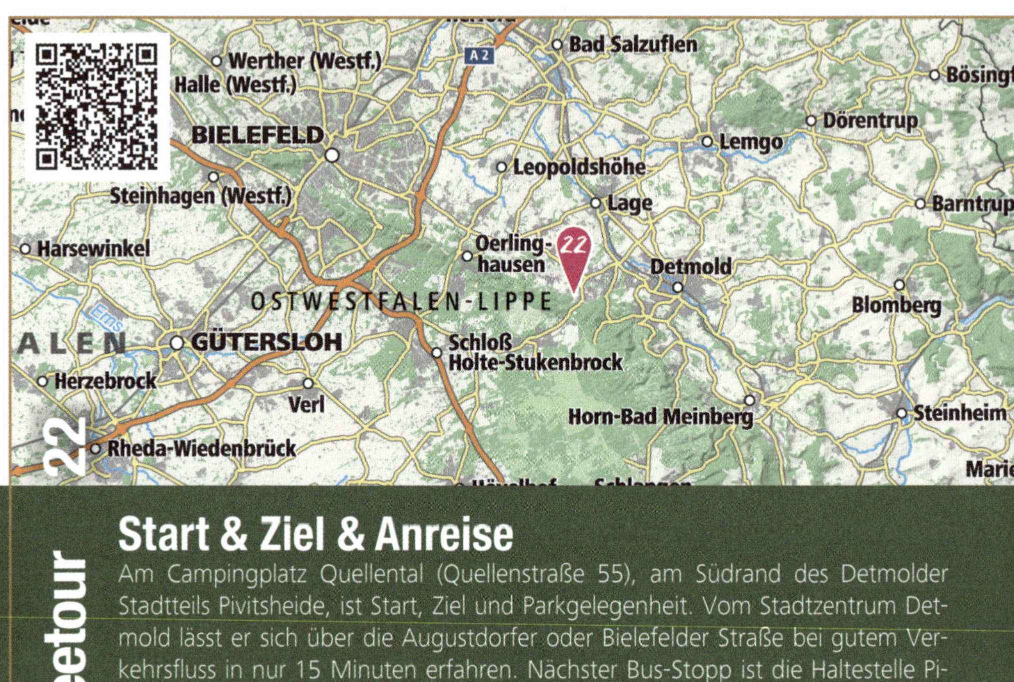

Start & Ziel & Anreise

Am Campingplatz Quellental (Quellenstraße 55), am Südrand des Detmolder Stadtteils Pivitsheide, ist Start, Ziel und Parkgelegenheit. Vom Stadtzentrum Detmold lässt er sich über die Augustdorfer oder Bielefelder Straße bei gutem Verkehrsfluss in nur 15 Minuten erfahren. Nächster Bus-Stopp ist die Haltestelle Pivitsheide V.L. Sandstraße. Dorthin benötigt die Linie 701 vom Bahnhof Detmold keine halbe Stunde. Nach dem Ausstieg die Augustdorfer Straße hinauf und rechts zum Campingplatz.

Tourenbeschreibung

Wir wandern entlang des Campingplatzes und folgen vor einem Brückchen links dem Hermannsweg (H), dann ziehen wir auf schmalem Pfad (A4) zwischen engen Böschungen in die Dörenschlucht, die in vorchristlicher Zeit ein Handelsweg war und heute als fast wildes Stück Waldnatur auftritt. An deren Ende nimmt uns die Teutoburger Wald-Straße auf.

Wir kreuzen die Augustdorfer Straße, orientieren uns am Schild zum Schotterwerk und verlassen die Zufahrt vor einer Schranke. Der Lönspfad (X10) führt über Sandboden, den wir mit Ross und Reiter teilen. Dann weist ein Schild: „Dieser Weg endet auch als Gehweg nach ca. 600 m!" nach links. Mag sein, doch führt der Abstecher auf den Großen Ehberg, was uns wegen der lockenden Waldeinsamkeit die kleine Mühe wert ist.

Zurück zum Hauptweg und links. Eine Wegspinne verlassen wir links vom Hauptweg (X). In weitem Bogen nimmt unser Waldgang seinen friedvollen Lauf und trägt uns hinab zur Lopshorner Allee. Kurz davor geht's auf einen Pfad (A5), der sich mit dem Hermannsweg einigt und zu einem großen Parkplatz leitet. Er gehört den Lokal- und Teichbesuchern. Folgerichtig finden wir das Hotel-Restaurant Forstfrieden und den Donoper Teich. Dieser stapelt begrifflich tief, handelt es sich doch um einen veritablen See von 150 m Länge. Das einst zur Fischzucht aufgestaute Gewässer ist von Bäumen eng gesäumt und das Nordufer besucherfreundlich ausgebaut. Der Donoper Teich ist zu jeder Jahreszeit ungemein reizvoll und in seiner Fülle aus Pflanzenvielfalt und Tierreichtum, seinem Überfluss aus Farben, Formen und Düften derart idyllisch, dass wir immer wieder stehenbleiben, schauen und staunen.

Ein Spazierweg (H) führt uns am Ostufer über den Hasselbach zum Krebsteich. Dort nach links (A7/A9) und bei erster Gelegenheit wieder hinauf. Auf den Kahlen Ehberg können wir nicht, da versperrt uns der Wald den Weg. Umso panoramareicher ist die kahle Nordseite mit freiem Feld. Hinter dem Freiland geht's hinab (Quadrat), um die Umrundung zu vervollständigen.

Auf dem Hinweg zur Einmündung des A5 und geradeaus (H). Erst wandern wir auf einer gut gängigen Forstpassage, dann ein Stück entlang des Randes von Kussel, schließlich erreichen wir einen Parkplatz. Dem Waldrand nach, über die Augustdorfer Straße und wir treffen erneut auf Wald. Auf der Quellenstraße geht's zurück zu Campingplatz und Ausgangspunkt.

Über weite Wiesen senkt sich der Kahle Ehberg

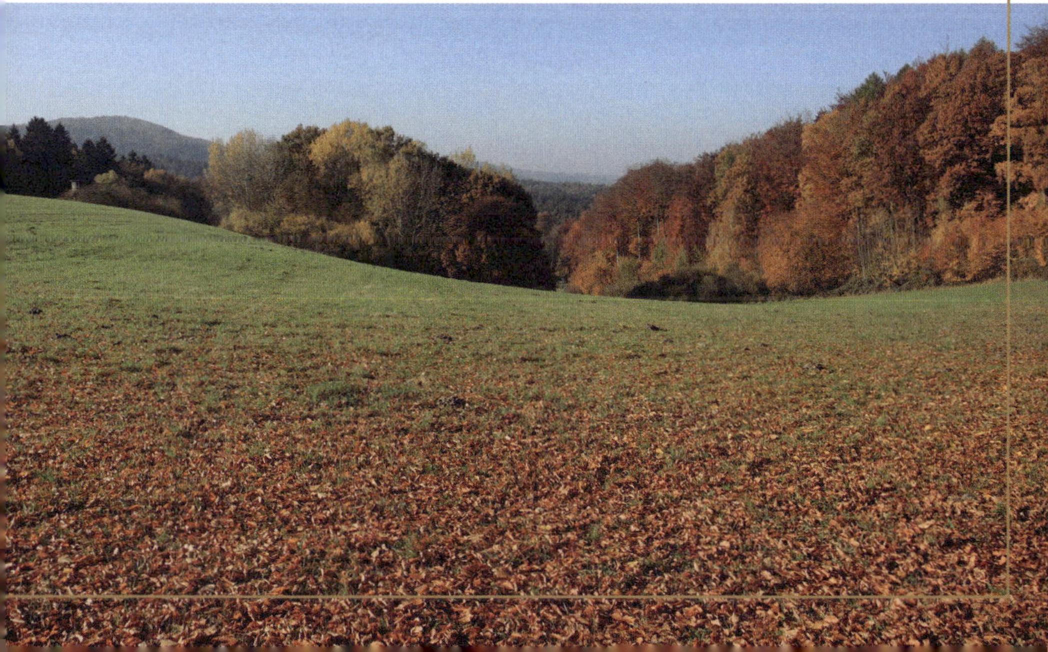

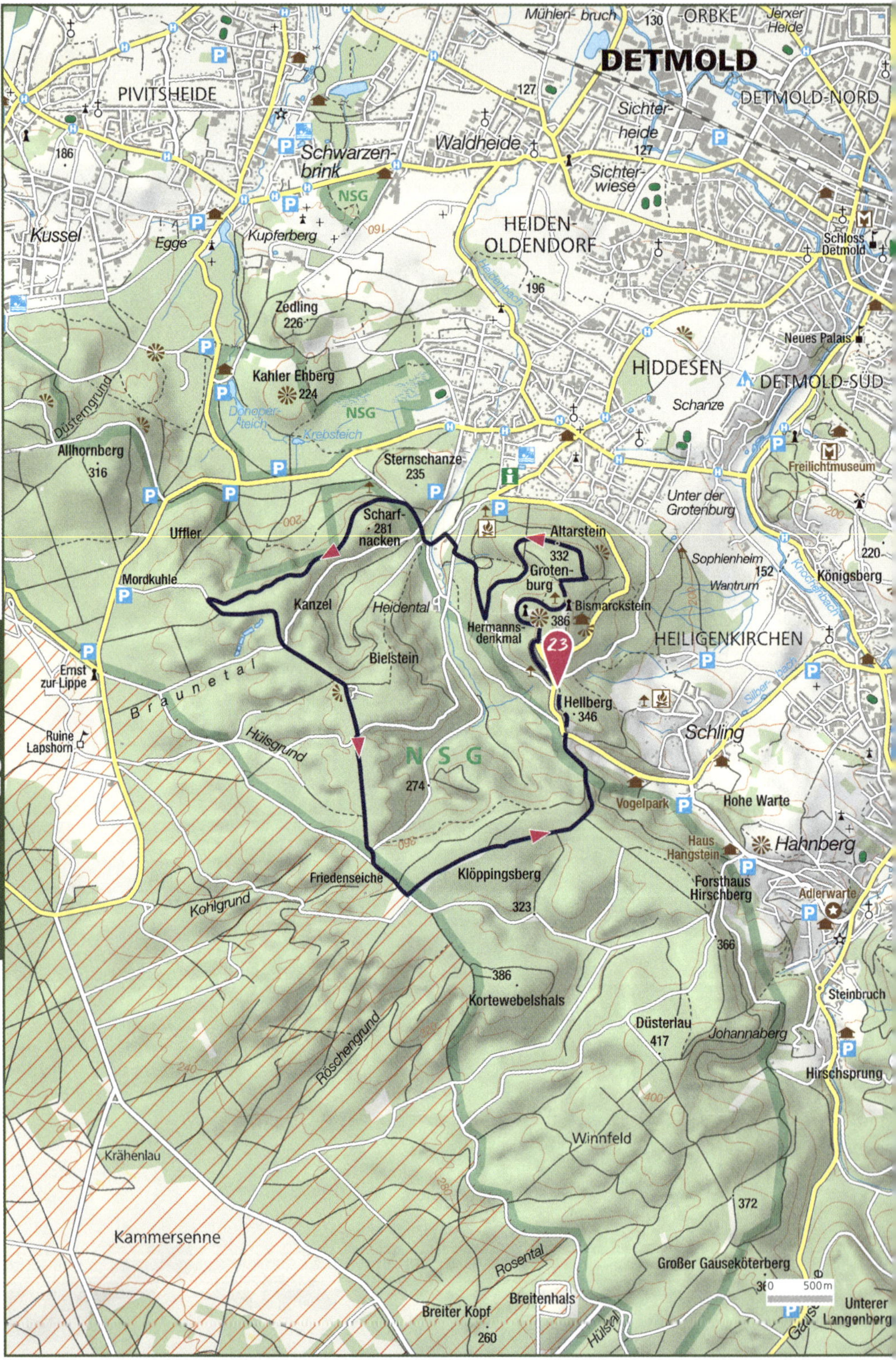

23

Mühlen- bruch
130
ORBKE
Jerxer Heide
DETMOLD
PIVITSHEIDE
127
DETMOLD-NORD
Sichter- heide
127
Waldheide
186
Schwarzen- brink
NSG
Sichter- wiese
Kussel
Egge
Kupferberg
160
HEIDEN- OLDENDORF
Schloss Detmold
196
Zedling
226
Neues Palais
Kahler Ehberg
224
HIDDESEN
DETMOLD-SÜD
Düsterngrund
Doneper- teich
NSG
Krebsteich
Schanze
Allhornberg
316
Sternschanze
235
Freilichtmuseum
Uffler
Scharf- nacken
281
Altarstein
Unter der Grotenburg
200
332
Sophienheim
220
Mordkuhle
Kanzel
Heidental
Groten- burg
152
Wantrum
Königsberg
Hermanns- denkmal
Bismarckstein
386
Ernst zur Lippe
Bielstein
HEILIGENKIRCHEN
Braunetal
Hellberg
346
Schling
Ruine Lapshorn
Hülsgrund
NSG
274
Vogelpark
Hohe Warte
Haus Hangstein
Hahnberg
Friedenseiche
Klöppingsberg
Forsthaus Hirschberg
Kohlgrund
323
Adlerwarte
366
386
Kortewebelshals
Steinbruch
Röschengrund
Düsterlau
417
Johannaberg
240
Hirschsprung
400
Krähenlau
Winnfeld
280
372
Kammersenne
Rosental
Großer Gauseköterberg
360
0 500 m
Breitenhals
Breiter Kopf
260
Hülstal
Unterer Langenberg

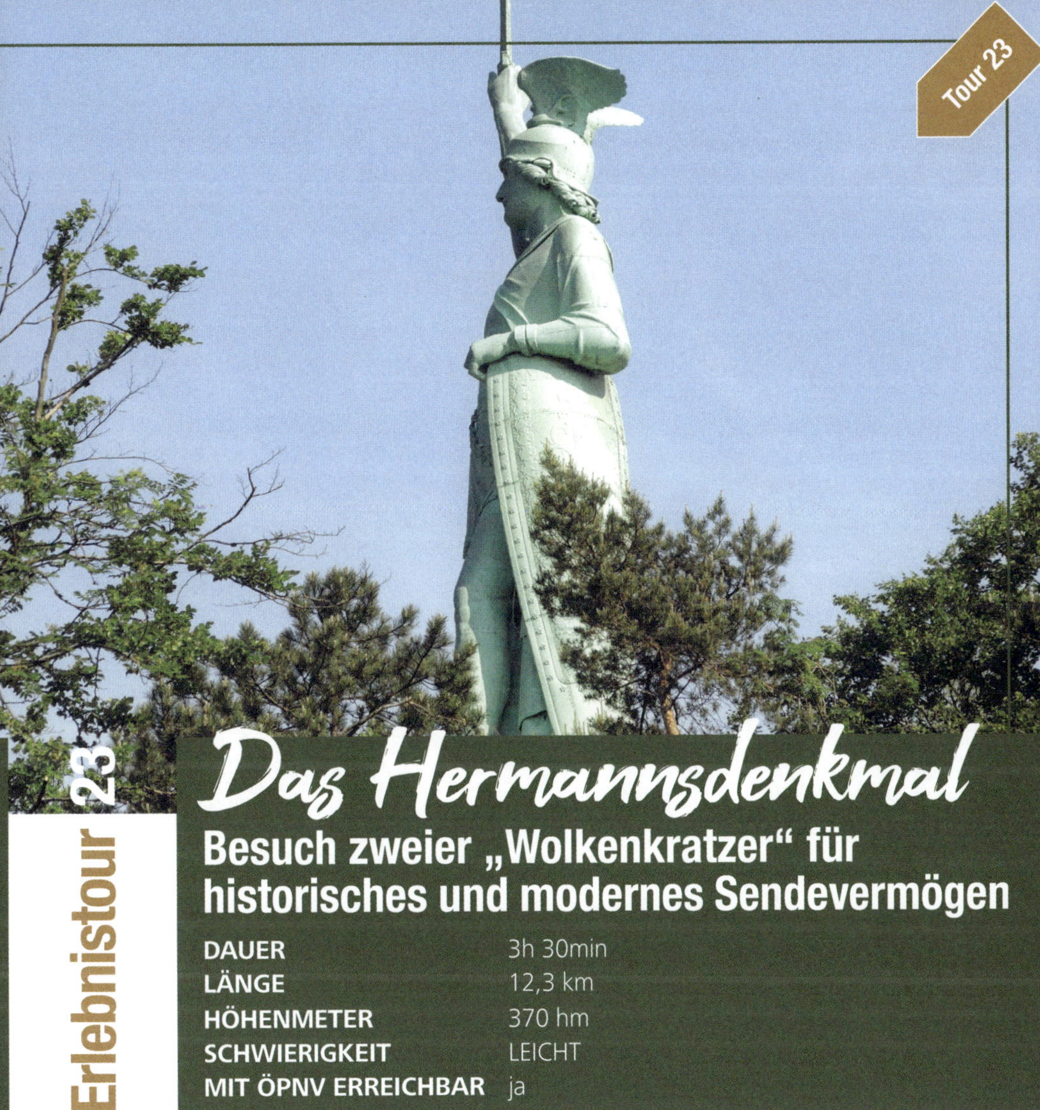

Erlebnistour 23

Das Hermannsdenkmal

Besuch zweier „Wolkenkratzer“ für historisches und modernes Sendevermögen

DAUER	3h 30min
LÄNGE	12,3 km
HÖHENMETER	370 hm
SCHWIERIGKEIT	LEICHT
MIT ÖPNV ERREICHBAR	ja

Das erwartet dich ...

... zwei regionale Wolkenkratzer mit Sinn für Sendung: Erst reckt Hermann alias Arminius sein Schwert in den einstigen Germanenhimmel, dann lässt der Mast des Bielsteinsenders den staunenden Betrachter fast Hals-über-Kopf davorstehen. 53,46 m hoch der eine, 290 m der andere. Kombiniert mit Heidental und Dreiflussstein, ergibt dies eine erlebnisreiche Rundtour. Die Wanderung findet meist auf breiten, gut markierten Forstwegen statt und stellt kaum Anforderungen an die Orientierungsgabe.

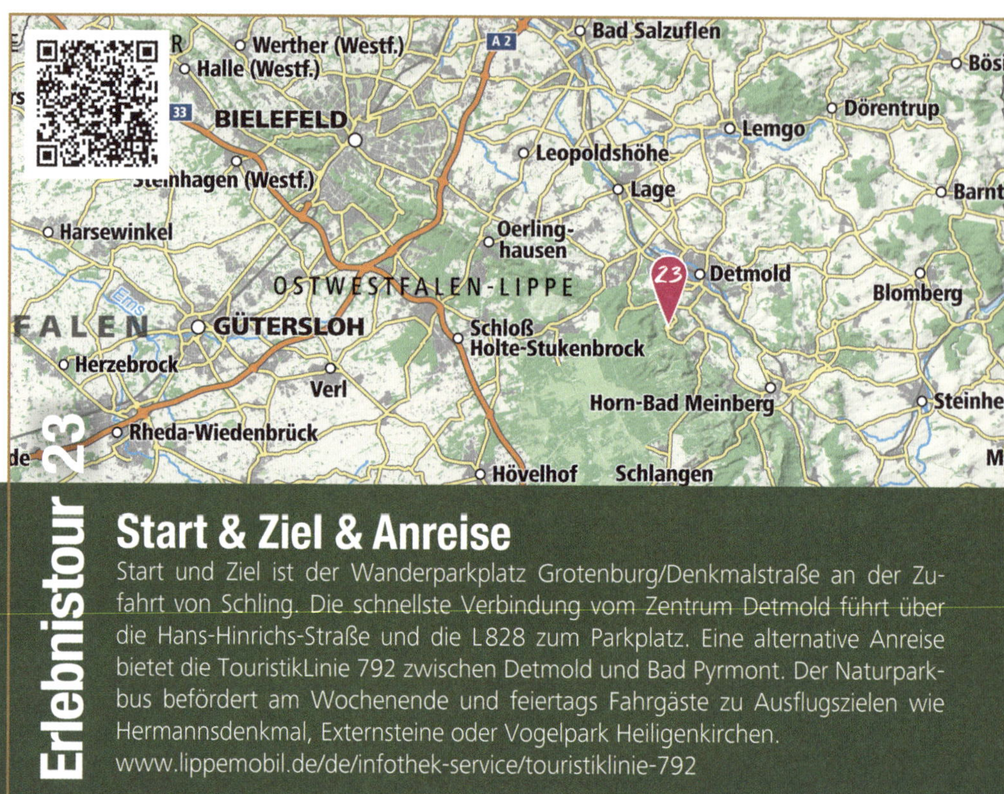

Erlebnistour 23

Start & Ziel & Anreise

Start und Ziel ist der Wanderparkplatz Grotenburg/Denkmalstraße an der Zufahrt von Schling. Die schnellste Verbindung vom Zentrum Detmold führt über die Hans-Hinrichs-Straße und die L828 zum Parkplatz. Eine alternative Anreise bietet die TouristikLinie 792 zwischen Detmold und Bad Pyrmont. Der Naturparkbus befördert am Wochenende und feiertags Fahrgäste zu Ausflugszielen wie Hermannsdenkmal, Externsteine oder Vogelpark Heiligenkirchen.
www.lippemobil.de/de/infothek-service/touristiklinie-792

Tourenbeschreibung

Wir trennen uns vom Parkplatz, indem wir auf dem Hermannsweg (H) die Straße hinauflaufen – zur Waldbühne mit kultigem Mondscheinkino und vorbei an der Riesenfigur des legendären Freiheitshelden mit gestrengem Weitblick. Das Denkmalgelände erreichen wir am Kletterpark. An Stelle des Kassenhäuschens stand 1875 Kaiser Wilhelm I. zur Einweihung. Das museal erhaltene Wohnhaus des Erbauers Ernst von Bandel zieht uns ins Innere und das Hermannsdenkmal in seinen Bann. Die Ameisenperspektive steht jedem frei, für die Besteigung der Balustrade über dem Sockel zahlen wir Eintritt (Kombiticket mit den Externsteinen). Hermanns Blick ist auf Südwesten beschränkt, unser Panorama dagegen umfassend – auf den weitgespannten Mittelgebirgskamm und die nahe Umgebung, deren bewaldete Höhen uns nun interessieren.

Vorm Bismarckstein nebst Gaststätte geht's zum archäologischen Bodendenkmal Ringwallanlage (H). Die Grotenburg trug in vorrömischer Zeit einen Kleinen und einen Großen Hünenring. An baldiger Kreuzung (geradeaus Mountainbike-Strecke) rechts. Wir wandern über dem rotbedachten Teuto-Vorland in lauschigem Grün, steigen hinab ins Tal des Heidenbaches und finden zu den Häusern von Heidental, wo Kutschfahrten angeboten werden. Es wäre doch originell, mit Pferdestärke den Forst zu erkunden. Auf querender Heidentalstraße rechts. Wo sie an einer Kreuzung abbiegt, gehen wir geradeaus (H, dann R/Bielsteinsender 3,3 km). Der zwischenzeitlich als Hangsteig daherkommende Bergweg wird ebener und mündet in den Lönspfad (X10). Der bringt uns zum Sender Teutoburger Wald des WDR. Wir kommen zum als Bielsteinsender bekannten Berg, der die Region Ostwestfalen-Lippe medial versorgt, vor allem aber einen 290 m hohen Mast trägt, der bis zu einem Umsturz 1985 noch höher war! Jenseits der geteerten Zufahrt geradeaus (R/X10).Die Kammlinie senkt sich zögerlich und trägt uns ein gutes Stück nach Süden zu einem gepflasterten Rondell mit dem Dreiflussstein. Er steht für drei Wasserscheiden und das Zusammentreffen der Einzugsgebiete für Ems, Rhein und Weser. So wachsen die frischen Waldwässer zu namhafter Flussgröße.

Alsdann geraten wir an den Truppenübungsplatz Senne. Das mehr als 100 km² große Areal unter britischer Verwaltung bietet auf seinem Hügelland natürlichen Frieden für die sich artenreich entfaltende Flora auf Wald- und Heideflächen sowie in Wiesen- und Sumpfland. An einer Schranke biegen wir ab (R/X3/X10) und überlassen uns der historischen Kastanienallee. Wir bleiben eine Weile auf höchstem Geländeniveau, dann übernimmt der Nadelwald das Baumzepter. An einer Kreuzung steigen wir steil bergab (X/R), mit Naturboden aus Kalksteinfeinripp. An einer Haltebucht erreichen wir die Straße von Schling. Links vom gegenüberliegenden Haus (Nr.139) und oberhalb der Straße erwartet uns der Ausgangspunkt.

Autoren Tipp

Eingeweiht wurde das Hermannsdenkmal 1875, 37 Jahre nach der Grundsteinlegung. So verging das halbe Leben des Architekten und Bildhauers Ernst von Bandel. Während der napoleonischen Besatzung geboren, war es sein Ziel, der deutschen Einigung ein Symbol zu geben. Vorbild war Hermann der Cherusker. Entbehrungsreich, er wohnte zuletzt in einer Blockhütte nahe der Baustelle und mit Einsatz privater Gelder gelang ihm die Vollendung der noch heute höchsten Statue Deutschlands. www.hermannsdenkmal.de

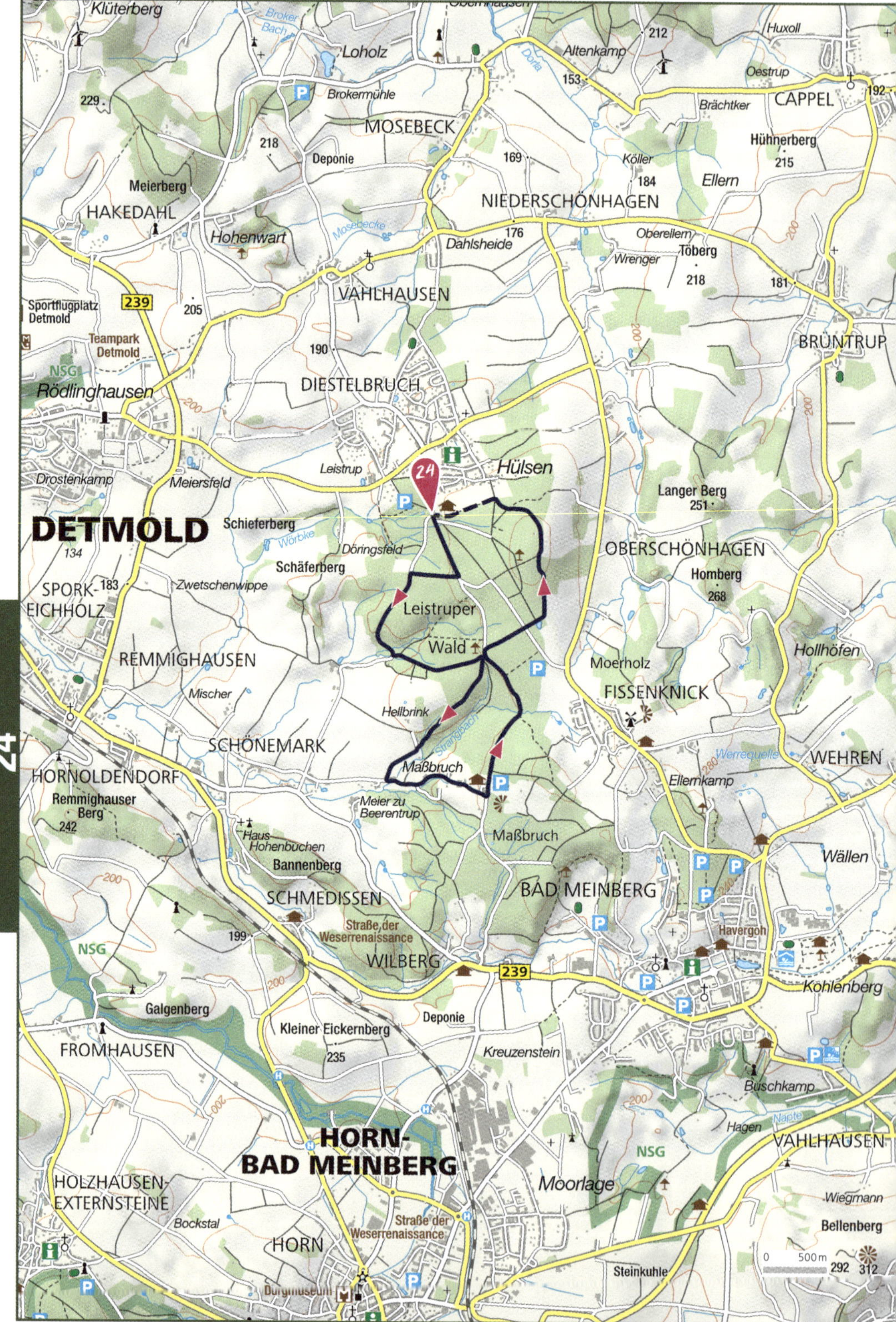

Klüterberg
Broker Bach
Loholz
Brokermühle
MOSEBECK
Deponie
Altenkamp
212
153
Huxoll
Oestrup
CAPPEL
192
Brächtker
Hühnerberg
215
229
218
169
Köller
184
Ellern
Meierberg
HAKEDAHL
Hohenwart
Mosebecke
NIEDERSCHÖNHAGEN
176
Dahlsheide
Oberellern
Töberg
Wrenger
218
181
VAHLHAUSEN
239
Sportflugplatz Detmold
205
Teampark Detmold
190
BRÜNTRUP
NSG
Rödlinghausen
DIESTELBRUCH
Drostenkamp
Meiersfeld
Leistrup
24
Hülsen
Langer Berg
251
DETMOLD
Schieferberg
Wörbke
Döringsfeld
134
Schäferberg
OBERSCHÖNHAGEN
Homberg
268
SPORK-EICHHOLZ
183
Zwetschenwippe
Leistruper
Wald
REMMIGHAUSEN
Moerholz
Hollhöfen
Mischer
FISSENKNICK
Hellbrink
Strangbach
SCHÖNEMARK
Werrequelle
WEHREN
HORNOLDENDORF
Maßbruch
Ellernkamp
Remmighauser Berg
242
Meier zu Beerentrup
Haus Hohenbuchen
Maßbruch
Bannenberg
Wällen
SCHMEDISSEN
BAD MEINBERG
Straße der Weserrenaissance
Havergoh
NSG
199
WILBERG
239
Kohlenberg
Galgenberg
Deponie
Kleiner Eickernberg
235
FROMHAUSEN
Kreuzenstein
Buschkamp
Hagen
Napte
HORN-BAD MEINBERG
VAHLHAUSEN
NSG
HOLZHAUSEN-EXTERNSTEINE
Moorlage
Wiegmann
Bockstal
Straße der Weserrenaissance
Bellenberg
HORN
0 500 m
292
312
Steinkuhle
Burgmuseum

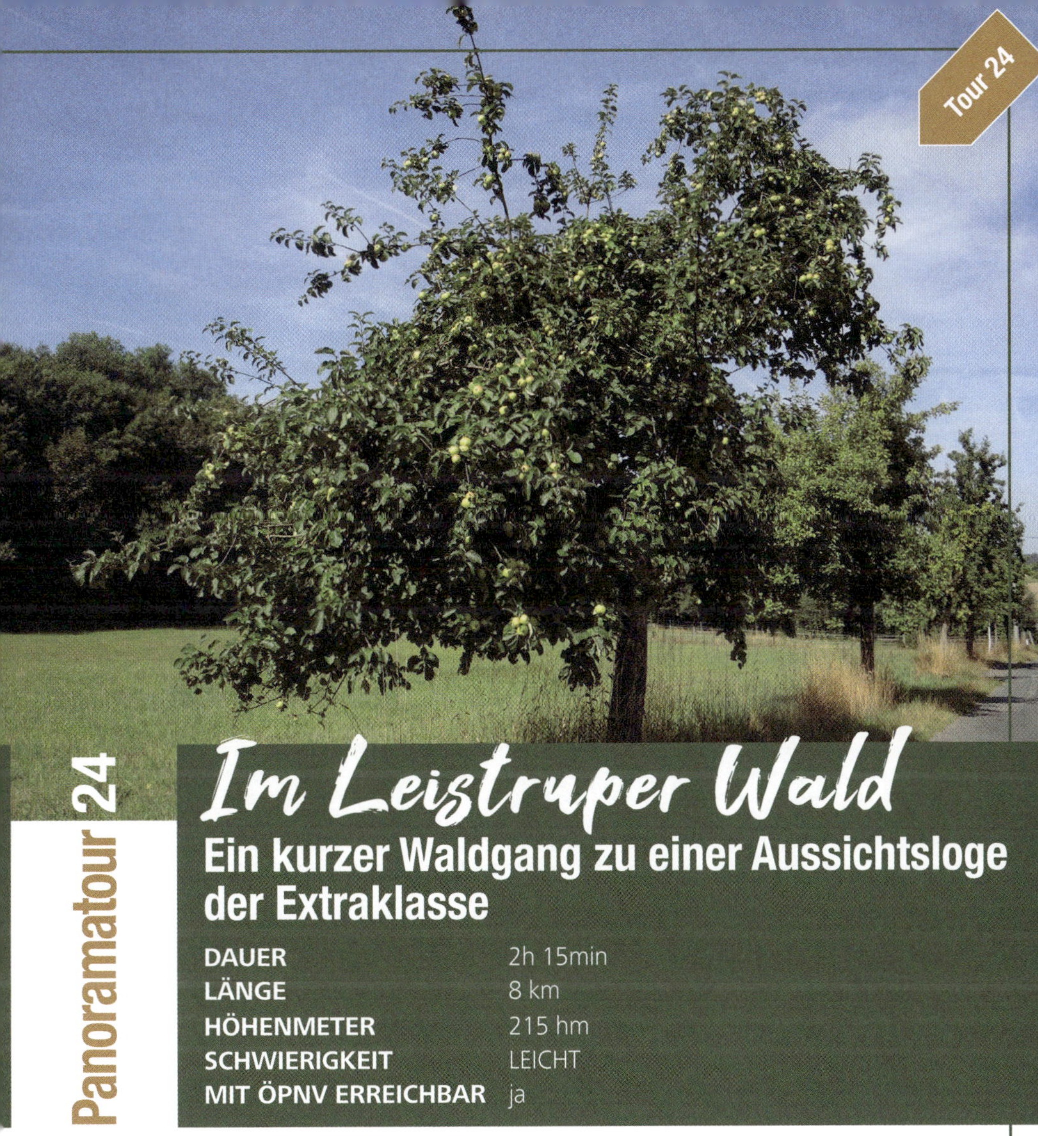

Panoramatour 24

Im Leistruper Wald

Ein kurzer Waldgang zu einer Aussichtsloge der Extraklasse

DAUER	2h 15min
LÄNGE	8 km
HÖHENMETER	215 hm
SCHWIERIGKEIT	LEICHT
MIT ÖPNV ERREICHBAR	ja

Das erwartet dich ...

... eine kurze Waldwanderung mit famosem Drei-Seiten-Panorama, das man dem überschaubaren Leistruper Wald kaum zutrauen würde: im Norden die Lemgoer Mark, im Westen der Teuto, im Osten der Blomberger Stadtwald. Besondere Klasse hat dabei die Schau vom Berghof Stork. Hier sollten die Sichtverhältnisse passen. Die Wegverhältnisse dagegen passen immer. Man ist fast ausschließlich auf breiten Forstwegen unterwegs und die Höhenunterschiede halten sich in verträglichem Rahmen.

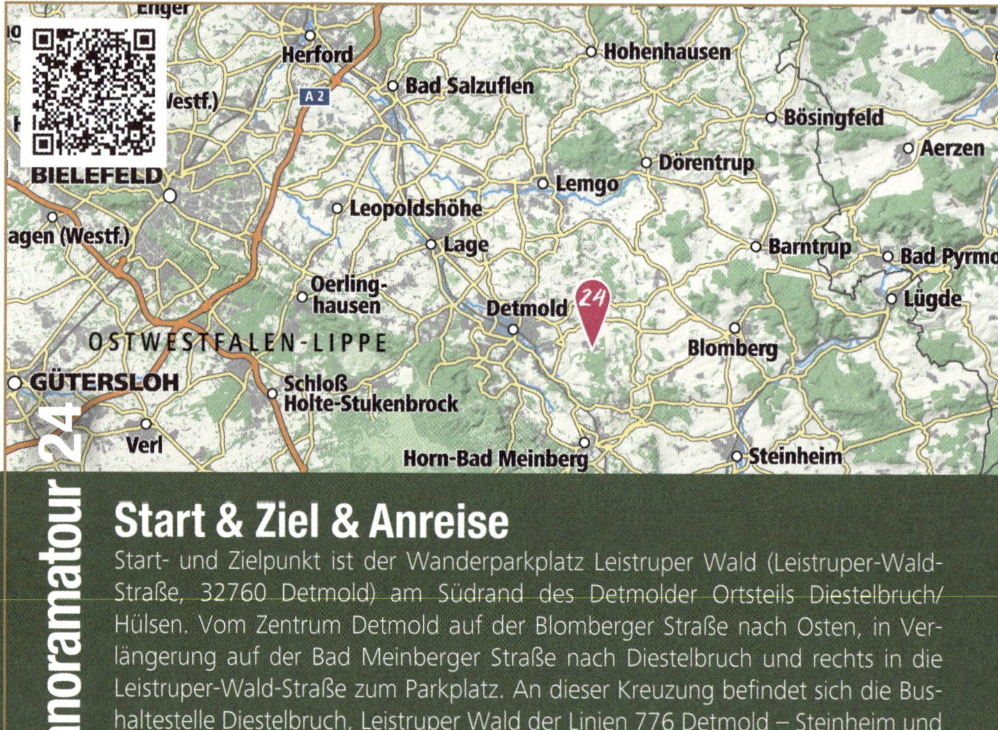

Panoramatour 24

Start & Ziel & Anreise

Start- und Zielpunkt ist der Wanderparkplatz Leistruper Wald (Leistruper-Wald-Straße, 32760 Detmold) am Südrand des Detmolder Ortsteils Diestelbruch/Hülsen. Vom Zentrum Detmold auf der Blomberger Straße nach Osten, in Verlängerung auf der Bad Meinberger Straße nach Diestelbruch und rechts in die Leistruper-Wald-Straße zum Parkplatz. An dieser Kreuzung befindet sich die Bushaltestelle Diestelbruch, Leistruper Wald der Linien 776 Detmold – Steinheim und 777 Detmold – Blomberg.

Tourenbeschreibung

Wir verlassen die Siedlung Hülsen, verschwinden ohne Verzug auf einem verwitterten Teersträßchen im Leistruper Wald und kreuzen bald das Bächlein Wörbke – durch wasserstauende Tonschichten in Oberflächennähe herrscht dort selten Flüssigkeitsmangel. Passend zum Motto des Buches lesen wir Informatives zu heimischen Gehölzen wie Steileiche, Douglasie oder Vogelkirsche. Sie geben Orientierung, sollten wir den Wald vor lauter Bäumen nicht sehen. An einer verzogenen Kreuzung wird es prähistorisch: Ein Schild verweist auf Opfersteine, die Germanen anlegten oder die ganz profan späteren Weidezwecken dienten.

Wenn wir in den Immenweg abbiegen, entdecken wir hinter der Stechpalme ein archäologisches Bodendenkmal, das historisch verbürgt ist. Es handelt sich um ein Steinhügelgrab mit komfortablen acht Metern Durchmesser und üppigen Brombeersträuchern. Eine gefundene Gewandnadel datiert die Anlage auf die späte

Bronzezeit. Davon erzählt eine uns nahestehende Schautafel. Der Immenweg stößt auf den querenden Rhönweg. Links und waldfrisch zu einem weiterem Abzweig gegenüber dem Wasserwerk Horn-Bad Meinberg. Der Fuchsfichtenweg beschert uns einige Höhenmeter und führt zu einer geräumigen Kreuzung mit Schutzhütte, die uns auch auf dem Rückweg Zuflucht böte. Davor rechts in leicht spitzem Winkel einen Pfad hinab. Das Gelände zur Linken senkt sich merklich, hier hat sich der Strangbach ein schluchtförmiges Bett gewaschen. Oft ist der Weg von Brombeeren umrankt, vielleicht ist ja gerade Erntezeit. An Reitwegschildern hübsch geradeaus weiter wandern. Das Strangbachtal weitet sich zu lichterem Forst. Dann sind wir plötzlich am Waldrand, ein kleiner Friedhof zur Rechten und großes Panorama vor uns. Das wird noch umfassender. Die Straße Wittenbrede bringt uns hinab zu den Häusern von Maßbruch. Das landschaftliche Gegenüber nimmt uns zunehmend gefangen: Da thront der wuchtige Teuto-Kamm und beansprucht den Horizont ganz für sich. Ist die Luft klar genug, sehen wir das imposante Hermannsdenkmal und den nadelspitzen Mast des Bielstein-Senders.

Am ersten Haus biegen wir in den Strangweg. Das etwas eintönige Straßen-Bergauf wird aufgelockert durch säumende Obsthölzer der Geschmacksrichtungen Apfel, Mirabelle und Zwetschge. Bald stehen wir am Berghof Stork und wenden uns der Ferne zu. Offensichtlich haben wir Plätze auf einer Aussichtsloge der Extraklasse! Uns liegt Detmold zu Füssen, darüber spannt sich das Breitband des Teutoburger Waldes. Da kann man im Biergarten glatt die Bestellung vergessen. Hinterm Berghof finden wir zurück in den Leistruper Wald (R/X7). So beeindruckend die Fernsicht war, so erholsam ist der vor uns liegende Wald. Das naturvoll gewachsene Grün verdichtet unsere Impressionen zu bleibenden Bildern. Kurzweilig gehen wir dahin, entsprechend schnell steht die Schutzhütte wieder am Weg und schnürt die Tour zur unregelmäßigen Acht. Etwa 50 Meter geradeaus, dann rechts (R/X7). Wir überspringen einen asphaltierten Weg und gelangen an den gegenüberliegenden Waldrand. Wieder betören Fern- und Nahblicke unsere Augen. Rechts erhebt sich das Beller Holz, links dahinter thront der Blomberger Stadtwald.

Abwechslungsreich durch Baumgürtel oder nah am Waldrand, mit wohlpositionierten Rastbänken und großzügiger Schattenspende geht's durch das überragende Laubdach gen Nord. Wohl gewahren wir am Horizont den fast 500 m hohen Köterberg mit markantem Fernmeldeturm, den „Brocken des Weserberglandes". Wir durchwandern einen sanften Linksbogen, halten uns an einer Wasserversorgungsanlage rechts (L) und haben nun auch nördliches Panoramakino mit Lippischem Bergland im Allgemeinen und der herausragenden Lemgoer Mark im Besonderen. Über den Dächern von Hülsen in freundlicher Baumbegleitung ausschreitend sehen wir vor uns die prominenten Blickfänge Hermannsdenkmal und Bielstein-Sender, ist es nicht mehr weit zum Ziel.

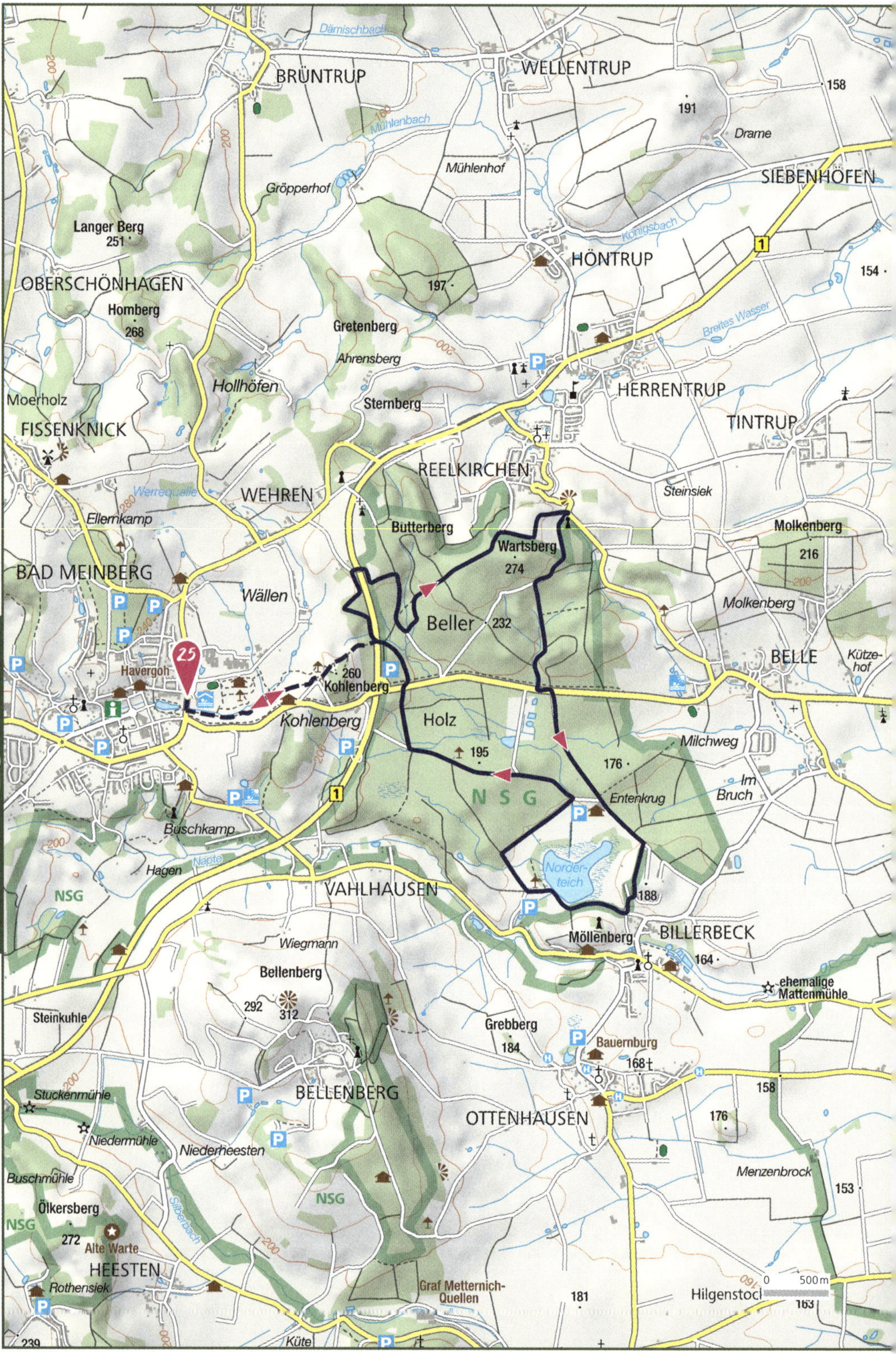

Dämischbach
BRÜNTRUP
WELLENTRUP
158
191
Mühlenbach
Drame
Mühlenhof
SIEBENHÖFEN
Gröpperhof
Langer Berg
251
Königsbach
HÖNTRUP
1
154
OBERSCHÖNHAGEN
Homberg
268
197
Gretenberg
Breites Wasser
Ahrensberg
Hollhöfen
P
HERRENTRUP
Moerholz
Sternberg
TINTRUP
FISSENKNICK
REELKIRCHEN
Steinsiek
Werrequelle
WEHREN
Ellernkamp
Butterberg
Wartsberg
274
Molkenberg
216
BAD MEINBERG
Wällen
Molkenberg
Beller
232
BELLE
Kützehof
25
Havergoh
260
Kohlenberg
Kohlenberg
Holz
Milchweg
195
176
Im Bruch
NSG
Entenkrug
Buschkamp
Hagen
Napte
Norderteich
188
NSG
VAHLHAUSEN
Möllenberg
BILLERBECK
164
Wiegmann
ehemalige Mattenmühle
Bellenberg
292
312
Steinkuhle
Grebberg
184
Bauernburg
168
Stuckenmühle
BELLENBERG
158
OTTENHAUSEN
Niedermühle
Niederheesten
176
Menzenbrock
Buschmühle
NSG
153
Ölkersberg
NSG
272
Alte Warte
Silberbach
HEESTEN
Rothensiek
Graf Metternich-Quellen
181
Hilgenstock
163
0
500 m
239
Küte

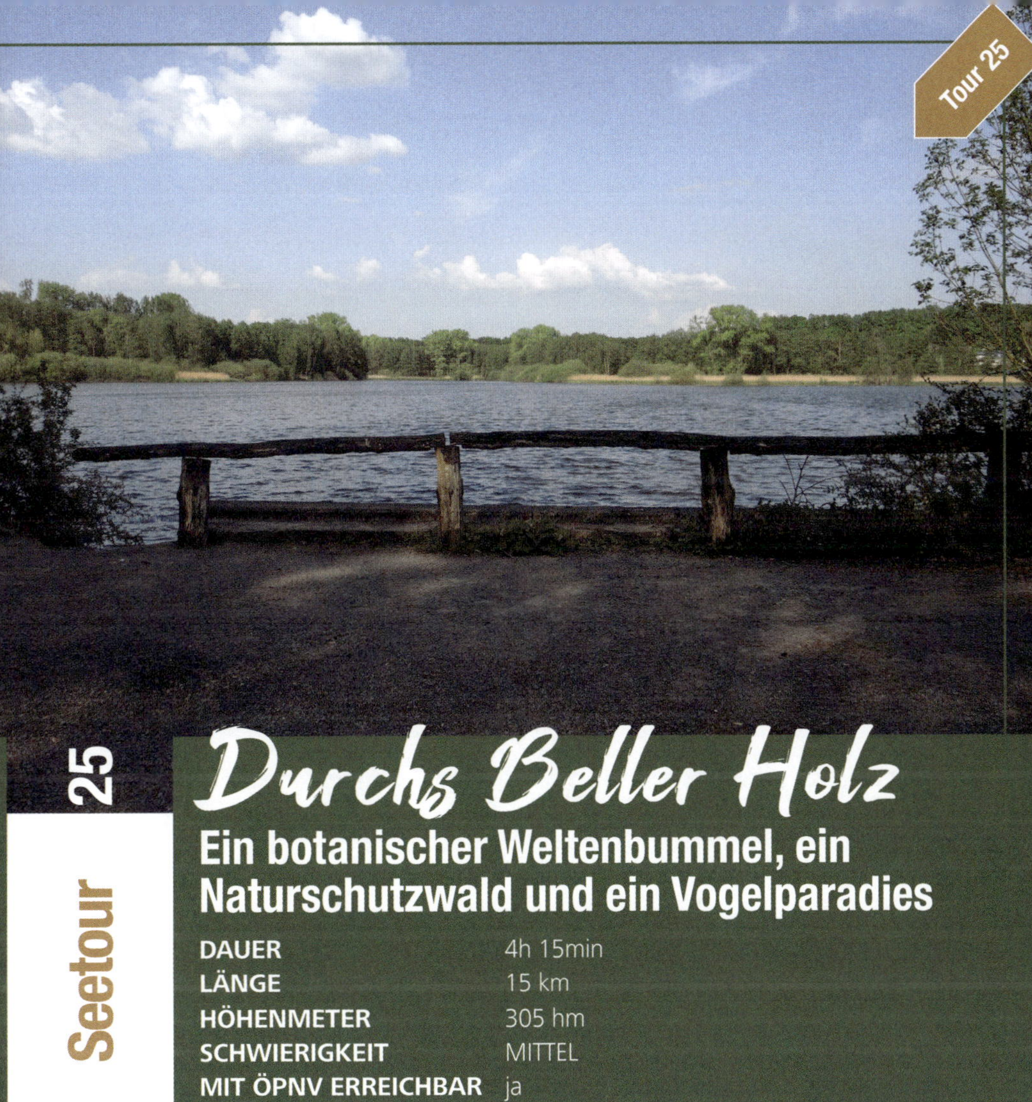

Tour 25

25 Seetour

Durchs Beller Holz

Ein botanischer Weltenbummel, ein Naturschutzwald und ein Vogelparadies

DAUER	4h 15min
LÄNGE	15 km
HÖHENMETER	305 hm
SCHWIERIGKEIT	MITTEL
MIT ÖPNV ERREICHBAR	ja

Das erwartet dich ...

… ein weltumspannender Anmarsch zum Zielwald in nur wenigen Minuten. Im Länderwaldpark Silvaticum geht das: Spazierwege führen durch 14 Waldlandschaften aus drei Kontinenten. Dann stellt sich das Beller Holz vor, ein wasserreiches Naturschutzgebiet, das in den Norderteich entwässert. Der wird umwandert. Die Gelegenheit, um ein echtes Vogelparadies zu erkunden. Für ungetrübten Genuss sollte die Kondition zu einer 15 km-Tour passen. Der Zuweg zum Entenkrug und Teile der Seerunde sind asphaltiert.

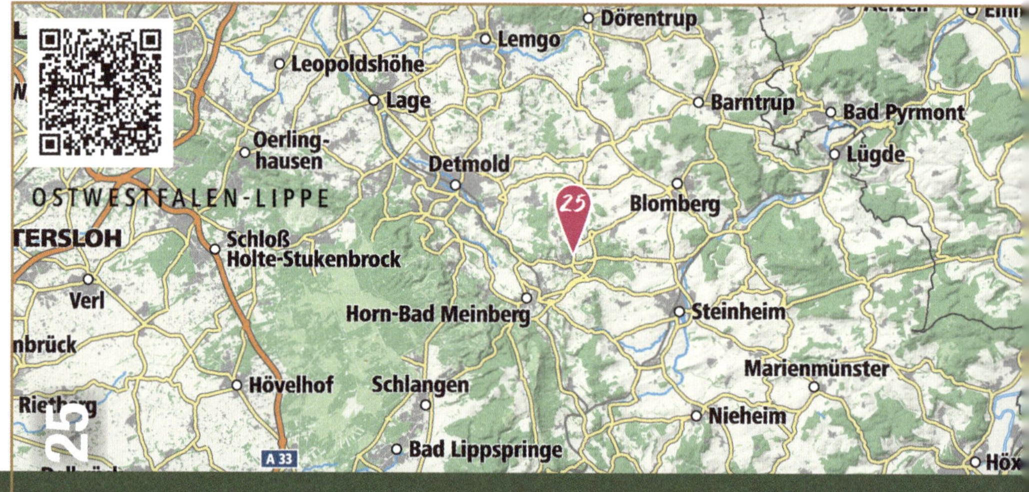

Seetour 25

Start & Ziel & Anreise

Ausgangs- und Endpunkt ist der Parkplatz Ecke Hamelner/Brunnenstraße (32805 Horn-Bad Meinberg) am Stadtrand von Bad Meinberg. Dem Fernverkehr bietet sich die B1 (Blomberg – Bad Lippspringe), die am Beller Holz in die B239 (Detmold – Schieder-Schwalenberg) mündet. Letztere als Pyrmonter Straße nach Westen, rechts die Hamelner Straße zum Parkplatz. Dort befindet sich die Bushaltestelle Yoga-Zentrum der Linien 772 Bad Meinberg Busbahnhof – Barntrup und 776 Detmold – Steinheim (jeweils Bahnhof).

Tourenbeschreibung

Wir gehen zum Kurparksee. Eine Brücke führt über die Werre. Dahinter (X6/Pilgern in Lippe) unter der Hamelner Straße in den Länderwaldpark Silvaticum. Eine Tafel erklärt den botanischen Weltenbummel durch die Waldgebiete und Baumgesellschaften dreier Kontinente. Viele Bäume haben ein eigenes Namensschild, das macht die Ansprache persönlicher. So wandern wir unbegrenzt von Japan durch die Sierra Nevada, das Mittelmeer und den Himalaya.

Ein Abzweig führt zum Hotel-Café Schauinsland, eine Schutzhütte. Am Kohlenberg ist ein Abstecher zum archäologischen Bodendenkmal Wartturm lohnend. Hier wurden frühmittelalterliche Turmreste entdeckt und mit einer Schutzhütte überdacht. Kurz hinter der Baumgrenze von Oregon betreten wir wieder westfälische Gefilde.

An der Unterführung der Bundesstraße geht's geradeaus (Pilgern in Lippe) zum Randsaum des Waldes und anschließend mit einer Brücke über die B1. Auf einer

Wiederaufforstung verlassen wir an einer Querung kurz den Pilgerweg und halten auf den Waldrand zu. Dahinter zieht ein Pfad hinab zu einem Forststräßchen, dem wir nach links aufwärts folgen. Das Beller Holz ist ein ansehnliches Naturschutzgebiet mit viel Kleingewässer und Laubwald. Hinterm Wegscheitel am Wartsberg sehen wir überraschend weitem Panorama entgegen, das vom Blomberger Stadtwald dominiert wird.

Am Beginn der Teerstraße nach Reelkirchen rechts (N). Wir treffen auf Waldrand, Kornfelder und Häuser. Auf Höhe Spielberg geht's zurück ins Beller Holz (A1/X6). Erst weckt ein jüdischer Begräbnisplatz unsere Aufmerksamkeit, dann ein Pfad zur Linken, den wir nicht übersehen (X6). Wirtschaftswege leiten zur B 239 und schräg gegenüber in den Entenkrugweg. Die Zufahrt ist asphaltiert, dafür hat es in der Nähe den Steinbergs- und Ellernteich als Vorboten unserer Seerunde.

Am Waldrand stoßen wir aufs Ausflugslokal Entenkrug, in dem früher der fürstliche Entenfänger wohnte. Hier beginnt der Rundwanderweg (A3) um den Norderteich. Als der noch fast doppelt so groß war wie heute, erhielt er den Namen „Lippisches Meer". Im 13. Jahrhundert von Mönchen aufgestaut, diente er den feinen Herren zur Versorgung mit Frischfisch. Eine Wassertiefe von nur 3 m und steter Sedimenteintrag begünstigen die allmähliche Verwandlung in ein Niedermoor. Für die Natur ein Segen, denn der Saum aus Bruchwald, Sumpfwiesen und Röhricht schafft paradiesische Verhältnisse für viele Vogelarten und die Beobachtungsgabe der Besucher. Das Südufer mit Schutzhütte bietet grandiosen Seeblick für ungestörte Vogelperspektive auf heute 12,5 ha Seefläche.

Wir vollenden die Runde und wenden uns nach links (A1/X6). Das südliche Beller Holz trägt kräftiges Laubholz, die Nähe zum Wasser ist wachstumsfördernd. An einer Schutzhütte vorbei, rechts. Wir unterqueren die B 239 und staunen über eine Maria mit Jesuskind als Pilgerwegsymbol. Dicht bewachsen geht´s zur B 1. Dahinter ist der Hinweg erreicht, den wir nun rückläufig beschreiten.

Autoren Tipp

Der Länderwaldpark Silvaticum ist eine Erweiterung der Bad Meinberger Parkanlage. Als um 1960 der Kurbetrieb florierte und die Gäste mehr Bewegungsfreiheit brauchten, entstand die Idee, eine in Deutschland neuartige Anlage zu schaffen: eine gepflanzte Waldlandschaft. So wuchs auf 40 ha Fläche ein Länderpark mit 36.000 Bäumen und Sträuchern aus dem klimatisch gemäßigten Vegetationsgürtel der Kontinente Nordamerika, Europa und Asien. Seither lädt das Silvaticum zu globalen Waldspaziergängen ein.

BARNTRUP
177
198
Sevinghausen
200
Frettholz
Großer Laufnacken
237
240
Bega
204
Oesterröden
Hagen
217
Graben
265
Hohberg
233
Klus
267
269
Steinberg
228
315
262
Blomberger
304
246
Hiddensen
Ebersberg
Krüger-eiche
Braut-buche
276
Marder-buche
Napberg
Birkenberg
Winterberg
429
Kixmühle
ESCHENBRUCH
293
Gaffel
Braunenkamp
Diestel
1
212
Trift
382
NSG
Eichenberg
232
Stadtwald
295
360
210
Hermannstal
Großer Heinberg
263
Herlingsburg
335
Wallburg
232
Bunerberg
298
Adam und Eva
Kamerun
Rehberg
178
SIEKHOLZ
Kleiner Heinberg
305
Glashütte
Siekhof
Kohlberg
Fischanger
Stammhof
Hohe Warte
201
Hirsch-sprung
Emmerstausee (SchiederSee)
Hainberg-siedlung
26
Gripshof
HARZBERG
Freizeitzentrum SchiederSee
169
Familienpark Funtastico
Harzberg
256
NSG
Nessenberg
Schloss Schieder
SCHIEDER
Kahlenberg
Noltehof
Wallburg
Viedhenkenberg
Papiermühle
154
272
Birkenhütte
Schmeibusch
175
Sehlberg
Bennerberg
399
0
500 m
193
204

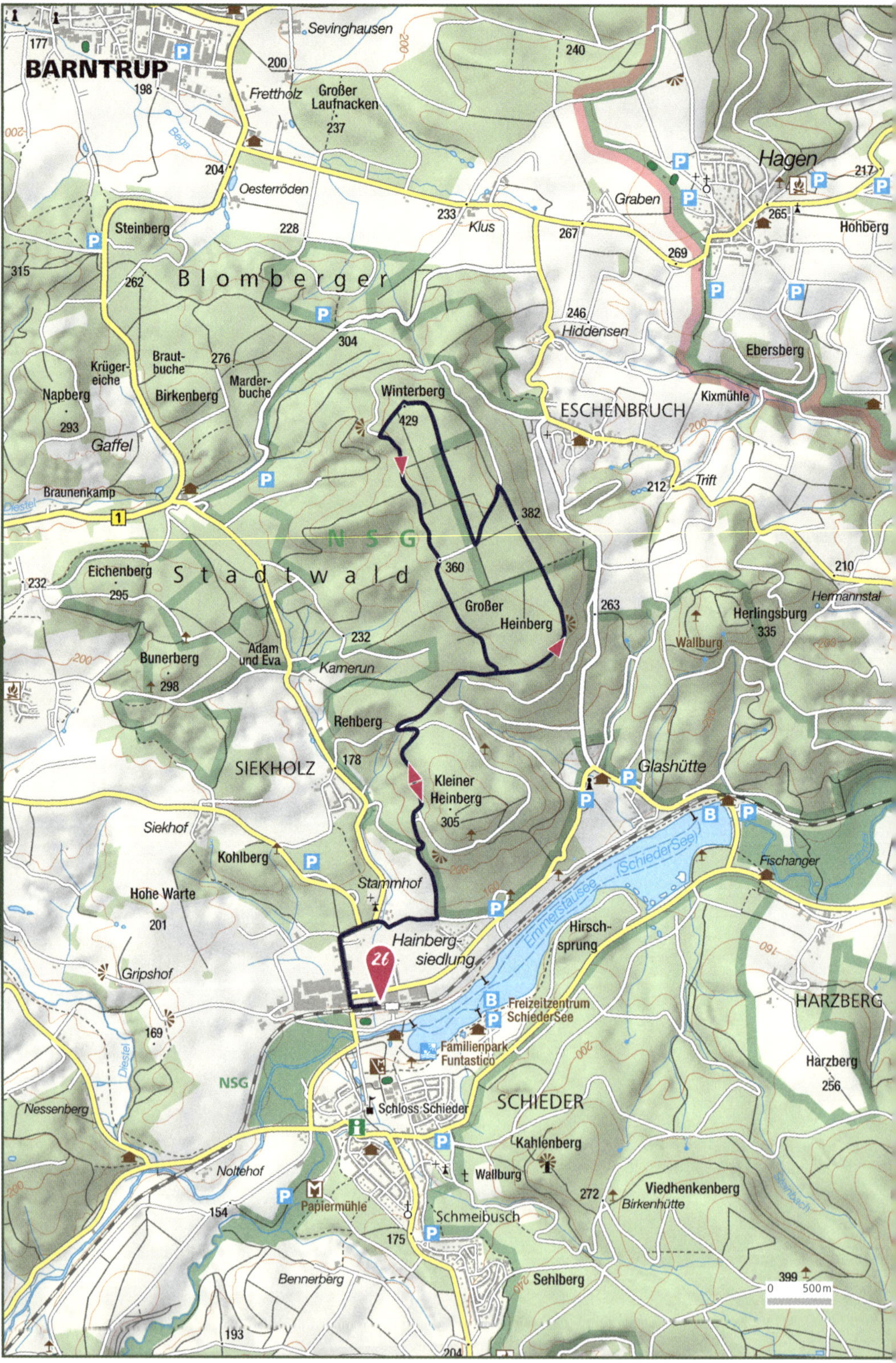

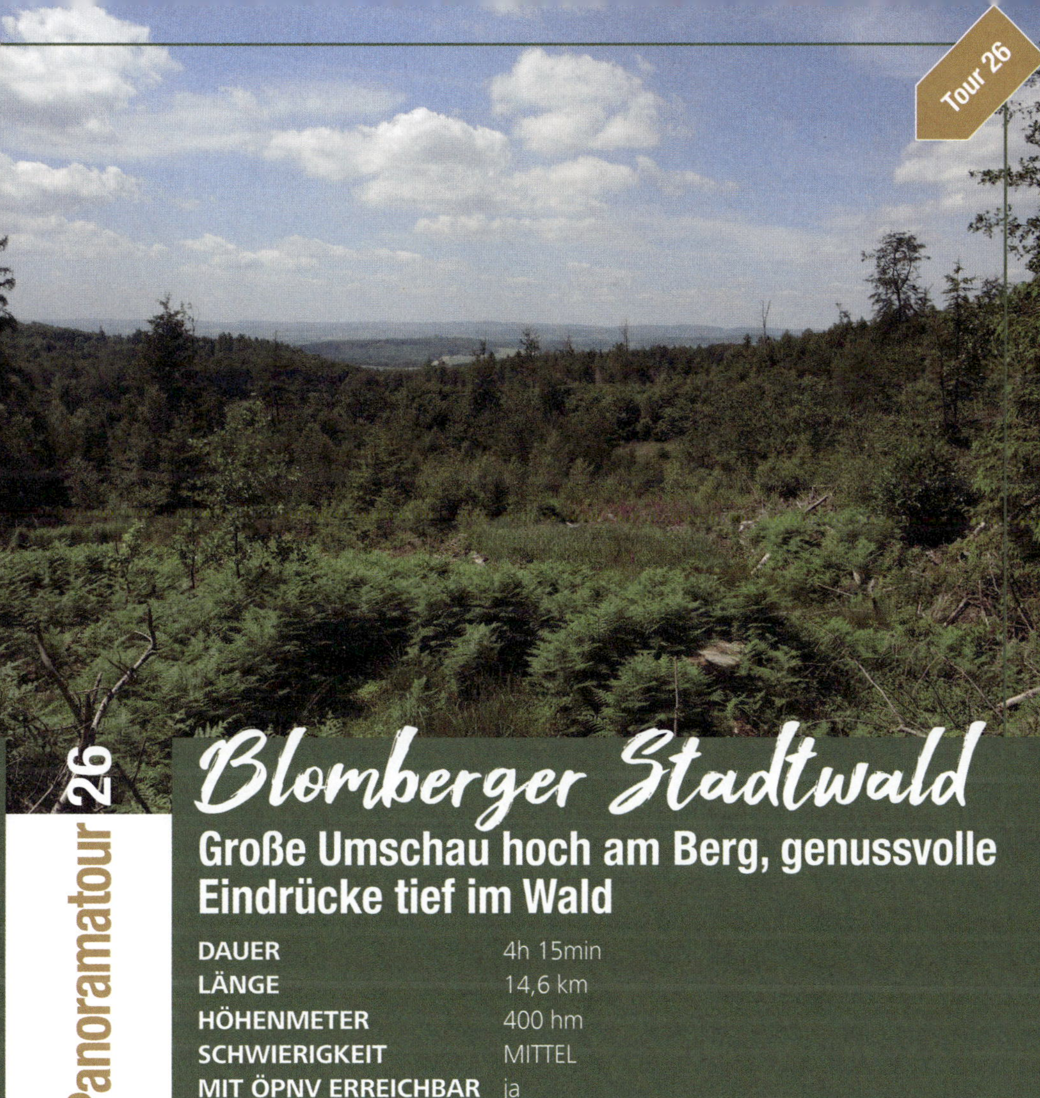

Tour 26

Panoramatour 26

Blomberger Stadtwald

Große Umschau hoch am Berg, genussvolle Eindrücke tief im Wald

DAUER	4h 15min
LÄNGE	14,6 km
HÖHENMETER	400 hm
SCHWIERIGKEIT	MITTEL
MIT ÖPNV ERREICHBAR	ja

Das erwartet dich ...

... eine Stippvisite im Stadtforst der Blomberger, die sich beliebig verlängern oder variieren ließe, denn das Waldgebiet zwischen Blomberg, Barntrup, Lügde und Schieder ist großflächig, artenreich und bergig. Bei diesem Vorschlag steigt der Waldläufer fast am Stück 300 hm zum höchsten Punkt. Der Zuwachs an Panorama übers Lippische Bergland und die angrenzenden Hermannshöhen kommt dem einer echten Bergtour nahe. Eine Mischung aus Strecken- und Rundwanderung auf bequemen Wegen.

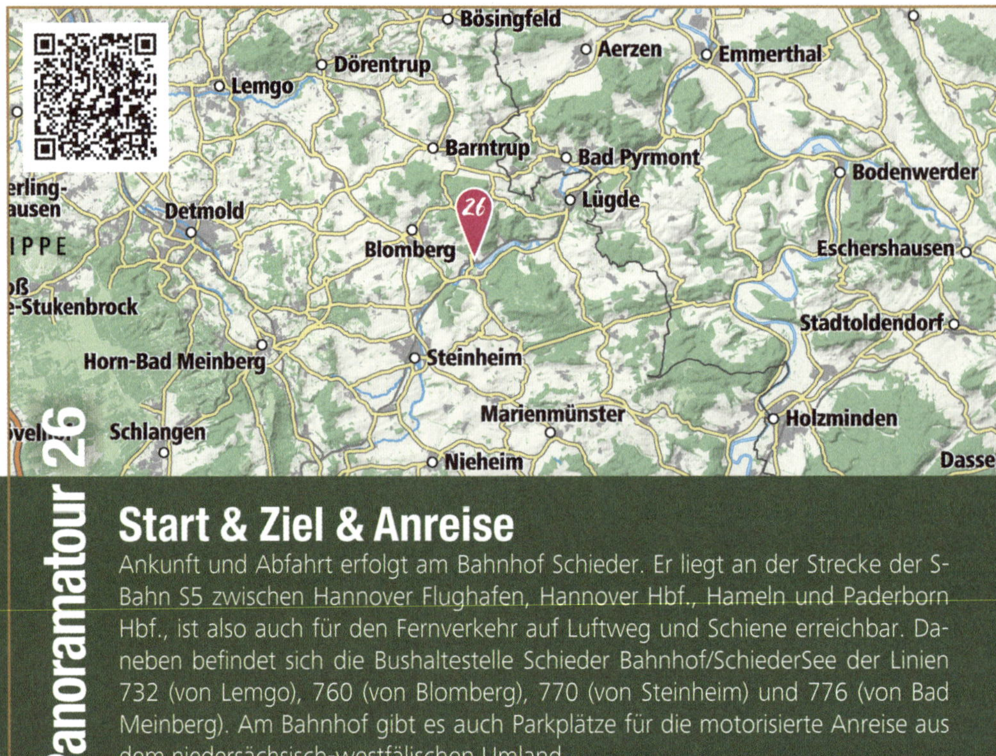

Panoramatour 26

Start & Ziel & Anreise

Ankunft und Abfahrt erfolgt am Bahnhof Schieder. Er liegt an der Strecke der S-Bahn S5 zwischen Hannover Flughafen, Hannover Hbf., Hameln und Paderborn Hbf., ist also auch für den Fernverkehr auf Luftweg und Schiene erreichbar. Daneben befindet sich die Bushaltestelle Schieder Bahnhof/SchiederSee der Linien 732 (von Lemgo), 760 (von Blomberg), 770 (von Steinheim) und 776 (von Bad Meinberg). Am Bahnhof gibt es auch Parkplätze für die motorisierte Anreise aus dem niedersächsisch-westfälischen Umland.

Tourenbeschreibung

Am Bahnhof Schieder richten wir unsere Blicke nach Norden, da stehen wuchtig und lockend die Blomberger Höhen. Ihrem Bergwald und dem Versprechen auf große Umschau gilt unser Streben. Hoch hinaus am Berg, tief hinein in den Wald soll es gehen. Wir nehmen die Bahnhofstraße, die hinter einer Rechtskurve zur Dorfstraße wird. Dort, wo sie sich nach links biegt, finden wir ein „N", das mit einer Ausnahme fortan unser Leitbuchstabe ist, gehen zwischen zwei Häusern (Stammhof), über einen Bach und auf üppig umwachsenen Pfad einen Hohlweg empor zum Standort Untersiekholz.

Vor uns steht dicht der Blomberger Stadtwald, links von uns ist der Winterberg. Längst hat unser Aufstieg begonnen. Allmählich nimmt das Panorama Konturen an. Schon haben wir im Südosten den Schwalenberger Wald auf Augenhöhe. Dann stehen wir vollends im Wald. Der Winterberg rückt näher. Rechts der Kleine

Heinberg, links der Rehberg. Und eine einst bewaldete Fläche, hinter der sich die Höhen weiter aufschwingen. Möge die Wiederaufforstung gelingen. Gleichwohl ist die Vegetation vielfältig: Buchenwald, der angereichert ist mit stattlichen Eichen und formschönen Erlen und Eschen. Dichte Beerenbüsche, krautige Hainsimsen.

Indes bekommt die Landschaft richtig Farbe mit grünem Umland, dunklen Hermannshöhen aus Teuto und Egge sowie dem blauem SchiederSee. Dazu stoßen wir auf klangvolle Wegpunkte wie dem Taubenborn und Melchers Ruh. Letztere mit Raststätte, Jägerreim in Fraktur und weiten Lichtblicken bis zur Weser und darüber hinaus. Es geht noch ein bisschen weiter bergan. Das Freiland am Großen Heinberg trägt als Unterfutter dichtes Buschwerk, dem neuer Forst entwachsen soll. Darin führt ein Weg links leicht zurück zum Waldrand gegenüber, entlang dem wir schnurgerade nach Norden weiter folgen.

Wir stehen auf dem weitläufigen Winterberg, der auch zu allen anderen Jahreszeiten 429 m hoch ist. Schon senkt sich das Gelände, bald quert ein Forstweg. Hier verlassen wir „N" nach links. Lebendig ist der Wald, steil der Westabhang des Winterberges, erhaben die Weitsicht, wenn unsere ausschweifenden Blicke Halt finden am westlichen Horizont und im baumdichten Schwalenbeger Wald im Süden. Eindrucksvoll wandern wir zur Einmündung des Hinweges, der uns jetzt als Rückweg dient. Noch oft heben wir die Augen, Stadtwald und Umland haben einfach Format!

Melchers Ruh mit Jägerreim und Rastplatz

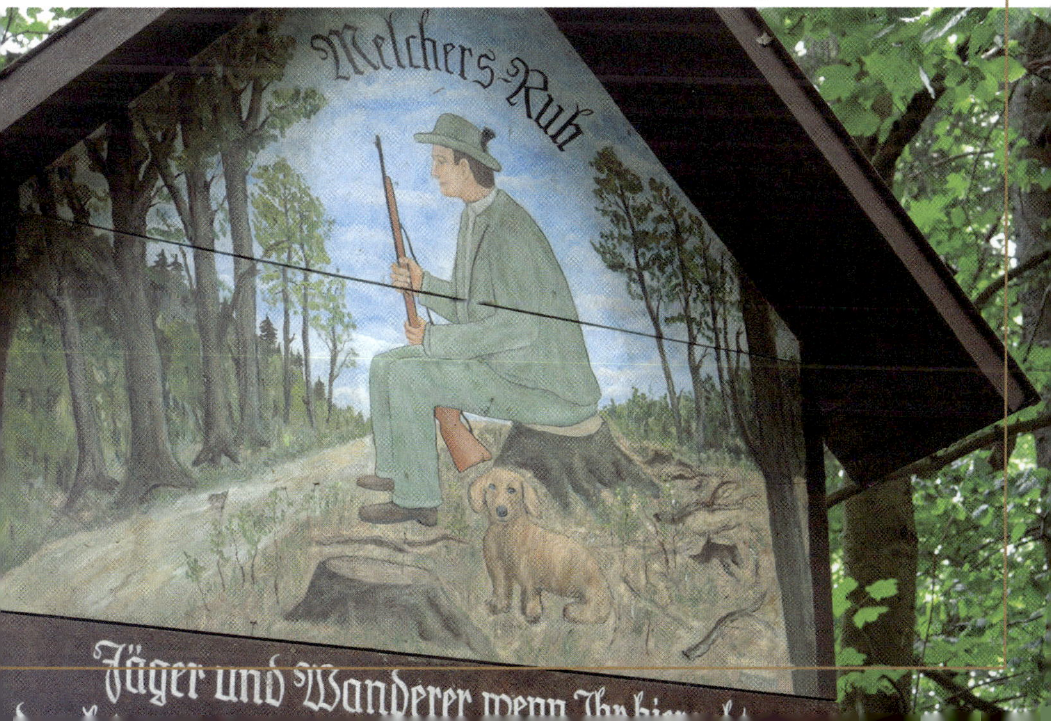

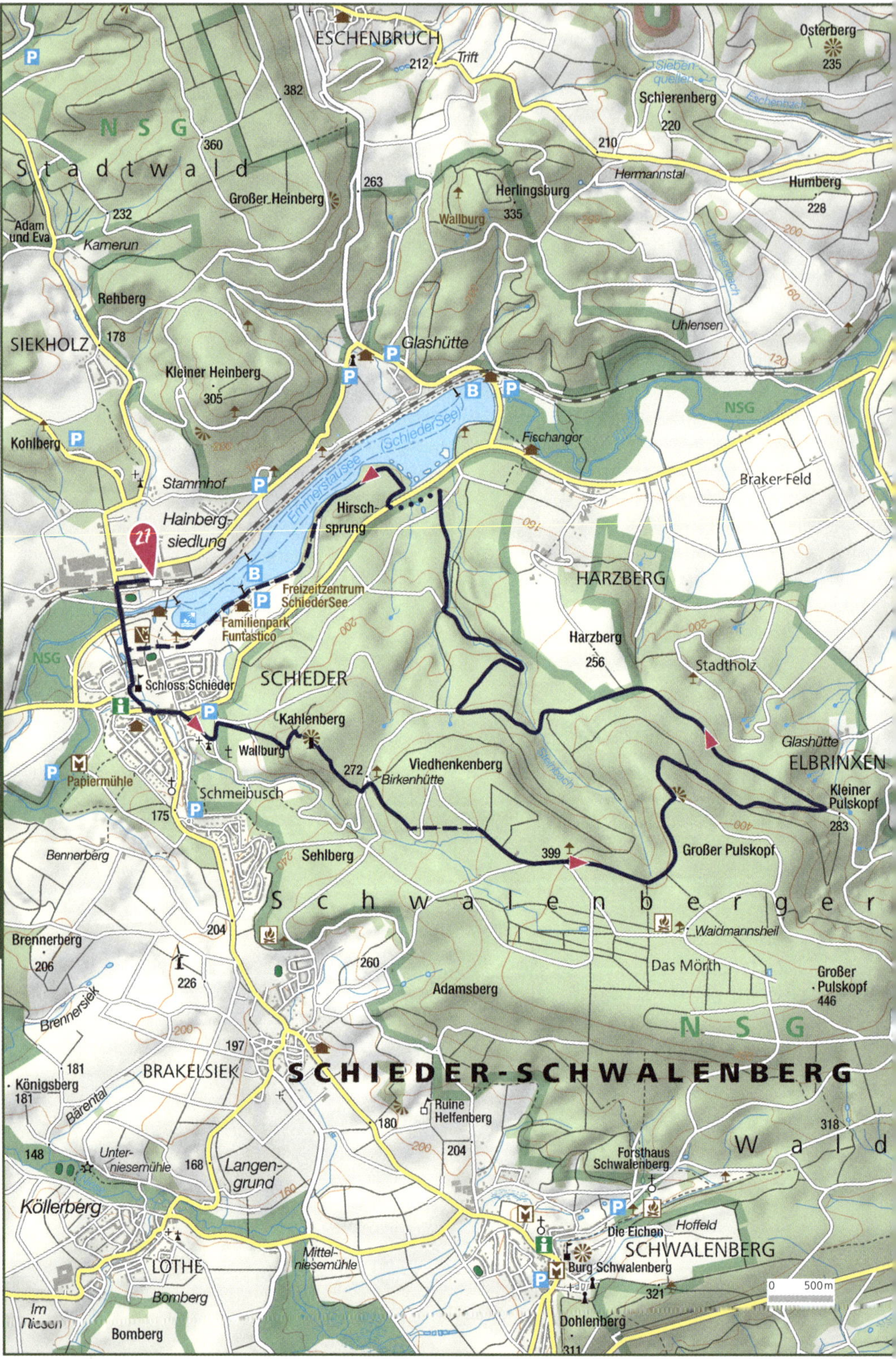

ESCHENBRUCH
212 Trift
Osterberg 235
Sieben-quellen
Eschenbach
Schierenberg 220
382
N S G
360
Stadtwald
210
Hermannstal
263
Herlingsburg 335
Humberg 228
Großer Heinberg
232
Wallburg
Adam und Eva
Kamerun
200
Rehberg
160
Uhlensen
SIEKHOLZ
178
Glashütte
Kleiner Heinberg 305
B P
NSG
Schieder See
Kohlberg
Emmerstausee
Fischangor
Stammhof
Braker Feld
Hirsch-sprung
Hainberg-siedlung
160
27
B
HARZBERG
Freizeitzentrum SchiederSee
Familienpark Funtastico
200
Harzberg 256
NSG
Stadtholz
Schloss Schieder
SCHIEDER
Kahlenberg
Glashütte
ELBRINXEN
Wallburg
Papiermühle
272
Birkenhütte
Viedhenkenberg
Kleiner Pulskopf 283
Schmeibusch
175
400
Bennerberg
Sehlberg
399
Großer Pulskopf
Schwalenberger
Waidmannsheil
204
Brennerberg 206
226
260
Das Mörth
Großer Pulskopf 446
Adamsberg
Brennersiek
200
N S G
197
181
Königsberg 181
BRAKELSIEK
SCHIEDER-SCHWALENBERG
Bärental
Ruine Helfenberg
180
318
148
Unter-niesemühle
168
Langen-grund
200
204
Forsthaus Schwalenberg
Wald
160
Köllerberg
Die Eichen
Hoffeld
SCHWALENBERG
LOTHE
Mittel-niesemühle
Burg Schwalenberg
0 500 m
321
Bomberg
Im Niesen
Bomberg
Dohlenberg
311

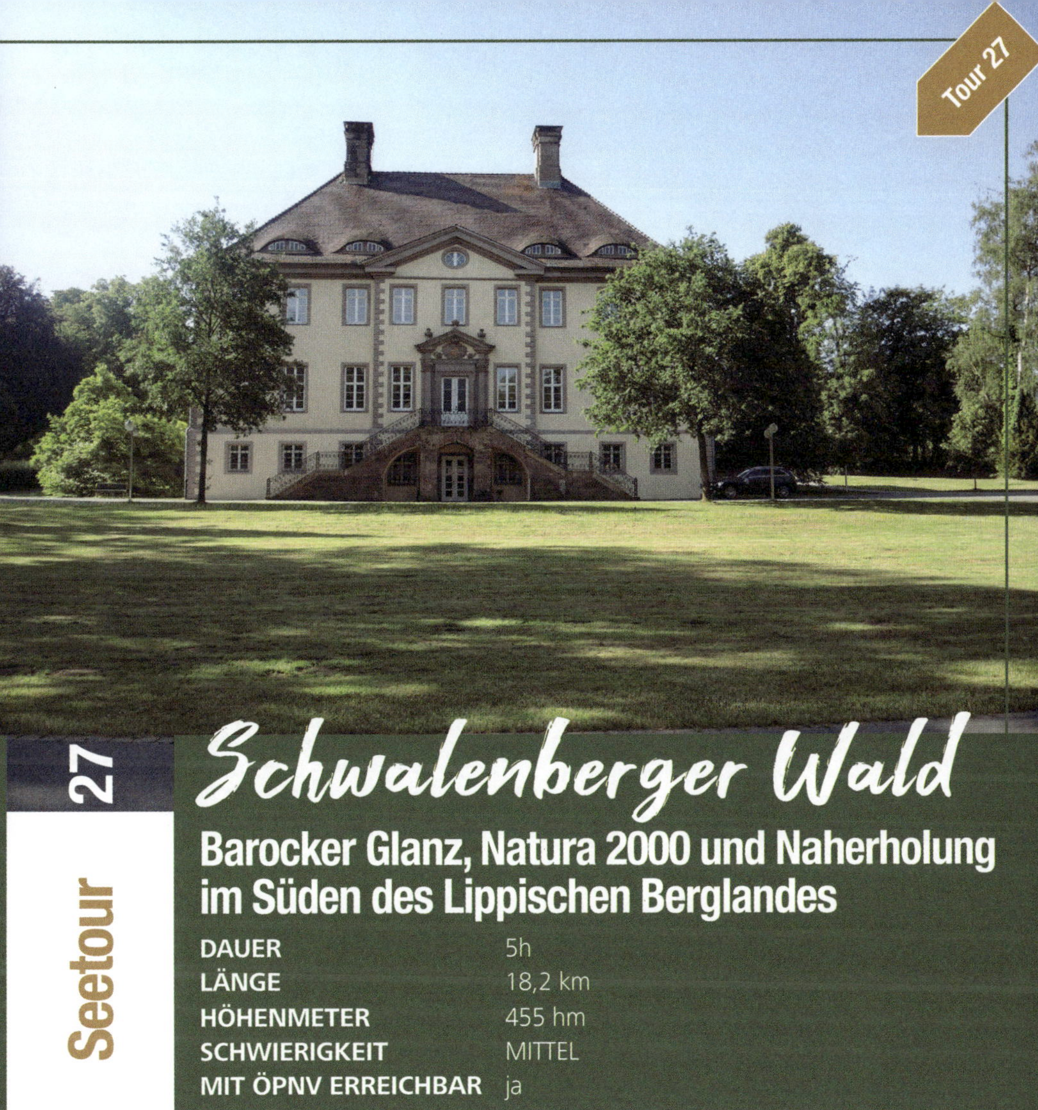

27 Seetour

Schwalenberger Wald

Barocker Glanz, Natura 2000 und Naherholung im Süden des Lippischen Berglandes

DAUER	5h
LÄNGE	18,2 km
HÖHENMETER	455 hm
SCHWIERIGKEIT	MITTEL
MIT ÖPNV ERREICHBAR	ja

Das erwartet dich ...

... eine ganz schön kontrastreiche Zusammenstellung. Als Auftakt der gepflegte Park des Barockschlosses Schieder, sodann – nach sehr steilem Anstieg – ein ungewöhnlicher Aussichtsturm, gefolgt von einem langen Gang im Grünen, der die Größe des Schwalenberger Waldes verdeutlicht (leider überwiegend auf geteerten Wegen). Schließlich der erfrischende SchiederSee mit dicht bewachsenem Ufer und großer Freizeitanlage. Auf den ganzen Tag verteilt, relativieren sich Länge und Aufstieg deutlich.

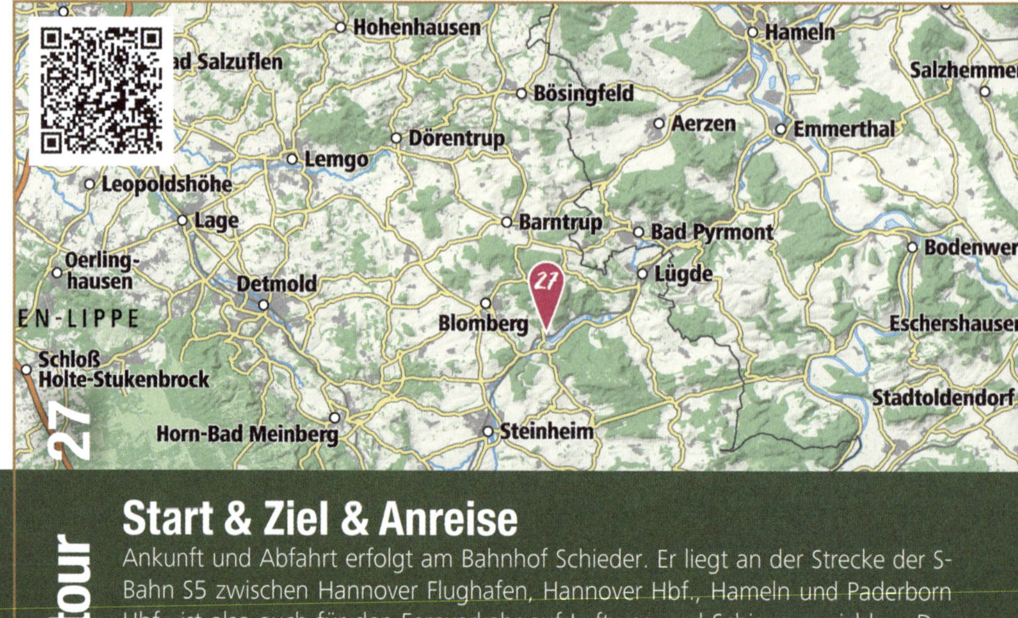

Seetour 27

Start & Ziel & Anreise

Ankunft und Abfahrt erfolgt am Bahnhof Schieder. Er liegt an der Strecke der S-Bahn S5 zwischen Hannover Flughafen, Hannover Hbf., Hameln und Paderborn Hbf., ist also auch für den Fernverkehr auf Luftweg und Schiene erreichbar. Daneben hat es die Bushaltestelle Schieder Bahnhof/SchiederSee der Linien 732 (von Lemgo), 760 (von Blomberg), 770 (von Steinheim) und 776 (von Bad Meinberg). Am Bahnhof gibt's Parkplätze für die motorisierte Anreise aus dem niedersächsisch-westfälischen Umland.

Tourenbeschreibung

Von Auto, Bus oder S-Bahn kommend, betreten wir die Bahnhofstraße, die sogleich zur herrschaftlichen Blickachse wird. Über die Emmer als erstes Wasserzeichen, durch ein hoheitliches Tor und auf einer Baumallee geradewegs ins 18. Jahrhundert. Dazumal wurde Schloss Schieder nämlich als geräumige Sommerresidenz der Lipper Fürsten und ihrer Liebsten erbaut. Links des Prachtbaus machen wir dem Barock- und Englischen Landschaftsgarten sowie dem Prinzenhaus unsere Aufwartung. Von der Keßlerstraße geht's in die Pyrmonter Straße und unter den Eichen am Friedhof entlang zum Waldrand. Kurz links und danach rechts auf einen Pfad.

Es wird nun immer steiler und Trittsicherheit ist gefordert, bis wir plötzlich auf dem Kahlenberg stehen. Der ist gar nicht kahl, sondern dicht mit Buchenwald bewachsen. Der Aussichtsturm ist ungewöhnlich: auf quadratischem Sockel ruht ein runder Turmkörper, der zuoberst eine Balustrade trägt. Steigen wir hinauf zum eingewachsenen Restpanorama, durchmessen wir, wie lang Bäume sind. Jetzt wollen wir das Natura 2000-Schutzgebiet Schwalenberger Wald erkunden. In deutlich zahmerem Gefälle geht's den grün überdachten Buchenwald hinab (X2) zur Birkenhütte und daran vorbei. Einmal noch entweichen wir dem Teerbelag (X2), dann ist das asphaltierte Waldwegenetz unausweichlich. Dafür erwandern wir ein Kernstück des Naturschutzgebietes. Auf 400 m Höhe liegt südlich Das Mörth, eine Moorlandschaft mit Laichgewässern. Hier sagen sich Kammmolch und Moor-Libelle „Gute Nacht". Wo X2 nach rechts abwandert, gehen wir geradeaus und danach an einer Verzweigung gen Tal (Elbrinxen/A7). Ein Hangweg quert die blickdicht bewaldete Nordabdachung des Großen Pulskopfes. Markante Geländeformen wie diese sind hier typisch.

Es geht weit hinab zum östlichen Umkehrpunkt am Kleinen Pulskopf und in spitzem Winkel zurück. Nahezu höhengleich gehen wir dahin, sind näherungsweise am Waldrand beim Harzberg und erspähen in geringer Entfernung den Blomberger Stadtwald als lockende Grünfläche. Der Hinweis Moseshütte/Glashütte/Fischanger führt uns nach rechts. Wir legen uns in eine enge Kurve und laufen – zwei Abzweige nach Schieder ignorierend – seewärts. Unterqueren die L614 und finden im Linksbogen der Straße rechts einen Pfad. Auf den freuen wir uns. Er führt uns ans Ufer des SchiederSees. Mit 3 km Länge und nur 350 m Breite durchzieht er das Emmertal und staut dessen Namensgeber. Der Pfad (X2) ist nah am Wasser gebaut. Der Wechsel vom Waldgrün zum Seeblau hat was. Wir folgen der Straße ein Stück und kommen erneut zum Uferweg. Ursächlich als Hochwasserschutz gedacht, ist der See heute ein angesagter Erholungsmagnet – zum Bootfahren, Angeln und mit einem großen Freizeitzentrum und Familienpark. Spielplätze, Fahrgeschäfte, Bühne und Gastronomie erfreuen sich großer Beliebtheit. Augen auf und durch! Wir passieren das Freibad und die Grotte Butterborn, abermals befinden wir uns im historischen Kurpark. Beim Schlosstor schließt sich der Kreis.

Autoren Tipp

Der Schwalenberger Wald ist ein Schutzgebiet von europäischer Bedeutung und gehört nach der Fauna-Flora-Habitat-Richtlinie zum Natura 2000-Netz der EU. Der fast 3000 ha große Forst bietet dafür ideale Bedingungen: ein reliefreiches Bergmassiv, starke Zertalung durch verwitterungsanfällige Gesteine, eingelagerte Tonschichten als Quellhorizonte, ein Hochmoor mit Torfmoosteppichen, weite Buchenwälder als Lebensraum für Rippenfarn, Siebenstern, Bärlapp sowie für Buntspecht, Feuersalamander und Hirschkäfer.

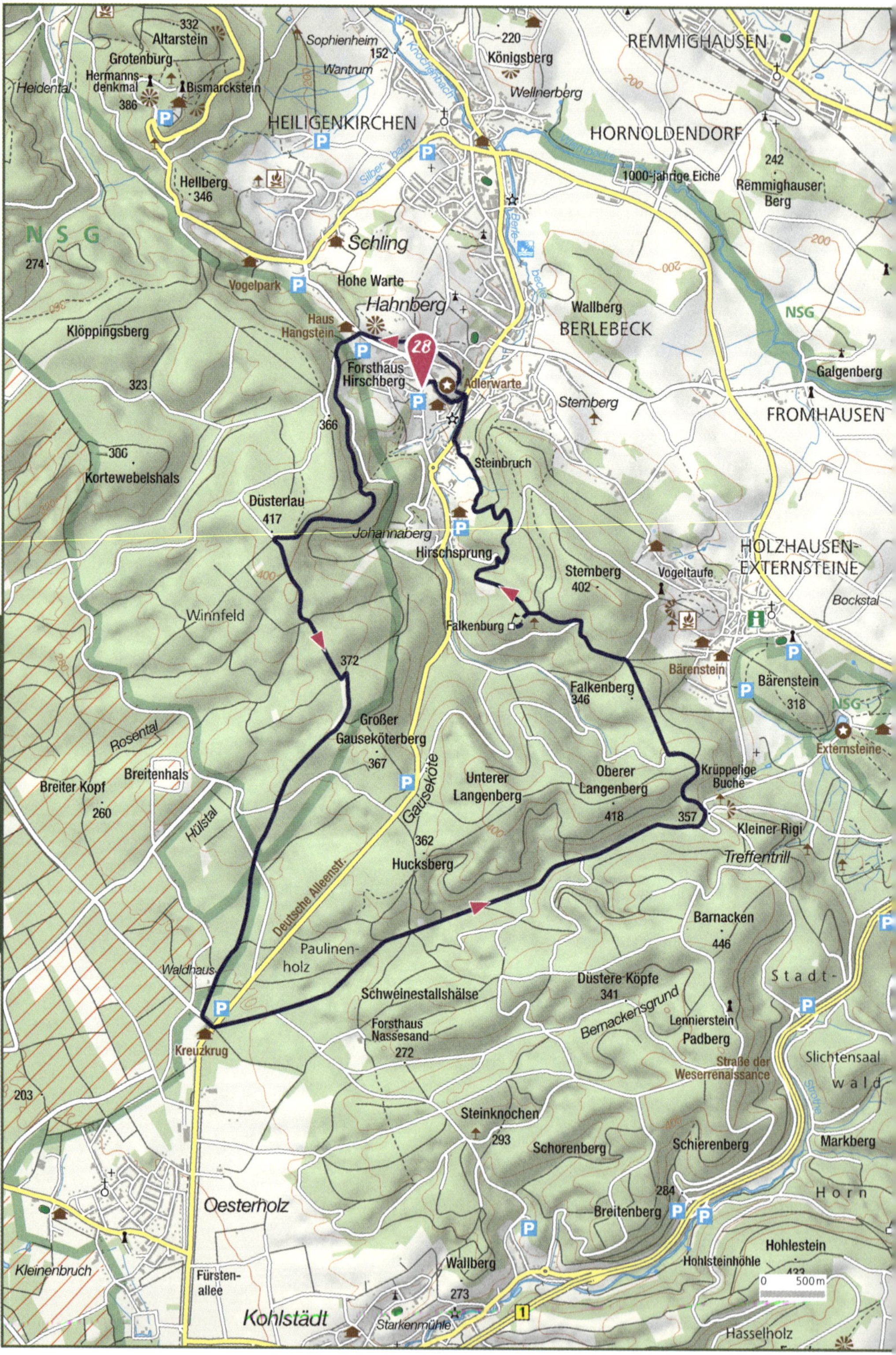

28

332
Altarstein
Grotenburg
Hermanns-
denkmal
386
Bismarckstein
Heidental
Sophienheim
152
Wantrum
Knochenbach
220
Königsberg
Wellnerberg
REMMIGHAUSEN
HEILIGENKIRCHEN
HORNOLDENDORF
Silberbach
200
Hellberg
346
1000-jährige Eiche
242
Remmighauser
Berg
NSG
274
Schling
Vogelpark
Hohe Warte
Berlebecke
200
Hahnberg
Wallberg
BERLEBECK
Kröppingsberg
Haus
Hangstein
28
Forsthaus
Hirschberg
Adlerwarte
Stemberg
NSG
Galgenberg
FROMHAUSEN
323
366
306
Kortewebelshals
Steinbruch
Düsterlau
417
Johannaberg
Hirschsprung
HOLZHAUSEN-
EXTERNSTEINE
Stemberg
402
Vogeltaufe
Bockstal
400
Winnfeld
Falkenburg
Bärenstein
Bärenstein
318
NSG
372
Falkenberg
346
Externsteine
Rosental
Großer
Gauseköterberg
367
Breitenhals
Breiter Kopf
260
Gauseköte
Unterer
Langenberg
Oberer
Langenberg
418
Krüppelige
Buche
357
Kleiner Rigi
Treffentrill
Hülstal
362
Hucksberg
400
Deutsche Alleenstr.
Barnacken
446
Paulinen-
holz
Waldhaus
Stadt-
Schweinestallshälse
Düstere Köpfe
341
Bernackensgrund
Lennierstein
Padberg
Kreuzkrug
Forsthaus
Nassesand
272
Straße der
Weserrenaissance
Slichtensaal
wald
203
Strothe
Steinknochen
293
Schorenberg
Schierenberg
Markberg
Horn
284
Breitenberg
Oesterholz
Hohlestein
Hohlsteinhöhle
Kleinenbruch
Wallberg
Fürsten-
allee
273
433
0 500 m
Kohlstädt
Starkenmühle
1
Hasselholz

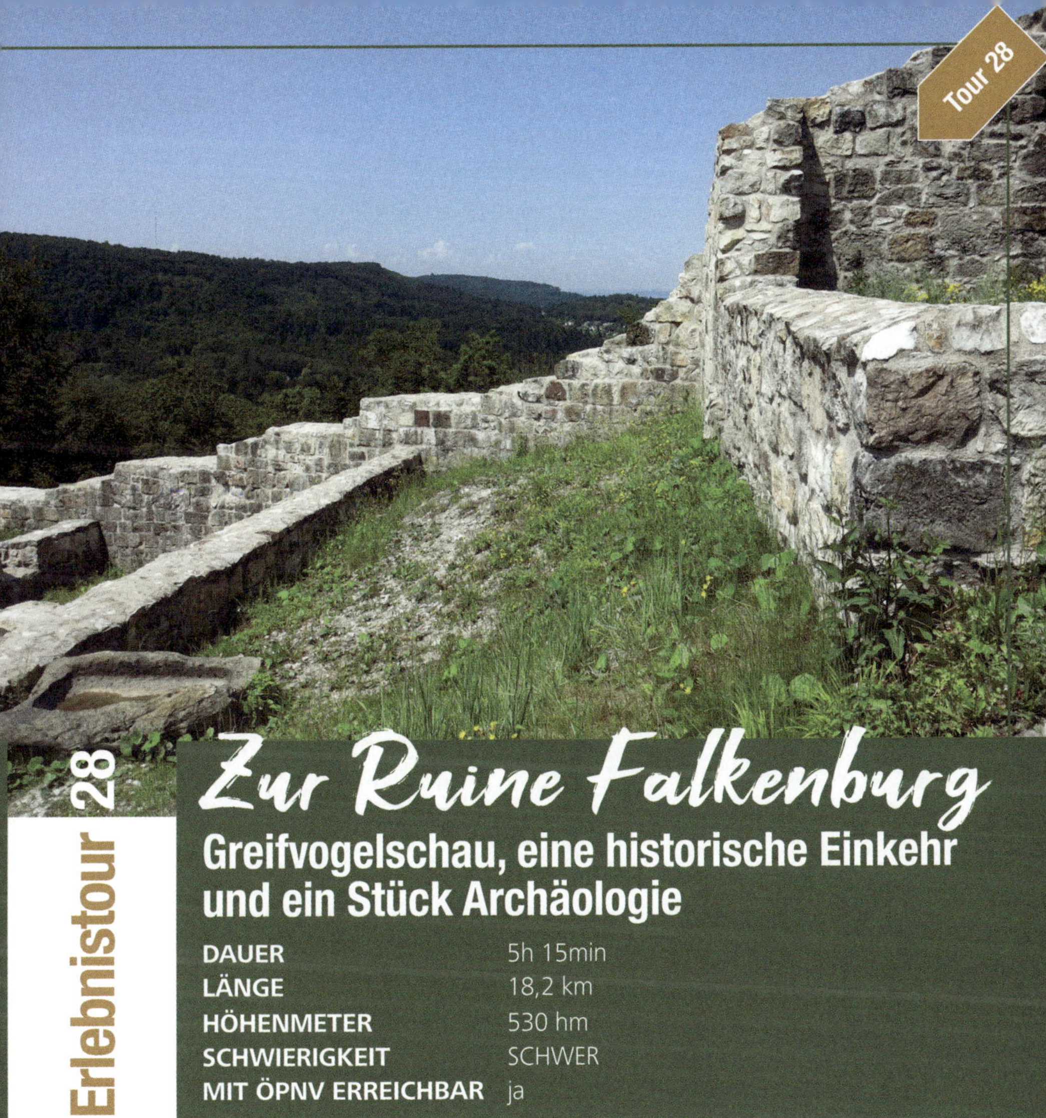

Erlebnistour 28

Zur Ruine Falkenburg

Greifvogelschau, eine historische Einkehr und ein Stück Archäologie

DAUER	5h 15min
LÄNGE	18,2 km
HÖHENMETER	530 hm
SCHWIERIGKEIT	SCHWER
MIT ÖPNV ERREICHBAR	ja

Das erwartet dich ...

... vordergründig eine der drei schwarzen Wanderungen dieses Auswahlführers, die zwei lange Anstiege birgt und auf über 400 m Seehöhe hinaufführt. Sozusagen hintergründig erwartet dich eine besondere Erlebnistour mit der Adlerwarte Berlebeck (was einen eigenen Besuch lohnt), einer nicht alltäglichen Einkehr und einem archäologischen Stück Regionalgeschichte. Das alles ist auf wanderbare Weise verbunden mit langen, erholsamen Waldwegen im Naturpark Teutoburger Wald.

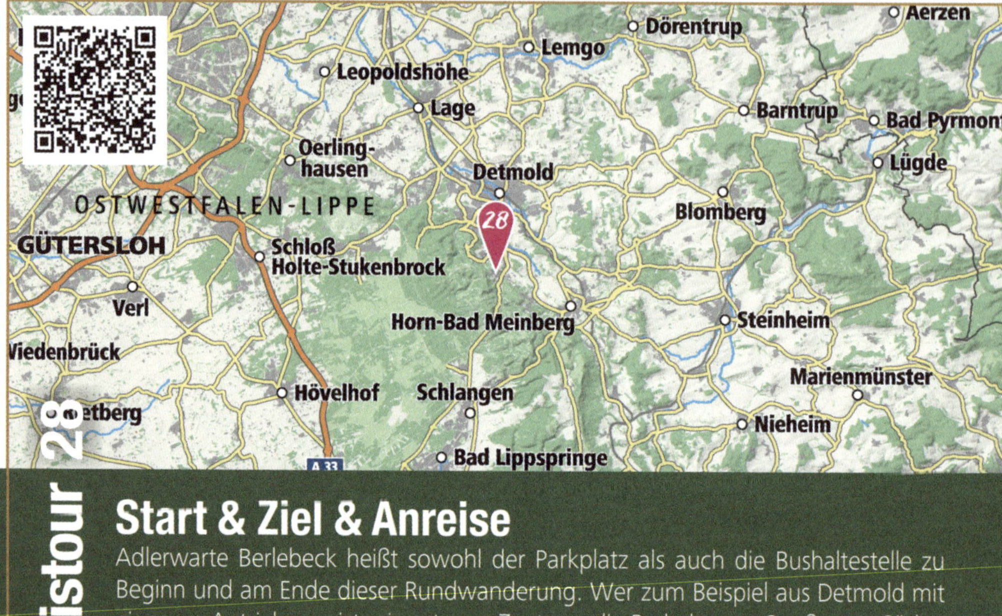

Erlebnistour 28

Start & Ziel & Anreise

Adlerwarte Berlebeck heißt sowohl der Parkplatz als auch die Bushaltestelle zu Beginn und am Ende dieser Rundwanderung. Wer zum Beispiel aus Detmold mit eigenem Antrieb anreist, nimmt vom Zentrum die Paderborner Straße gen Süden und hält sich am Berg-Café rechts (Hangsteinstraße, Am Hahnberg, Adlerweg). Für öffentliche Anfahrt sorgt die häufig verkehrende Buslinie 701 ab Bahnhof Detmold, die auch am sehenswerten Landes- und Freilichtmuseum Stopp macht.

Tourenbeschreibung

Als der Weißkopfseeadler mit seinem exzellenten Sehvermögen von der Flugschau zurückkam, übersetzte der Falkner sein Gekrächze in etwa so: Zumindest aus der Luft sei die hier empfohlene Tour gar nicht so lang. Der Kreuzkrug böte eine verlockende Speisekarte (nur über die Geflügelgerichte schüttelte er sein erhabenes Haupt), die Arbeiten auf der Falkenburg-Ruine seien seit seinem letzten Ausflug gut vorangekommen und die Waldluft mache echt atmungsaktiv! All dem gehe der Wanderer wie folgt nach:

Vom Ausgangspunkt laufen wir die Hangsteinstraße hinab. Am Eckhaus Berg-Café ansteigend vorbei und im Nu zum Eingang der Adlerwarte. Mehr als 180 verschiedene Greifvögel vom Adler über Milan, Falke und Bussard bis zum Geier werden hier artgerecht beherbergt. Von März bis Dezember gewähren sie bei spektakulären Flugvorführungen Einblick in ihr luftiges Leben. Wir kommen nach Tourende darauf zurück – wir können schließlich nicht fliegen. Auf dem Adler-, dann Pulverweg durchkreuzen wir eine Höhensiedlung. Vor dem Café-Restaurant Haus Hangstein links und geradeaus auf eine Teerstraße, die wir alsbald verlassen und eine Gabelung erlangen. Nun geht's weiter hinauf (A4). Das Folgende ist regionaltypisch: hangwärts feinplattige Kalksteinbänke, talwärts fast abgründig steiles Gelände und alles zusammen anmutig waldbewachsen. So geht es frisch und grün hinauf zum Düsterlau, wo 417 m über dem Meer unser erster Anstieg gelungen ist. Wir nehmen den Lönspfad (X10) und schreiten weit hinein in tiefen Forst. An einem kleinen Waldplatz zieht von links ein Weg herauf. Es ist der Alte Postweg, der gemeinsam mit X10 voranführt.

Der steinige Bodenbelag ist alt und bot den Postboten wenig rückenschonende Arbeitsbedingungen. Vorbei am Waldhaus, noch kurz geradeaus, dann zum Fürstlichen Forsthaus Kreuzkrug. Ein zweigeschossiges Fachwerk-Baudenkmal mit „Krugprivileg" vom Anfang des 18. Jahrhunderts, das Waldarbeitern und Handelsreisenden vor allem Flüssignahrung bot. Es steht auch uns „Waldreisenden" als Einkehr offen. Wir überqueren die L937. Seit 1810 überwindet hier eine Straße, die Fürstin Pauline zur Lippe bauen ließ, den Berg Gauseköte. Passend durchwandern wir rechts der Straße (X7) das Paulinenholz. Eine Forststraße zieht fast schnurgerade dem bergigen Horizont und den ausgewiesenen Externsteinen entgegen. Wieder geht es beständig hinauf, die Berge beidseits, der Obere Langenberg und der Barnacken, überragen die 400 m-Marke. Einige Abzweige ignorierend, wenden wir uns an einer Gabelung links (X7) und gelangen zum Standort Kleiner Rigi/Krüppelige Buche. Erneut geht's hinauf. Das Panorama gewinnt an Format und präsentiert zwischen grünem Hangwald vor uns und den roten Dächern von Horn sogar die Gipfelfelsen der Externsteine.

Nach den ersten Abstiegsmetern rechts hinab gehen wir in Richtung Falkenburg (A4). Nochmals ist uns erholsames Walderleben geboten, ehe wir hinter einer Schutzhütte an der mächtigen Ruine Falkenburg stehen. Um 1190 erbaut, gehörte die Höhenburg zu den größten Rittersitzen Westfalens. Bis ins 15. Jahrhundert war die Burg Lippischer Herrschersitz, dann wurde sie aufgegeben und fiel dem Straßenbau und der Verwitterung anheim. Seit 2004 rücken archäologische Grabungen die historischen Spuren in ein neues Licht. Was hier in jahrelanger Feinarbeit freigelegt wurde, ist beeindruckend. Der Verein „Die Falkenburg e.V." macht sich für den Erhalt der Burgreste stark und bietet Führungen an. Als Individualtouristen beachten wir die Nutzungshinweise.

Zurück zur Schutzhütte, hinab (A5), an einem Abzweig geradeaus, ein bisschen bergauf und durch einige Kurven erneut bergab. Auf schmalem Pfad geht's durch kräftigen Wildwuchs. Auf der anderen Talseite ragt unser Aufstiegskamm auf. Wir münden in den Kuckucksweg, der uns zur Paderborner Straße bringt. Vorbei am Haus des Gastes und in die Hangsteinstraße. Die Adlerwarte ist jetzt „zum Greifen nah"!

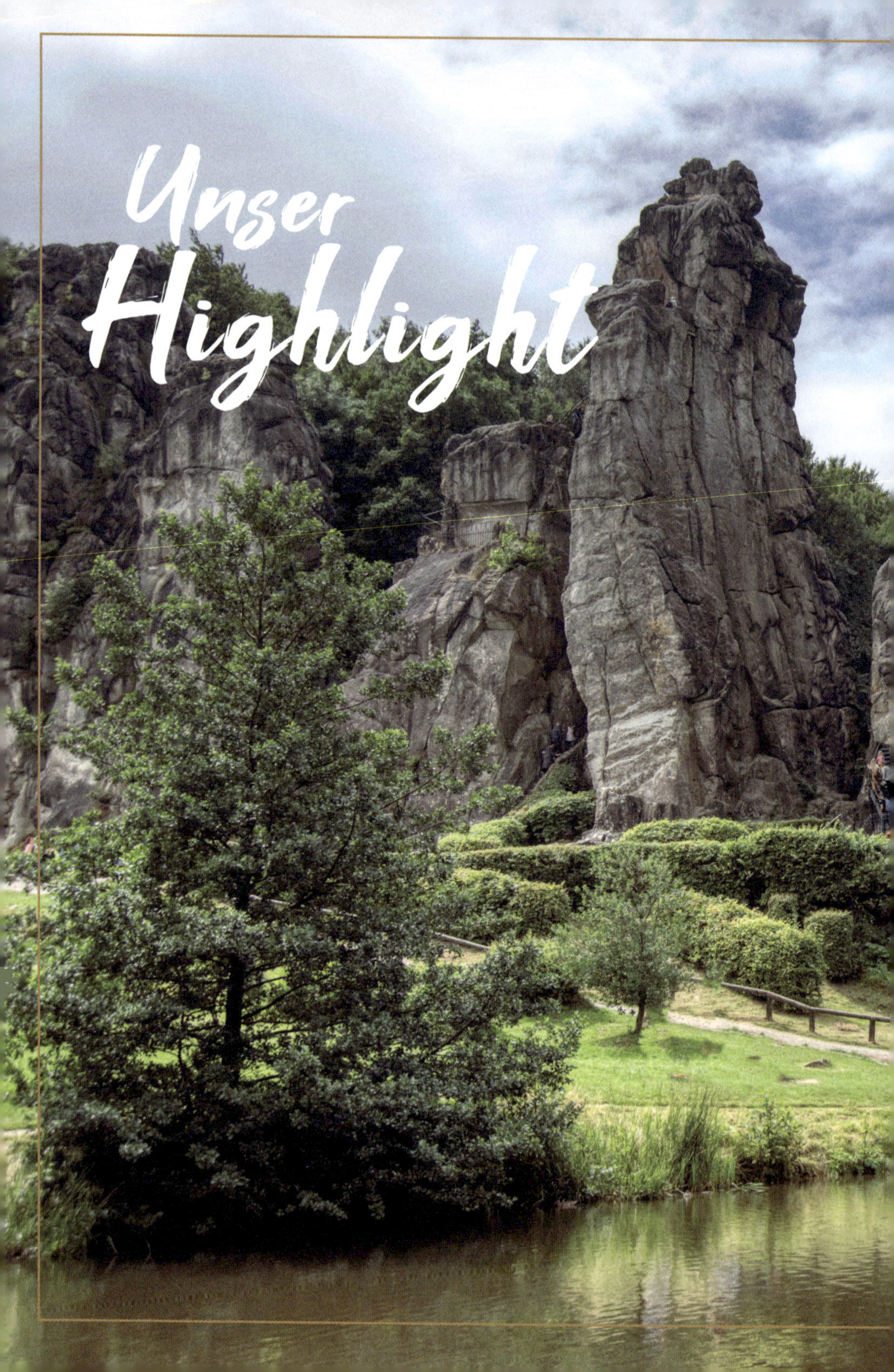
Unser
Highlight

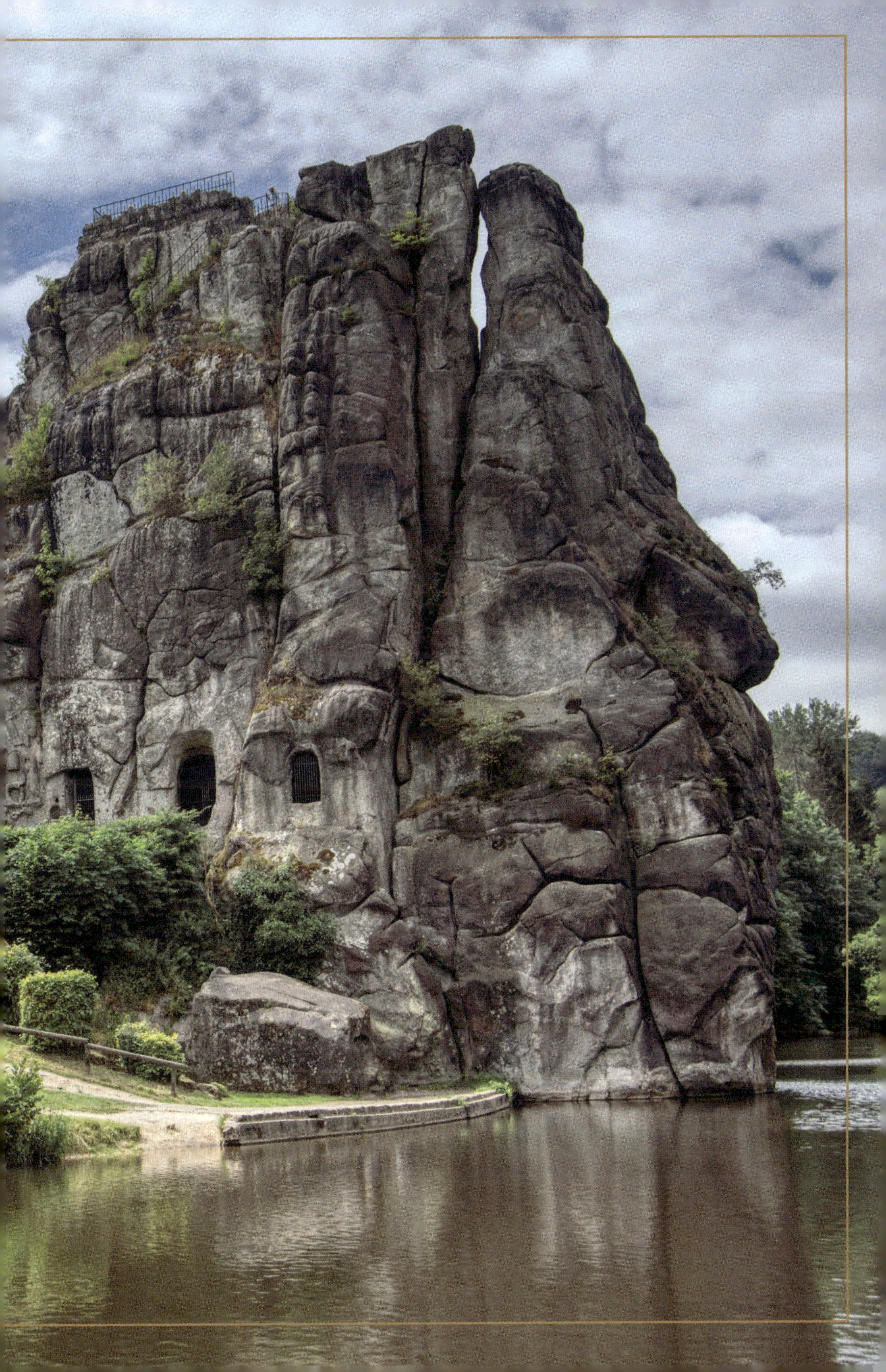

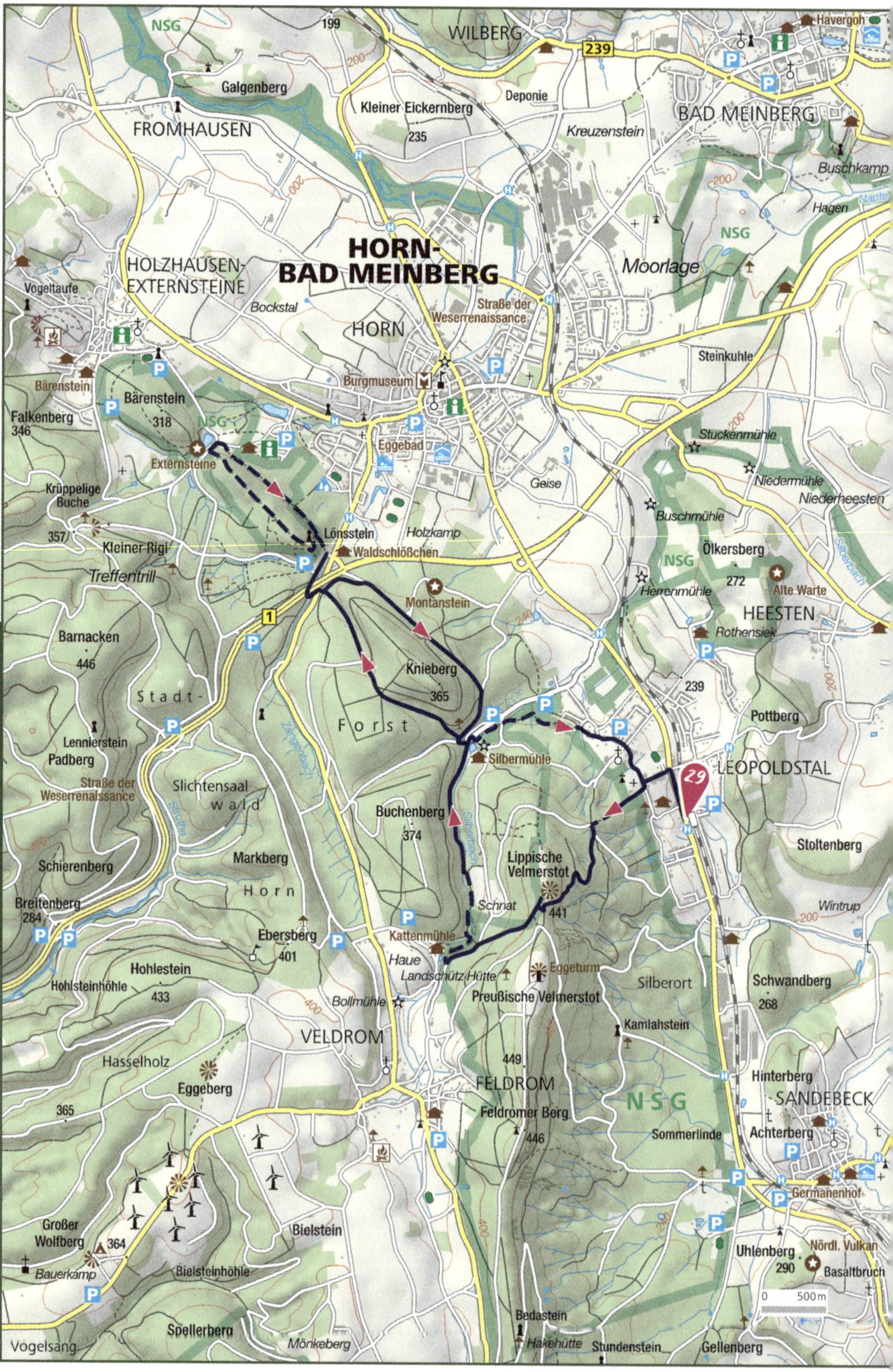

NSG
199
WILBERG
239
Havergoh
Galgenberg
Kleiner Eickernberg
235
Deponie
FROMHAUSEN
Kreuzenstein
BAD MEINBERG
Buschkamp
Hagen
Napte
NSG
HORN-
BAD MEINBERG
Moorlage
HOLZHAUSEN-
EXTERNSTEINE
Vogeltaufe
Bockstal
HORN
Straße der
Weserrenaissance
Steinkuhle
Burgmuseum
Bärenstein
Bärenstein
318
Falkenberg
346
NSG
Eggebad
Stuckenmühle
Externsteine
Niedermühle
Niederheesten
Geise
Krüppelige
Buche
Buschmühle
357
Lönsstein
Holzkamp
Kleiner Rigi
Waldschlößchen
Ölkersberg
NSG
272
Treffentrill
Herrenmühle
Alte Warte
Montanstein
HEESTEN
Silberbach
Barnacken
446
Rothensiek
Knieberg
365
239
Pottberg
Stadt-
Forst
Lennierstein
Padberg
Silbermühle
LEOPOLDSTAL
29
Straße der
Weserrenaissance
Slichtensaal
wald
Buchenberg
374
Stoltenberg
Schierenberg
Markberg
Lippische
Velmerstot
441
Breitenberg
284
Horn
Schnat
Wintrup
Ebersberg
401
Kattenmühle
Haue
Landschütz Hütte
Eggeturm
Silberort
Hohlestein
433
Hohlsteinhöhle
Schwandberg
268
Bollmühle
Preußische Velmerstot
VELDROM
Kamlahstein
449
Hasselholz
FELDROM
Hinterberg
SANDEBECK
Eggeberg
NSG
Feldromer Berg
446
365
Sommerlinde
Achterberg
Germanenhof
Großer
Wolfberg
364
Bielstein
Uhlenberg
290
Nördl. Vulkan
Basaltbruch
Bauerkamp
Bielsteinhöhle
0 500 m
Bedastein
Vogelsang
Spellerberg
Mönkeberg
Hakehütte
Stundenstein
Gellenberg

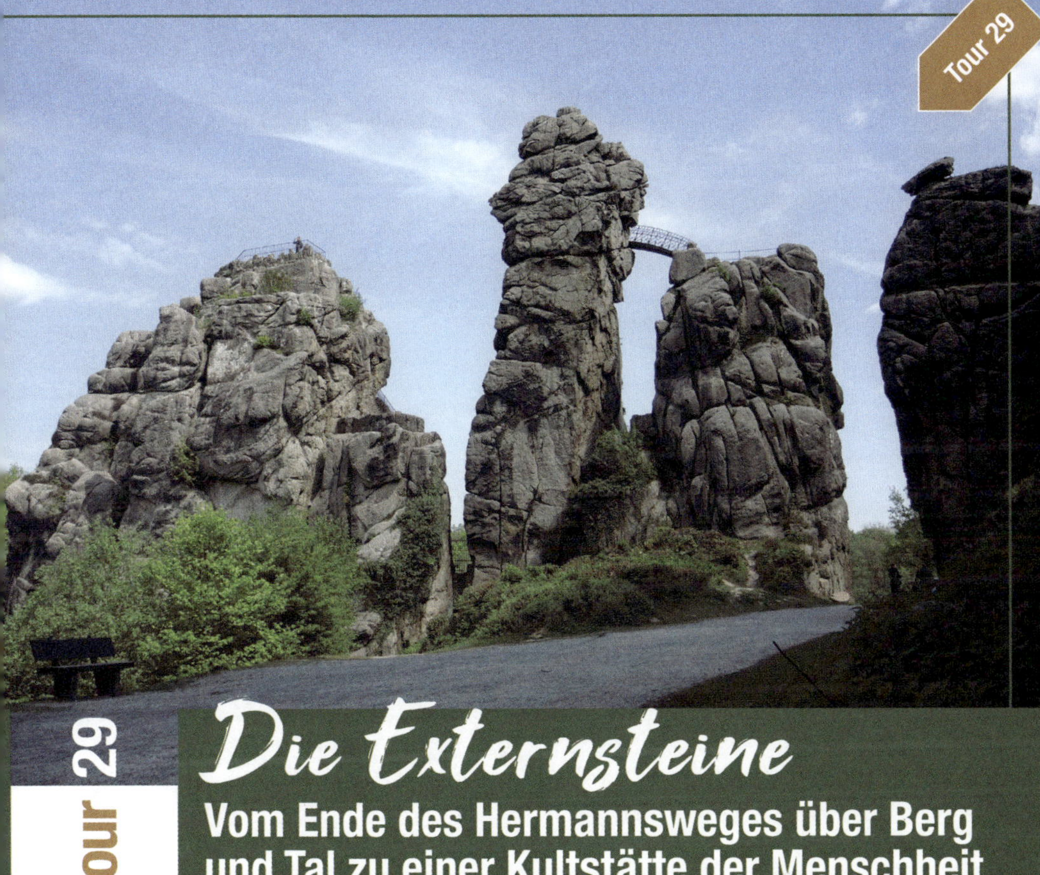

Tour 29

Erlebnistour 29

Die Externsteine

Vom Ende des Hermannsweges über Berg und Tal zu einer Kultstätte der Menschheit

DAUER	4h 15min
LÄNGE	14,7 km
HÖHENMETER	480 hm
SCHWIERIGKEIT	MITTEL
MIT ÖPNV ERREICHBAR	ja

Das erwartet dich ...

... eine Wanderung mit großem Landschaftsreiz und einer Felsgruppe der Extraklasse! Der „Kraftort" Externsteine nimmt unter den Sehenswürdigkeiten des Teutos den unangefochtenen Spitzenplatz ein. Beim Check der Umgebung rücken der felsige Lippische Velmerstot und das romantische Silberbachtal in den erweiterten Fokus, sodass alles eine stimmige Verbindung eingeht und diese Tour zum Highlight dieses Buches kürt. Der 200 hm-Aufstieg zu Anfang verlangt Kondition, alles Weitere ist Erlebnis pur.

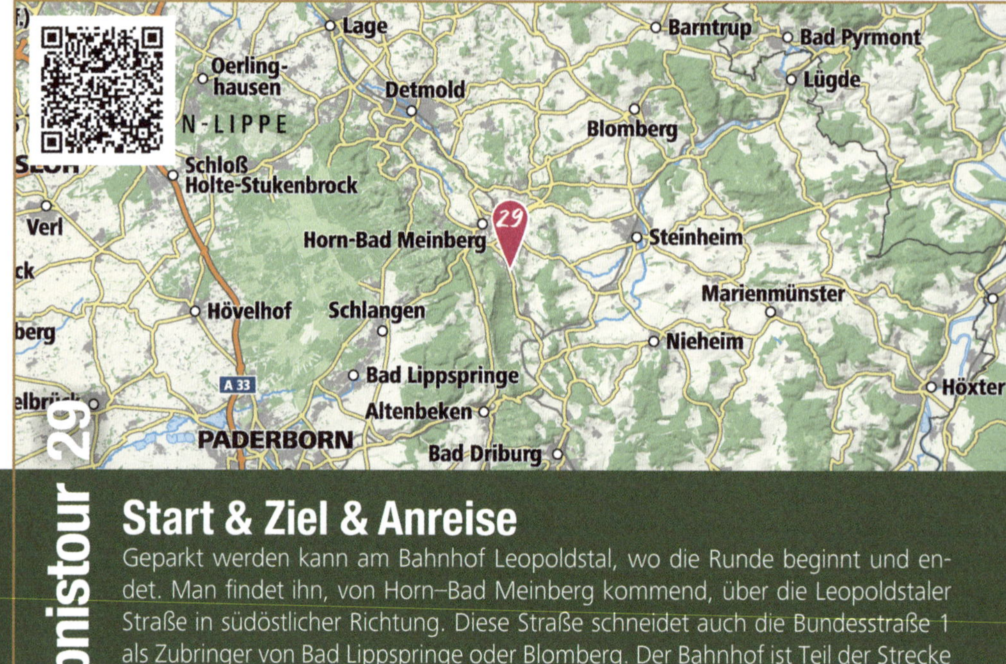

Erlebnistour 29

Start & Ziel & Anreise

Geparkt werden kann am Bahnhof Leopoldstal, wo die Runde beginnt und endet. Man findet ihn, von Horn–Bad Meinberg kommend, über die Leopoldstaler Straße in südöstlicher Richtung. Diese Straße schneidet auch die Bundesstraße 1 als Zubringer von Bad Lippspringe oder Blomberg. Der Bahnhof ist Teil der Strecke Herford-Detmold-Paderborn der RB72 (Ostwestfalen-Bahn) und Bushaltepunkt der Linien 782 (Bad Meinberg Busbahnhof – Detmold Bahnhof) und 783 (Horn Mittelstraße – Leopoldstal Schäfer).

Tourenbeschreibung

Die Infotafel am Bahnhof trägt ein „H". Wir stehen am Endpunkt des 156 km langen Hermannsweges. Wir gehen Richtung Horn, dann deutlich ansteigend in den Wald (Silbergrund/H). Wir kommen auf einen schmalen Pfad, der von lokaler Botanik üppig umwachsen ist, und gelangen auf einen Querweg. Hier links (H, Eggeweg X). Schroffe Felsen verkünden das nahe Bergziel. Steinig wird auch der Weg, der uns zum Lippischen Velmerstot leitet. Den Gipfelaufbau krönt ein Sandsteinobelisk. Im dichten Mischwald buhlen die Kronen um den höchsten Punkt. Die Mittelgebirgskämme bieten Waldlandschaft bis zum Horizont.

Das Aufstiegsstück zurück und kräftig hinab (I/Feldrom). Ein querender Forstweg beendet den Steilabstieg. Gemächlicher geht es bergab (H). Wir überlassen uns dem, von der Natur geschmackvoll eingerichteten Silberbachtal, der Nahtstelle zwischen Teuto und Egge. Die mäßige Ausbeute gefundener Silbererze wich bald der Wasser-

und Sandsteinnutzung in Mühlen und Schleifanlagen, von der das Waldhotel Silbermühle zu berichten weiß. An der parkplatznahen Wassergewinnungsanlage vorbei (H/X/E1) und über einen hübschen Steig geht's auf eine breite Waldpiste. Sie weist uns den Weg durch den schönen Horner Stadtforst, vorbei am grünen Knieberg. Über die Straße nach Horn, unter die B 1. Am Parkplatz entlang und mit bekannter Markierung hinauf zum Lönsstein mit eingravierten Waldtieren und anschließend über den Knickenhagen mit reizvollen Wechselblicken nach Nord und Süd.

Dann zeigen sich die Externsteine. Wir finden bergseitig eine eindrucksvolle Aussicht, steigen ab auf Talniveau, durchschreiten das turmhohe Naturensemble auf breitem Weg zur von Postkarten bekannten Vorderseite und erwandern den aufgestauten Wiembecketeich mit imposantem Externsteinblick. Vieles, was der Mensch in Jahrhunderten an den Felsen hinterließ – Kreuzabnahmerelief, künstliche Grotte, Höhenkammer mit Altarnische – lässt sich für ein Eintrittsgeld (Kombiticket für das Hermannsdenkmal) von Nahem bestaunen. Über Treppen und eine Brücke gelangen wir auf die drei westlichsten der insgesamt elf Felsen. Unweit der Steine lohnt ein Besuch des Infozentrums mit modellhafter Darstellung der natur- und kulturgeschichtlichen Etappen oder eine Einkehr beim Felsenwirt.

Es geht weiter zum Felsen Nr. 4 mit dem Wackelstein. Wir folgen dem Schild Silbermühle 3,2 km. Ein breiter Forstweg führt nördlich am Knickenhagen vorbei und zurück zur B 1. Seitenwechsel (A3). Wir passieren auch den Knieberg auf der Nordseite. Unfehlbar finden wir zurück zur Silbermühle und durchschreiten das Biergartentor. Der Lönspfad (X10) beschreibt uns den Rückweg: zum archäologischen Bodendenkmal Schleifmühle, das die Nutzung der Wasserkraft des Silberbaches wohlerhalten belegt, zum Ortsrand von Leopoldstal und (Waldwinkel/Silbergrund) zum Hinweg. Dieses letzte Stück Hermannsweg geleitet uns zum Ausgangspunkt.

Autoren Tipp

Schon Steinzeitmenschen begehrten die Externsteine. Ab der Karolingerzeit wird es turbulent: Heidnischer Kult und christliche Andacht. Einsiedelei in und Ansiedlung an den Felsen. Grotten und Sakralsymbol. Mittelalterliche Bildhauerei und neuzeitliche Spuren. Nationalsozialistische Propaganda und postmoderner Kraftort. Geheimnis und Wissenschaft. Die Externsteine ziehen noch heute magisch an – Forscher, Besucher, Esoteriker, Sucher nach Antworten, Eindrücken, Spiritualität. www.externsteine-info.de

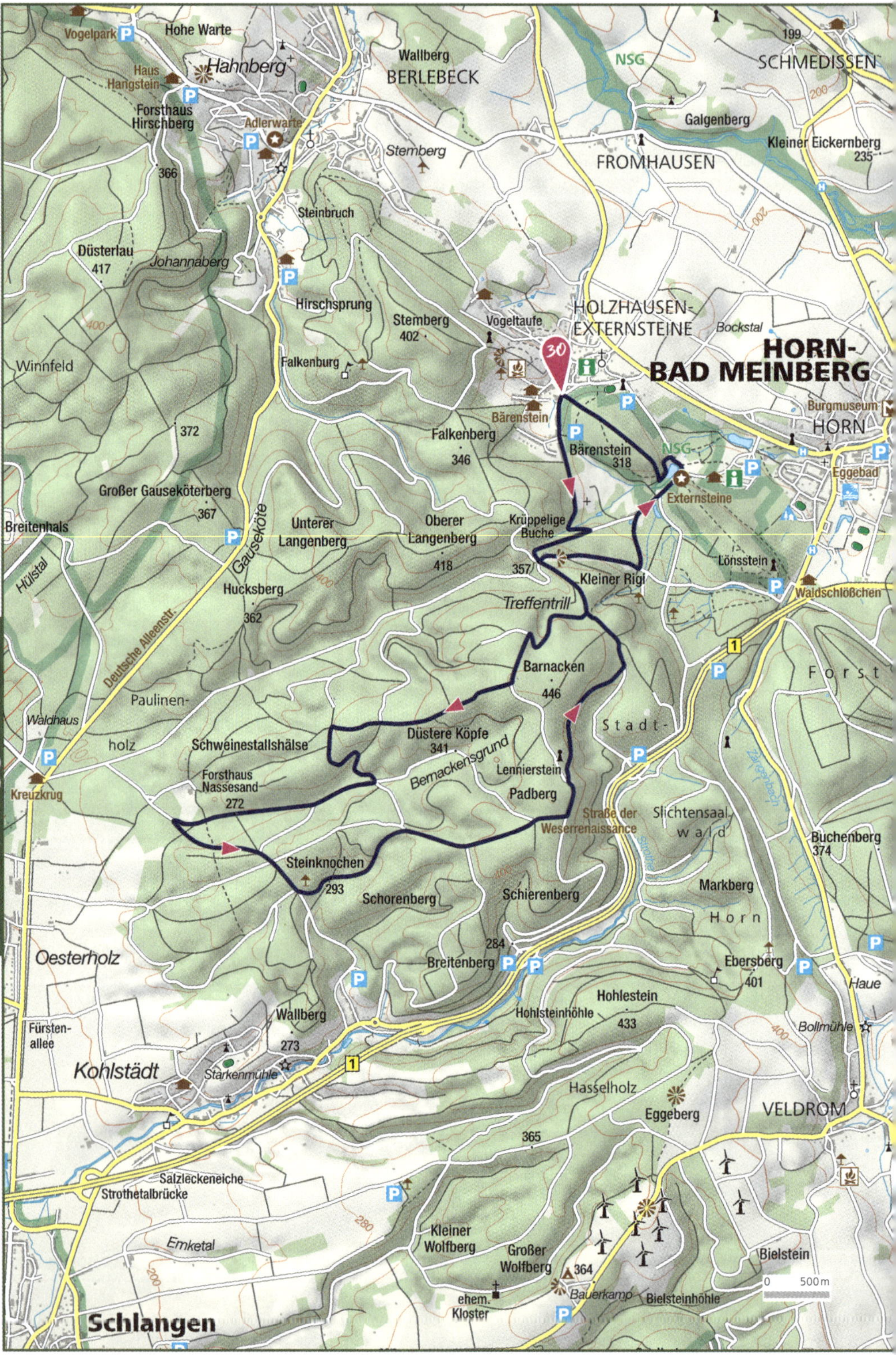

30

Vogelpark
Hohe Warte
Hahnberg
Wallberg
BERLEBECK
NSG
199
SCHMEDISSEN
Haus Hangstein
Forsthaus Hirschberg
Adlerwarte
Stemberg
Galgenberg
FROMHAUSEN
Kleiner Eickernberg 235
366
Steinbruch
Düsterlau 417
Johannaberg
Hirschsprung
Stemberg 402
Vogeltaufe
HOLZHAUSEN-EXTERNSTEINE
Bockstal
HORN-BAD MEINBERG
Winnfeld
Falkenburg
Bärenstein
Burgmuseum
HORN
372
Falkenberg 346
Bärenstein 318
NSG
Eggebad
Externsteine
Großer Gauseköterberg 367
Unterer Langenberg
Oberer Langenberg 418
Krüppelige Buche
Breitenhals
Gauseköte
357
Lönsstein
Hülstal
Hucksberg 362
Kleiner Rigi
Waldschlößchen
Treffentrill
Deutsche Alleenstr.
Barnacken 446
Forst
Paulinen-holz
Waldhaus
Stadt-
Schweinestallshälse
Düstere Köpfe 341
Forsthaus Nassesand 272
Bernackensgrund
Lennierstein
Kreuzkrug
Padberg
Straße der Weserrenaissance
Slichtensaal wald
Buchenberg 374
Steinknochen 293
Schorenberg
Schierenberg
Markberg
Horn
284
Oesterholz
Breitenberg
Ebersberg 401
Haue
Hohlestein 433
Hohlsteinhöhle
Wallberg 273
Fürsten-allee
Bollmühle
Kohlstädt
Starkenmühle
Hasselholz
Eggeberg
VELDROM
365
Salzleckeneiche
Strothetalbrücke
Kleiner Wolfberg
Großer Wolfberg
364
Emketal
Bielstein
Bauerkamp
Bielsteinhöhle
ehem. Kloster
Schlangen
0 500 m

Tour 30

Gipfeltour 30

Auf zum Barnacken!

Ein unscheinbarer Hauptgipfel im Schatten der prominenten Externsteine

DAUER	4h 45min
LÄNGE	16,2 km
HÖHENMETER	500 hm
SCHWIERIGKEIT	MITTEL
MIT ÖPNV ERREICHBAR	ja

Das erwartet dich ...

... eine baumstarke Tour, denn die fast reine Waldwanderung überzeugt mit unendlichen Farbnuancen des Grundtons Grün. Zudem ist es bestimmt sehr einsam, denn der Barnacken als höchster Gipfel des Teutoburger Waldes steht im touristischen Schatten der nahen Externsteine. Diese werden – vergleichsweise – auf dieser Wanderung gestreift. Meist ist man auf gut ausgebauten Forstwegen unterwegs. Die 500 hm verteilen sich moderat auf eine recht lange Horizontaldistanz.

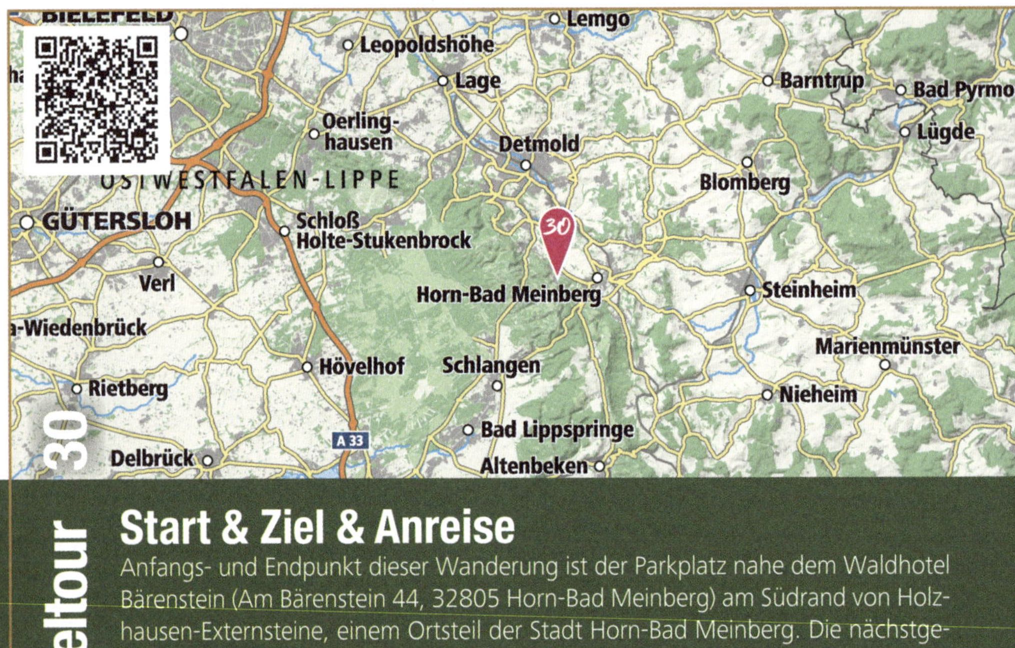

Gipfeltour 30

Start & Ziel & Anreise

Anfangs- und Endpunkt dieser Wanderung ist der Parkplatz nahe dem Waldhotel Bärenstein (Am Bärenstein 44, 32805 Horn-Bad Meinberg) am Südrand von Holzhausen-Externsteine, einem Ortsteil der Stadt Horn-Bad Meinberg. Die nächstgelegene Bushaltestelle heißt Holzhauser Berg, Hierhin mit der 782 (Bad Meinberg Busbahnhof – Detmold Bahnhof) oder TouristikLinie792 (Detmold Bahnhof – Bad Pyrmont Europaplatz, nur an Wochenenden und Feiertagen), dann auf der Straße Am Bärenstein zum Start.

Tourenbeschreibung

Als die Autoren ihrem Herbergsvater morgens sagten, sie würden heute zum Barnacken, dem höchsten Punkt des Teutoburger Waldes aufbrechen, wusste der einstige Wanderführer, der fast in Sichtweite des Gipfels lebt, nichts von diesem Berg. Da sind die prominenten Externsteine davor und andere Erhebungen namhafter. Häufig jedoch sind die unbekannten, wenig besuchten Berge besonders reizvoll. Die Umgebung des Barnackens verspricht Ruhe, einiges Panorama und so viel Forst, dass man in diesen Wanderstunden fast selbst zum Waldbewohner wird.

Am Parkplatz nahe dem Waldhotel Bärenstein gehen wir, das noble Haus im Rücken, die Straße Am Bärenstein hinauf zum Siedlungsende und geradeaus (gekreistes T). Vorbei am Friedhof mit Urnenwald für Naturbestattungen und hinter einer markanten Linkskurve in spitzem Winkel hinauf. Von nun an ist für einige ruhevolle Stunden Waldfrische versprochen. An der Kreuzung Kleiner Rigi/Krüppelige Buche links (Barnacken 1,6 km) und kurz darauf geradeaus. Wir streben dem Bergmassiv entgegen (34/35). An der Gabelung rechts (34). Wir passieren einen aufgelassenen Kalksteinbruch, steigen weiter hinauf und stehen an der kleinen, zerschundenen Barnackenhütte. Im Wald mag es noch ein bisschen höher gehen, doch gehört uns hier der Barnacken. Der Ort taugt nicht für kulissenhafte Gipfelfotos wie an den höchsten Gipfeln im Wiehen- oder Eggegebirge, sondern eher für Stille zur inneren Anwendung.

Nun geht's auf unmarkierten Weg wieder hinab. Am hellichten Tag wandern wir entlang der Düsteren Köpfe zu einem Abzweig. An einer Querung ohne Kennzeichnung geht's links. Ein paar Kurven bringen uns talwärts in den dekorativen Barnackensgrund, den wir durchmessen (34). Eine Reihe engständiger Kastanien aus alter alleehafter Pflanzung säumt unseren Weg. Kurz hinter dem Abzweig Forsthaus Nassesand unter den im Kartennamen verewigten Schweinestallshälsen ist unser „Point of Return". Spitzwinkelig kommen wir auf den Lönspfad (X10) und über eine Kreuzung (Kohlstädt 1,8 km) zur Steinknochenhütte, einem trotz des martialischen Namens idyllisch gelegenen Rastort. Wieder ansteigend (A2) geht's zu einem leicht versetzten Wegekreuz mit Blick über die Paderborner Hochfläche, die zu neuen Ausflügen lockt. Weiter hinauf. Neu ist uns der waldige Padberg, den wir unterwandern (34/35). Bekannt dagegen wieder „unser" Barnacken, an dem wir via Lennierstein östlich vorüberziehen.

Es ist ein malerischer Hangsteig, flankiert von Kalksteinbänken, als Blickfang fungiert das südlich angeschweißte Eggegebirge. Wir münden in einen breiteren Forstweg (35). Allmählich dreht das Panorama auf Norden, zeigt den Schwalenberger Wald und den markanten Köterberg. Fast wieder auf Barnackenhöhe senkt sich der Lauf und schließt die Gipfelrunde. Es geht zurück zur Krüppeligen Buche und bergab. An der Rigihütte vorbei zur nächsten Abbiege. Auf einer asphaltierten Straße kommen wir zu einem Steinhaus und gehen anschließend auf breitem Weg (X6) weiter.

Bald darauf startet das unter „Das erwartet dich…" angerissene Kontrastprogramm zum zurückliegenden Waldland. Wir stehen vor den großartigsten der Externsteine, die wir umgehen (gekreistes T/Holzhausen Externsteine 1,6 km) und folgen dem Ufer des aufgestauten Wiembecketeiches. Hier nehmen wir eine Auszeit von der beschriebenen Tour und erkunden die Steine, das nahe Infozentrum sowie den Felsenwirt.

Zurück zum Teich und dahinter auf den Hermannsweg (H/Holzhausen 1,3 km). Jetzt tut uns ein waldiges Finale gut. Über Wurzelstufen ersteigen wir steil den Bärenstein, überschreiten dessen blaubeerbuschigen Rücken und laufen jenseits wieder hinab. Dahin, wo das Waldhotel steht und diese Tour endet.

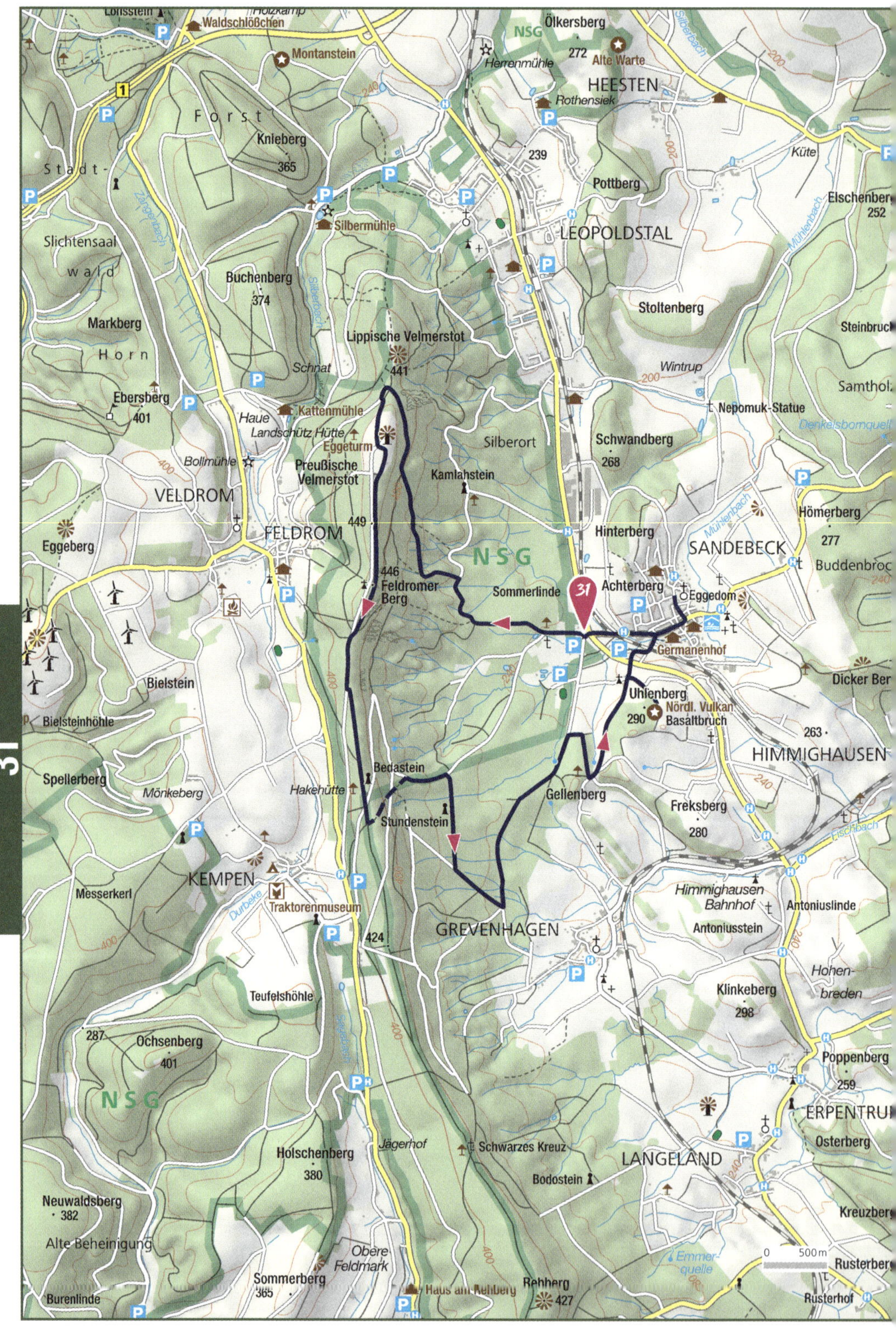
Waldschlößchen
Montanstein
Forst
Knieberg
365
Stadt-
Slichtensaal
wald
Markberg
Horn
Buchenberg
374
Silbermühle
Lippische Velmerstot
441
Schnat
Ebersberg
401
Kattenmühle
Haue
Landschütz Hütte
Eggeturm
Bollmühle
Preußische
Velmerstot
VELDROM
449
FELDROM
Eggeberg
446
Feldromer
Berg
Kamlahstein
Silberort
NSG
Sommerlinde
Bielstein
Bielsteinhöhle
Spellerberg
Mönkeberg
Bedastein
Hakehütte
Stundenstein
KEMPEN
Messerkerl
Traktorenmuseum
424
GREVENHAGEN
Teufelshöhle
287
Ochsenberg
401
NSG
Holschenberg
380
Jägerhof
Schwarzes Kreuz
Bodostein
Neuwaldsberg
382
Alte Beheinigung
Obere
Feldmark
Sommerberg
365
Burenlinde
Haus am Rehberg
Rehberg
427
Ölkersberg
NSG
Herrenmühle
272
Alte Warte
HEESTEN
Rothensiek
239
Pottberg
LEOPOLDSTAL
Küte
Elschenberg
252
Stoltenberg
Steinbruch
Wintrup
Samthol
Nepomuk-Statue
Schwandberg
268
Hinterberg
SANDEBECK
Hömerberg
277
Buddenbroc
31
Achterberg
Eggedom
Germanenhof
Uhlenberg
290
Nördl. Vulkan
Basaltbruch
Dicker Ber
263
HIMMIGHAUSEN
Gellenberg
Freksberg
280
Himmighausen
Bahnhof
Antoniuslinde
Antoniusstein
Hohen-
breden
Klinkeberg
298
Poppenberg
259
ERPENTRU
Osterberg
LANGELAND
Kreuzber
Emmer-
quelle
0
500 m
Rusterberg
Rusterhof

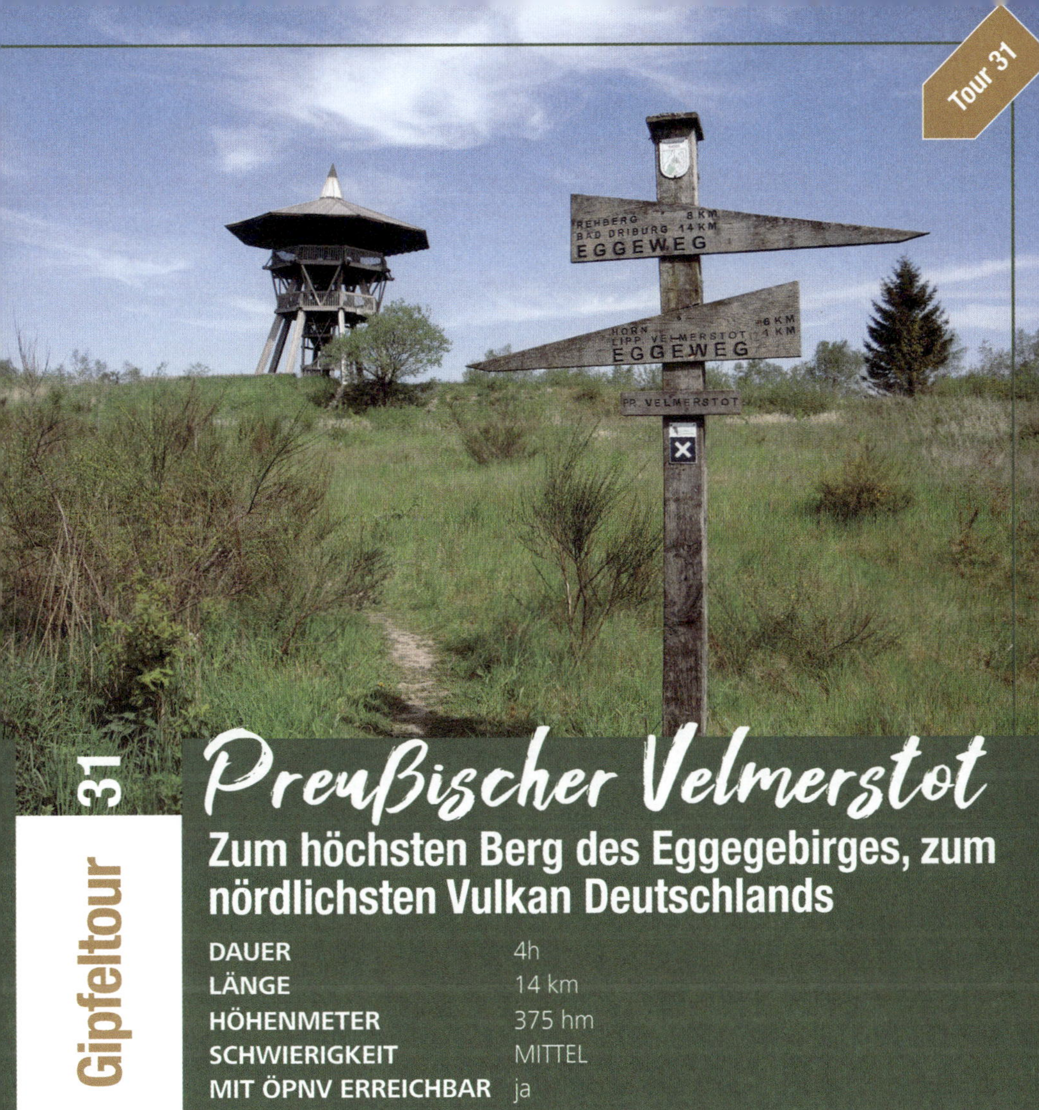

31 Gipfeltour

Preußischer Velmerstot

Zum höchsten Berg des Eggegebirges, zum nördlichsten Vulkan Deutschlands

DAUER	4h
LÄNGE	14 km
HÖHENMETER	375 hm
SCHWIERIGKEIT	MITTEL
MIT ÖPNV ERREICHBAR	ja

Das erwartet dich ...

... zwei Superlative, einer himmel-, einer nordwärts. Der eine ist der Preußische Velmerstot, mit 468 m die höchste Erhebung dieses Buches und von seinem weniger hochgewachsenen lippischen Namensvetter nur wenig entfernt. Beim anderen handelt es sich um einen stillgelegten Vulkan. Unter allen unterirdischen Kraftakten der deutschen Erdkruste ist der Sandebecker Vulkan der Nördlichste. Zum höchsten Punkt hat es steten Aufstieg, dann folgt ein bequemer Kammweg. Der Weg zum Vulkan und nach Sandebeck ist geteert.

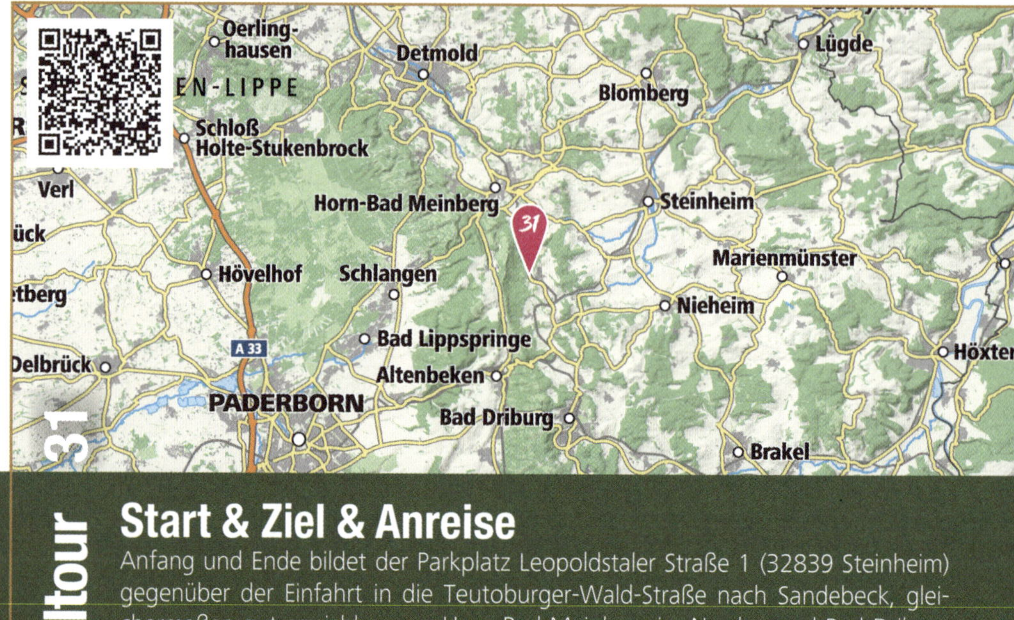

Gipfeltour 31

Start & Ziel & Anreise

Anfang und Ende bildet der Parkplatz Leopoldstaler Straße 1 (32839 Steinheim) gegenüber der Einfahrt in die Teutoburger-Wald-Straße nach Sandebeck, gleichermaßen gut erreichbar von Horn-Bad Meinberg im Norden und Bad Driburg im Süden. Als öffentliche Verkehrsmittel dienen die RB 72 zwischen Herford und Paderborn mit Halt in Sandebeck und der Bus R 76 zwischen Steinheim und Bad Driburg Bahnhof mit Halt auf der Teutoburger-Wald-Straße, dann in wenigen hundert Metern nach Westen zum Ausgangspunkt.

Tourenbeschreibung

Mit dem Symbol für den Zugang zum Eggeweg (weißer Winkel) lassen wir den Parkplatz hinter uns. Gleich stehen wir im Wald. Rechtshaltend steigen wir stetig dem Kamm entgegen, erst sanft, dann stärker geneigt. Zur Linken überrascht eine felsige Aufragung. Sie kündet vom nahen Gipfel.

Sodann ist der Eggeweg erreicht. Der Gipfelgang ist steil, das Hochgefühl überwältigend am Preußischen Velmerstot, 468 m über dem Meer. Die Besteigung des förmlich gelungenen Eggeturmes darf andächtig sein, denn höher geht es nirgends im Eggegebirge. Auch ungehinderter ist kein Blick: vom Lipperland im Norden zum Sauerland im Süden, von der Paderborner Hochfläche im Westen zum Oberwälder Land im Osten. Waldwanderinspiration ohne Ende!

Links der Teerstraße führt ein schöner Wanderweg gen Süd. Über den Kamm erhaben ist auch der Feldromer Berg mit einem verwittertem Sandsteinkruzifix.

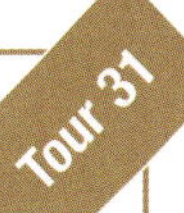

Am Abzweig nach Feldrom bleiben wir obenauf und finden den Bedastein zum Gedenken an den Eggepater Dr. Beda Kleinschmidt. Am Abzweig „Sandebeck 3,5 km" verlassen wir den Kammweg.

Ein Pfad (gedrehtes T/Raute/weißer Punkt) leitet hinab zu einem geteerten Sträßchen, dem wir abwärts folgen, um entlang A2 weiterzugehen. Wie von selbst bewegen wir uns im behaglichen Waldesgrund, die Frischluft zu atmen tut gut. Am Abzweig nach Grevenhagen halten wir uns links und sind längst auf dem Rückweg, wenn wir uns vom Wald trennen. In spitzem Winkel (A4) geht's hinauf zu einer Schutzhütte. Eine Telegrafenmastzeile und eine Teerstraße durchziehen ein Tälchen. Jenseits geht's hinauf und via Bildstock zum zweiten Highlight, dem Sandebecker Vulkan am Uhlenberg. Wie auch immer wir uns einen Vulkan vorstellen – das Bild könnte ins Wanken geraten, denn wir stehen vor einem Loch. Es handelt sich um einen Vulkan-Embryo, dem es nicht vergönnt war, das Licht der Erdoberfläche zu erblicken, da er knapp darunter stecken blieb. Der Basaltgang wurde als Steinbruch genutzt.

Zurück zum Bildstock, zum Ortsrand von Sandebeck, zum Hotel & Restaurant Germanenhof und zum sogenannten Eggedom. Der Turm der neugotischen Kirche ist 48 m hoch, die Hauptglocke wiegt 805 kg. Wow! Nach einem Blick ins Kirchenschiff kehren wir zur Teutoburger-Wald-Straße zurück. Vorbei oder zur Bushaltestelle, über die Schienen und Leopoldstaler Straße geht's zurück zu unserem Ausgangspunkt.

Vom Eggeturm setzt nur der Horizont dem Weitblick Grenzen

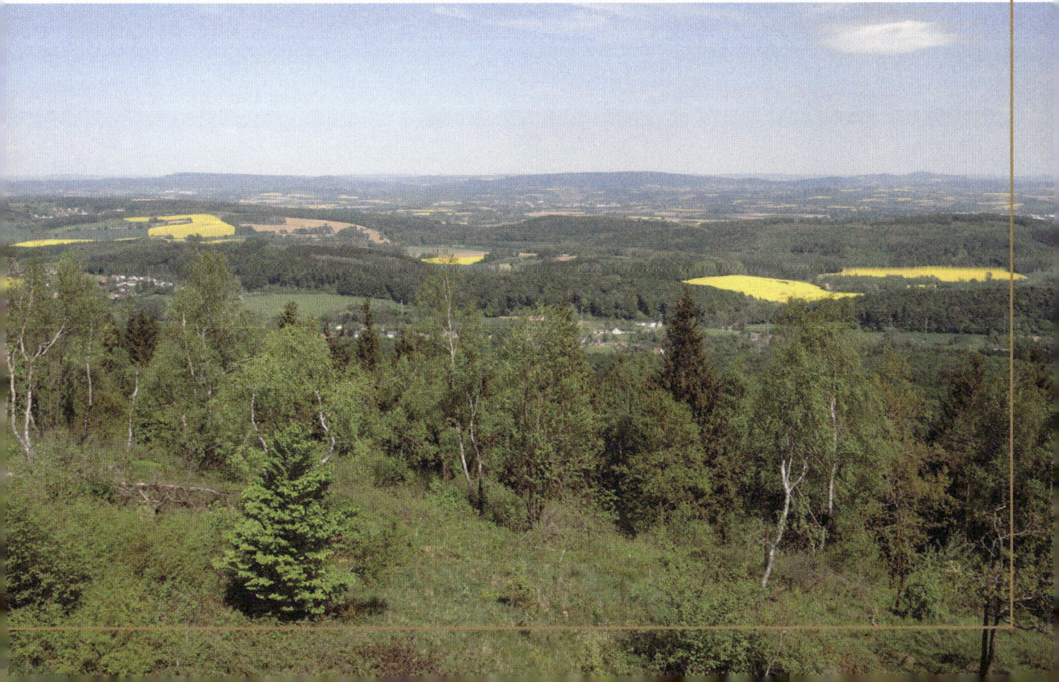

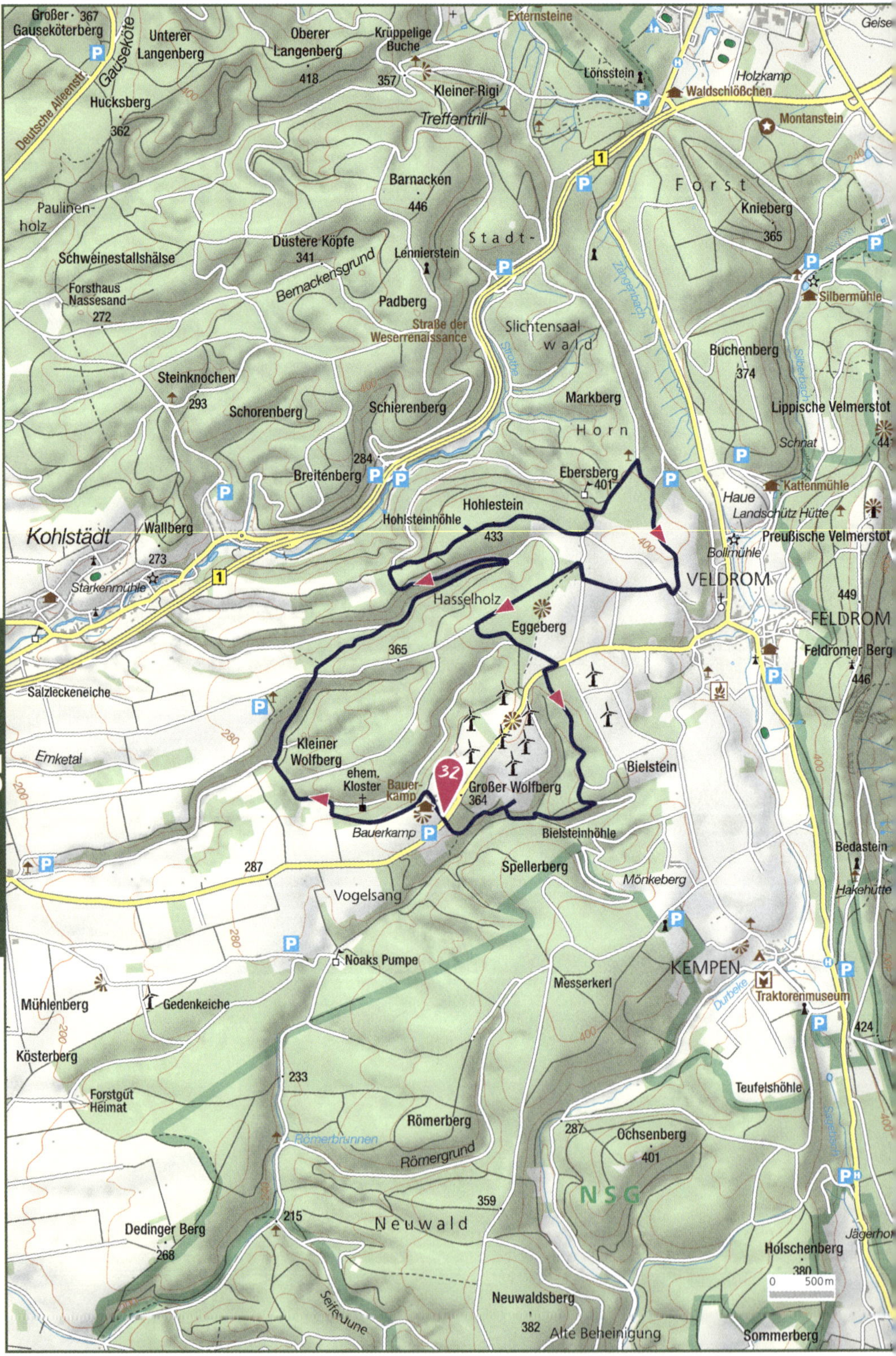

Großer Gauseköterberg 367
Gauseköte
Unterer Langenberg
Oberer Langenberg
418
Krüppelige Buche
357
Externsteine
Lönsstein
Waldschlößchen
Holzkamp
Montanstein
Geise
Deutsche Alleenstr.
Hucksberg
362
Kleiner Rigi
Treffentrill
1
Barnacken
446
Stadt-
Forst
Knieberg
365
Paulinenholz
Schweinestallshälse
Düstere Köpfe
341
Bernackensgrund
Lennierstein
Forsthaus Nassesand
272
Padberg
Straße der Weserrenaissance
Silbermühle
Slichtensaal wald
Strothe
Zängenbach
Buchenberg
374
Silberbach
Steinknochen
293
Schorenberg
Schierenberg
400
Markberg
Horn
Lippische Velmerstot
Schnat
441
284
Breitenberg
Ebersberg
401
Kattenmühle
Haue
Landschütz Hütte
Hohlstein
Hohlsteinhöhle
433
Wallberg
Kohlstädt
273
Preußische Velmerstot
Bollmühle
Starkenmühle
1
Hasselholz
VELDROM
Eggeberg
449
FELDROM
365
Feldromer Berg
446
Salzleckeneiche
Kleiner Wolfberg
280
Emketal
200
ehem. Kloster
Bauer-Kamp
32
Großer Wolfberg
364
Bielstein
Bauerkamp
Bielsteinhöhle
287
Spellerberg
Mönkeberg
Bedastein
Hakehütte
Vogelsang
280
Noaks Pumpe
KEMPEN
Durbeke
Traktorenmuseum
Messerkerl
Mühlenberg
Gedenkeiche
424
Kösterberg
200
233
Forstgut Heimat
Teufelshöhle
Römerberg
Römerbrunnen
Römergrund
287
Ochsenberg
401
NSG
359
215
Dedinger Berg
268
Neuwald
Holschenberg
380
Jägerhof
Seite-Lune
Neuwaldsberg
382
Alte Beheinigung
Sommerberg
0 500 m

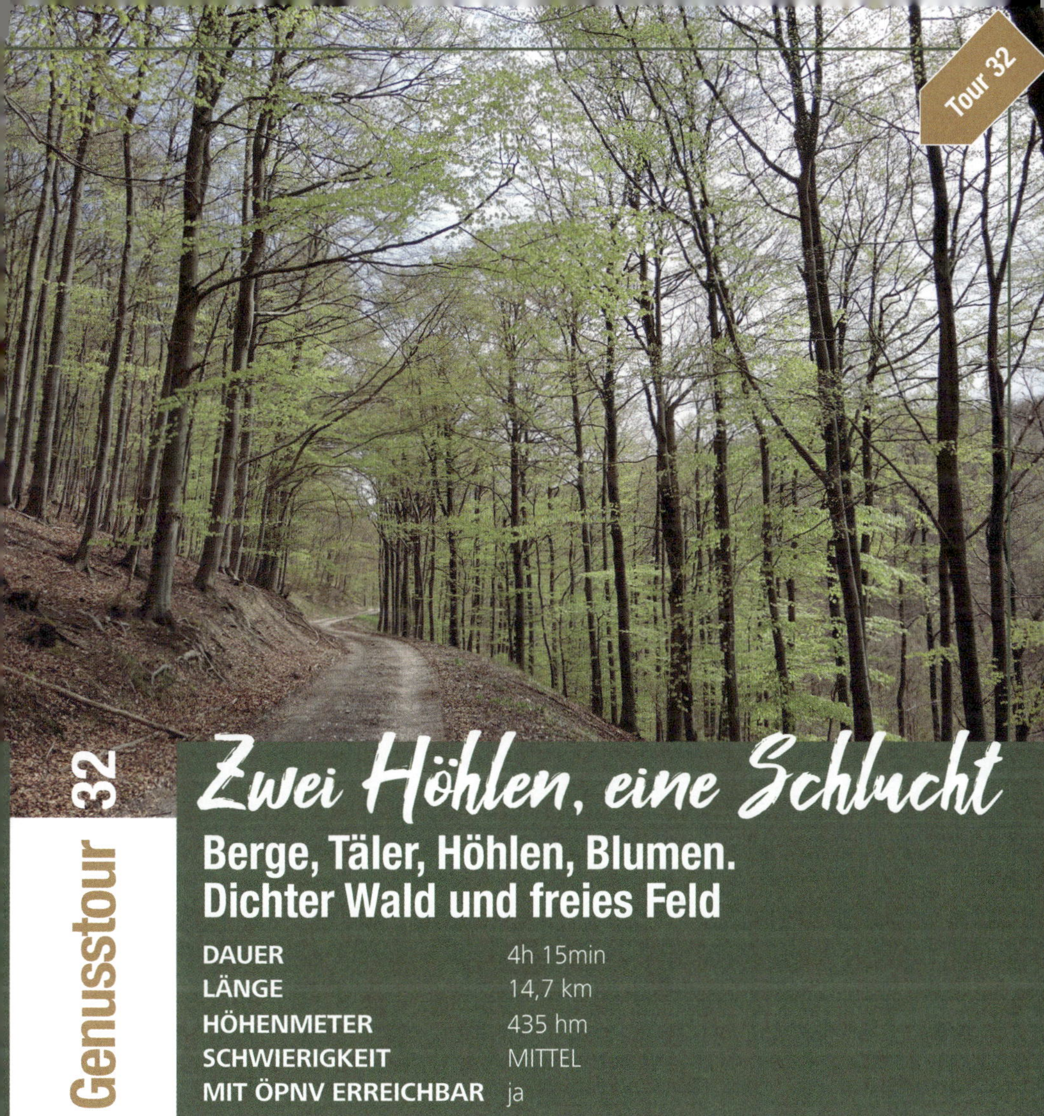

Genusstour 32

Zwei Höhlen, eine Schlucht

Berge, Täler, Höhlen, Blumen. Dichter Wald und freies Feld

DAUER	4h 15min
LÄNGE	14,7 km
HÖHENMETER	435 hm
SCHWIERIGKEIT	MITTEL
MIT ÖPNV ERREICHBAR	ja

Das erwartet dich ...

... eine der abwechslungsreichsten Wandervorschläge dieses Buches. Wer auf der Übersichtskarte die Tourspur sieht, könnte meinen, das ist ja ein einziges Hin & Her! Doch liefert eine Karte lediglich ein flächiges Landschaftsbild. Lässt man das Ganze in die Höhe und Tiefe wachsen, ergibt sich ein eng zertaltes Stück Eggegebirge, in dem aufmerksame Waldbeobachter ganz schön was zu sehen bekommen – beileibe nicht nur zwei Höhlen und eine Schlucht. Etwas Kondition und Steigvermögen unterstützen den Genuss.

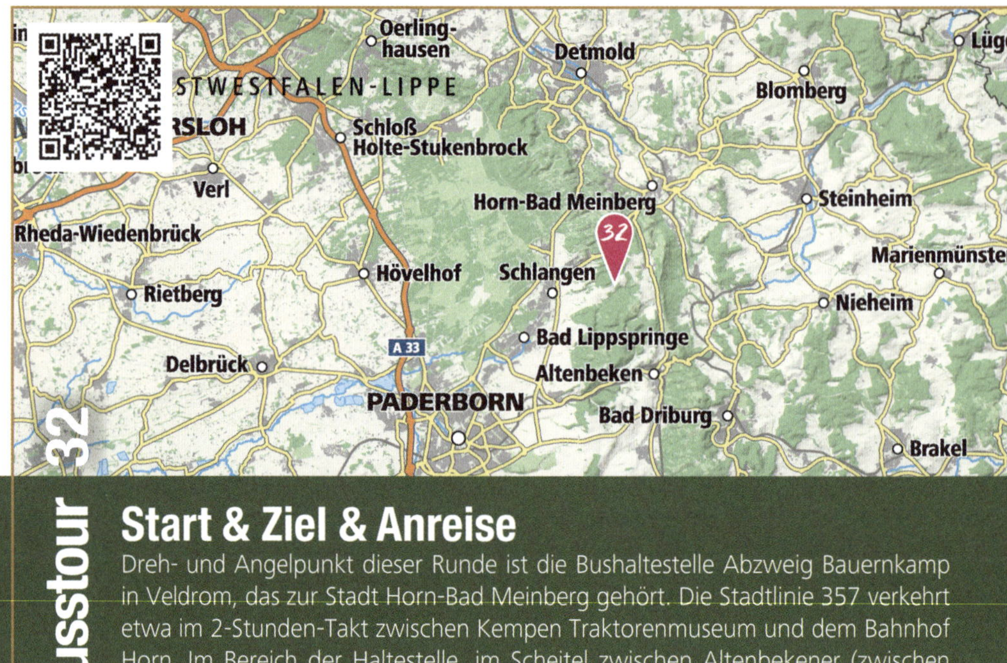

Genusstour 32

Start & Ziel & Anreise

Dreh- und Angelpunkt dieser Runde ist die Bushaltestelle Abzweig Bauernkamp in Veldrom, das zur Stadt Horn-Bad Meinberg gehört. Die Stadtlinie 357 verkehrt etwa im 2-Stunden-Takt zwischen Kempen Traktorenmuseum und dem Bahnhof Horn. Im Bereich der Haltestelle, im Scheitel zwischen Altenbekener (zwischen Horn-Bad Meinberg und Altenbeken) und Bauernkampstraße (von Bad Lippspringe kommend), finden sich stets auch Abstellplätze für den Individualverkehr.

Tourenbeschreibung

Wir nehmen westwärts die Bauernkampstraße, dann den Höhlenweg zu Veldroms Ortsrand und durchmessen weite Feld- und Wiesenflur. Die Höhenlage gibt unseren Blicken freien Lauf. Dann atmen wir Endlich Waldluft!

Es geht ein gutes Stück geradeaus. Vor uns füllt die Paderborner Hochfläche den Horizont, fast will die Genuss- zur Panoramatour werden. Bei erster Gelegenheit links (A2, danach A4) zur K 98 und leicht versetzt auf einen Wirtschaftsweg. Der schlängelt sich talwärts, bis in spitzem Winkel die Bielsteinschlucht mit gleichnamiger Höhle auftaucht. Wir kommen viele Jahre zu spät, denn Lösungsvorgänge im Kalk ließen die einstige Decke einstürzen. Dafür ist die Höhlenseite heute ein zehn Meter hohes Felsmassiv. Ein Pfad verführt uns, der Schlucht zu folgen und das Kellerloch zu entdecken, durch das die Unterwelt betreten werden kann. Die Einhaltung der Benimmregeln vorausgesetzt.

Entlang der Schlucht kommen wir in eine Talsohle (A4/Bauerkamp 1,3 km), der wir stramm entsteigen. Es geht hinüber zum Parkplatz an der bekannten Kreisstraße. Jenseits wartet das Restaurant Bauerkamp. Wir erkunden den Waldrand und, an einem Querweg linksdrehend, den Ausgang des Langentals südlich der Wolfberge. Endlich wieder Waldluft! Rechts geht's hinein in ein neues Tal (Hasselhütte 1,2 km). Wir überlassen uns diesem formenreichen Teil des Eggegebirges, dem der Wald ein zeitloses Kleid verleiht.

Wir nähern uns (A5, später unmarkiert), vorbei an der verfallenen Hohlestein-Hütte, der zweiten Tourenhöhle. Skurril gewundene Buchenstämme säumen unseren Weg, ehe ein Höhlenschild verlockt. In kleinem Bogen senkt sich das Gelände zum vergatterten Eingang der Hohlsteinhöhle. Laut Infotafel ist diese 360 m lange Klufthöhle eine der größten des Weserberglandes und bietet acht Fledermausarten Winterquartier. Bedächtig des hohlräumigen Untergrundes gehen wir zurück zum Hauptweg.

Das hiesige Fauna-Flora-Habitat wird seinem Namen gerecht, die Blumenvielfalt ist üppig. Wir überschreiten den Hohlestein, gewinnen den Waldrand – und sind überrascht von der vor uns liegenden Hochfläche mit weiter Sichtachse nach Süden und zum Velmerstot gegenüber. Der letzte Gang an sanften Wiesenhängen, garniert mit Schulterblicken auf den Bergwald, rundet das Genuss-Menü ab.

Hohlsteinhöhle – Fledermäuse willkommen, für Menschen gesperrt

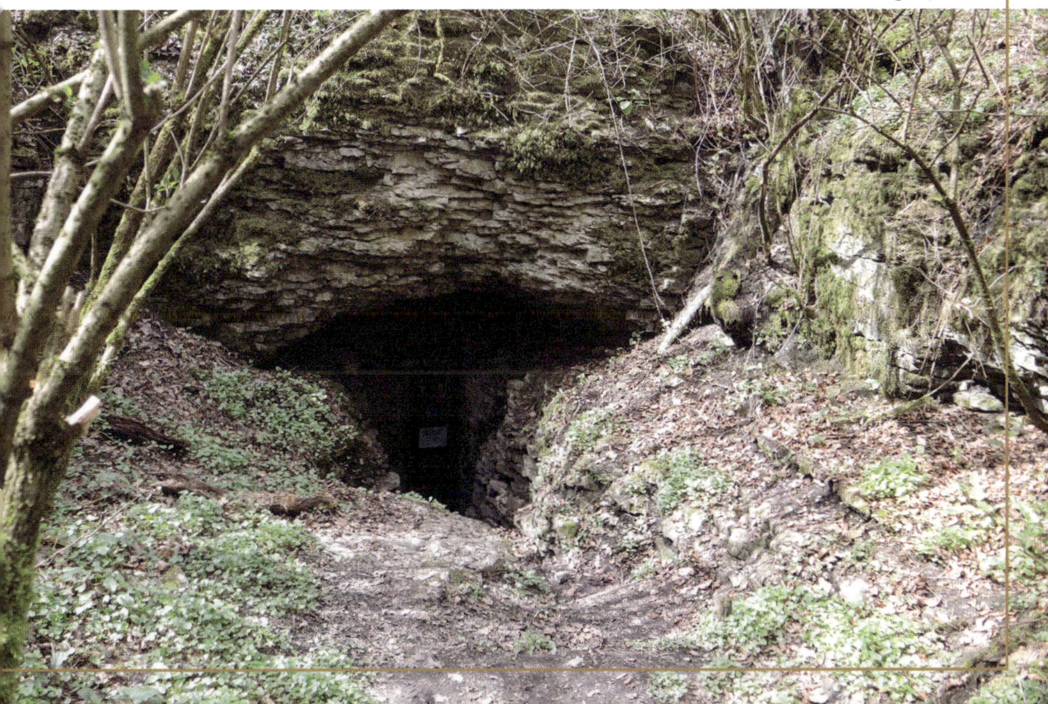

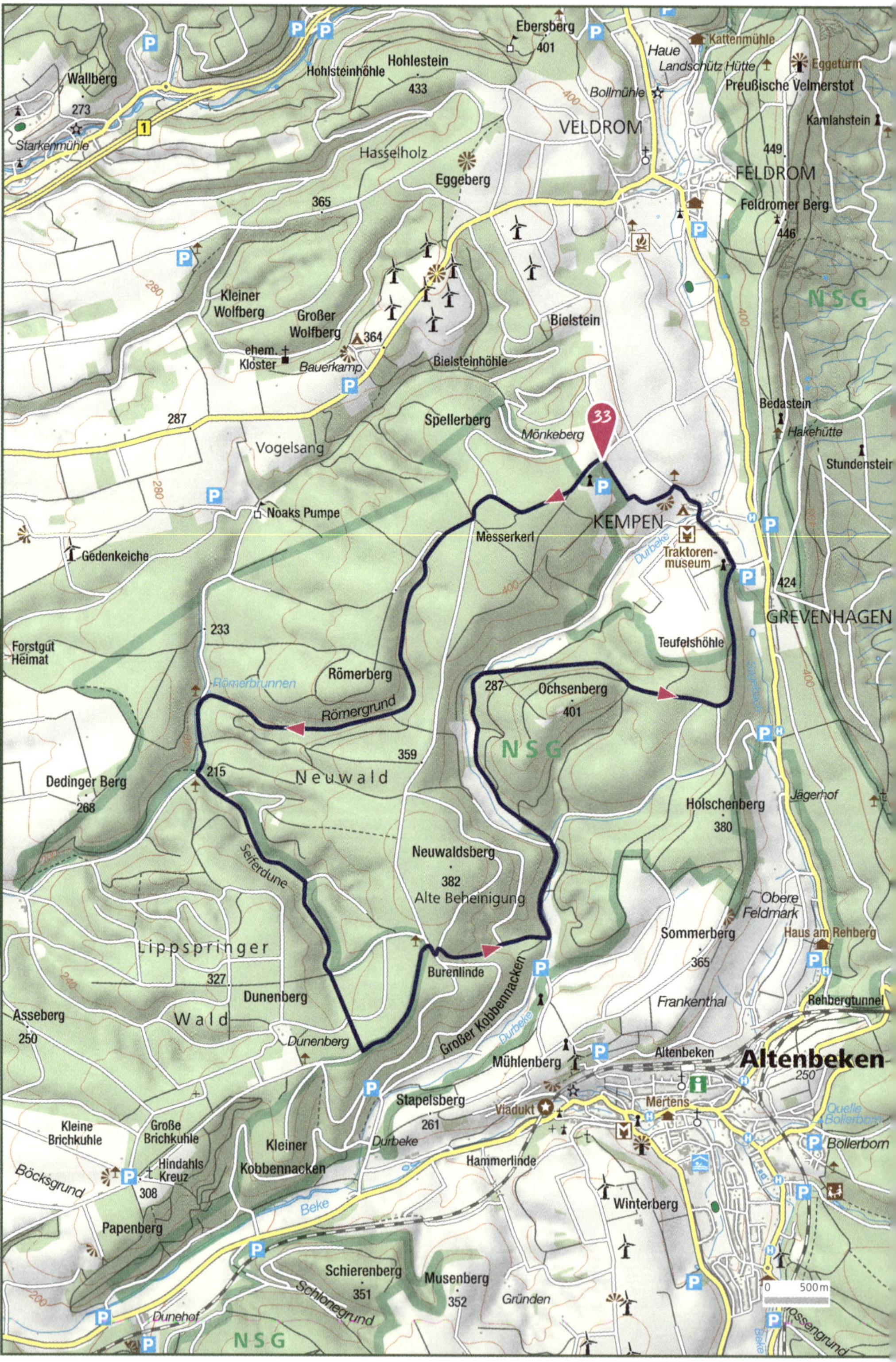

33

Ebersberg
401
Kattenmühle
Haue
Landschütz Hütte
Eggeturm
Preußische Velmerstot
Hohlstein
Hohlsteinhöhle
433
Wallberg
273
Starkenmühle
Bollmühle
VELDROM
Kamlahstein
449
FELDROM
Hasselholz
Eggeberg
Feldromer Berg
446
365
Kleiner Wolfberg
Großer Wolfberg
364
ehem. Kloster
Bauerkamp
Bielstein
Bielsteinhöhle
NSG
287
Spellerberg
Mönkeberg
Bedastein
Hakehütte
Stundenstein
Vogelsang
Noaks Pumpe
KEMPEN
Messerkerl
Gedenkeiche
Traktoren-museum
Durbeke
424
GREVENHAGEN
233
Forstgut Heimat
Teufelshöhle
Römerberg
Römerbrunnen
Römergrund
287
Ochsenberg
401
NSG
359
215
Dedinger Berg
268
Neuwald
Holschenberg
380
Jägerhof
Seiferdune
Neuwaldsberg
382
Alte Beheinigung
Obere Feldmark
Lippspringer
Sommerberg
Haus am Rehberg
365
327
Dunenberg
Burenlinde
Großer Kobbennacken
Asseberg
250
Wald
Frankenthal
Rehbergtunnel
Dunenberg
Mühlenberg
Altenbeken
Altenbeken
250
Stapelsberg
261
Viadukt
Mertens
Quelle Bollerborn
Kleine Brichkuhle
Große Brichkuhle
Durbeke
Bollerborn
Hindahls Kreuz
308
Kleiner Kobbennacken
Hammerlinde
Böcksgrund
Beke
Winterberg
Papenberg
Schierenberg
351
Musenberg
352
Gründen
Schlonegrund
Dunehof
NSG
0 500 m

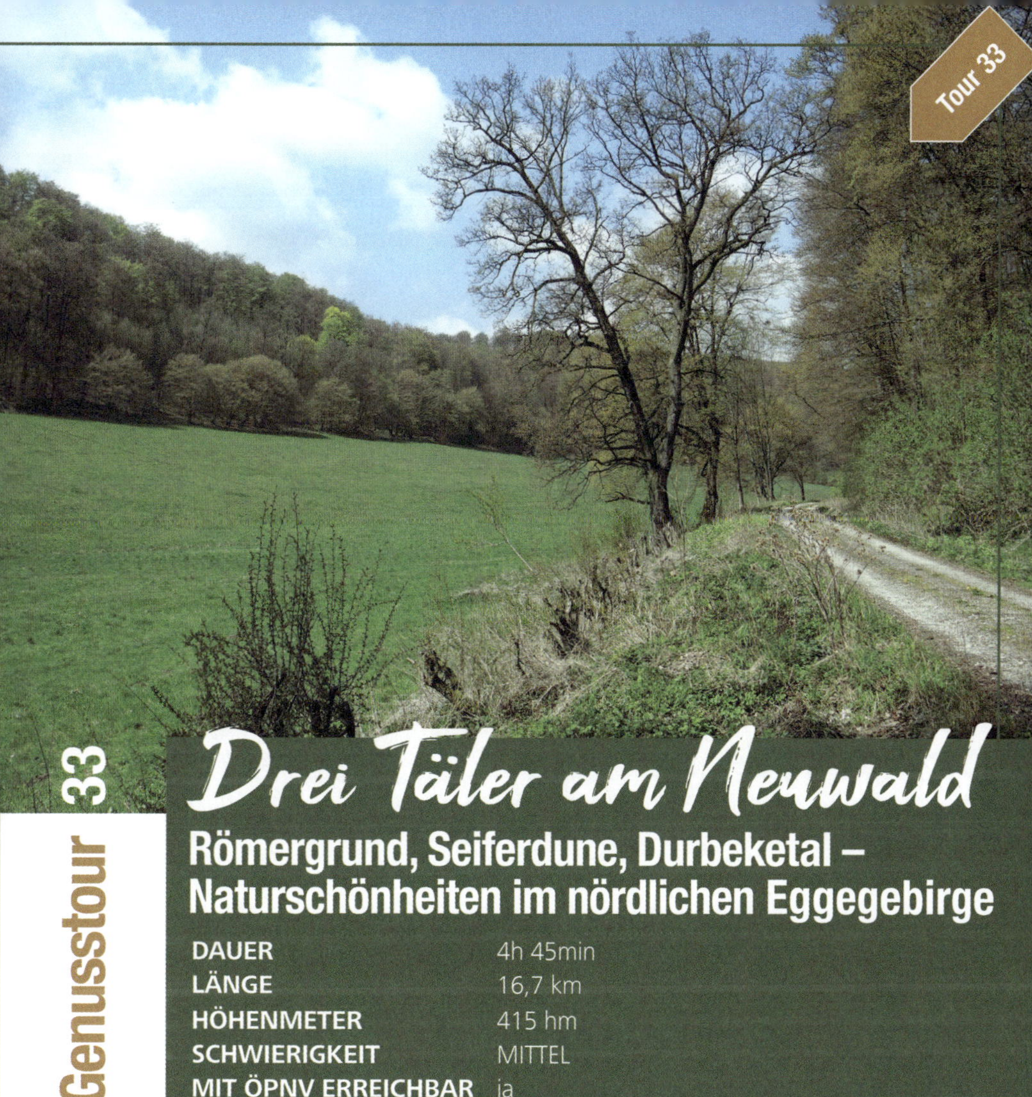

Genusstour 33

Drei Täler am Neuwald

Römergrund, Seiferdune, Durbeketal – Naturschönheiten im nördlichen Eggegebirge

DAUER	4h 45min
LÄNGE	16,7 km
HÖHENMETER	415 hm
SCHWIERIGKEIT	MITTEL
MIT ÖPNV ERREICHBAR	ja

Das erwartet dich ...

... eine ausgesprochen naturnahe und überwiegend im Wald verlaufende Rundwanderung, bei der man von einem Tal ans nächste übergeben wird, was im Profilbild eine hübsche Wellenlinie ergibt, deren oberster Scheitel – gleich zu Anbeginn – die 400 m-Marke überragt. Die Wege um den durch die vielen kleineren und größeren Gewässer sehr grünen Neuwald sind bequem zu begehen, lediglich der steile Abstieg von der Burenlinde verlangt im oberen Teil etwas Trittsicherheit.

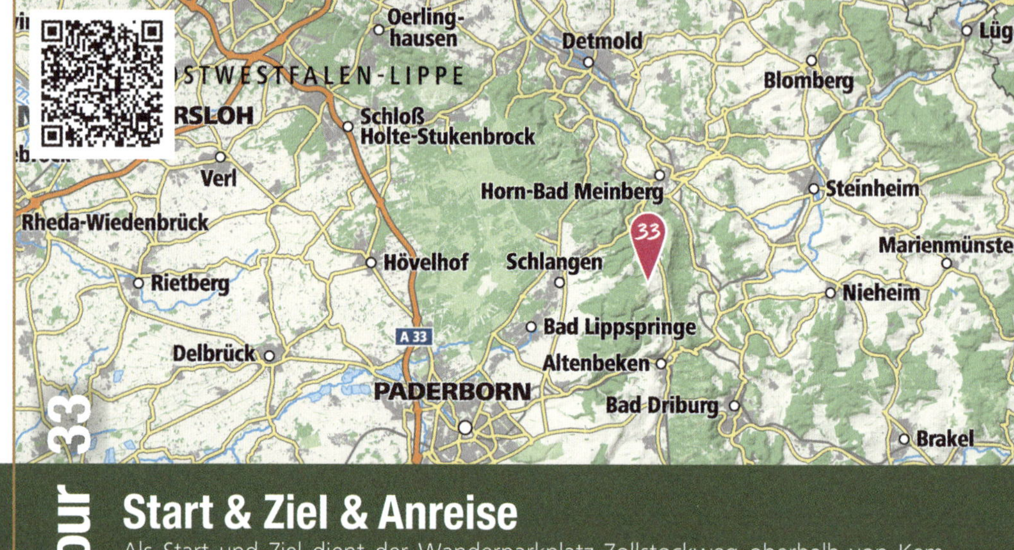

Genusstour 33

Start & Ziel & Anreise

Als Start und Ziel dient der Wanderparkplatz Zollstockweg oberhalb von Kempen, das zur lippischen Stadt Horn-Bad Meinberg gehört. Schnellste Zufahrt aus Norden von Horn-Bad Meinberg bietet die Altenbekener Straße und von Süden von Altenbeken die Straße Am Siep, die bei Kempen ineinander übergehen. Über Kempener Straße und Köhlerberg hinauf zum Parkplatz. Nahe gelegen ist die Bushaltestelle Traktorenmuseum am Endpunkt der Linie 357 vom Bahnhof Horn, dann muss man ebenfalls die Straße Köhlerberg hinauf.

Tourenbeschreibung

Vermutlich werden uns die zahlreichen Höhenmeter auf unserer Wanderung gar nicht so auffallen. Das mag an der Verteilung auf fast 17 km liegen oder an den langgezogenen Aufstiegen in den Bachtälern. Bestimmt aber am Abwechslungsreichtum des Neuwaldes unweit von Bad Lippspringe: anmutig zertaltes Mittelgebirge zwischen Römergrund und Seiferdune, Panoramaschau am Kobbennacken und das idyllische Durbeketal. Wem das zu viel Natur ist, der besuche anschließend das gut bestückte Traktorenmuseum in Kempen.

Wir starten am Parkplatz weit oben, auf über 400 m. Und gehen noch weiter hinauf – einen Wirtschaftsweg zum Wald (I/gedrehtes T), den wir an einem Hüttchen betreten. Der Forst bekennt Farbe, für die das Wort Waldesgrün erfrischend klingt, bei Tageslichte betrachtet jedoch nur ein Sammelbegriff ist für die üppige Vielfalt der Natur. An baldiger Gabelung auf dem breiteren Weg weitergehen. Nach gedehntem Linksbogen stehen wir an einer Kreuzung mit dem martialischen Namen

Messerkerl. Ein Sandsteinkreuz erinnert an eine Missetat im Jahr 1752, als hier ein Handelsmann durch Räuberhand sein Ende fand. Bloß weg vom Ort des Schreckens (I/gedrehtes T/Römerbrunnen 3,5 km). Wir tauchen ein in das erste Tourental, den Römergrund. Die Hänge gewinnen an Niveau, werden Stammhalter eines dichten Buchenbestandes und Träger einstiger Kalksteinbrüche, die Einblick geben in den steinigen Untergrund des Wanderlandes, das den Wald trägt und prägt. Die Passage des Römerberges endet im Quertal der Steinbeke an einem holzgezäunten, gemauerten Loch, dem Römerbrunnen. Drei Mal „Römer-" – wer im Teuto ist, könnte an den glücklosen Varus denken, doch geht der Begriff auf die germanische Siedlung Druhem zurück, der sich über Drome zu Römer wandelte.

Auch wir wandeln wieder. An der Römerhütte in Brunnennähe (Forsthaus Steinbeke 2,5 km) vorbei und zum nächsten größeren Abzweig Richtung Burenlinde/Altenbeken. Die abgelaufenen Höhenmeter steigen wir nun wieder hinauf. Sie führen uns durch das heutige Zweittal, die Seiferdune. Am Punkt Kohlberg gehen wir nicht zur Burenlinde, das ist uns zu geteert, sondern geradeaus (Kobbennacken 0,5 km). Über einen Querweg etwas steiler empor und am Kamm links (Bäderweg, Raute). Wir erfreuen uns am lockenden Panorama, das uns die südliche Fortsetzung des so schön bewaldeten Eggegebirges nahelegt und erreichen Kreuzungspunkt und Schutzhütte Burenlinde.

Es geht weiter Richtung Fuchsgrund (Bäderweg). Kurz auf Asphalt, dann auf einen Waldpfad. Trittsicher gewinnen wir einen Forstweg, der hinabzieht in den Fuchsgrund im schönen Durbeketal. Das folgende Stück Richtung Kempen gehört zum Malerischsten der Tour. Zwar führt der Bach nur nach Starkregen oder Schneeschmelze sichtbar Wasser, doch wird der Begriff Trockental nur der Wissenschaft gerecht. Denn die Umwelt hier ist sehr fruchtbar: ein breiter Wiesengürtel, von Bergwald begrenzt; Weideland für Nutzvieh und Augenweide für uns. Dieses dritte Tagestal hat es echt drauf!

Am Schild Kempen 3,5 km gönnen wir uns noch einen Umweg. Also rechts. Wir kommen dem Ochsenberg nahe und ziehen nördlich daran vorbei. Von rechts münden zwei Wege ein, dann biegt der unsere nach Norden und zieht ortswärts hinab. An einem Ehrenhain der Weltkriegsopfer verlassen wir den Wald.

Ein Sträßchen leitet uns nach Kempen, wo es den Campingplatz Eggewald gibt und das Traktorenmuseum (geöffnet von April bis September) über die technische Entwicklung der Landwirtschaft und eine „private Sammlung von Landmaschinen und Traktoren aus aller Welt" informiert, wie ein Werbeprospekt verrät. Vielleicht überreden wir einen Aussteller zur maschinellen Bewältigung der Reststrecke. Wenn nicht, geht's die Straße Köhlerberg hinauf und an der Köhlerberghütte vorbei zum Ende der Teerstraße. Vor einer Busch- und Baumreihe geht es leicht nach oben und auf der Fahrstraße zum Parkplatz.

34

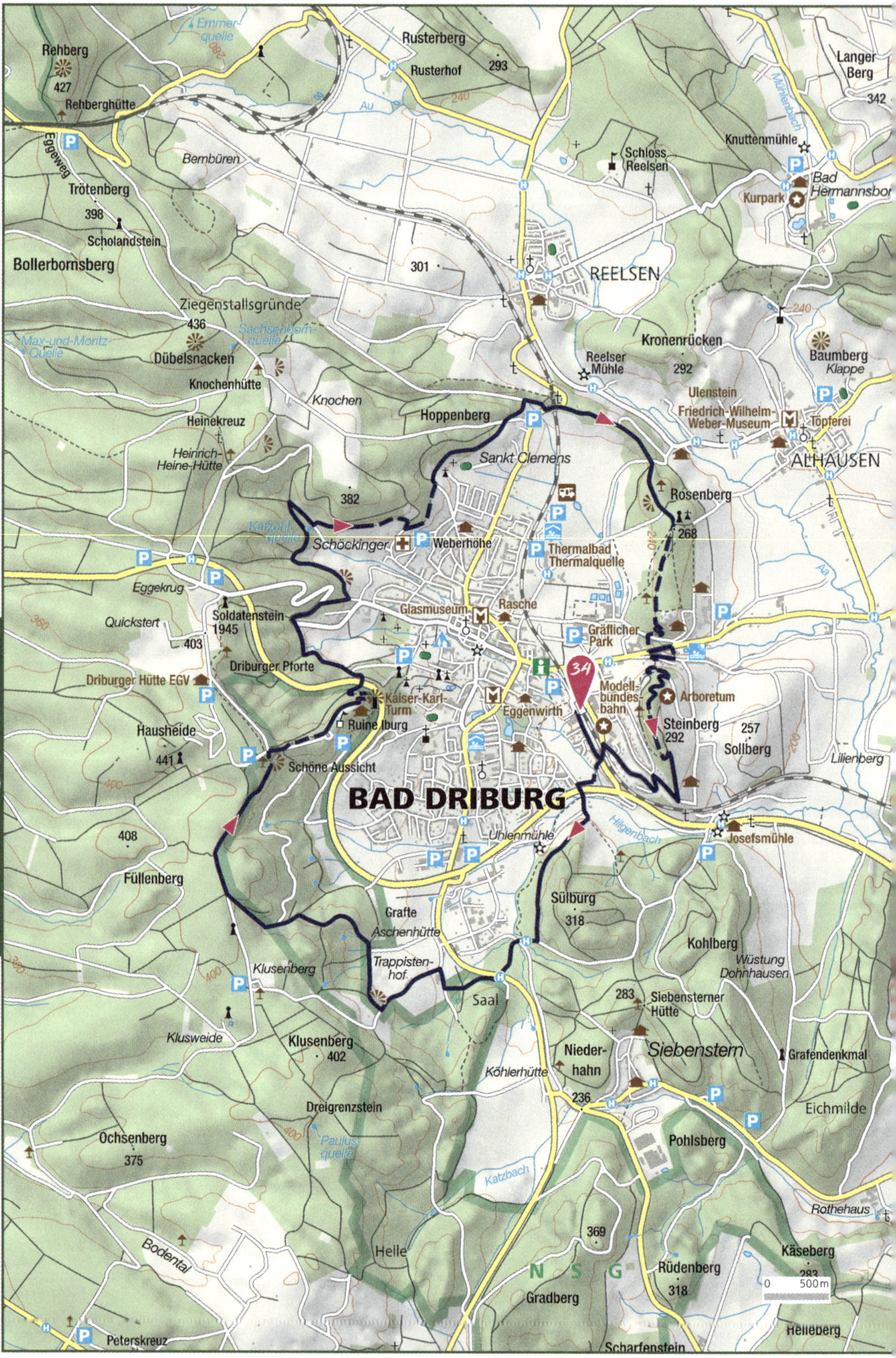

Rehberg
427
Rehberghütte
Emmerquelle
Rusterberg
Rusterhof
293
Langer Berg
342
Eggeweg
Bembüren
Au
240
Mühlenbach
Knuttenmühle
Schloss Reelsen
Bad Hermannsborn
Kurpark
Trötenberg
398
Scholandstein
Bollerbornsberg
301
REELSEN
Ziegenstallsgründe
436
Sachsenbornquelle
Max-und-Moritz-Quelle
Dübelsnacken
Knochenhütte
Knochen
Reelser Mühle
Kronenrücken
292
Baumberg
Klappe
Ulenstein
Friedrich-Wilhelm-Weber-Museum
Töpferei
ALHAUSEN
Hoppenberg
Heinekreuz
Heinrich-Heine-Hütte
Sankt Clemens
382
Rosenberg
268
Katzohlquelle
Schöckinger
Weberhöhe
Thermalbad Thermalquelle
Eggekrug
Aa
Quickstert
Soldatenstein 1945
403
Glasmuseum
Rasche
Gräflicher Park
Driburger Pforte
Driburger Hütte EGV
34
Modellbundesbahn
Arboretum
Kaiser-Karl-Turm
Eggenwirth
Ruine Iburg
Steinberg
292
257
Sollberg
Hausheide
441
Schöne Aussicht
Lilienberg
BAD DRIBURG
Josefsmühle
Uhlenmühle
Hilgenbach
408
Füllenberg
Sülburg
318
Grafte
Aschenhütte
Kohlberg
Wüstung Dohnhausen
Klusenberg
Trappistenhof
Saal
283
Siebensterner Hütte
Klusweide
Klusenberg
402
Niederhahn
Siebenstern
Grafendenkmal
Köhlerhütte
236
Dreigrenzstein
Eichmilde
Ochsenberg
375
Paulusquelle
Pohlsberg
Katzbach
Rothehaus
Bodental
369
Helle
Käseberg
283
N S G
Rüdenberg
318
0 500 m
Gradberg
Helleberg
Peterskreuz
Scharfenstein

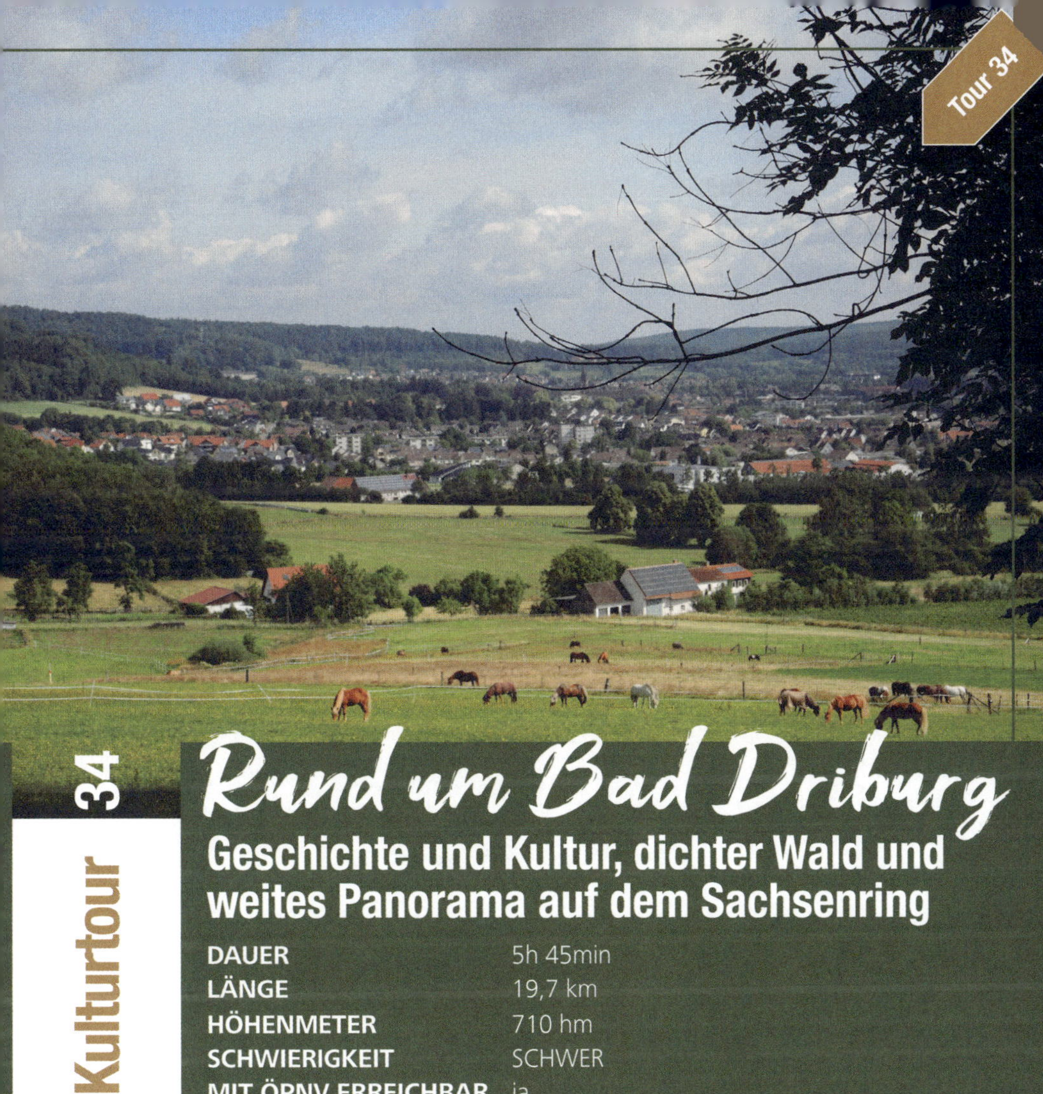

Kulturtour 34

Rund um Bad Driburg

Geschichte und Kultur, dichter Wald und weites Panorama auf dem Sachsenring

DAUER	5h 45min
LÄNGE	19,7 km
HÖHENMETER	710 hm
SCHWIERIGKEIT	SCHWER
MIT ÖPNV ERREICHBAR	ja

Das erwartet dich ...

... keine Rennstrecke, wie der Themenweg Sachsenring vermuten ließe. Sondern eine Rundwanderung um Bad Driburg zur Erinnerung an die Kriege Karls des Großen gegen die an- und aufsässigen Sachsen. Die Tour ist nicht nur geschichtsträchtig. Sie bietet viel Stadtblick, ist gespickt mit Sehenswürdigkeiten oder taugt einfach zum Wandern. Eine anspruchsvolle Kilometerzahl und beachtliche Steigungen erfordern gute Kondition, doch man kann jederzeit ab- oder mit Übernachtungsoption unterbrechen.

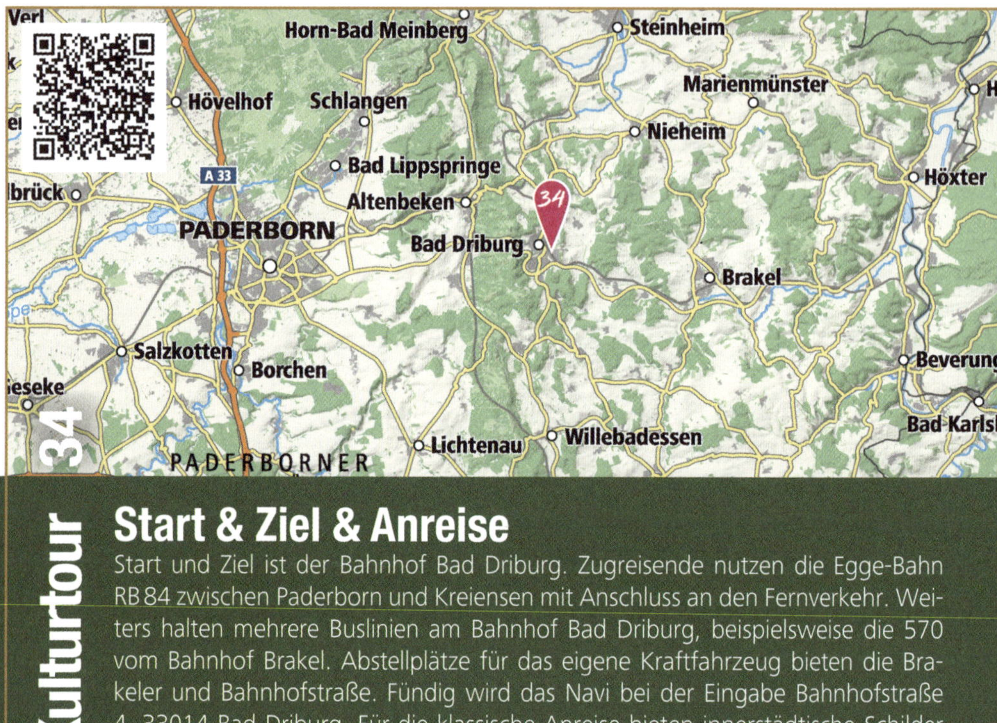

Kulturtour 34

Start & Ziel & Anreise

Start und Ziel ist der Bahnhof Bad Driburg. Zugreisende nutzen die Egge-Bahn RB84 zwischen Paderborn und Kreiensen mit Anschluss an den Fernverkehr. Weiters halten mehrere Buslinien am Bahnhof Bad Driburg, beispielsweise die 570 vom Bahnhof Brakel. Abstellplätze für das eigene Kraftfahrzeug bieten die Brakeler und Bahnhofstraße. Fündig wird das Navi bei der Eingabe Bahnhofstraße 4, 33014 Bad Driburg. Für die klassische Anreise bieten innerstädtische Schilder Orientierung zum Bahnhof.

Tourenbeschreibung

Wir laufen zum letzten Haus der Bahnhofstraße, betreten den Sachsenring und werden ihn (fast) nicht mehr verlassen. Das Symbol – weißes gekreistes S auf schwarzem Grund – beherrschen wir bald im Schlaf. Hier erfreuen uns bewaldete Höhen zur Linken und die mächtige Egge vor uns. Nach Unterquerung der B64 steigen wir in den Wald der Süllburg und genießen eine schattige Forstpassage. Dann unterqueren wir die L954 und halten uns am Feldrand.

Viel Pferdestärke ist spürbar: eine Reitvereinshalle, der Trappistenhof mit Reitschule und Pensionsstall, das Angebot von Wanderritten. Hinterm Waldrand geht's rechts. An der Aschenhütte verlassen wir den Sachsenring, denn der Eggekamm lockt. Es geht hinauf (Winkel für Zugang Eggeweg) und zu einer Querung. Der Eggeweg (X) verführt uns zur Schönen Aussicht. Hier oben ist der Tiefblick auf Bad Driburg und die Fernsicht darüber hinaus begnadet. Auf zum nächsten Highlight. Wir gehen an einem Parkplatz vorbei, stoßen auf Mauerwerk und treffen dann auf das Tor zur Ruine Burg Iburg. Schon stehen wir im Frühmittelalter. Stationenschilder erklären die sächsische Fluchtburg. Nach Eroberung durch die Franken fanden sich bis ins 15. Jahrhundert in Benediktinerinnen, Adelsfamilien und Rittern standesgemäße Nachmieter. Die Anlage verfiel und steht nun Besuchern offen. So auch die Sachsenklause und der Kaiser-Karl-Turm. Wir dürfen unseren Augen trauen! Zurück zum Parkplatz (A2) und zum Sachsenring. In viel kleinem Auf und Ab, wandern wir ein geraumes Stück nah am Waldrand. Bad Driburg bleibt, wie es ist, unser Blickwinkel dagegen ändert sich beständig. Schön anzusehen ist die Talbucht an der Katzenohlquelle. Dann vorbei am Studienheim St. Clemens am Hoppenberg und in die Nordkurve des Sachsenringes mit Abzweig zum Reelser Kreuz.

In einem schönen Mix aus erfrischenden Waldpassagen und optisch überzeugendem Freiland und mit Möglichtkeit zur Einkehr im Restaurant Mühlengrund ersteigen wir den Rosenberg. Kulturell getoppt mit Obelisk und Mausoleum der Grafen von Oeynhausen-Sierstorpff, deren Nachfahren noch heute dem Gräflichen Park Stil und Leben spenden. Über die Kammlinie gehen wir hinab zum Wildgehege, in Bögen zum Osteingang des Gräflichen Parks, den wir besuchen sollten. Der Autorentipp verheißt nur Gutes: Breiten Weges zum Freizeitbad und mit Sprung hinein oder im Trab vorbei. Wir meistern noch einen letzten kräftigen Anstieg. Der Lohn ist das Buddenberg-Arboretum am Steinberg, ein Baumpark mit mehr als 200 Baum- und Straucharten aus aller Welt, die anheimeln wie die Eiche und exotisch klingen wie Zaubernuss oder Federbuschbaum. Jenseits geht's hinab zwischen Feld und Wald via Wasserstation zum Rommenhöller Eck. Die bestens verinnerlichte Markierung des Sachsenrings leitet uns durch einige Bad Driburger Straßen. Hinter dem Bahnhäuschen endet die lange Wanderung, wo sie begann.

Autoren Tipp

Der Gräfliche Park Bad Driburg wurde im späten 18. Jahrhundert von Graf Caspar Heinrich von Sierstorpff angelegt. Die Driburger Heilquellen erhielten so ein gesundheitsförderndes Ambiente, wie auch Dichter Hölderlin wusste. Heute erleben Besucher ein reiches, perspektivisch aufeinander abgestimmtes Ensemble aus Gärten, Wiesen, Brunnenarkaden und Teichen. Mit Wildgehege, Insel und Tempel. Mit Gastronomie und dem Health & Balance Resort mit Spa, Therapiezentrum und Veranstaltungen. www.graeflicher-park.de

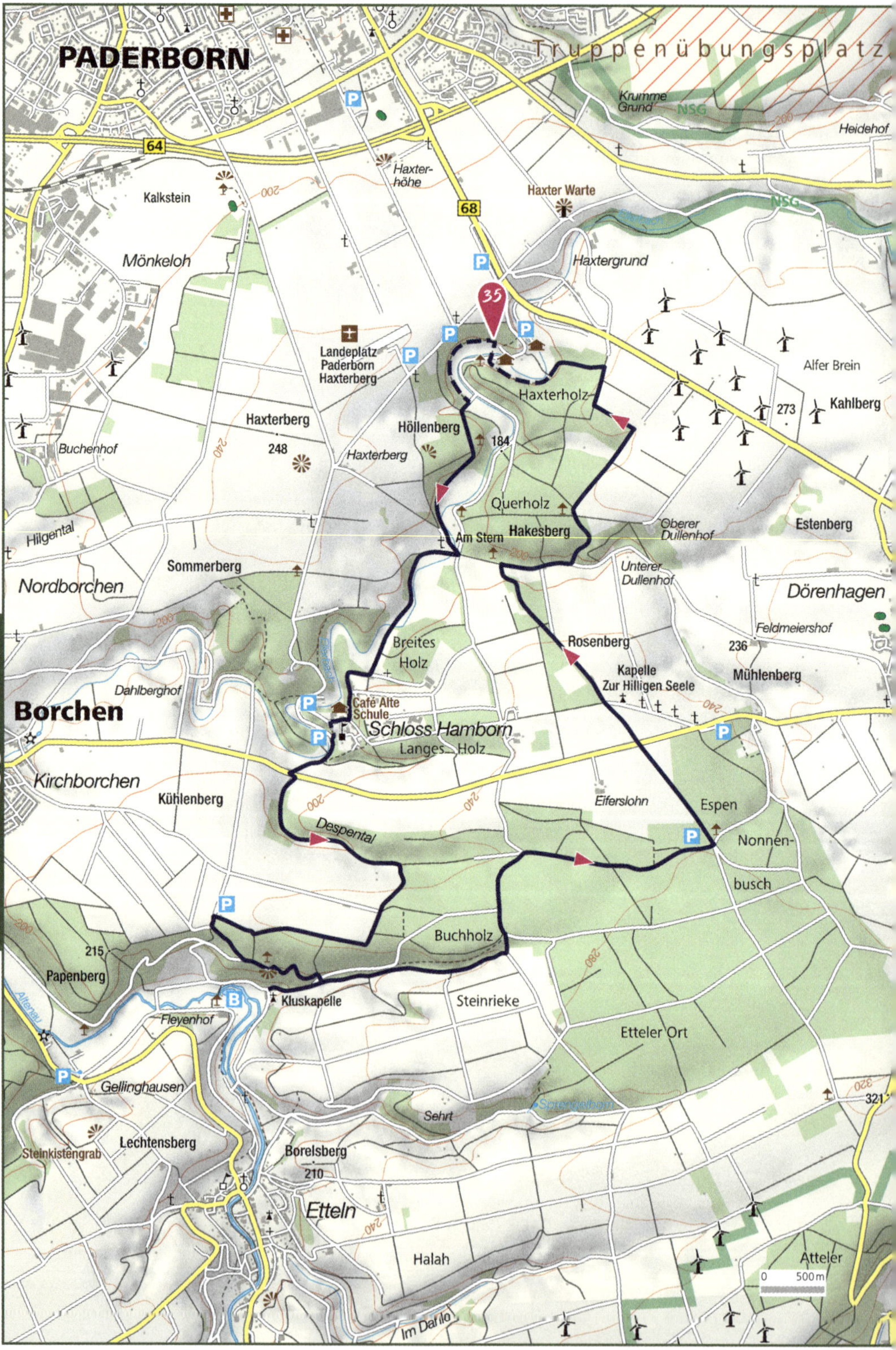

35

PADERBORN
Truppenübungsplatz
Krumme Grund
NSG
Heidehof
64
Kalkstein
Haxter-höhe
Haxter Warte
68
NSG
Mönkeloh
Haxtergrund
35
Landeplatz Paderborn Haxterberg
Alfer Brein
Haxterholz
273
Kahlberg
Haxterberg
248
Höllenberg
184
Buchenhof
Haxterberg
Querholz
Hilgental
Am Stern
Hakesberg
Oberer Dullenhof
Estenberg
Sommerberg
Unterer Dullenhof
Nordborchen
Dörenhagen
Feldmeiershof
Rosenberg
236
Breites Holz
Mühlenberg
Kapelle Zur Hilligen Seele
Dahlberghof
Borchen
Café Alte Schule
Schloss Hamborn
Langes Holz
Kirchborchen
Kühlenberg
Eiferslohn
Espen
Despental
Nonnenbusch
Buchholz
215
Papenberg
Kluskapelle
Steinrieke
Altenau
Fleyenhof
Etteler Ort
Gellinghausen
Spiegelborn
321
Sehrt
Steinkistengrab
Lechtensberg
Borelsberg
210
Etteln
Halah
Atteler
0 500 m
Im Dahlo

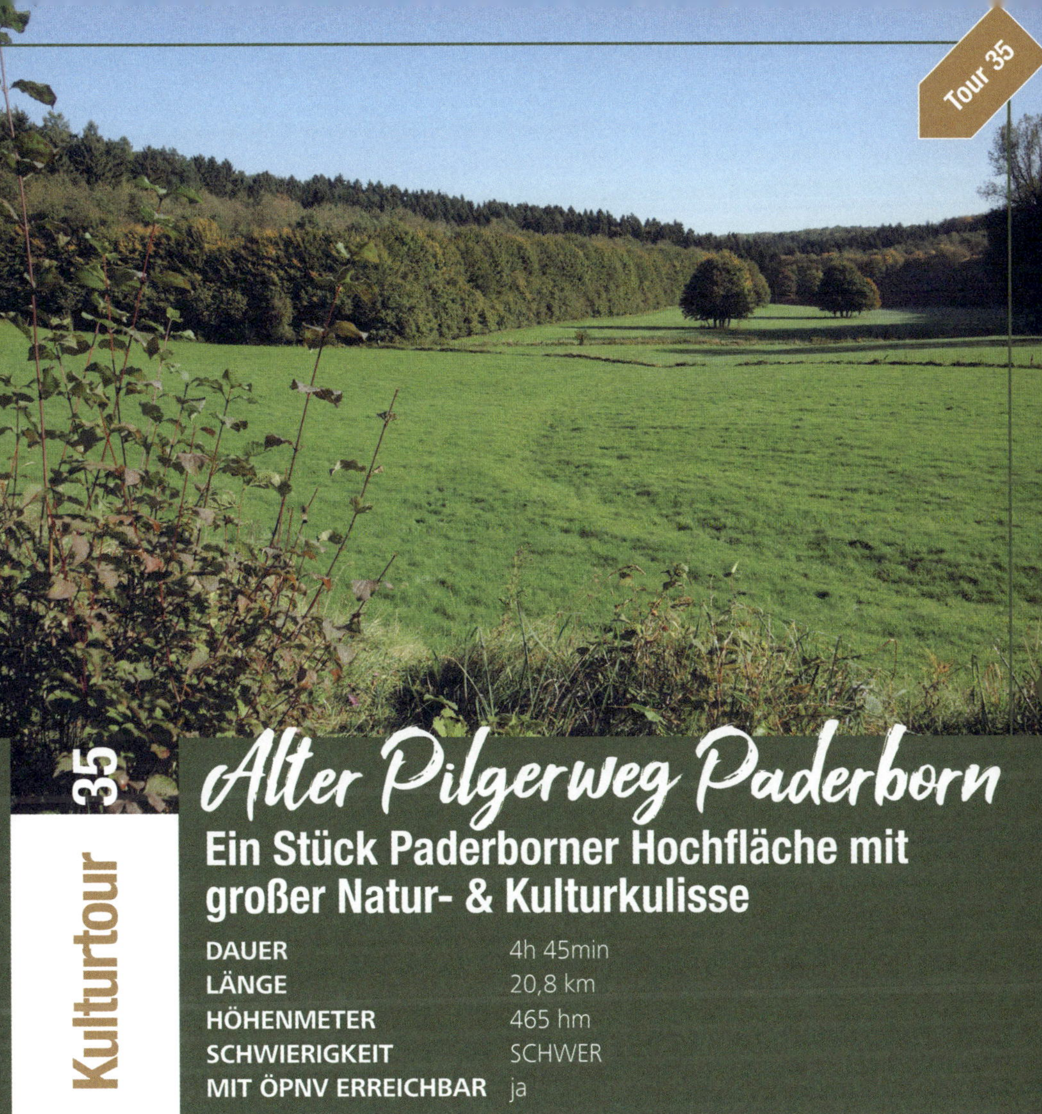

35 Kulturtour

Alter Pilgerweg Paderborn

Ein Stück Paderborner Hochfläche mit großer Natur- & Kulturkulisse

DAUER	4h 45min
LÄNGE	20,8 km
HÖHENMETER	465 hm
SCHWIERIGKEIT	SCHWER
MIT ÖPNV ERREICHBAR	ja

Das erwartet dich …

… die längste Wanderung dieses Auswahlbandes. Eine Strecke, die – gepaart mit fast 500 hm – ordentlich Kondition erfordert. Wer die mitbringt, erlebt auf dem Alten Pilgerweg eine eindrucksvolle Natur aus Tälern und Höhen, für die der karstige Untergrund der Paderborner Hochfläche sorgt. Vortrefflich gemischt mit kulturhistorischen Schmankerln wie dem Schloss Hamborn, der Kluskapelle St. Lucia oder der Kapelle „Zur Hilligen Seele". Eine Einladung zum Pilgern auch in heutiger Zeit!

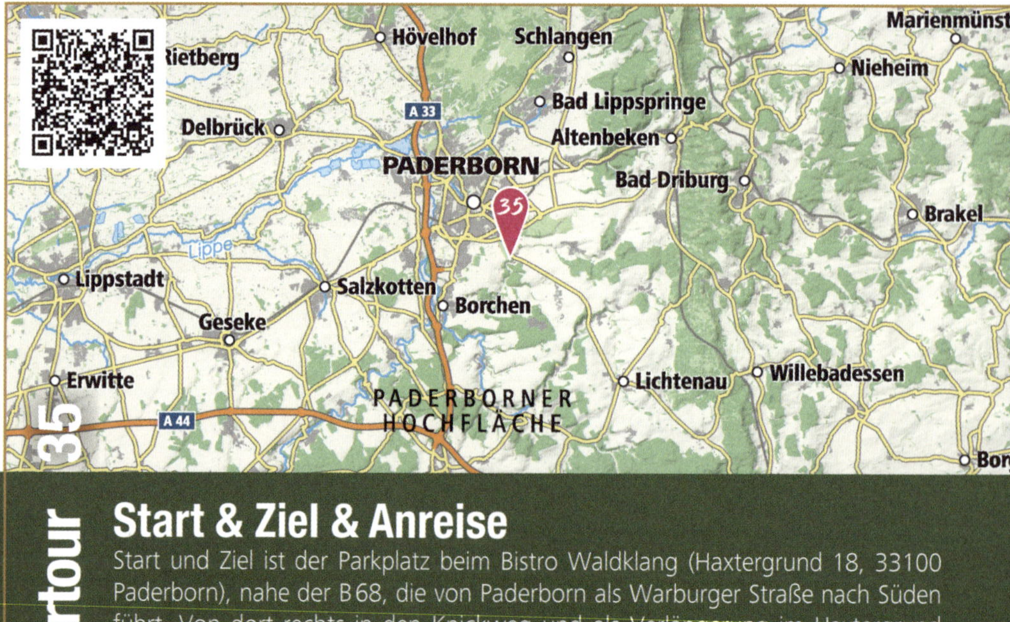

Kulturtour 35

Start & Ziel & Anreise

Start und Ziel ist der Parkplatz beim Bistro Waldklang (Haxtergrund 18, 33100 Paderborn), nahe der B68, die von Paderborn als Warburger Straße nach Süden führt. Von dort rechts in den Knickweg und als Verlängerung im Haxtergrund zum Parkplatz. Um die öffentliche Anreise zur Haltestelle Haxtergrund Vereinshaus kümmert sich die PaderSprinter-Linie 46 aus Paderborn. Der Bus fährt nach Fahrplan. Es braucht aber eine telefonische Anmeldung spätestens 1 Stunde (Gruppen 24 Stunden) vor Abfahrt.

Tourenbeschreibung

Die Paderborner Hochfläche als größte Karstlandschaft Westfalens ist untergründig aufgebaut aus Kalken der Oberkreide-Formation. Das befähigt sie, mit Gewässern nach Belieben umzuspringen: sie zu verschlucken, im Inneren fließen zu lassen, andernorts wieder auszuspucken. Das gibt ein im Kleinen sehr feingliedriges Landschaftsbild, das im Großen von Teuto, Eggegebirge, Sauerland und Almetal umschlossen wird. Während einst Pilger, Kaufleute und kirchliche Würdenträger hier wandelten, sind es heute eher Erholung Suchende, Wissbegierige und Erlebnisfrohe.

Im lauschigen Haxtergrund finden wir bei der Waldschule eine Holzbrücke. Sie leitet uns zum gegenüberliegenden Waldsaum. Durch das Pilgerweg-Symbol (wie naive Malerei – Wiese, Weg, Haus, Baum, Blauhimmel) wissen wir stets, wo´s langgeht. Das malerische Anfangsstück folgt dem gebogenen Lauf des meist trockenen Ellerbaches in üppig grünen Wiesen. Nach einer Schutzhütte gelangen wir an einem querendem Teerweg zum „Stern". Die Kreuzung trägt eine Marienstatue aus dem späten 19. Jahrhundert. Eine Straße (Radlschild Schloss Hamborn 1,8 km) widmet sich der Talmulde des Ellerbaches, der auf einem Brückchen überquert wird. Vor dem ersten Siedlungshaus geht's hinauf. An baldiger Gabelung besteht die Möglichkeit auf die kürzere Nordvariante des Pilgerweges zu wechseln. Wir machen ihn im Großen und Ganzen und gehen zum Café Alte Schule, namentlich pädagogischer Teil des Siedlungskonzeptes Schloss Hamborn (www.schlosshamborn.de). Die Rudolf Steiner Werkgemeinschaft betreibt hier ein integriertes Konzept aus Bildung, Pflege, Handwerk und Versorgung. Das eigentliche Schloss wurde stilsicher der Renaissance nachgebaut.

Gleich danach führt ein Treppenweg hinab. Er mündet in einen fallenden Pfad und dieser in eine Fahrstraße. Kurz bedienen wir uns der Kreisstraße von Borchen, dann schwenken wir hinter einem Forstgürtel ins Despental. Zwischen Wald und Feld ansteigend, erreichen wir eine weitere Kurzoption (Südrunde) und ignorieren auch die. Am Waldrand wird es etwas steiler. Die Paderborner Hochfläche verleiht ihrem Namen Wortsinn. Dahinter hockt der Eggegebirgskamm. Wir schneiden eine Strommastschneise und finden den Wanderparkplatz Hunnewinkel. Aber so ist das mit dem Karst. Sein Job ist es nicht, für dichten Wald zu sorgen, sondern für Profil – was uns besondere An- und Einblicke schafft.

Im Wald kommen wir zu einem Querweg. Rechts lohnt ein Schlenker zum Teufelsstein als Aussichtskanzel über das Altenautal und weit hinüber ins Sauerland. Die Forststraße schwingt zwei Seitentälern nach und zieht gemächlich talwärts. Wieder ein Querweg, wieder ein Abstecher. Wir entdecken die schmucke weiße Kluskapelle St. Lucia, errichtet im barocken Jahr 1677, und das Bauernhofcafé Kapellenhof aus jüngerer Zeit. Auf bekanntem Weg zurück. Das folgende Bilkental ist ein besonders schöner Fleck Natur, den wir in sanftem Aufstieg erwandern. Dann geht's steil in den Forst. Dort, wo die Kurzvariante einfließt gehen wir rechts (Klingeweg). Wir gehen unseren Weg in freundlichem Buchen-Eichen-Mischwald; schön, dass es mal für längere Zeit kräftig grünt. So gelangen wir in den FriedWald Nonnenbusch, der Baumbestattungen ermöglicht. . Infotafeln erklären das Konzept der naturnahen Ruhestätte. Aus dem Wald tretend tut gut, zu sehen, was vor uns liegt. Da wäre unweit vom Karlsplatz per drittem Abstecher die Kapelle „Zur Hilligen Seele", ein jahrhundertealter Wallfahrtsort zur Verehrung des Heiligen Kreuzes.

Wir wandern entlang einer Kastanienallee, vorbei am Standbild der heiligen Mutter Anna und zu einer Gabelung. Hinab in eine weitere Talung, die uns die Erosion des Karstes darbietet. Für den großen Rest des Rückweges ziehen wir in Waldrandnähe dahin. Die Blicke wechseln zwischen Nah und Fern, wir atmen Waldesduft und Landesluft, fühlen die Ruhe des Forstes und den Wind im freien Gelände. Erlebnisreich beschenkt steigen wir in den Haxtergrund und hinüber zum Ausgangspunkt.

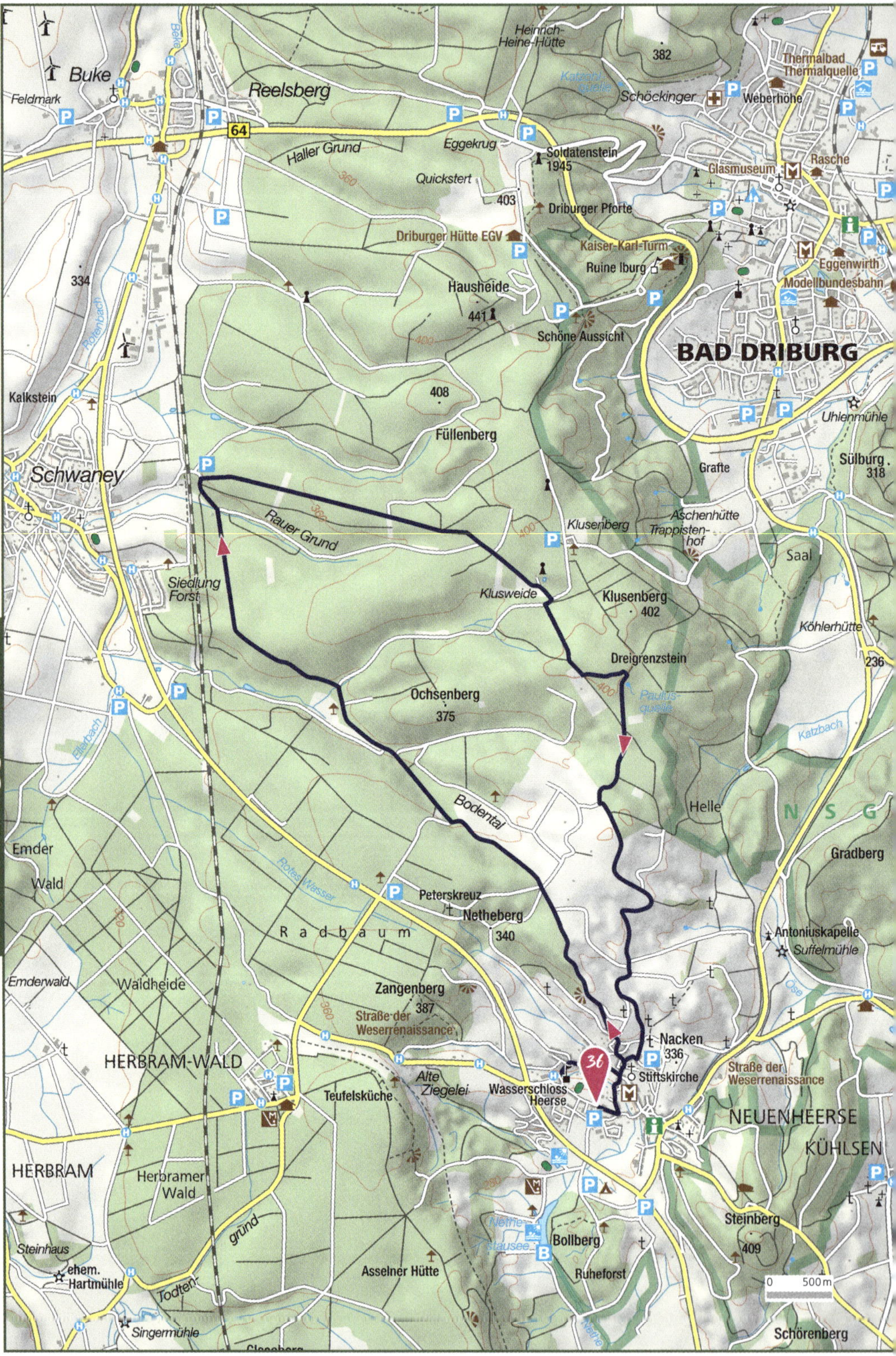

Buke
Feldmark
Reelsberg
64
Haller Grund
Eggekrug
Heinrich-Heine-Hütte
382
Katzohl-quelle
Schöckinger
Weberhöhe
Thermalbad Thermalquelle
Soldatenstein 1945
Quickstert
403
Driburger Pforte
Glasmuseum
Rasche
Driburger Hütte EGV
Kaiser-Karl-Turm
Ruine Iburg
Eggenwirth
Modellbundesbahn
334
Rotenbach
Hausheide
441
Schöne Aussicht
BAD DRIBURG
Kalkstein
408
Füllenberg
Uhlenmühle
Schwaney
Grafte
Sülburg 318
Rauer Grund
360
400
Klusenberg
Aschenhütte
Trappisten-hof
Saal
Siedlung Forst
Klusweide
Klusenberg 402
Köhlerhütte
Dreigrenzstein
236
Ochsenberg 375
Paulus-quelle
Katzbach
Ellerbach
Bodental
Helle
N S G
Emder Wald
Gradberg
Rotes Wasser
Peterskreuz
Netheberg 340
Radbaum
Antoniuskapelle
Suffelmühle
Emderwald
Waldheide
Zangenberg 387
Straße der Weserrenaissance
Öse
HERBRAM-WALD
Nacken 336
Alte Ziegelei
Teufelsküche
Wasserschloss Heerse
Stiftskirche
Straße der Weserrenaissance
NEUENHEERSE
KÜHLSEN
HERBRAM
Herbramer Wald
Steinberg 409
Nethe-stausee
Bollberg
Steinhaus
ehem. Hartmühle
Asselner Hütte
Ruheforst
Todten-grund
0 500 m
Singermühle
Schörenberg
Nethe

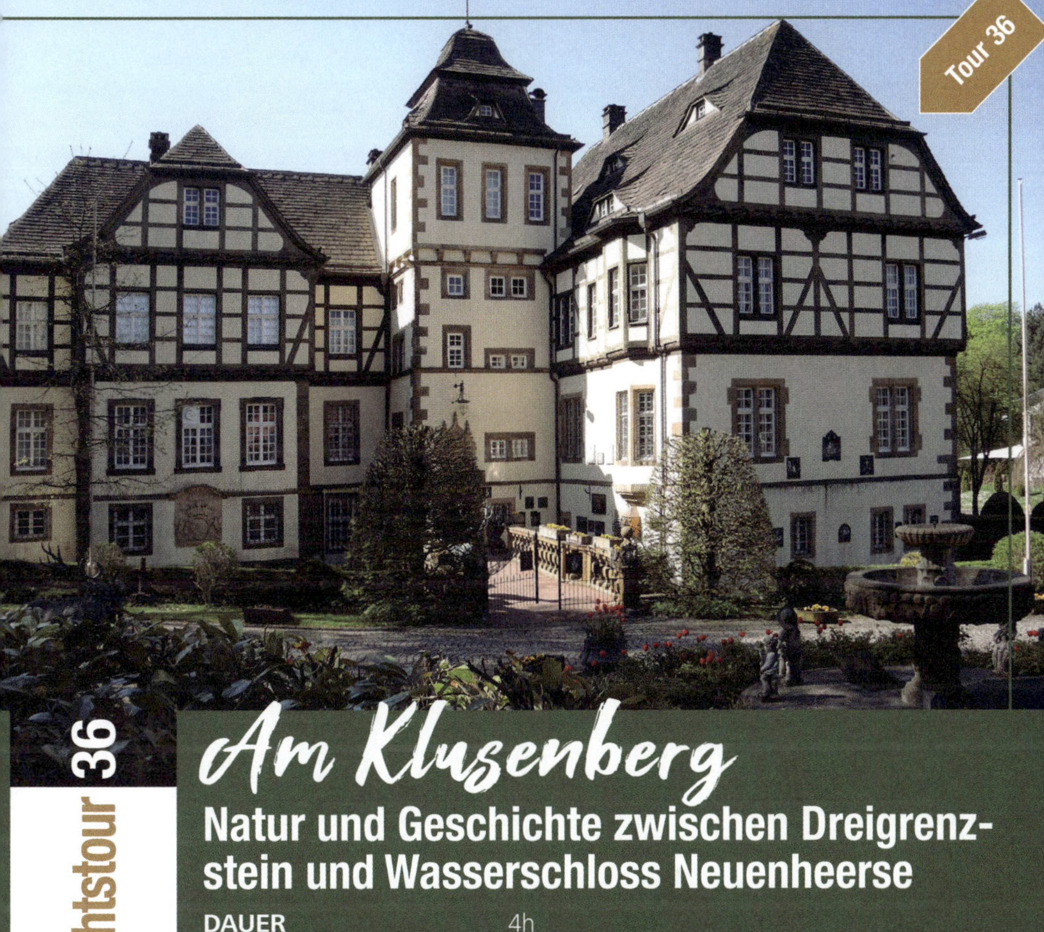

Am Klusenberg

Natur und Geschichte zwischen Dreigrenzstein und Wasserschloss Neuenheerse

DAUER	4h
LÄNGE	14,7 km
HÖHENMETER	325 hm
SCHWIERIGKEIT	MITTEL
MIT ÖPNV ERREICHBAR	ja

Das erwartet dich ...

... ein Dorf, das sich glücklich schätzen darf, mit zwei bedeutenden Baudenkmälern – der Stiftskirche und dem Wasserschloss – beschenkt zu sein. Beiden macht diese Wanderung ihre Aufwartung. Zugleich ist diese Tour echt baumstark, denn das Eggegebirge zwischen Ochsen- und Klusenberg, zwischen Rauem Grund und Dreigrenzstein trägt erholsam dichten Wald. Lauschige Lichtungen und ein Prachtpanorama über das wohlgeformte Umland runden diese Runde gefällig ab. Ehrlich, hier ist für alle was dabei.

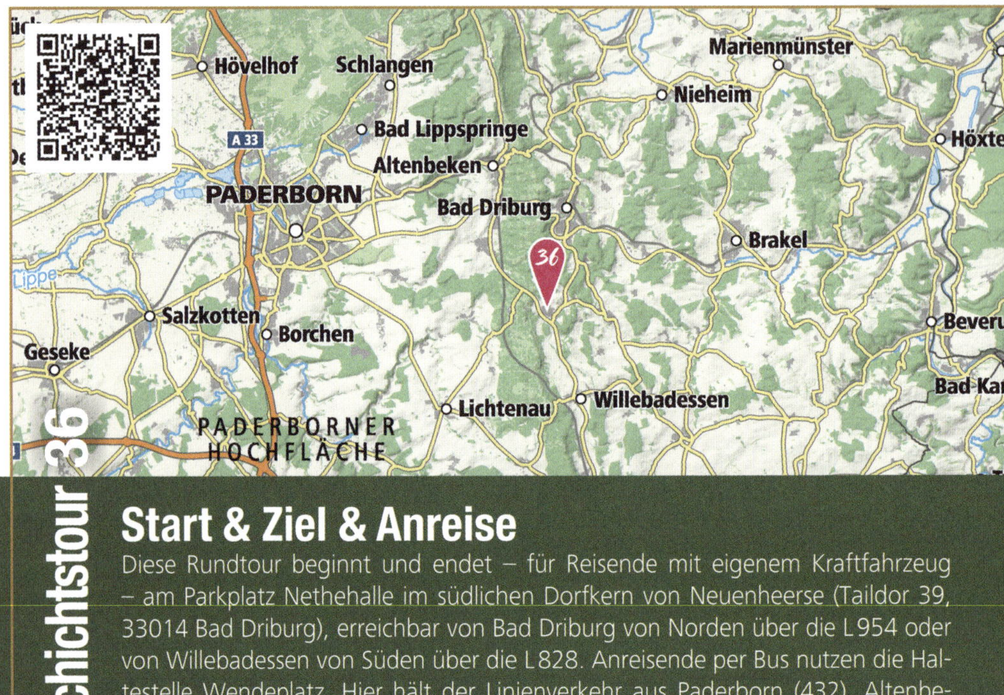

Start & Ziel & Anreise

Diese Rundtour beginnt und endet – für Reisende mit eigenem Kraftfahrzeug – am Parkplatz Nethehalle im südlichen Dorfkern von Neuenheerse (Taildor 39, 33014 Bad Driburg), erreichbar von Bad Driburg von Norden über die L954 oder von Willebadessen von Süden über die L828. Anreisende per Bus nutzen die Haltestelle Wendeplatz. Hier hält der Linienverkehr aus Paderborn (432), Altenbeken (R31) und zwischen Bad Driburg und Willebadessen (R54). Von dort auf der Stiftsstraße zur Route nahe der Kirche.

Tourenbeschreibung

Östlich des Eggekammes liegt das Dorf Neuenheerse. Und das nicht erst seit der urkundlichen Ersterwähnung im 14. Jahrhundert, sondern als „Kaiserliches Freiweltliches Hochadeliges Damenstift Heerse" schon viel länger. Denn hier entspringt der Weserzufluss Nethe. Was heute ganz weltlich klingt, war einst heidnisches Quellheiligtum, das 868 christlich umgewidmet wurde. Die Verwandtschaft des einflussreichen Bischofs Luithard von Paderborn mit seiner Schwester Walburga machte es möglich. Kaiserlich abgenickt, wurde sie erste Äbtissin. Diese Geschichtstour führt uns zur Stiftskirche, zum Wasserschloss und zum stimmungsvollen Eggegebirgswald.

Vom Parkplatz streben wir der Stiftskirche entgegen: Mühlenbrede, Taildor und Asseburger Straße leisten Bringdienst. Wir lassen die Kirche einstweilen im Dorf und frönen der Waldwanderlust. Über Gemmeke- und Saturinenstraße (Z) hinauf zum Ortsrand. Vorbei an einer Sendeanlage und einem Gedenkstein zur deutschen Wiedervereinigung. Das Panorama weitet sich. Am Waldrand des Netheberges überblicken wir baumarm-hügeliges Feldland und vor uns die wuchtigen Höhen des Eggegebirges. Wo ein Sträßchen heraufzieht, verlassen wir Z geradeaus und bleiben dabei immer am Waldrand. Wir gehen durch ein Gatter und in Linksbogen auf eine Forststraße, der wir im Scheitel einer Kurve folgen (Eggeweg/Europäischer Fernwanderweg 1).

Wir bleiben auf breiter Forstpiste und dem Eggeweg. Zwischen einer Lichtung als geräumiger Waldblöße und dem markant aufragenden Ochsenberg und beim Weiterweg (Schwaney 4 km), bei dem wir uns sachte der Bahnlinie nach Altenbeken annähern, tanken wir Lebensluft, genießen den Waldesgrund in vollen Zügen.

Hinter einem Bächlein quert ein Teerweg, der den Rauen Grund begleitet. Hier links (A2) bis knapp zum Wanderparkplatz an der Bahn, davor (A2/Pilgerweg) Richtung Bad Driburg/Klusweide. Wir setzen unseren Gang in erfrischender Waldeskühle fort. Von friedlichem Grün umwachsen, wandern wir mit wenig Höhengewinn in weitgedehnter Kammlage geruhsam vor uns hin. Wieder eine Waldstatt, es ist die Klusweide. Dazu Rastbänke, Gedenkstein, Kreuz und das Forsthaus Klusweide. Hier möchte man als Waldhüter recht alt werden. Nach einer Querung geht's einen Forstwirtschaftsweg (Z) hinauf. Zur Rechten erneut eine Lichtung. Sie beherbergt ein Steinhaus und einen Holzbungalow. An diesem halblinks (Z).

Unbemerkt überschreiten wir die 400-m-Höhenlinie am Klusenberg und stehen am Dreigrenzstein. Die Passkontrolle erübrigt sich, denn wo sich einst die Einflusssphären von Höxter, Paderborn und Warburg schieden, herrscht heute Grenzenlosigkeit. Es folgt eine Wegquerung. Wir gehen rechts (Z), schneiden absteigend ein Weglein und gelangen zum Waldrand – diesmal auf der anderen Seite des Feldlandes.

Das war ein beschauliches Stück Waldland, das wir durchmessen haben. Nicht sehr lang oder recht gebirgig, doch von einprägsamem Reiz. Wie verändert die Umgebung nun wirkt… Nun geht's links, durch ein Metallgatter am Waldrand (I) geradeaus. Wir nehmen ein Sträßchen. Es lenkt unsere Blicke weit ins Eggegebirgsvorland, unsere Schritte hinab und, an einer Straßengabelung ein Stallgebäude passierend, zum Neuenheerse zurück.

Wir kennen den Weg zur Stiftskirche, im Volk Eggedom geheißen. Die älteste Säulenbasilika Westfalens aus dem frühen 12. Jahrhundert birgt die kostbaren Reliquien der Hl. Saturnina. Dahinter erhebt sich das sorgfältig restaurierte Wasserschloss von 1599 als ehemalige Residenz der Fürstäbtissinnen des Damenstifts mit Naturkunde-, Völker- und Heimatmuseum. Bei guter Führung (April-Oktober samstags 14 Uhr) lässt sich diese schöne Anlage in Privatbesitz besichtigen. Hinter der Schlossanlage, vorbei an der Jugendkirche, erwartet uns der Ausgangspunkt.

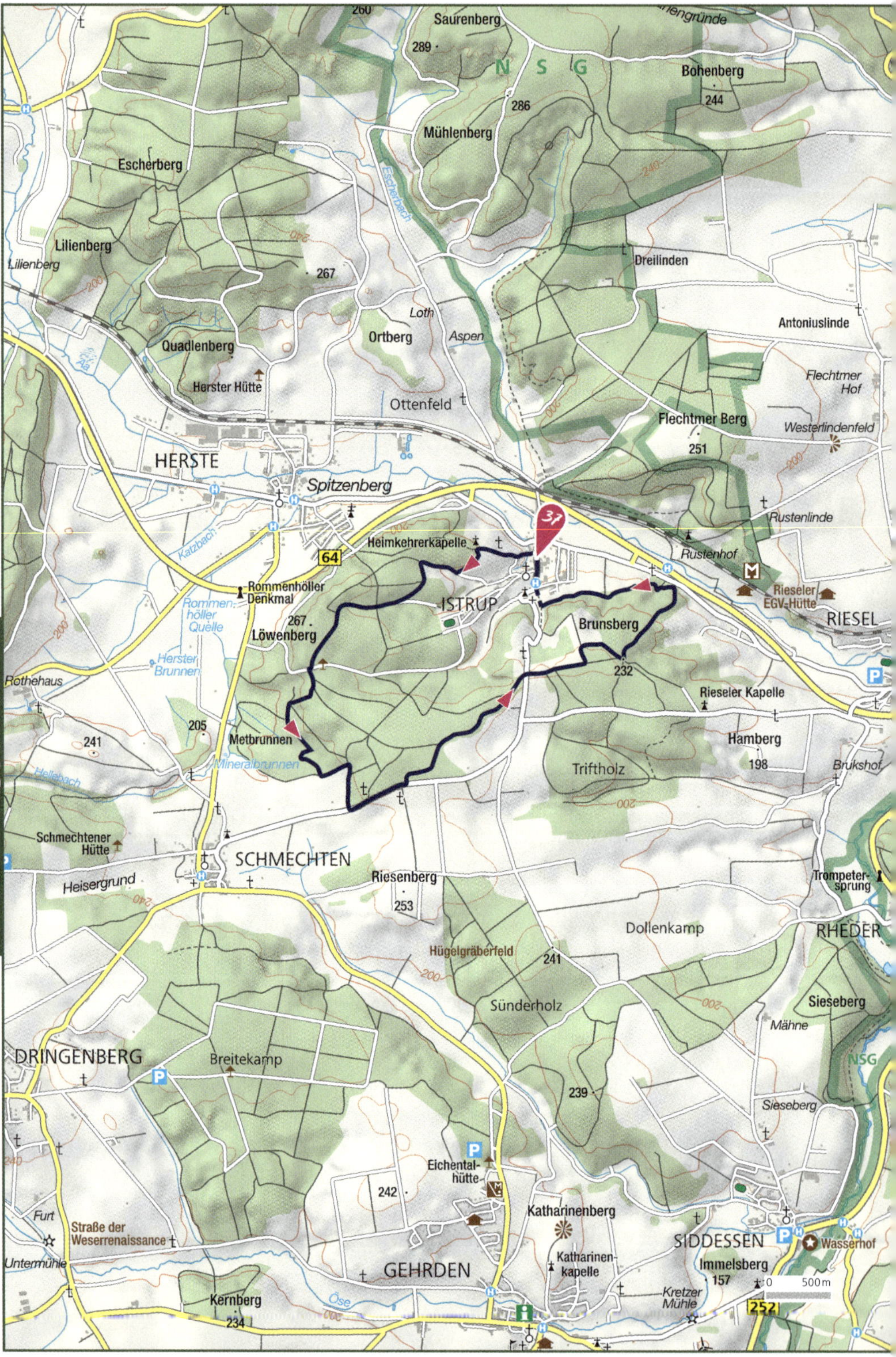

Saurenberg
289
N S G
Bohenberg
244
286
Mühlenberg
Escherberg
Eschenbach
Lilienberg
Lilienberg
267
Dreilinden
Loth
Antoniuslinde
Ortberg
Aspen
Quadlenberg
Aa
Herster Hütte
Flechtmer Hof
Ottenfeld
Flechtmer Berg
Westerlindenfeld
251
HERSTE
Spitzenberg
Rustenlinde
37
Heimkehrerkapelle
Katzbach
Rustenhof
64
Rieseler EGV-Hütte
Rommenhöller Denkmal
ISTRUP
RIESEL
Rommenhöller Quelle
267
Löwenberg
Brunsberg
Herster Brunnen
Rothehaus
232
Rieseler Kapelle
205
Metbrunnen
Hamberg
241
Mineralbrunnen
198
Hellebach
Triftholz
Brukshof
Schmechtener Hütte
SCHMECHTEN
Riesenberg
Trompeter-sprung
Heisergrund
253
Dollenkamp
RHEDER
Hügelgräberfeld
241
Sünderholz
Sieseberg
Mähne
DRINGENBERG
Breitekamp
NSG
239
Sieseberg
Eichental-hütte
242
Katharinenberg
Furt
Straße der Weserrenaissance
SIDDESSEN
Wasserhof
Untermühle
Katharinen-kapelle
GEHRDEN
Immelsberg
157
0 500 m
Kernberg
Öse
Kretzer Mühle
234
252

Tour 37

Genusstour 37

Im Istruper Forst

Waldeinsamkeit im Westen der Hansestadt Brakel

DAUER	2h 30min
LÄNGE	9,1 km
HÖHENMETER	275 hm
SCHWIERIGKEIT	LEICHT
MIT ÖPNV ERREICHBAR	ja

Das erwartet dich ...

... ein Geheimtipp in Sachen Waldeinsamkeit, denn im Istruper Forst wird wenig gewandert. Begegnungen beschränken sich meist auf Besucher der Heimkehrerkapelle, ortsnahe Ausflügler und Gassi gehende Hunde. Dieser Rahmen bietet den Lockstoff, aus dem stimmungsvolle Naturmomente gewebt sind. Eine Rundtour abseits großer Wanderschneisen mit einer genussvollen Mischung aus schattigem Wald und sonnigem Feld, aus grünen Nahaufnahmen und bunter Rundschau. Das Wegedesign trägt das Prädikat „gemütlich".

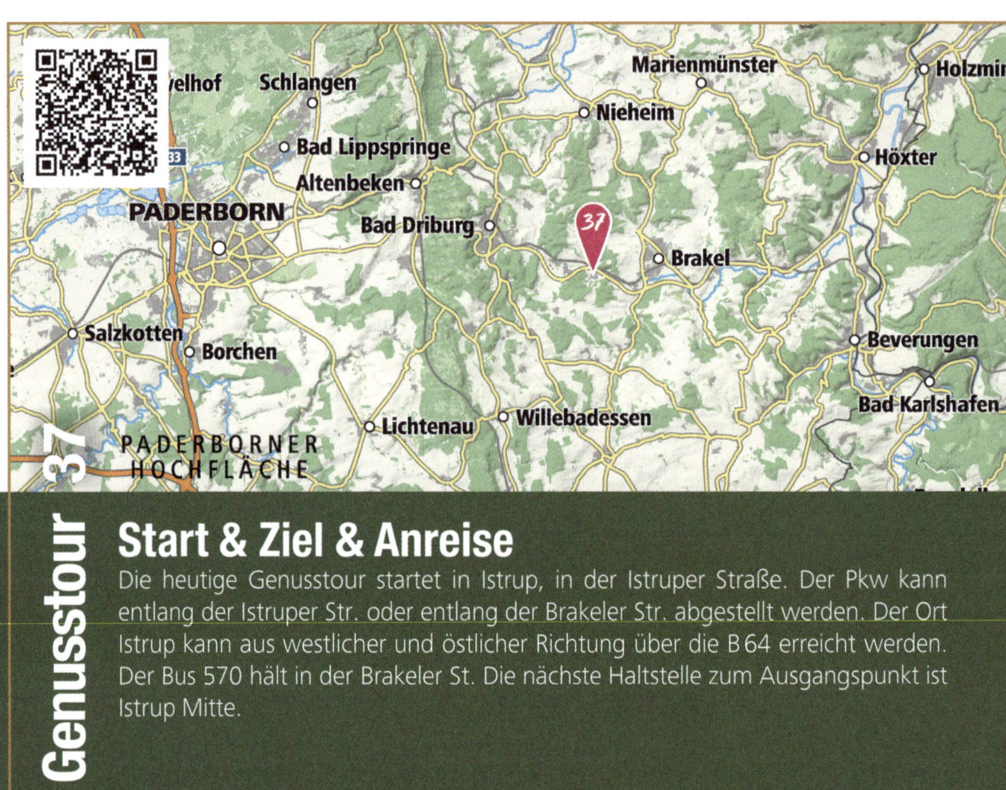

Genusstour 37

Start & Ziel & Anreise

Die heutige Genusstour startet in Istrup, in der Istruper Straße. Der Pkw kann entlang der Istruper Str. oder entlang der Brakeler Str. abgestellt werden. Der Ort Istrup kann aus westlicher und östlicher Richtung über die B 64 erreicht werden. Der Bus 570 hält in der Brakeler St. Die nächste Haltstelle zum Ausgangspunkt ist Istrup Mitte.

Tourenbeschreibung

Egal ob mit Autobus oder Automobil angereist – wir alle folgen der Istruper Straße für die ersten Schritte durch ein schmuckes Dorf. Weiter geht es die Johannes-Allerkamp-Straße hinauf, in die Heinrich-Balzer-Straße und vor dem Waldrand zur Heimkehrerkapelle. Sie hat einen wahren Logenplatz, von dem die Blicke schwelgerisch das Weite suchen. Die gepflegte Anlage bekundet den Dank an die aus dem 2. Weltkrieg heimgekehrten Soldaten.

Jetzt aber Endlich Waldluft! Wir bewegen uns nahe dem Waldrand (Rundwanderweg 3 Brakeler Bergland). Hier stoßen wir auf ein Holzkreuz an Rastbänken. Auf breiten Waldwegen geraten wir höher hinauf am Löwenberg und tiefer hinein in den Istruper Forst in sehenswertem Buchenmischwald (3). Einige dieser Artgenossen haben wahre Größe und sind unterfüttert von dichtem Unterwuchs. So ist alles zu wirkungsvollem Wind- und Wurzelschutz verwachsen. Ein Sinnbild für die Selbsterhaltungskraft der Natur.

Hinter einem Querweg steht eine Schutzhütte, rechts davon nimmt uns ein Pfad auf (3), der in einen Wirtschaftsweg mündet und an einen Waldwinkel führt. Wir bleiben am Forstsaum und erfreuen uns am angrenzenden Oberwälder Land, das stimmig zusammengefügt ist aus Feldern und Wiesen, Tallagen und Hügelketten, Höfen und Dörfern. Wir vertrauen uns einem Teersträßchen an. Erst steht zur Linken ein Steinkreuz, dann – vor einer Scheune – ein solches zur Rechten. Dahinter zweigt links ein Waldweg ab (3). Ein etwas verwucherter alter Pfad zieht in Waldrandnähe weit dahin. Die Blicke ins südlich angrenzende Berg- und Talland sind famos. Sie reichen bis weit hinüber in die Warburger Börde.

Wir gelangen an die Verbindungsstraße Istrup – Schmechten und auf einem Feldweg darüber hinweg. Zwischen Acker und Wald schlagen wir zwei Haken, ehe wir nochmals zu Gast sind im Istruper Forst. Schon bald treffen wir auf eine Kreuzung und den Aa-Nethe-Weg (Raute), dem wir in leicht spitzem Winkel nach links folgen.

Wir dürfen noch den Brunsberg umwandern. Erst geht's markant hinab, recht nah an die Bundesstraße dann folgt ein milder Gegenanstieg und schließlich geht's geradewegs zurück nach Istrup, dass wir an einem weiteren Steinkreuz betreten. Der Kirchturm von St. Bartholomäus ist auch uns Waldgängern ein sichtbarer Wegweiser. Hier ist der Wendeplatz, ein Stück weiter die Haltestelle.

Vom Schatten ins Licht – die Warburger Börde liegt weit vorn

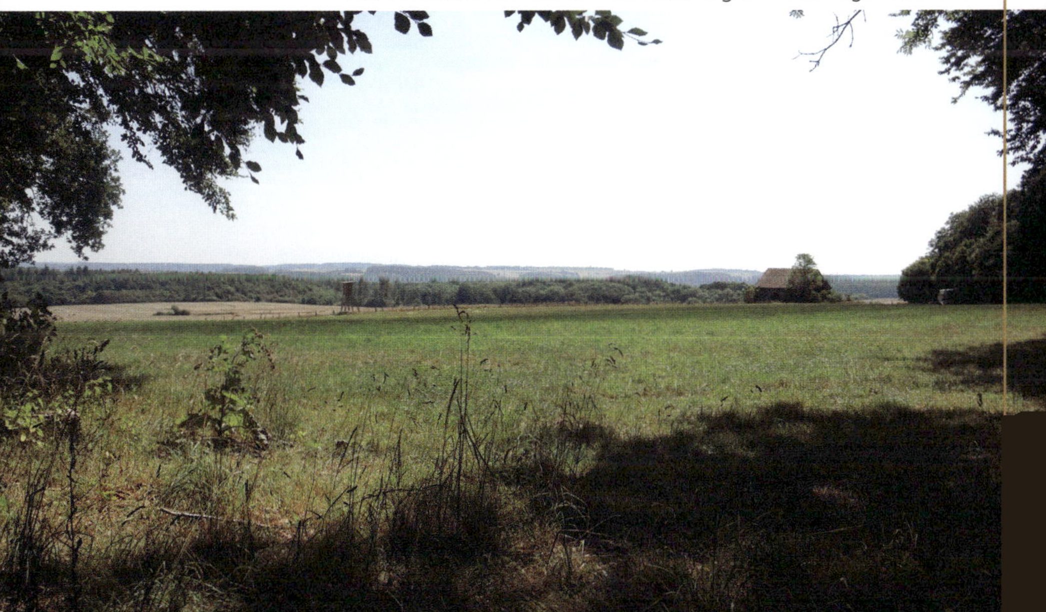

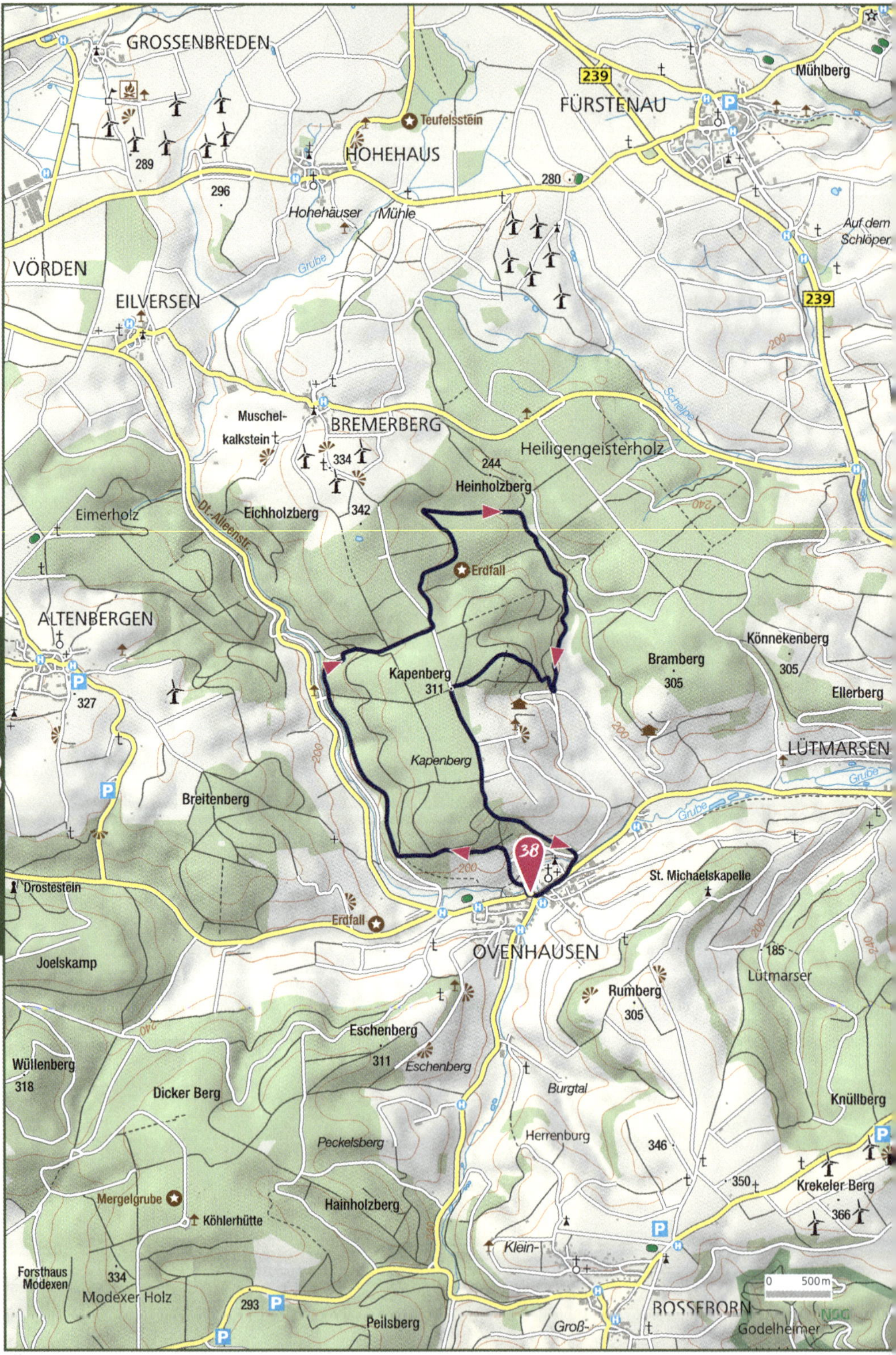

GROSSENBREDEN
289
296
Teufelsstein
HOHEHAUS
Hohehäuser Mühle
FÜRSTENAU
239
Mühlberg
280
Auf dem Schlöper
VÖRDEN
EILVERSEN
Grube
Muschelkalkstein
BREMERBERG
334
342
Eichholzberg
Heiligengeisterholz
244
Heinholzberg
Scheipe
Eimerholz
Dt.-Alleenstr.
Erdfall
ALTENBERGEN
327
Kapenberg
311
Kapenberg
Könnekenberg
305
Bramberg
305
Ellerberg
LÜTMARSEN
Breitenberg
200
Drostestein
Erdfall
OVENHAUSEN
St. Michaelskapelle
Joelskamp
Rumberg
305
185
Lütmarser
Eschenberg
311
Eschenberg
Wüllenberg
318
Dicker Berg
Burgtal
Knüllberg
Peckelsberg
Herrenburg
346
350
Krekeler Berg
366
Mergelgrube
Köhlerhütte
Hainholzberg
Klein-
Forsthaus Modexen
334
Modexer Holz
293
Peilsberg
Groß-
BOSSEBORN
Godelheimer
0 500 m

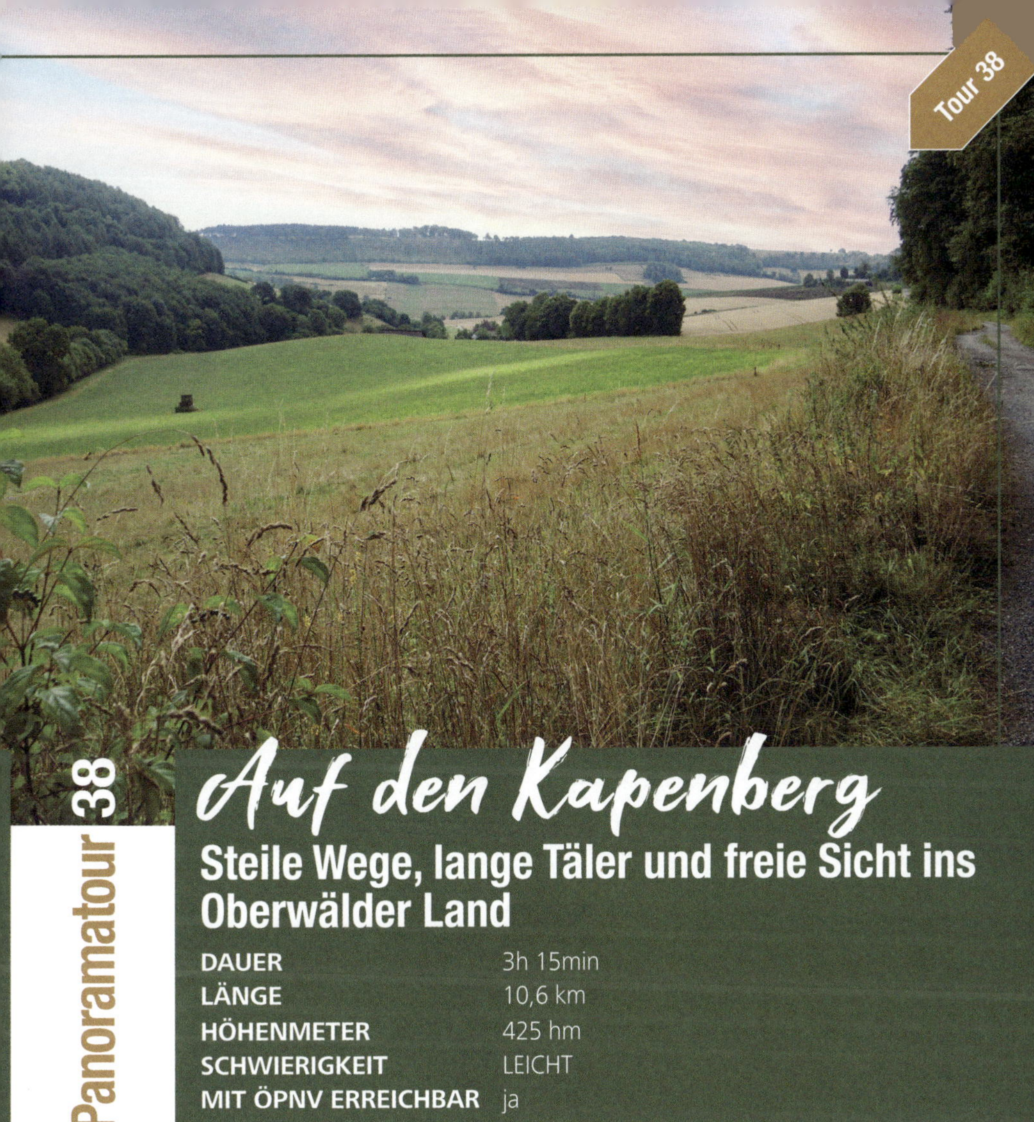

Panoramatour 38

Auf den Kapenberg

Steile Wege, lange Täler und freie Sicht ins Oberwälder Land

DAUER	3h 15min
LÄNGE	10,6 km
HÖHENMETER	425 hm
SCHWIERIGKEIT	LEICHT
MIT ÖPNV ERREICHBAR	ja

Das erwartet dich ...

... zwei steile Aufstiege – aus Ovenhausen und zum Kapenberg sowie ein steiler Abstieg zurück in den Ort. All das tut dem leichten Tourencharakter jedoch keinen Abbruch. Der Berg, dem die Tour gilt, ist halt über sein Umland erhaben. Das hat den Vorteil, dass die Tiefen ausgeprägt und die Höhen blickreich sind. Hier zeigt sich das Oberwälder Land, zwischen Eggegebirge und Weser in angenehmer Umgebung aufgewachsen, von seiner typisch zertalten Seite. Und herrlich bewaldet sind Kapenberg und Co. auch noch.

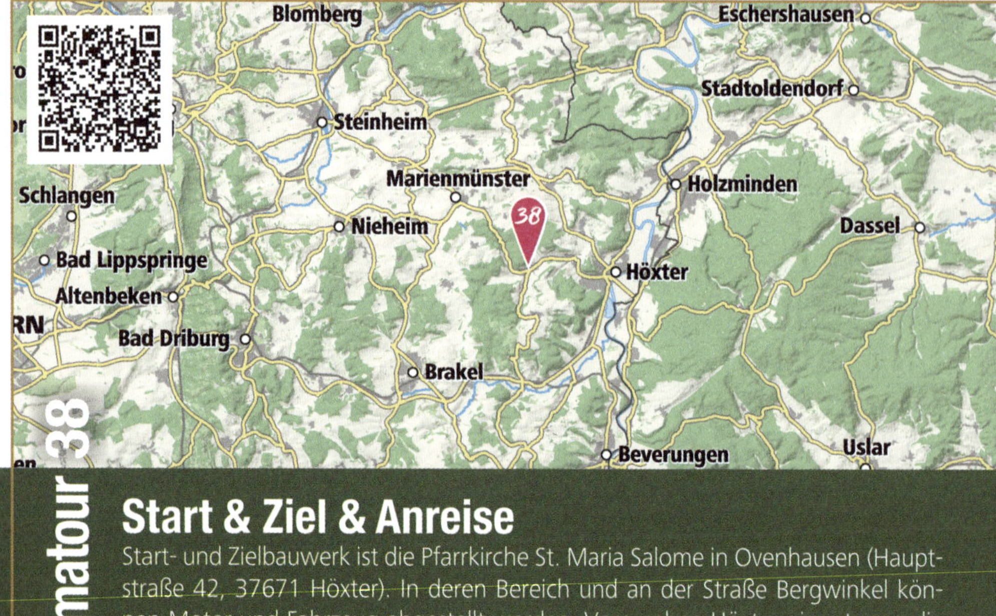

Panoramatour 38

Start & Ziel & Anreise

Start- und Zielbauwerk ist die Pfarrkirche St. Maria Salome in Ovenhausen (Hauptstraße 42, 37671 Höxter). In deren Bereich und an der Straße Bergwinkel können Motor und Fahrzeug abgestellt werden. Vom nahen Höxter nimmt man die Lütmarser Straße. Die wird zum Lütmarser Tal (L755) und in Ovenhausen zur Hauptstraße. Der Bus 590 (Höxter Bahnhof/Rathaus – Vörder Busbahnhof) hält in Ovenhausen Post/Hauptstraße nahe der Kirche. Höxter Rathaus ist Haltepunkt der RB 84 (NWB) Paderborn – Kreiensen.

Tourenbeschreibung

Wir lassen die Kirche hinter uns im Dorf, nehmen die Straße Bergwinkel und passieren Häuser in steiler Hanglage. Eine Baumlücke ermöglicht den Eintritt in den Wald. Ort und Tal schon deutlich enthoben, wenden wir uns nach links. Markierungen gibt es keine, so hilft der Hinweis, dass wir an der Kreuzung, an der zwei Wege nach rechts leiten, den linken, breiteren wählen. Unter uns erahnen wir die Straße im westlichen Grenztal. Um uns spüren wir die Stille des Waldes mit prächtigem Grün, das mit jeder Biegung des Weges die Färbung ändert, in hell und dunkel variiert, als würden sich die Bäume selbst Schatten spenden.

Mal lichtet sich der Forst, senkt unsere Blicke hinab ins Tal und lenkt sie auf den Wanderwald vor uns. Ein lohnender Abstecher führt über eine Brücke. Vor einer Schutzhütte erklärt uns eine Infotafel das „barrierefreie Gewässer". Erosionskräfte schufen Steilstufen im Untergrund, die Amphibien am Weiterkommen hindern. Ihnen zuliebe wurde hier eine „Fischtreppe" geschaffen.

Wir sind im Mittelgebirge, also steigen wir mal wieder in die Höhe. So auch an einer Verzweigung (A9). Eine Querung zieht vom Kapenberg herüber, der wir uns anschließen. Der Weg windet sich ein gutes Stück auf Kammhöhe, dann entlässt er uns hinter einer Spitzkehre sanft talwärts. Schon leitet die Folgegabelung den Rückweg ein. Weiter hinab. Ein engständiger Laubwald, gut aufgemischt mit Nadelgehölz, verdunkelt ein wenig die Umgebung. Der Tann tritt zurück. Die anfangs schmale Talkerbe dehnt sich zu weitem Feld- und Wiesenland, das die bewaldeten Höhen fruchtbar verbindet.

An einer Straßenkehre ist Gelegenheit für einen weiteren Schlenker. Zur Bauernstube Schenken-Küche nämlich und vielleicht zur Stärkung für das Folgende. An einer Steinbank scharf rechts. Der Kapenberg fordert seine Begeher, denn steil geht es bergauf mit uns. Das fördert das vertiefte Einatmen der Waldluft. Kaum sind wir auf der Höhe, drehen wir schon wieder ab. Von der Siedlung gleichen Namens mit Landwirtschaft, Streuobstwiese und Fachwerk sieht man schon beizeiten, wenn Besuch aus Höxter kommt.

Nochmals wird's steil, dann kehren wir auf zünftigem Pfad zurück nach Ovenhausen, dass wir an einer Trinkwasser-Versorgungsanlage betreten. Hier sehen wir ein Steinkreuz mit Bildstock. Die Kapenbergstraße hinab und auf der Hauptstraße mit Friedhof zur nahen Kirche.

Ein jegliches hat seine Zeit

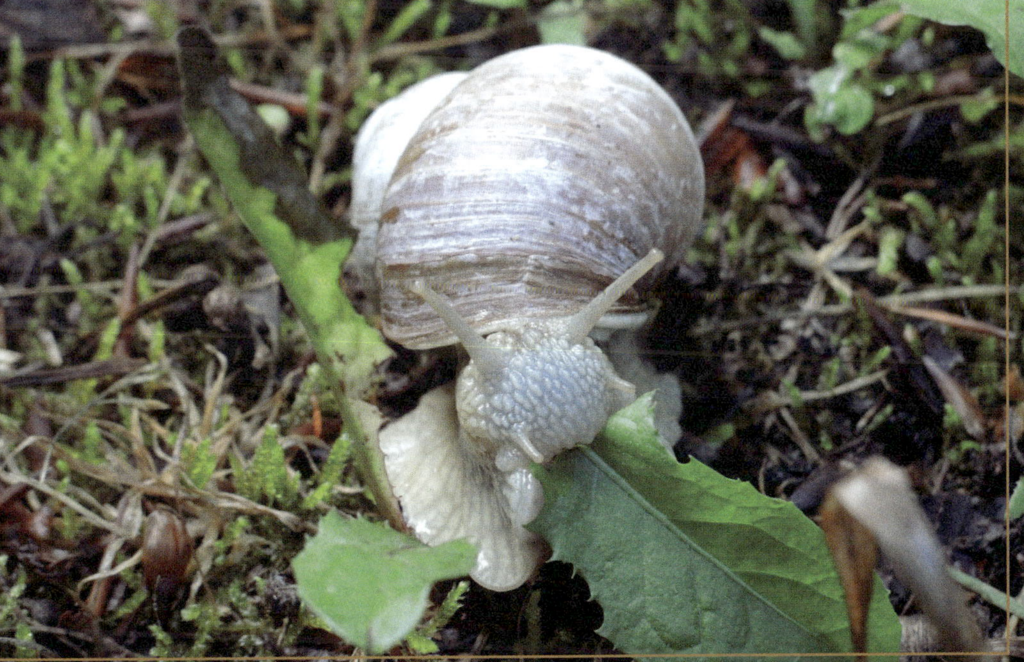

39

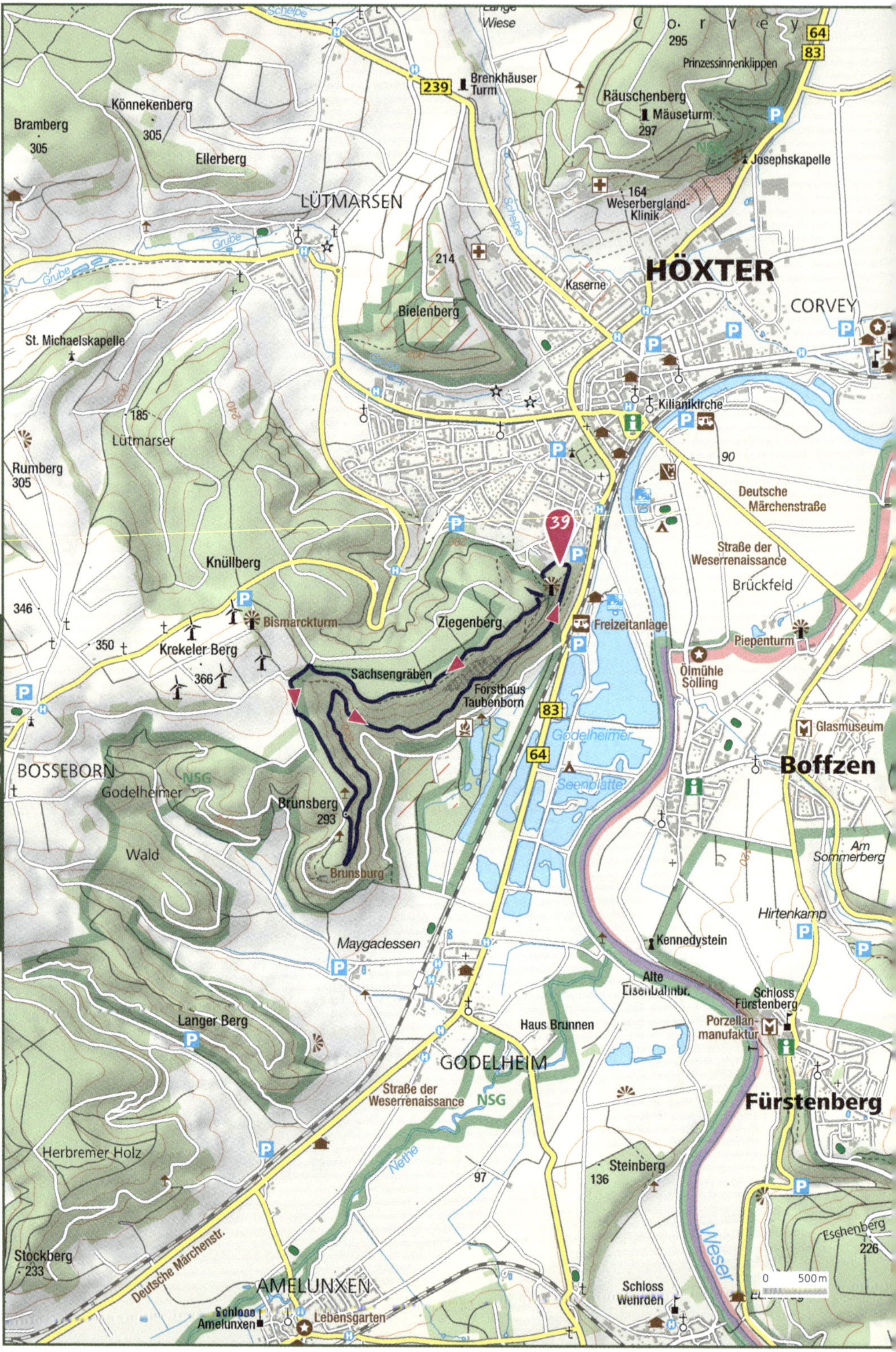

HÖXTER
CORVEY
Corvey
Boffzen
Fürstenberg
LÜTMARSEN
BOSSEBORN
GODELHEIM
AMELUNXEN
Maygadessen
Schelpe
Lange Wiese
239
Brenkhäuser Turm
64
83
295
Prinzessinnenklippen
Räuschenberg
Mäuseturm
297
NSG
Josephskapelle
164
Weserbergland-Klinik
Könnekenberg
305
Bramberg
305
Ellerberg
Grube
214
Bielenberg
Kaserne
St. Michaelskapelle
200
240
185
Lütmarser
Rumberg
305
Kilianikirche
90
Deutsche Märchenstraße
Straße der Weserrenaissance
Brückfeld
39
Knüllberg
Ziegenberg
Bismarckturm
Freizeitanlage
Piepenturm
346
350
Krekeler Berg
366
Sachsengräben
Forsthaus Taubenborn
Ölmühle Solling
Glasmuseum
Godelheimer Seenplatte
Godelheimer Wald
NSG
Brunsberg
293
Brunsburg
Am Sommerberg
Hirtenkamp
Kennedystein
Alte Eisenbahnbr.
Schloss Fürstenberg
Porzellan-manufaktur
Haus Brunnen
Langer Berg
Straße der Weserrenaissance
NSG
Nethe
Herbremer Holz
97
Steinberg
136
Eschenberg
226
Stockberg
233
Deutsche Märchenstr.
Weser
Schloss Amelunxen
Lebensgarten
Schloss Wehrden
0 500 m

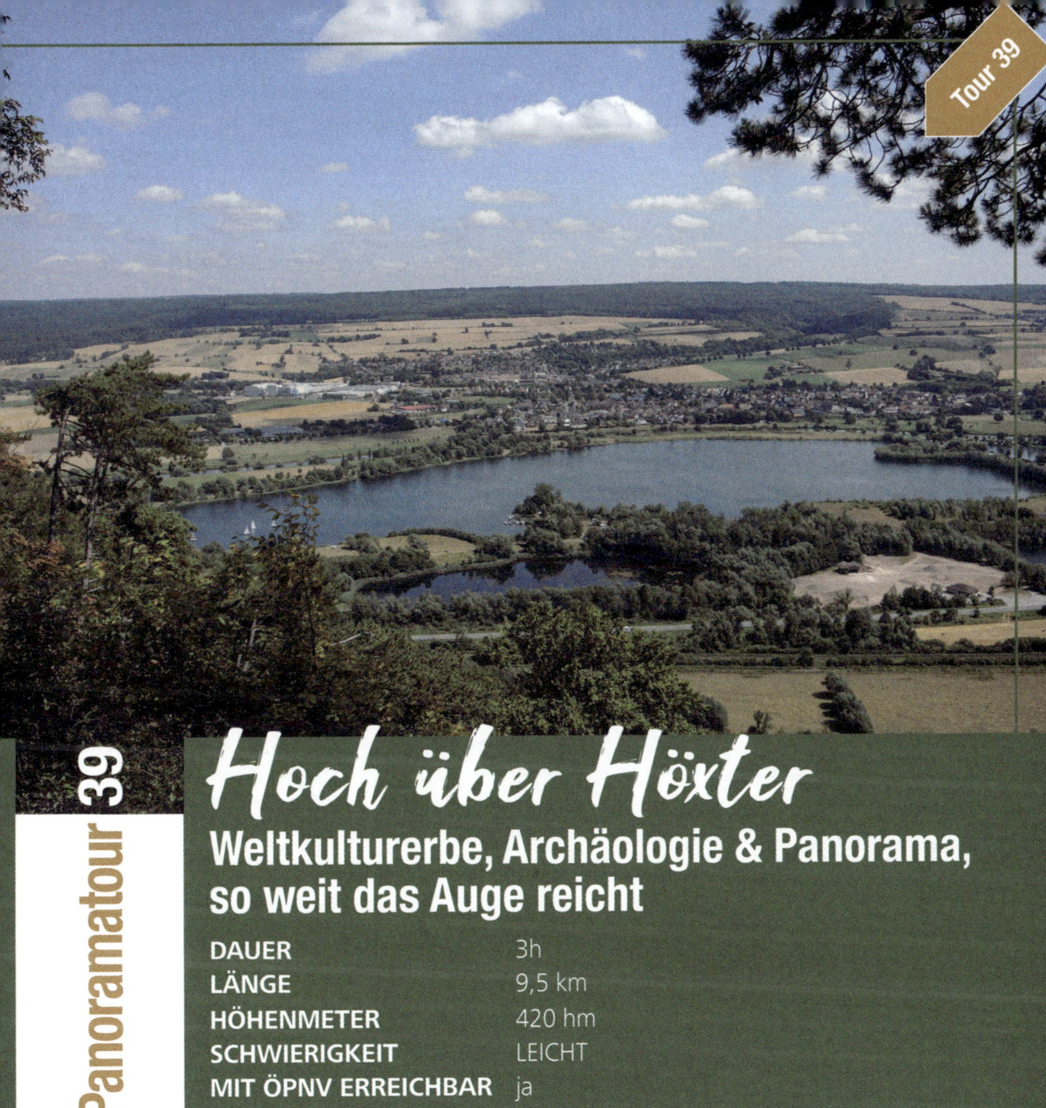

Tour 39

Panoramatour 39

Hoch über Höxter

Weltkulturerbe, Archäologie & Panorama, so weit das Auge reicht

DAUER	3h
LÄNGE	9,5 km
HÖHENMETER	420 hm
SCHWIERIGKEIT	LEICHT
MIT ÖPNV ERREICHBAR	ja

Das erwartet dich ...

... zu Beginn ein knackig steiler Aufstieg zum Rodeneckturm, von dessen Plattform dem Weitblick kaum Grenzen gesetzt sind: hinab auf Höxter, Corvey und die Weser, hinüber ins Oberwälder Land, auf Solling und Vogler. Panorama ist auch das Thema bei der Kammwanderung hinüber zu den Resten der mittelalterlichen Brunsburg. Zur Erlebnisvertiefung führt der Rückweg durch die dicht bewaldeten Berghänge unterhalb des Kammplateaus. Danach können Höxter und Kloster Corvey den Gesamteindruck abrunden.

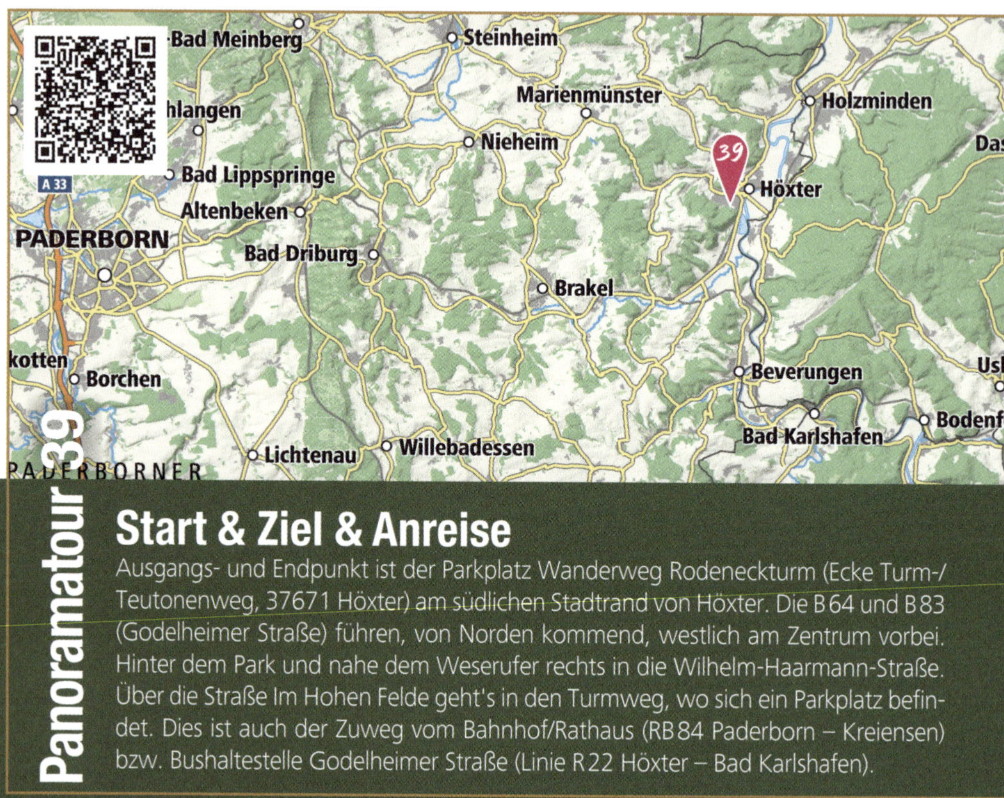

Start & Ziel & Anreise

Ausgangs- und Endpunkt ist der Parkplatz Wanderweg Rodeneckturm (Ecke Turm-/ Teutonenweg, 37671 Höxter) am südlichen Stadtrand von Höxter. Die B64 und B83 (Godelheimer Straße) führen, von Norden kommend, westlich am Zentrum vorbei. Hinter dem Park und nahe dem Weserufer rechts in die Wilhelm-Haarmann-Straße. Über die Straße Im Hohen Felde geht's in den Turmweg, wo sich ein Parkplatz befindet. Dies ist auch der Zuweg vom Bahnhof/Rathaus (RB84 Paderborn – Kreiensen) bzw. Bushaltestelle Godelheimer Straße (Linie R22 Höxter – Bad Karlshafen).

Tourenbeschreibung

„Rodeneckturm 0,4 km" ist die erste Ansage. Die Steilheit des Aufstieges gleich die nächste. Das schaffen wir. Der romantische Aussichtsturm ist Lohn, das Panorama von der Plattform die Krönung. Erst der weite Horizont setzt unserem Blick Grenzen. Davor serviert ein famoses Landschaftsbild einen Augenschmaus als komplettes Menü. Vielleicht Höxter und Kloster Corvey als Nachspeise. Vielleicht Solling und Vogler, wenn wir wieder Waldhunger haben.

Aus dem Turm tretend, weisen uns zwei Schilder zur ehemaligen Brunsburg und läuten einen Rundweg ein. Gehen wir also mal geradeaus (X16). Noch höher steigen wir, ehe wir auf dem Klippenweg den teils schmalen Kamm erwandern. Schützend gesäumt von hohem Laubgehölz und mit einem im Wortsinn überragenden Aussichtspunkt. Die Rabenklippen, auf einer Schautafel als „Steinerne Zinnen im grünen Reich" beschrieben, müssen von der Weser aus imposant wirken. Wir nehmen Abstand vom saugenden Abgrund und wenden uns der – wie wir jetzt wissen – Muschelkalkhochfläche zu. Fast höhengleich gewinnen wir Land, finden links am gegenläufigen Kammschenkel den Brunsberg als greifbares Ziel. Vor uns erstreckt sich der Krekeler Berg mit weiten Feldern und nahem Bismarckturm. Wir folgen einem Teersträßchen. Erfreulich kurz nur, dann übernimmt ein hübscher Waldpfad, der uns zu einer Schutzhütte geleitet. Sie toppt den Brunsberg und womöglich das bisherige Panorama. Eine baumfreie Schneise versenkt unsere Blicke ins Wesertal mit weitläufigen Kiesteichen, mit Boffzen und Fürstenberg, mit dem Naturpark Solling-Vogler.Jetzt etwas Archäologie auf der Brunsburg. Hinter der Schranke gehen wir auf einen Waldweg. Wir stehen an einer Rampe mit gemauertem Durchlass. Er vermittelt den Zutritt zu einem Stück Lokalkolorit, geprägt von mehreren Wohngemeinschaften als Siedlung in der Jungsteinzeit und Burgbefestigung im Mittelalter, für das der Bergsporn über der Weser hervorragende Bedingungen bot. Dem vom Zahn der Zeit zernagten Ambiente aus Gräben, Mauern und Wällen können wir fantasievoll nachspüren. Wir treten den Rückweg an (Parkplatz Höxter Turmweg 4,6 km). Er folgt dem Lauf des Hinweges, nur zieht er jetzt durch den Berghang weit unterhalb der Kammlinie. Meterhohe Muschelkalkbänke, verwittert zu felsig-steiler Mauer, und schuttigbankige Steinplatten als Wegbelag unterstreichen das schroffe Gesamtbild.

Wieder rückt der Gegenhang heran. Er bietet für die Schlussetappe einen bequemen Hangweg. Infotafeln zur Mehrstämmigkeit von Bäumen und zum Orchideenbuchenwald schärfen unseren Blick fürs Detail. Hinter der Einmündung aus dem Wesertal geht es nochmals bergauf. Massig und steil stehen die Rabenklippen hoch droben. Den Abzweig zu Kamm und Turm ignorierend, gehen wir geradewegs zum Ausgangspunkt. Mit den letzten Metern endet diese Tour in frischer Waldluft. Wären da nicht noch Höxter mit seinem mittelalterlichen Stadtbild und das Weltkulturerbe Kloster Corvey…

Autoren Tipp

Kloster Corvey ist Weltkulturerbe der UNESCO und mehr als 1.200 Jahre alt. Es galt als geistig-kulturelles Zentrum im ausgehenden Frühmittelalter und war ein eigenständiger Herrschaftssitz in karolingischer Zeit, zudem ist es geistiger Geburtsort einflussreicher Bischöfe und Reichstagsstätte. Als ältestes erhaltenes Bauwerk in Westfalen faszinierte es mit seinen Bibliotheken und Wandmalereien. Es ist nicht nur eine Station am Jakobspilgerweg, die über eine lebendige Kirchengemeinde verfügt, sondern auch ein Veranstaltungsort für Ausstellungen, Feste und Konzerte. www.corvey.de

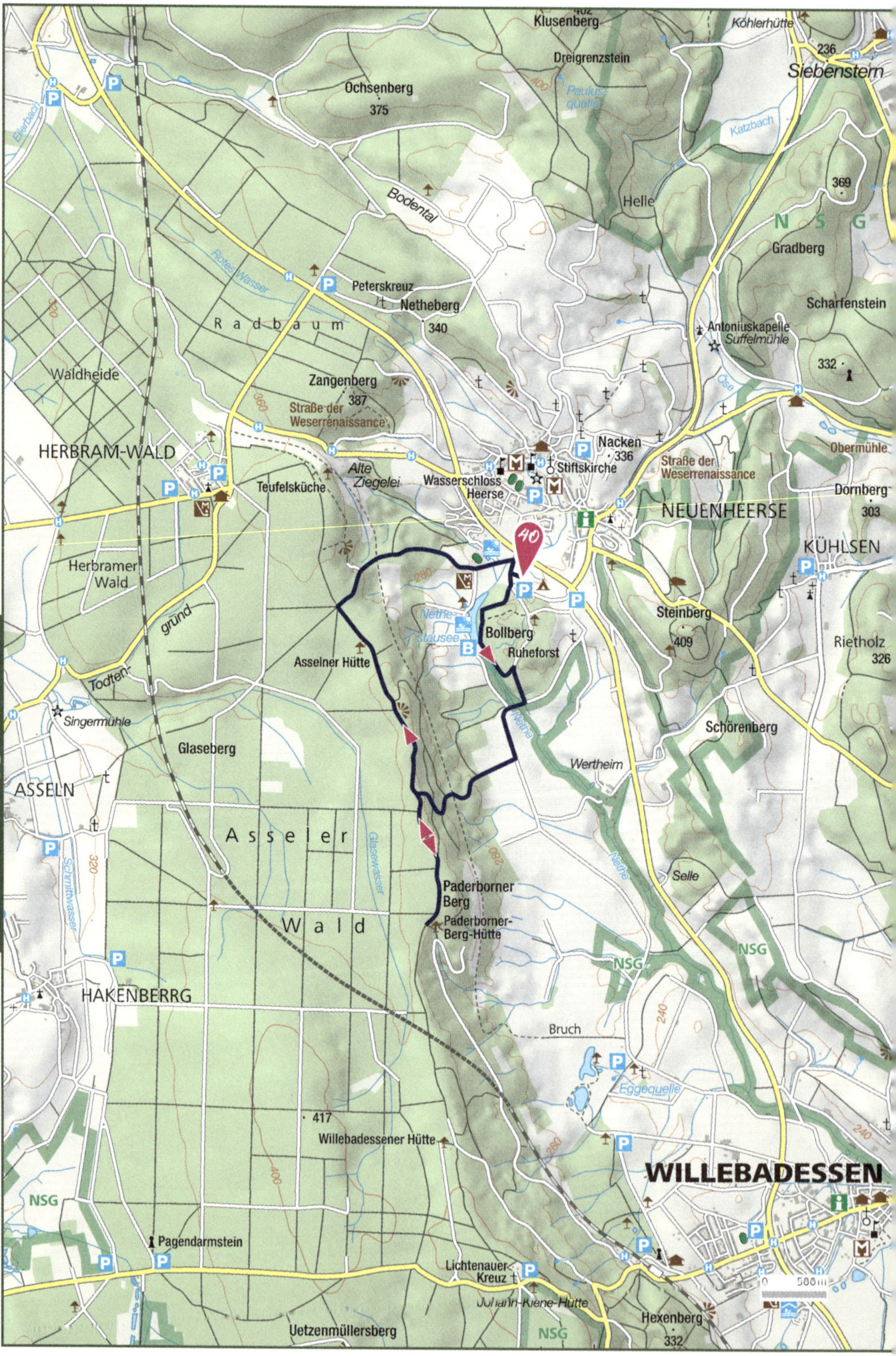

Klusenberg
Köhlerhütte
Dreigrenzstein
236
Siebenstern
Ochsenberg
375
Paulusquelle
Katzbach
Ellerbach
Bodental
369
Helle
N S G
Gradberg
Rotes Wasser
Peterskreuz
Netheberg
340
Scharfenstein
Radbaum
Antoniuskapelle
Suffelmühle
Waldheide
Zangenberg
387
332
Straße der Weserrenaissance
Öse
Nacken
336
HERBRAM-WALD
Alte Ziegelei
Wasserschloss Heerse
Stiftskirche
Straße der Weserrenaissance
Obermühle
Teufelsküche
Dornberg
303
NEUENHEERSE
40
KÜHLSEN
Herbramer Wald
Nethestausee
Bollberg
Steinberg
409
Rietholz
326
Todtengrund
Asselner Hütte
Ruheforst
Singermühle
Schörenberg
Glaseberg
Nethe
Wertheim
ASSELN
Asseler
Glasewasser
Selle
Schmittwasser
Paderborner Berg
Paderborner-Berg-Hütte
Wald
NSG
NSG
HAKENBERRG
Bruch
Eggequelle
417
Willebadessener Hütte
WILLEBADESSEN
NSG
Pagendarmstein
Lichtenauer Kreuz
Johann-Kiene-Hütte
Hexenberg
332
Uetzenmüllersberg
NSG
0 500 m
40

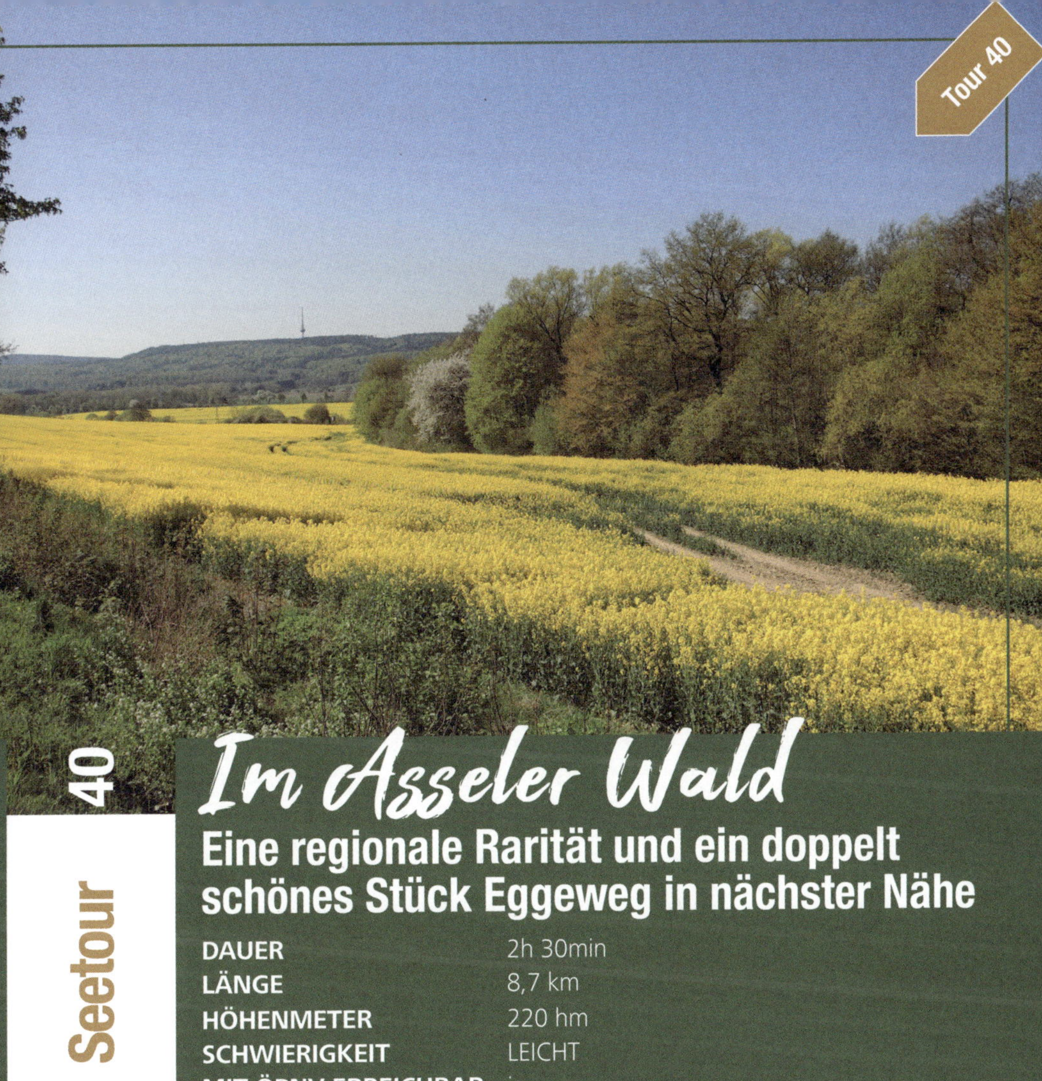

Im Asseler Wald

Eine regionale Rarität und ein doppelt schönes Stück Eggeweg in nächster Nähe

DAUER	2h 30min
LÄNGE	8,7 km
HÖHENMETER	220 hm
SCHWIERIGKEIT	LEICHT
MIT ÖPNV ERREICHBAR	ja

Das erwartet dich ...

... ein kleiner Stausee als Rarität dieser Region und eine Stippvisite bei einem typisch waldreichen Stück Eggegebirge. Letzteres dient als Einladung, mehr davon zu entdecken, denn der Eggeweg zieht sich nördlich und südlich davon noch weit dahin. Vom See schaut man weit empor zum Kamm, von dort lässt die Netheniederung tief blicken. So sind Berg und Tal sich nah. Der Aufstieg ist ziemlich steil, doch mit knapp 150 hm überschaubar, die Gesamtlänge stellt keine Anforderungen an die Fitness.

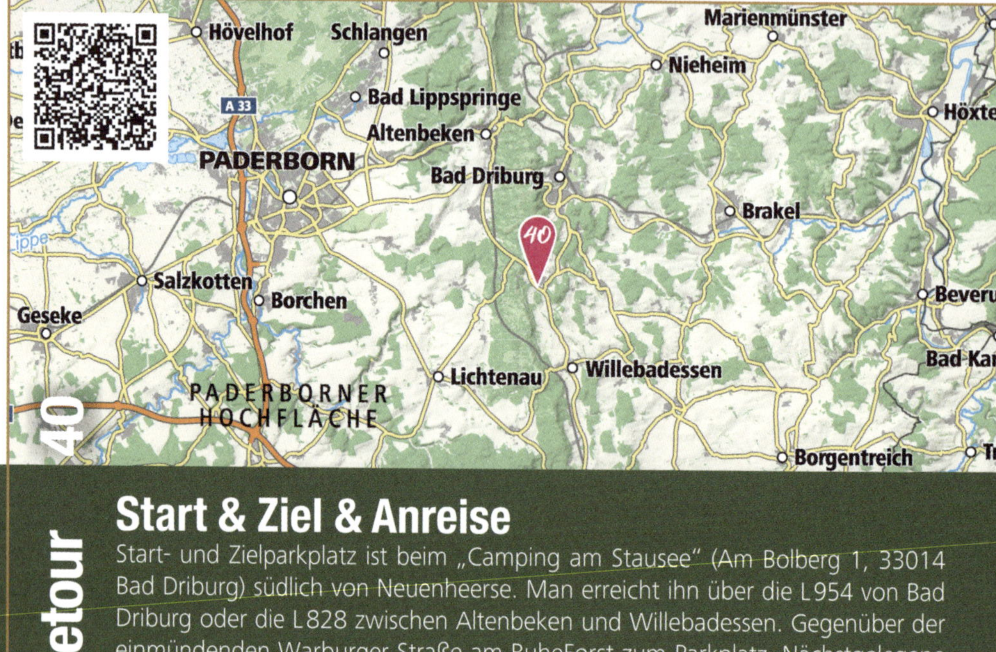

Seetour 40

Start & Ziel & Anreise

Start- und Zielparkplatz ist beim „Camping am Stausee" (Am Bolberg 1, 33014 Bad Driburg) südlich von Neuenheerse. Man erreicht ihn über die L954 von Bad Driburg oder die L828 zwischen Altenbeken und Willebadessen. Gegenüber der einmündenden Warburger Straße am RuheForst zum Parkplatz. Nächstgelegene Bushaltestelle ist Neuenheerse Nackenweg für die Linien 432 aus Paderborn, R31 aus Altenbeken und R54 zwischen Bad Driburg und Willebadessen. Über die Warburger Straße und die Zufahrt zum Parkplatz.

Tourenbeschreibung

Vom Parkplatz gehen wir seewärts. An der Hinweistafel „RuheForst 500 m" geradeaus in den Wald. Auf dem breitesten Weg bleibend, durchleuchtet bald eine Wasserfläche das Baumland. Sie gehört dem Nethestausee, einer echten Rarität in dieser Region, an dessen waldgesäumtes Ostufer wir treten. Baden ist nur den Fischen gestattet, die der hiesige Angelsportverein gern an Land zieht. Ein naturbelassener Uferweg führt uns gen Süd. Am Wehr beobachten wir die Eintrittsstelle der dünnen Nethe in den beachtlichen See.

Unser Pfad verlässt das Flüsschen und steigt dem Bollberg entgegen. Eine Andachtsstätte im RuheForst als Ort der letzten Ruhe unter Bäumen. Einem Forstweg folgen wir zum Waldrand, übergehen die Nethe und erfreuen uns am Anblick der Natur. Links weites Feld, darüber der Fernmeldeturm am Lichtenauer Kreuz, vor uns rückt der Bergwald näher. Zwischen Egge und Korn geht es für uns auf einen Wirtschaftsweg. Der ist unmarkiert, daher folgt an dieser Stelle etwas Wegbeschreibung: ziemlich steil geht's im Buchenwald empor zur Gabelung hinter einer Linkskurve, rechts weg vom breiten Weg und nun in für den hiesigen Bewuchs recht seltenem Nadelwald zur nächsten Kreuzung. Wir lenken unsere Schritte auf Kammhöhe. Das wäre geschafft.

Das vor uns liegende Kammstück (X/E 1) ist auch in Gegenrichtung schön, wie wir noch sehen werden. Im Scheitel einer Kehre hockt die Paderborner Berg-Hütte, ein solide gezimmertes Stück Eggegebirgsverein. Vielleicht ist das die Gelegenheit für eine Brotzeit, denn das soll es an dieser Stelle gewesen sein. Willebadesser Hütte, Lichtenauer Kreuz, Fernmeldeturm, und, und, und. Es ginge immer so weiter. Vielleicht ein andermal. Für heute machen wir kehrt.

Das Folgende kennen wir. Aber nicht jeden Baum und Busch. Das bietet eine Gelegenheit für vertiefte Erkundung, denn der Asseler Wald ist nach Form und Farbe, Einheit und Vielfalt ein botanischer Hingucker! Hinter dem Abzweig des Aufstiegsweges betreten wir Kammneuland und bald die Asselner Hütte mit originellem Schilderbaum und Hüttenbuch für einen kernigen Eintrag. Dann geht's an der Kreuzung mit Hinweis „Neuenheerse 15 Min" hinab. Durch einen Tunnel, zum Waldrand, über ein Wiesensträßchen. Wieder grüßt der Stausee im Nethetal. Vorbei am EGGE-Freibad, vorbei am Wasserpumpwerk, über die Nethe und schon sind wir am Ziel.

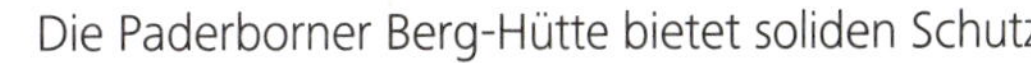

Die Paderborner Berg-Hütte bietet soliden Schutz

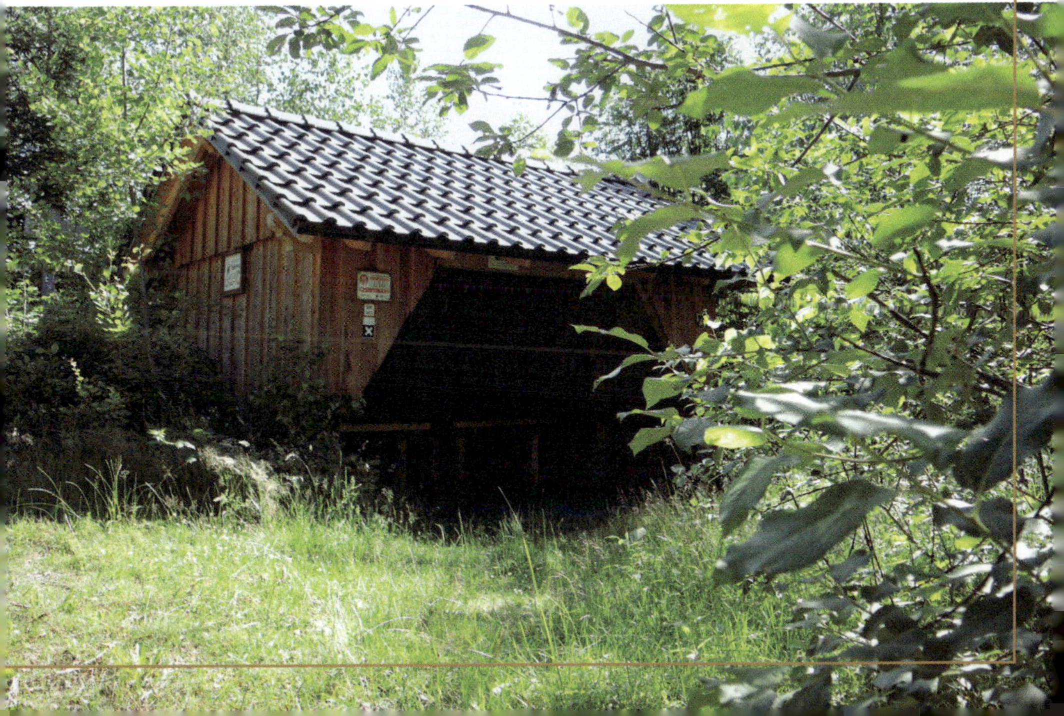

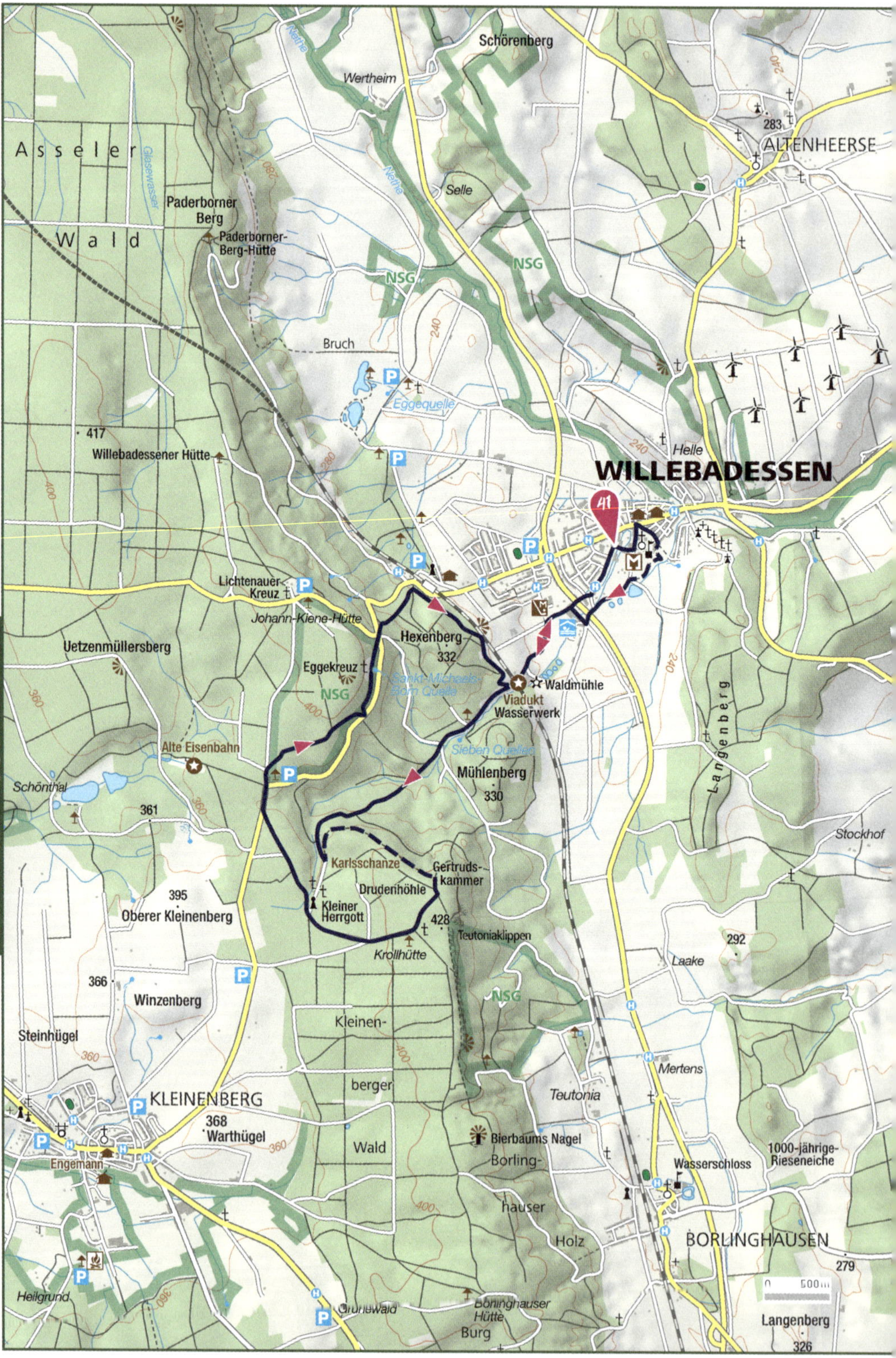

41

Schörenberg
Wertheim
Nethe
ALTENHEERSE
283
240
Asseler
Wald
Glasewasser
Paderborner Berg
Paderborner-Berg-Hütte
280
Selle
NSG
NSG
Bruch
240
Eggequelle
417
Willebadessener Hütte
400
280
240
Helle
WILLEBADESSEN
Lichtenauer Kreuz
Johann-Kiene-Hütte
Hexenberg
332
Uetzenmüllersberg
Eggekreuz
NSG
Sankt-Michaels-Born Quelle
400
Waldmühle
Viadukt
Wasserwerk
240
360
Alte Eisenbahn
Sieben Quellen
Mühlenberg
330
Langenberg
Schönthal
361
360
Stockhof
Karlsschanze
Gertrudskammer
Drudenhöhle
395
Oberer Kleinenberg
Kleiner Herrgott
428
Teutoniaklippen
Krollhütte
292
Laake
366
Winzenberg
NSG
Kleinenberger
Wald
400
Steinhügel
360
Mertens
Teutonia
KLEINENBERG
368
Warthügel
360
Bierbaums Nagel
Borlinghauser
Holz
Engemann
Wasserschloss
1000-jährige-Rieseneiche
400
BORLINGHAUSEN
279
Heilgrund
360
Grunewald
Borlinghauser Hütte
Burg
0 500 m
Langenberg
326

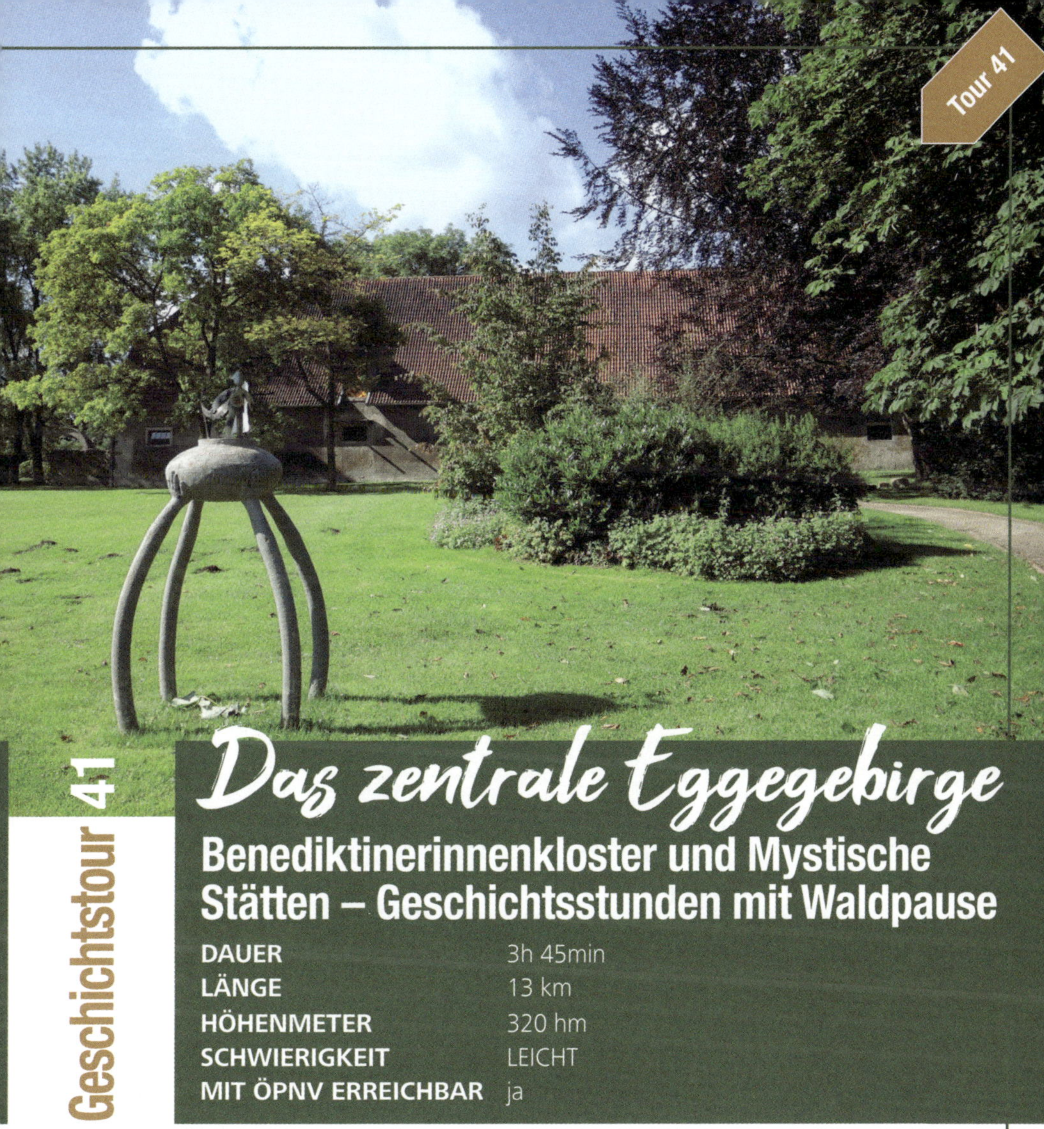

Geschichtstour 41

Das zentrale Eggegebirge

Benediktinerinnenkloster und Mystische Stätten – Geschichtsstunden mit Waldpause

DAUER	3h 45min
LÄNGE	13 km
HÖHENMETER	320 hm
SCHWIERIGKEIT	LEICHT
MIT ÖPNV ERREICHBAR	ja

Das erwartet dich ...

... eine echte kleine Entdeckungswanderreise in die Historie der Region. Zugegeben, der Anlauf ist waldfrei. Doch lohnend, denn erst erkundet der Begeher die barocke Anlage des Benediktinerinnenklosters Willebadessen mit sehenswertem Skulpturenpark. Dann aber – im dicht bewaldeten Bergland der Egge – begibt er sich auf einen „Rundwanderweg in die Vergangenheit" mit allerlei mystischen Stätten. Ein unterhaltsames Kapitel für das eigene Geschichtsbuch.

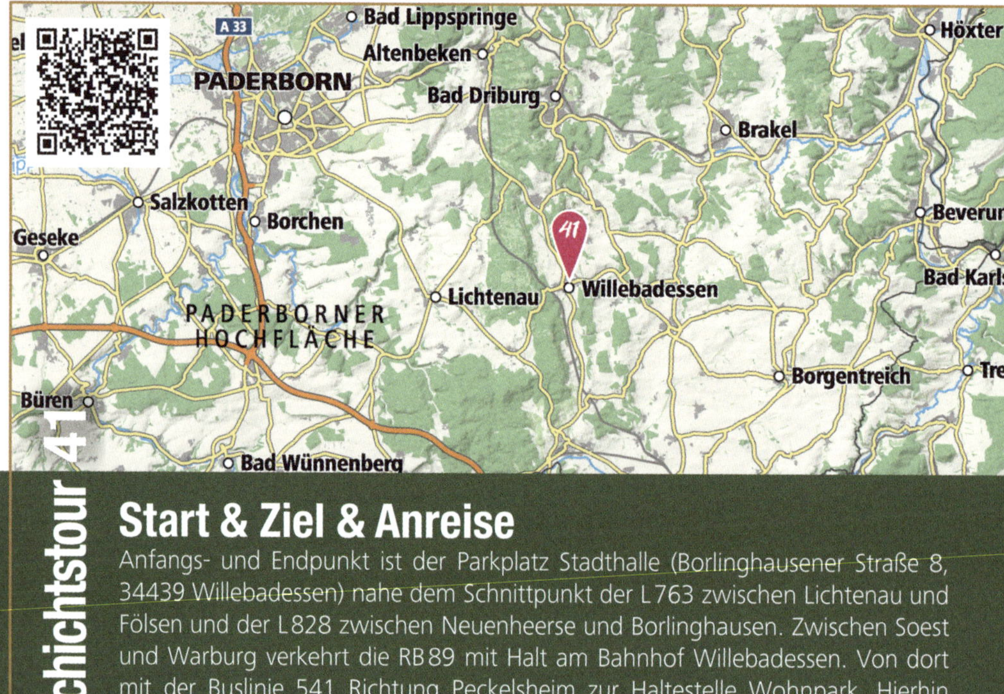

Geschichtstour 41

Start & Ziel & Anreise

Anfangs- und Endpunkt ist der Parkplatz Stadthalle (Borlinghausener Straße 8, 34439 Willebadessen) nahe dem Schnittpunkt der L 763 zwischen Lichtenau und Fölsen und der L 828 zwischen Neuenheerse und Borlinghausen. Zwischen Soest und Warburg verkehrt die RB 89 mit Halt am Bahnhof Willebadessen. Von dort mit der Buslinie 541 Richtung Peckelsheim zur Haltestelle Wohnpark. Hierhin kommt man auch mit dem Bus R 54 aus Bad Driburg. Sodann zum Ausgangspunkt Stadthalle.

Tourenbeschreibung

Die Stadthalle im Rücken, nehmen wir den Privatweg Klosterhof. Die Alexandra-von-Wrede-Allee bringt uns zur gepflegten Anlage des ehemaligen Benediktinerinnenklosters. Sie sah schon im 18. Jahrhundert fast so aus wie heute. Neuer ist der Skulpturenpark einer Europäischen Stiftung, der auch Konvents- und Abteigebäude angehören. Wir finden die Pfarrkirche St. Vitus, ein barock umgestaltetes romanisches Schmuckstück, und hinter dem Pfarrheim den Kurpark.

Nun aber Waldluft und Mystik! Wir passieren zwei Brückchen, Fischteiche, die L 828, die Ganztagsschule, ein Viadukt und stehen im Eggewald. Hin- und Rückweg trennen sich. Jetzt gehen wir geradeaus und bergwärts (A6/gedrehtes T) und via Trinkwassergewinnungsanlage und Schutzhütte zu einer Kreuzung: wieder geradeaus (gedrehtes T/A3/Mystische Stätten). Ein steinig-steiler Weg trägt uns kammwärts, der Vergangenheit entgegen. Drei Wälle der Karlsschanze machen Eindruck von einer 8 ha großen Wallburg aus karolingisch-sächsischer Zeit. Sie gehört zu den „Mystischen Stätten", bietet eine Rundreise in sagenhafte Vorgeschichten und beflügelt unsere Vorstellung von tiefem Waldesdunkel zu Karls Tagen.

Ein Felsen überragt den Wald und bietet weiten Horizont. Ein hoher Sandsteinblock schmückt den Wegrand. Der Ort heißt Fauler Jäger, nach einem verschlafenen Wachmann benannt. Tief unten im Felssockel liegt die Gertrudskammer oder Druidenhöhle, der Sage nach eine eremitisch-druidische Wohnhöhlung. Als Nächstes geht's zur Krollhütte am Försterkreuz mit Steinsarkophag zum Gedenken an zwei ermordete Förster. Ein Stück weiter stünden die abgrundsteilen Teutoniaklippen, wir aber schätzen sicheren Boden und wenden uns nach rechts.

Mystisch bleibt es auch, denn da steht der Kleine Herrgott, eine gemutmaßte heidnische Kultstätte mit Opferstein. Wir gehen geradeaus (X/E1/Mystische Stätten). Über die Straße von Kleinenberg, zum Parkplatz Alte Eisenbahn und in Richtung Willebadessen. Ein schöner Waldweg führt zum beeindruckenden hölzernen Eggekreuz vor hoher, grün umrankter Felswand mit eingraviertem Andenken an die Weltkriegsopfer.

Hinab zur Straße mit Abzweig Lichtenau und weiter abwärts (Mystische Stätten/A5+6), vorbei am Hexenberg. Vor der Schranke und den Schienen gehen wir zum Viadukt und zur Ganztagsschule. Über Auf den Ängern und die Borlinghausener Straße gelangen wir zurück zu unserem Ausgangspunkt.

Insel mit Einbaum

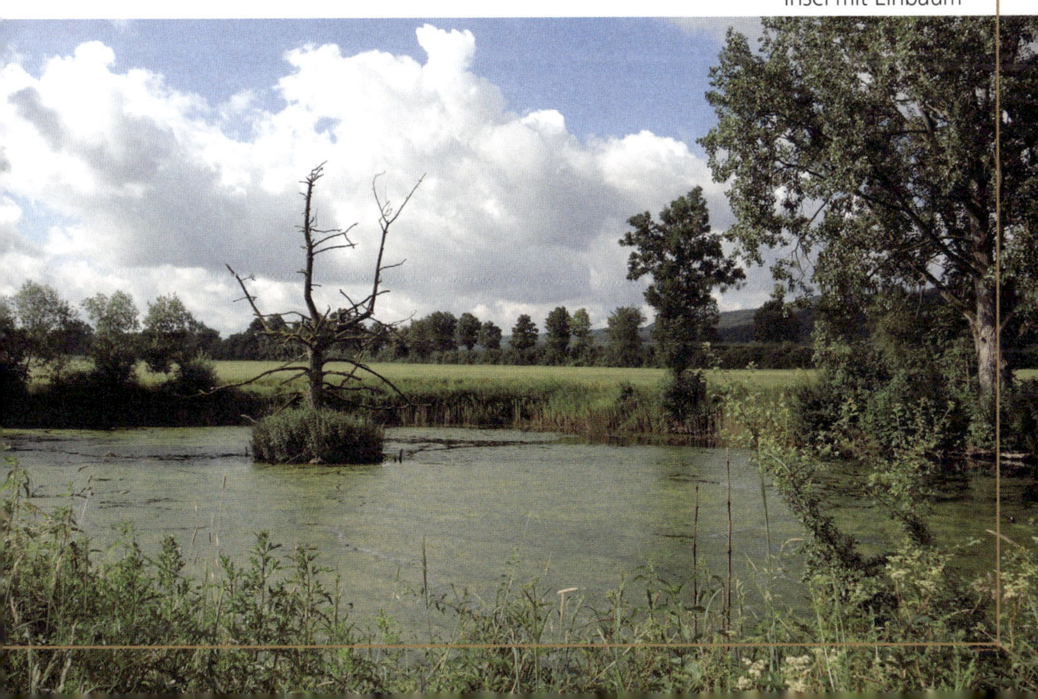

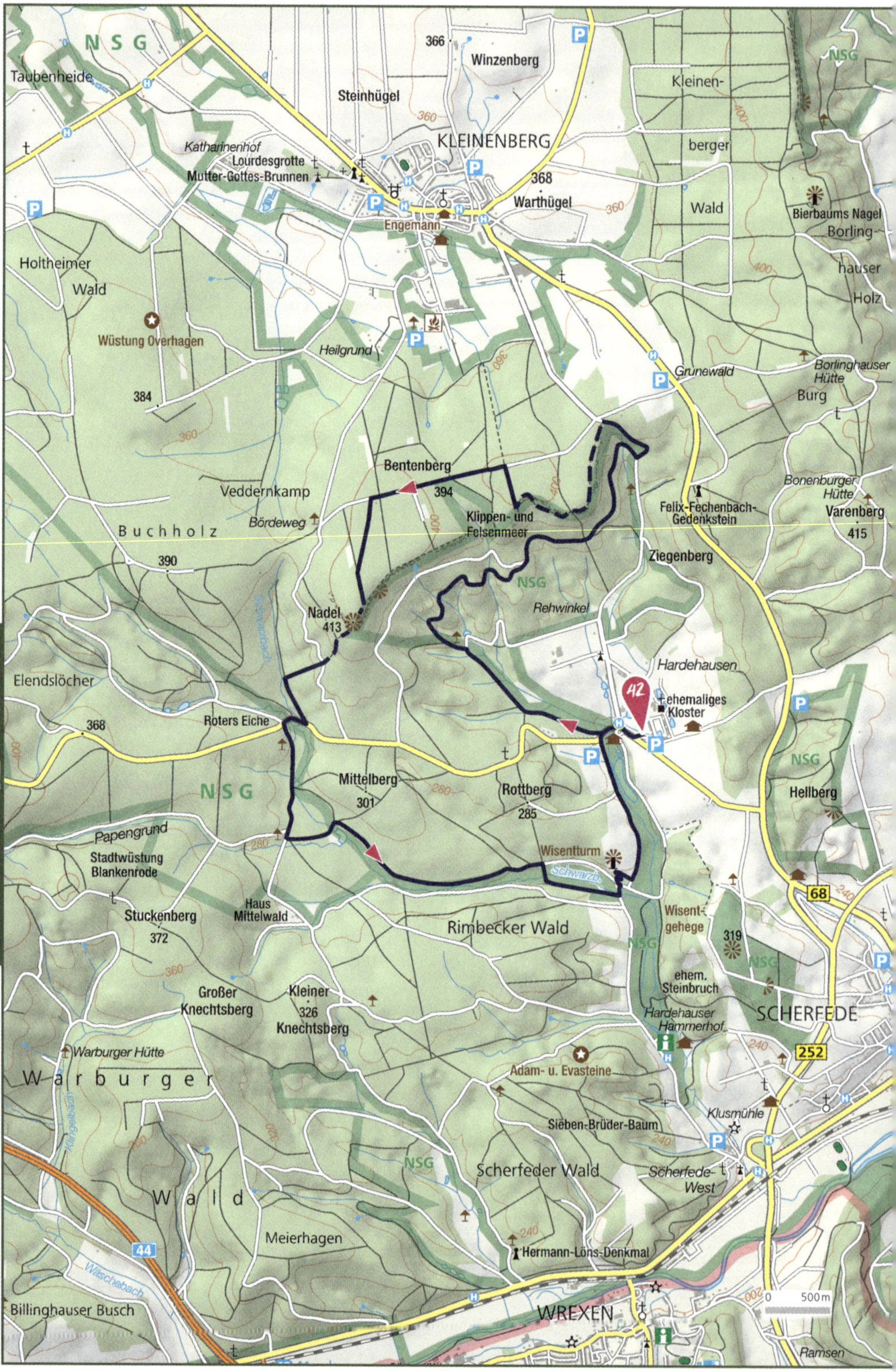

42

NSG
Taubenheide
366
Winzenberg
Steinhügel
360
KLEINENBERG
Kleinen-
berger
Wald
Katharinenhof
Lourdesgrotte
Mutter-Gottes-Brunnen
368
Warthügel
Engemann
360
400
Bierbaums Nagel
Borling-
hauser
Holz
Holtheimer
Wald
Wüstung Overhagen
Heilgrund
390
Grunewald
Borlinghauser
Hütte
Burg
384
360
Bentenberg
394
Veddernkamp
400
Bonenburger
Hütte
Felix-Fechenbach-
Gedenkstein
Varenberg
415
Buchholz
Bördeweg
Klippen- und
Felsenmeer
390
Ziegenberg
NSG
Rehwinkel
Nadel
413
Hardehausen
Elendslöcher
ehemaliges
Kloster
368
Roters Eiche
NSG
Mittelberg
301
280
Rottberg
285
Hellberg
NSG
Papengrund
280
Stadtwüstung
Blankenrode
Wisentturm
Schwarzb.
68
Stuckenberg
372
Haus
Mittelwald
Rimbecker Wald
Wisent-
gehege
319
NSG
NSG
360
ehem.
Steinbruch
Großer
Knechtsberg
Kleiner
326
Knechtsberg
Hardehauser
Hammerhof
SCHERFEDE
Warburger Hütte
Adam- u. Evasteine
252
Warburger
240
Klusmühle
Sieben-Brüder-Baum
240
NSG
Scherfeder Wald
Scherfede-
West
Wald
44
Meierhagen
240
Hermann-Löns-Denkmal
Wäschebach
Billinghauser Busch
0
500 m
WREXEN
Ramsen

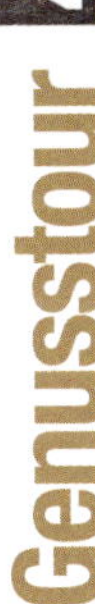

Klippen- & Felsenmeer

Ein versteinertes Meer am Berg, lebendige Wisente im Tal

DAUER	4h 30min
LÄNGE	15,7 km
HÖHENMETER	400 hm
SCHWIERIGKEIT	MITTEL
MIT ÖPNV ERREICHBAR	ja

Das erwartet dich ...

… eine Genusstour mit großer Vielfalt: das weitläufige Kloster Hardehausen – vor dem Start zum „Warmschauen" – das wild-schroffe Klippen- und Felsenmeer, das malerische Schwarzbachtal, das tierische Wisentgehege und ein ungewöhnlicher Aussichtsturm. Was es alles gibt! Das Gesamtensemble dieser Rundwanderung ist üppig unterfüttert mit ausgedehntem Busch als grüne Lunge für freies Atmen. Zur Gehzeit sollte die Kondition passen, für den Steilabstieg von der „Nadel" eine gute Trittsicherheit.

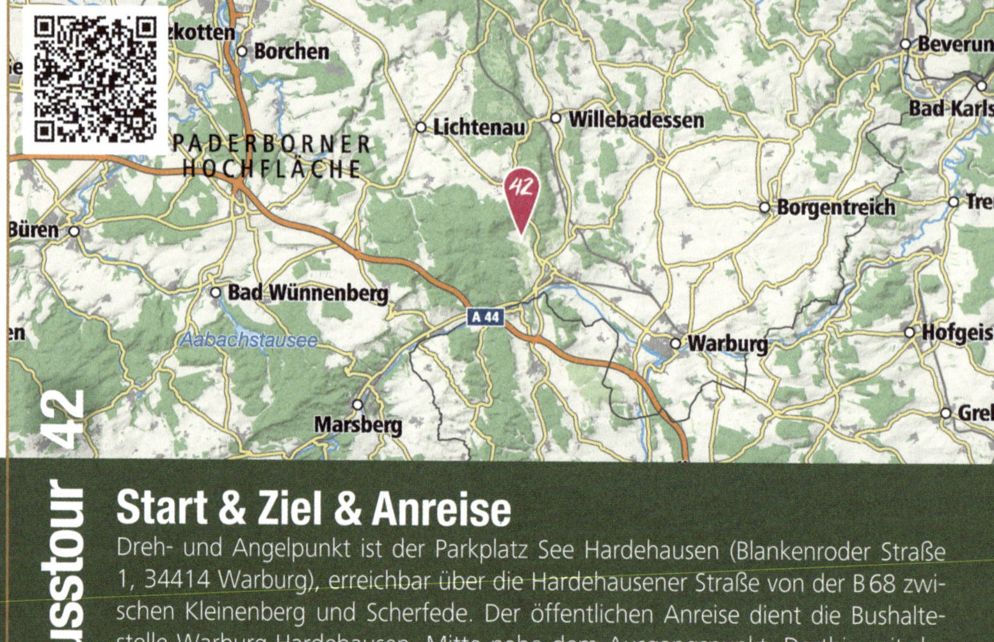

Genusstour 42

Start & Ziel & Anreise

Dreh- und Angelpunkt ist der Parkplatz See Hardehausen (Blankenroder Straße 1, 34414 Warburg), erreichbar über die Hardehausener Straße von der B 68 zwischen Kleinenberg und Scherfede. Der öffentlichen Anreise dient die Bushaltestelle Warburg-Hardehausen, Mitte nahe dem Ausgangspunkt. Dorthin mit der Linie W2 von Warburg, Speckgraben mit Halt am ZOB Warburg sowie den Bahnhöfen Scherfede und Bonenburg. Warburg und Scherfede liegen an der Strecke des RE 17 zwischen Kassel und Hagen.

Tourenbeschreibung

Für diese Tour falte man sich ein Papierschiffchen. Den Bauplan liefern Kindheitserinnerungen oder Leute, die sich damit auskennen. Dies verstaue man vorerst im Rucksack. Wann es vom Stapel gelassen wird, wird an geeigneter Stelle verraten…

Von Bushaltestelle oder Parkplatz zieht es uns zunächst zur mächtigen Klosteranlage. Folgen wir der Umfassungsmauer, gewinnen wir einen Einblick in das weitläufige Gelände der einstigen Zisterzienserabtei, die zurückgeht auf das Jahr 1140 und der heute durch die Katholische Landvolkshochschule und einen Jugendbauernhof modernes Leben eingehaucht ist. Auf dem Rückweg zum Ausgangspunkt lockt – früher oder später – der Landgasthof Haus Varlemann. Aber gehen wir ein Stück weiter. Wir überschreiten den Hammerbach. Die Blankenroder Straße biegt nach links, wir finden geradeaus ein Teersträßchen neben dem Bach und gehen dem Eggegebirgskamm entgegen. An einem kleinen Weiher halten wir uns links und finden eine Schutzhütte. Der Weg windet sich kammwärts. Erst vereinzelt, dann gehäufter, fallen zwischen ersten Klippen bemooste Steine auf: Sandsteinbrocken, die sich von ihren Herkunftsfelsen gelöst und hier ihr Wegende gefunden haben. Diese Mischung aus Steilhang, Fels und Baum zeichnet ein wildromantisches Landschaftsbild. Wir schließen uns einem Quersträßchen an. Fast auf Kammhöhe verlaufen Eggeweg X und Europäischer Fernwanderweg 1. Ein schöner Pfad führt südwärts an den Rand des Klippen- und Felsenmeeres. Hier stehen meterhohe schroffe Abbrüche, denen das Geröll von vorhin entstammt. Es macht Spaß, die Abbruchkante ein wenig zu umschiffen und ins Steinmeer zu steigen. Dieser Tauchgang darf intensiv sein, denn ein solches Naturszenario bietet sich uns nicht alle Tage.

Unvermittelt werden wir zu einer schnurgeraden Forststraße geleitet. Wir überwandern den Bentenberg, erfreuen uns an einem fantasievoll erbauten Insektenhotel mit Rastplatz, biegen rechtwinklig ab (X/E1/Roters Eiche 2,4 km), ersteigen sanft die 413 m hohe Nadel mit altem Grenzstein und Nadelblick, der dem Umgebungsbewuchs gewichen ist. Nochmals wird es urig, denn wieder geht es an Klippen entlang, in einen kleinen Felsdurchlass hinein, dann weit hinab. Und das meist richtig steil, also bitte mit Vorsicht genießen.

Am Punkt „Ewigkeit" geht's über einen Teerweg und zur bekannten Blankenroder Straße. Wir lernen Roters Eiche nebst Schutzhütte kennen, den Punkt Mittelwald – wie treffend – und eine erneute Schutzhütte. Links (weiße Raute/weißer Winkel für Zustieg Eggeweg). Es wird feuchter, sumpfig fast. Das weiche Land gerät zum See, der durchflossen wird vom Schwarzbach. Ein Innehalten, schauen und spüren ist wie ein kleiner Urlaub im Grünen. Herrlich! Dort, wo der Wasserlauf dem See entrinnt, erinnern wir uns an das Papierschiffchen. Wir überlassen es dem Schwarzbach und seiner Fließgeschwindigkeit, laufen aber in unserem Tempo weiter – und können prüfen, wer rascher vorankommt. Bestens unterhalten vom eigenwilligen Schwung des Baches, seiner Mitteilsamkeit in Licht und Ton und dem Wald der Südegge, der hier am Wasser besonders fruchtbar ist, gelangen wir an ein Gatter, das den Weiterweg versperrt. Dahinter erstreckt sich weit und breit das Wisentgehege. 170 ha groß ist der Lebensraum für Europas größte Landtiere, deren Zucht hier seit 1958 zahlreich ist, wovon wir uns selbst überzeugen können. Per überdachter Erlen-Brücke gelangen wir über den Schwarzbach. Als Zaungäste schreiten wir das Gehege ab, passieren eine Wassergewinnungsanlage und folgen einem Holzschild hinauf zum Wisent-turm, den wir schon längst in Augenschein genommen haben. Ein ungewöhnlicher Bau steht da. Oben breiter als unten, die Treppe in Form einer Doppelhelix mit separatem Auf- und Abstieg. Echt spannend. Den Turm im Rücken, gehen wir einen Schotterweg hinab und auf eine Baumallee zu. Nahe dem Hammerbach und oberhalb des Korintenteiches ordnen wir die vielen Eindrücke und beenden die Tour.

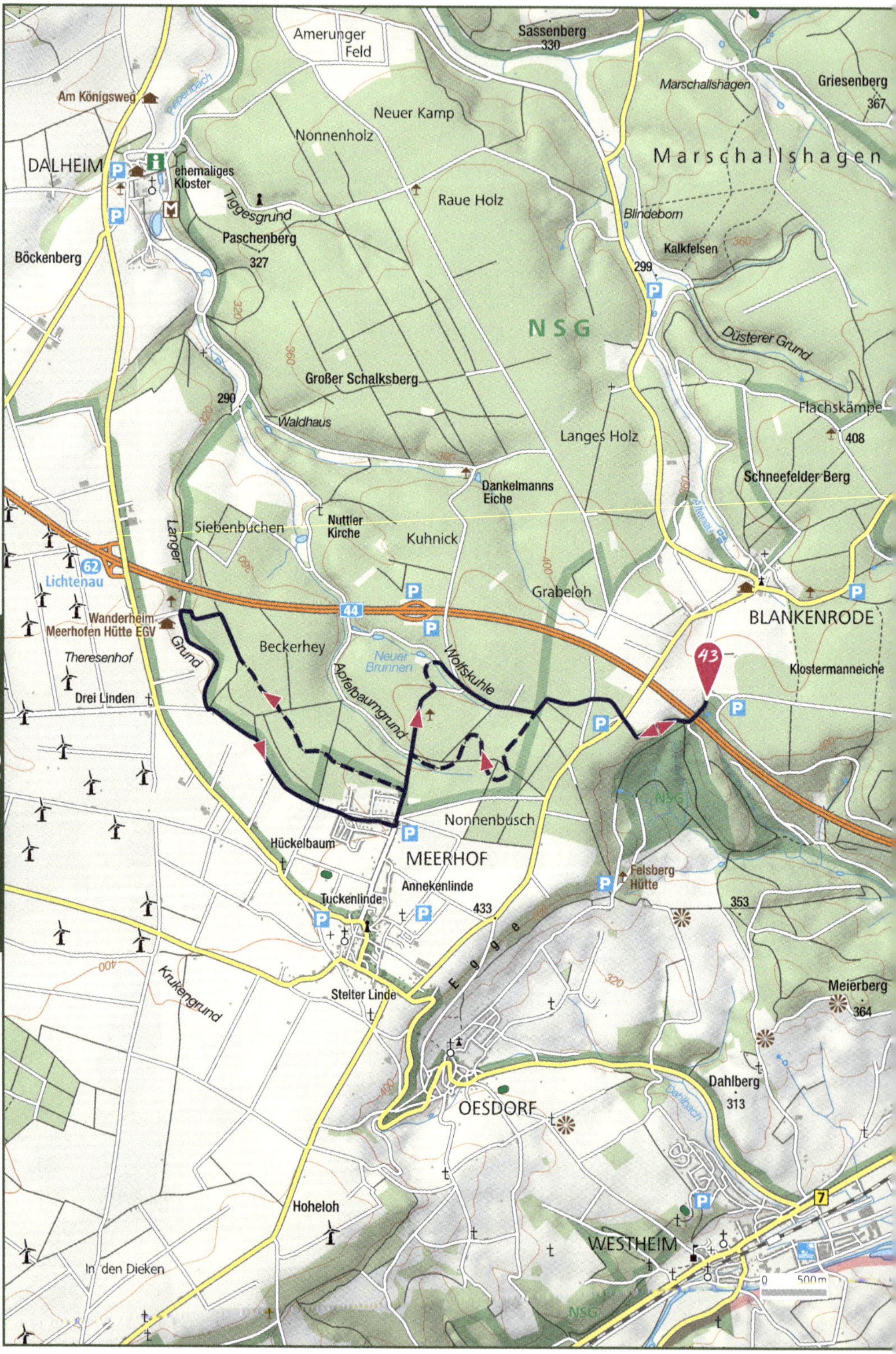

43

Amerunger Feld
Sassenberg
330
Griesenberg
367
Marschallshagen
Marschallshagen
Am Königsweg
Piepenbach
Neuer Kamp
Nonnenholz
DALHEIM
ehemaliges Kloster
Tiggesgrund
Raue Holz
Blindeborn
Paschenberg
327
Kalkfelsen
360
Böckenberg
299
320
NSG
Düsterer Grund
360
Großer Schalksberg
290
Waldhaus
Flachskämpe
408
Langes Holz
360
Dankelmanns Eiche
Schneefelder Berg
Altenau
Langer
Siebenbuchen
Nuttler Kirche
Kuhnick
62
Lichtenau
400
Grabeloh
44
BLANKENRODE
Wanderheim Meerhofen Hütte EGV
Grund
Beckerhey
Neuer Brunnen
Wolfskuhle
43
Klostermanneiche
Theresenhof
Apfelbaumgrund
Drei Linden
NSG
Nonnenbusch
Hückelbaum
MEERHOF
Felsberg Hütte
Annekenlinde
353
Tuckenlinde
433
Egge
400
Krukengrund
320
Stelter Linde
Meierberg
364
Dahlberg
313
Dahlbach
OESDORF
400
7
Hoheloh
WESTHEIM
In den Dieken
NSG
0
500 m

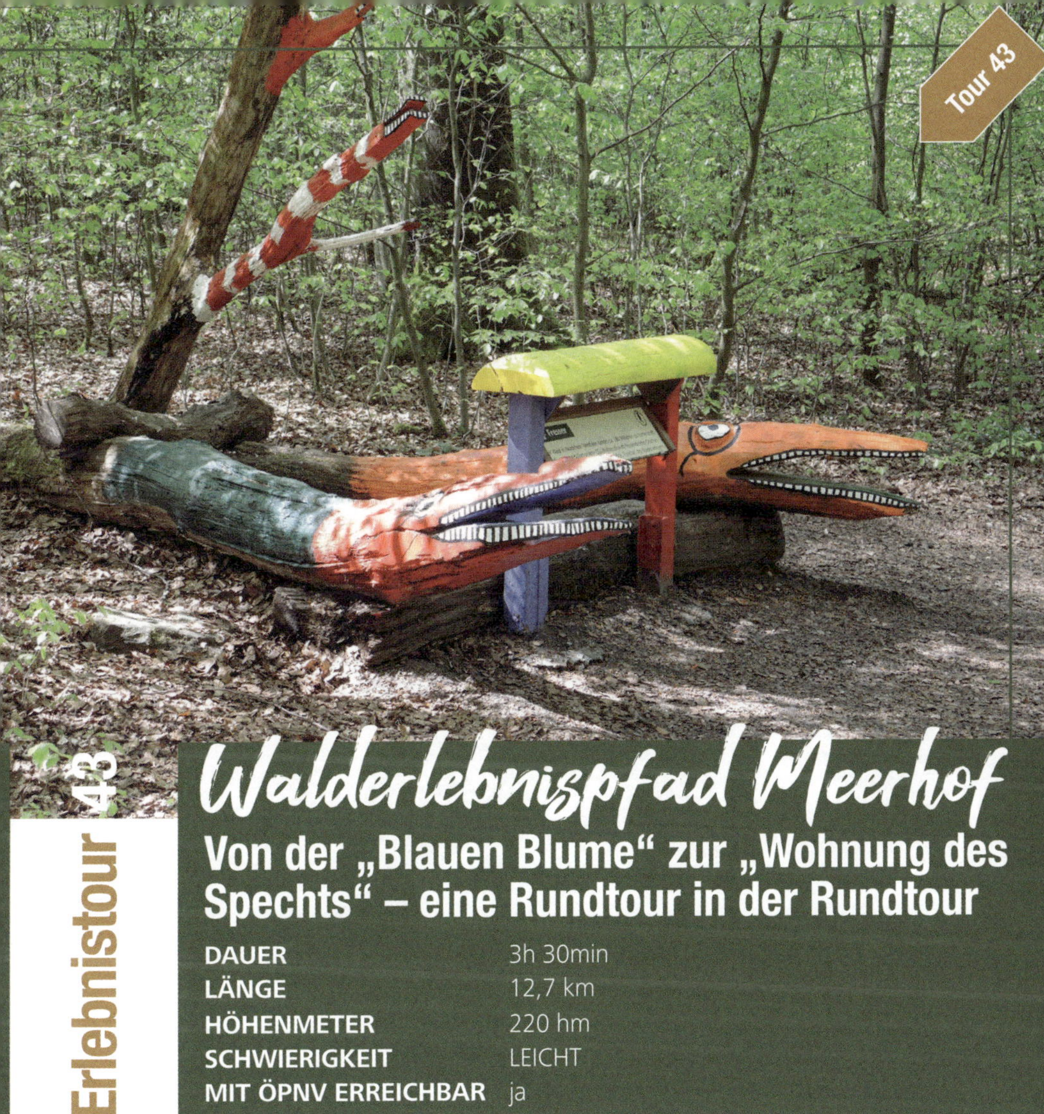

Erlebnistour 43

Walderlebnispfad Meerhof

Von der „Blauen Blume“ zur „Wohnung des Spechts“ – eine Rundtour in der Rundtour

DAUER	3h 30min
LÄNGE	12,7 km
HÖHENMETER	220 hm
SCHWIERIGKEIT	LEICHT
MIT ÖPNV ERREICHBAR	ja

Das erwartet dich ...

... das Thema Wald, das auf einem Erlebnispfad trefflich zur Geltung gebracht wird. Im Autorentipp zu dieser Tour, von allem aber live vor Ort, erfährt man Wissens- und Erlebenswertes über das Milieu, aus dem wir einst kamen. Der wunderbar vielseitige Rundweg ist zentraler Teil einer größeren Rundtour. Sie beginnt und endet in einem sozusagen bergbaulichen Naturschutzgebiet und durchstreift ein Randstück des Eggegebirges – erst im, dann am Wald. Die Wegführung ist durchweg fußfreundlich.

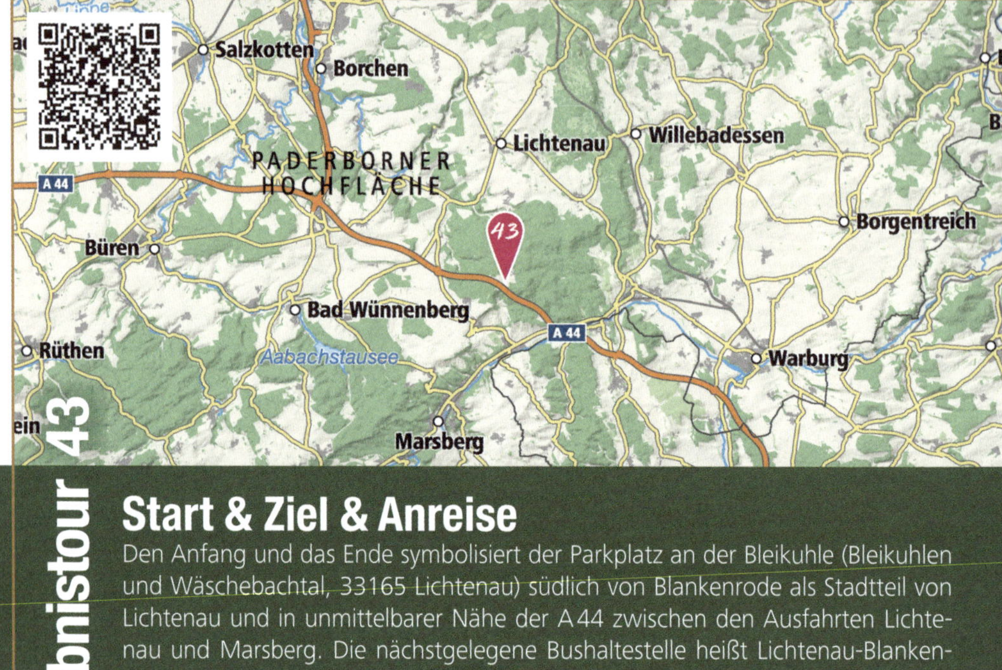

Erlebnistour 43

Start & Ziel & Anreise

Den Anfang und das Ende symbolisiert der Parkplatz an der Bleikuhle (Bleikuhlen und Wäschebachtal, 33165 Lichtenau) südlich von Blankenrode als Stadtteil von Lichtenau und in unmittelbarer Nähe der A44 zwischen den Ausfahrten Lichtenau und Marsberg. Die nächstgelegene Bushaltestelle heißt Lichtenau-Blankenrode. Dort halten die Busse 488 und 489 von Lichtenau. Zubringer-Buslinie ist die S85 zwischen Warburg und Paderborn. Dann zu Fuß die Straße Zur Altenauquelle nach Süden und links zum Parkplatz.

Tourenbeschreibung

Der Ausgangspunkt ist ungewöhnlich: Wir stehen an den Halden der Bleikuhlen. Sie bezeugen Bergbau auf Blei- und Zinkerze, der vor 900 Jahren begann. An Rissen aufsteigende erzreiche Lösungen kamen dem Bodenschatzsucher auf halbem Weg entgegen. Zudem wachsen hier Pflanzen, die den kontaminierten Boden geradezu brauchen, allen voran die „Blaue Blume" von Blankenrode, das blauviolette Galmei-Veilchen. Wir überqueren die A44 und halten auf die bewaldeten Höhen des Sauerlandes zu. Hinter der Autobahn rechts (Hüttenpatt, Meerhof 3,5 km) und über die Kreisstraße zum Wanderparkplatz Nonnenbusch. Endlich Waldluft! Ein hübscher Pfad trägt uns hinein in die grüne Welt und bereitet uns vor auf eine kleine Entdeckungsreise, bei der der Begriff Wachstum rein natürlichen Ursprungs ist. Da: eine Holzwippe. Sie symbolisiert das ökologische Gleichgewicht. Wir stehen am Naturerlebnispfad Wald, einem Rundkurs, der uns einlädt, der facettenreichen Verbindung Mensch – Wald mit allen Sinnen nachzugehen. Wunderdinge aus Holz – Flachsrauten, Buchenkrebs, die „Wohnung des Spechts", die glatt die Gehzeit vergessen lassen – begleiten lehrreich und unterhaltsam auf dem südlichen Teil des Rundweges zum Forsthaus, wo der Erlebnispfad beginnt.

Vor dem ersten Haus von Meerhof kommen wir auf einen Pfad. Er führt uns durch den waldbewachsenen Pirschbezirk Beckerhey mit weiten Buchenbeständen, die mit kluger forstwirtschaftlicher Unterstützung aus Naturverjüngung und Pflanzung fit für die Zukunft gemacht werden. Vor erneutem Kontakt mit der A 44 gehen wir hinab zur bewirtschafteten EGV-Schutzhütte Meerhof als Ein- und Umkehrpunkt. Der Rückweg zeichnet den Waldrand nach. Anfangs im Langen Grund in malerischer Tallage, dann mit etwas Höhengewinn zu ausschweifendem Blick. Wieder rückt das nahe Sauerland mit dem Fürstenberger Wald im Südosten in unser Blickfeld. So gelangen wir zurück nach Meerhof.

Nun wollen wir auch den Nordteil des Naturerlebnispfades Wald kennenlernen. Hat sich im ersten Teil vornehmlich Holzkunst in Szene gesetzt, erleben wir nun Naturelemente und die direkte Interaktion des Menschen mit seiner Umwelt. Zwischen Apfelbaumgrund und Wolfskuhle erwarten uns eine Hängebrücke über Feuchtbiotope, eine Köhlerhütte als Arbeits- und Wohnort, eine Aussichtskanzel und ein Rastplatz für Ein- und Ausblicke am Neuen Brunnen. Die Stationen sind vortrefflich in den vorhandenen Naturraum gefügt. So erhöht der Reiz der Begehung den Nährwert des Themenweges. Und weitere Stationen warten auf uns. Ein Barfußpfad, bei dem es uns die Schuhe auszieht, um einen Eindruck von den Waldböden zu bekommen. Ein Insektenhotel, eine Beobachtungskanzel und eine Erinnerung an die Zeit des Orkans Kyrill. An der Holzwippe betreten wir bekanntes Terrain und gehen – vielleicht mit anderen „Waldaugen" – auf dem Hinweg zurück.

Autoren Tipp

Hängebrücke, Blockhaus, Waldbilder. Zapfenstand, Bussardhorst, Wurzelteller. Zufällig zusammengewürfelte Begriffe eines Ratespiels zur Themensuche? Es sind 6 von mehr als 20 Stationen des Walderlebnispfades Marsberg-Meerhof, der auf einem 3,5 km langen Rundweg den zunehmend technisierten Menschen dazu einlädt, sich auf die eigenen Wurzeln zu besinnen: durch Hören, Sehen, Tasten. Der Wald als künstlerisch gestalteter Naturraum, der der eigenen Lebensweise einen Spiegel vorhält und Eindruck macht.

44

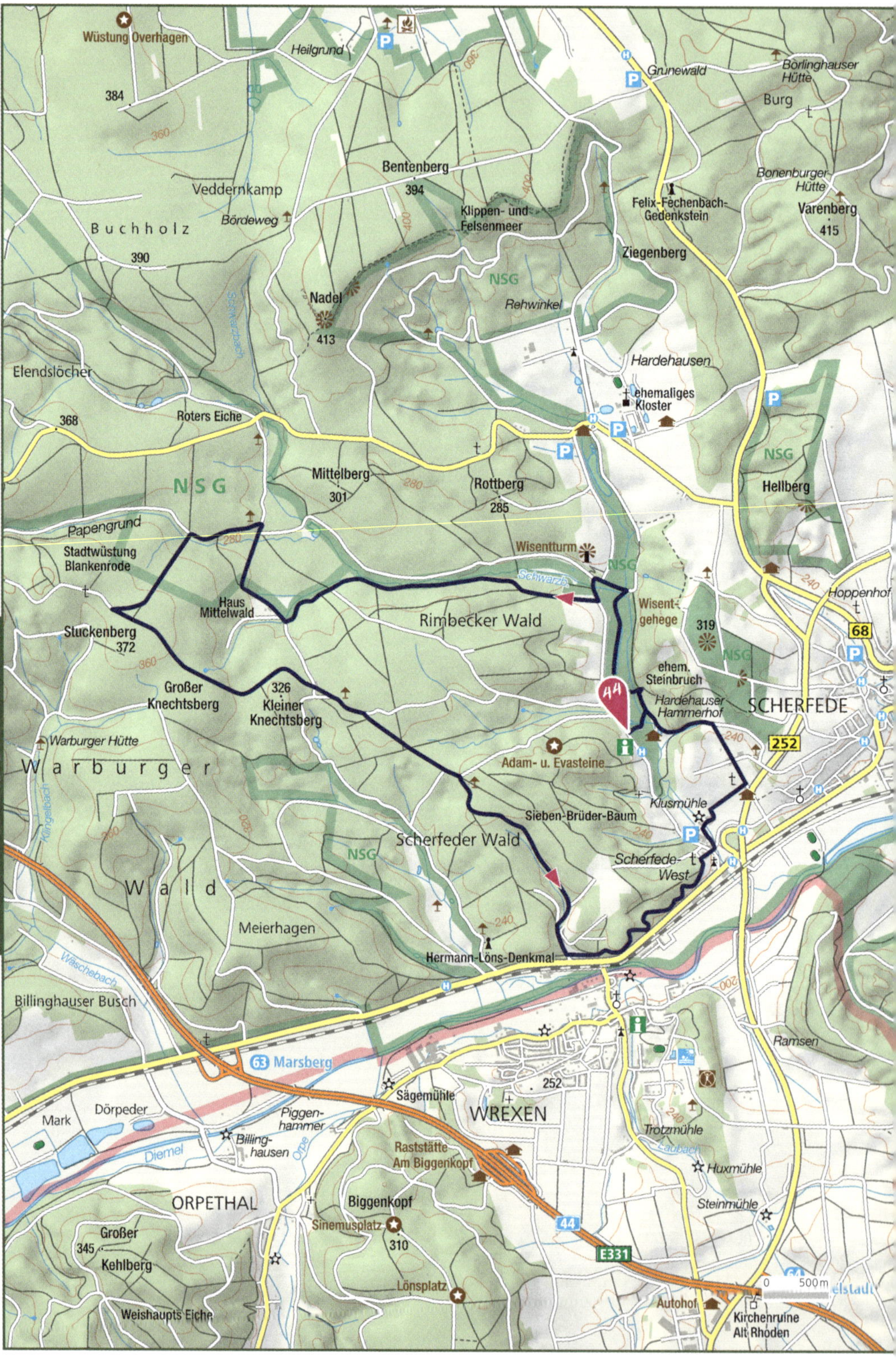

Wüstung Overhagen
Heilgrund
Grunewald
Börlinghauser Hütte
Burg
384
Bentenberg
394
Veddernkamp
Bördeweg
Buchholz
390
Klippen- und Felsenmeer
Felix-Fechenbach-Gedenkstein
Bonenburger Hütte
Varenberg
415
Ziegenberg
NSG
Rehwinkel
Nadel
413
Elendslöcher
Hardehausen
ehemaliges Kloster
368
Roters Eiche
NSG
Mittelberg
301
Rottberg
285
Hellberg
Papengrund
Stadtwüstung Blankenrode
Wisentturm
Schwarzb.
Haus Mittelwald
Rimbecker Wald
Wisent-gehege
319
Hoppenhof
68
Stuckenberg
372
Großer Knechtsberg
326
Kleiner Knechtsberg
ehem. Steinbruch
Hardehauser Hammerhof
SCHERFEDE
252
Warburger Hütte
Adam- u. Evasteine
Warburger
Klusmühle
Sieben-Brüder-Baum
Scherfeder Wald
Scherfede-West
Wald
Meierhagen
Hermann-Löns-Denkmal
Wäschebach
Billinghauser Busch
63 Marsberg
Ramsen
Sägemühle
252
WREXEN
Mark
Dörpeder
Piggen-hammer
Billing-hausen
Diemel
Raststätte Am Biggenkopf
Trotzmühle
Laubach
Huxmühle
ORPETHAL
Biggenkopf
Sinemusplatz
310
Steinmühle
Großer
345
Kehlberg
44
E331
Lönsplatz
0 500m
Autohof
Kirchenruine Alt Rhoden
Weishaupts Eiche

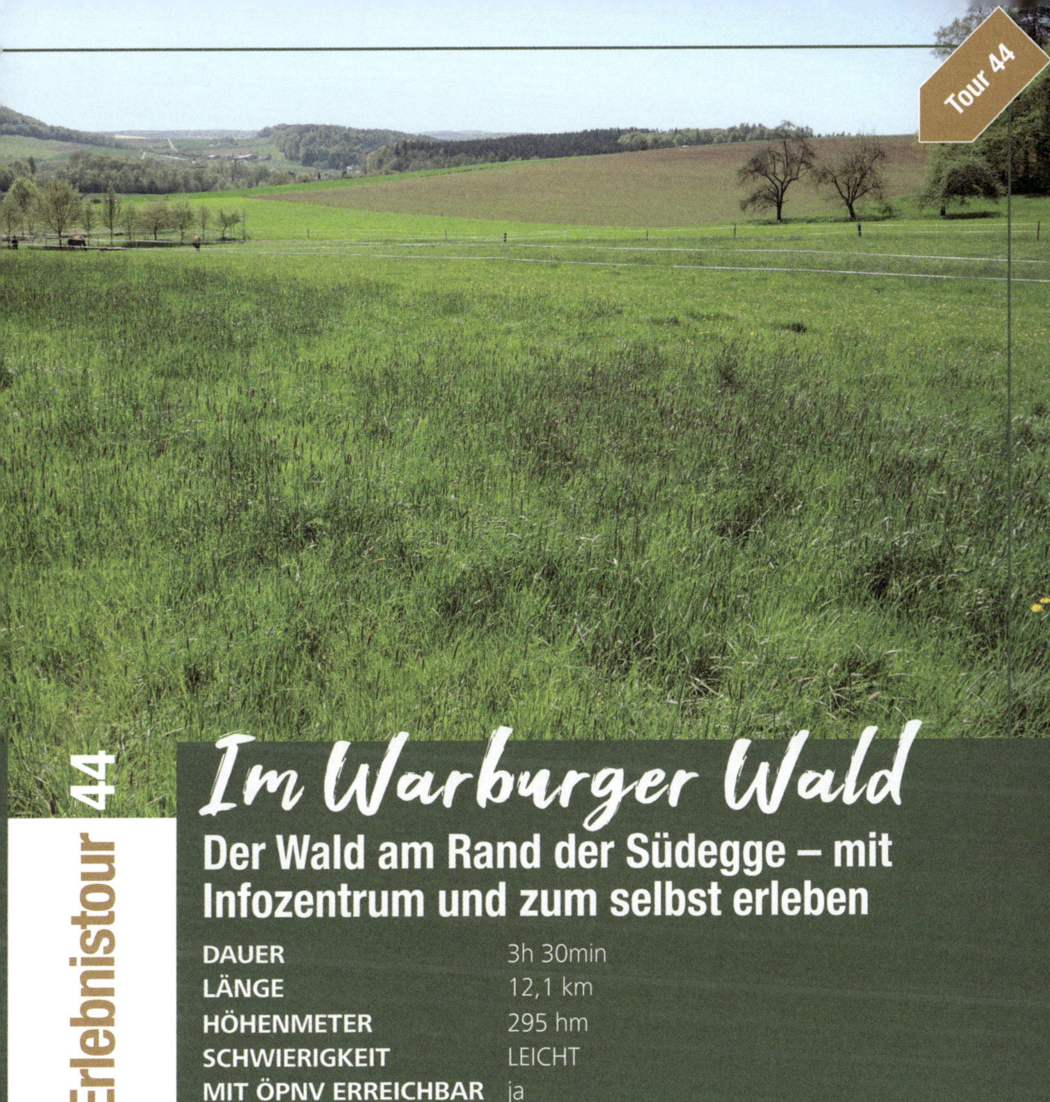

Erlebnistour 44

Im Warburger Wald

Der Wald am Rand der Südegge – mit Infozentrum und zum selbst erleben

DAUER	3h 30min
LÄNGE	12,1 km
HÖHENMETER	295 hm
SCHWIERIGKEIT	LEICHT
MIT ÖPNV ERREICHBAR	ja

Das erwartet dich ...

... ein würdiges Finale zum Ausklang dieser Auswahl von 44 Waldwandervorschlägen im Geopark TERRA.vita und Naturpark Teutoburger Wald/Eggegebirge. Denn das Waldinformationszentrum Hammerhof gibt seinen Besuchern Gelegenheit, das Thema Wald, Holz und Natur in einem Zusammenhang zu sehen, der weit mehr bietet als reinen Unterhaltungswert. Diese Abschlussrunde wäre unvollständig ohne eine gute Portion Waldluft. Und die ist hier in der Südegge besonders gut genießbar. Also wohl bekomm´s!

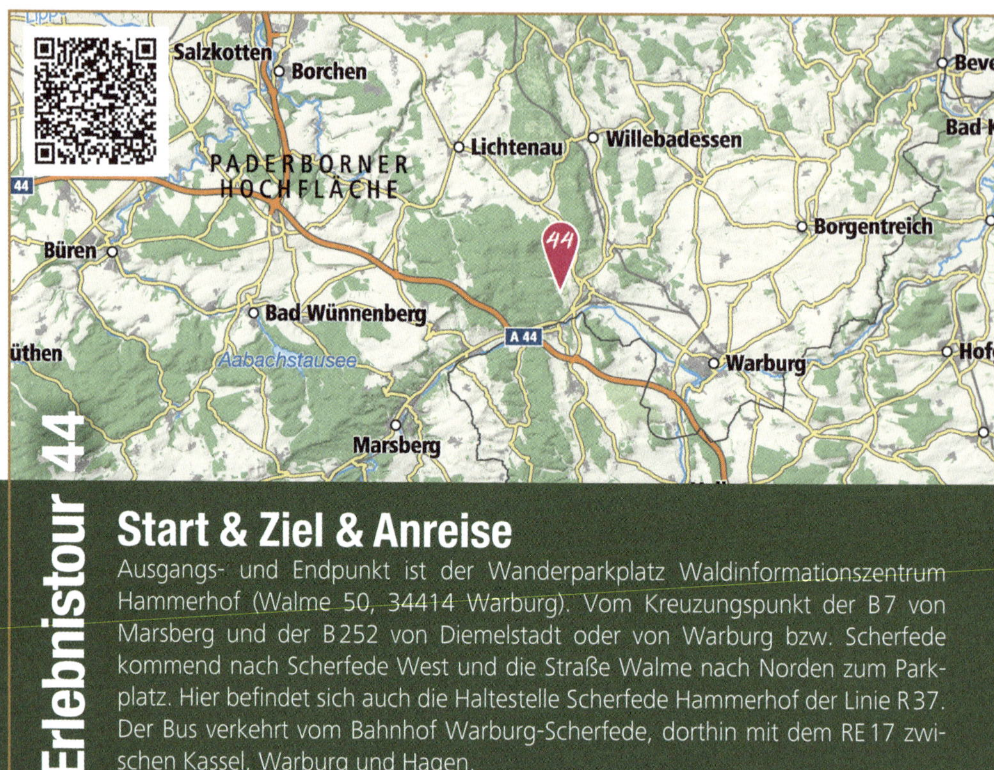

Erlebnistour 44

Start & Ziel & Anreise

Ausgangs- und Endpunkt ist der Wanderparkplatz Waldinformationszentrum Hammerhof (Walme 50, 34414 Warburg). Vom Kreuzungspunkt der B7 von Marsberg und der B252 von Diemelstadt oder von Warburg bzw. Scherfede kommend nach Scherfede West und die Straße Walme nach Norden zum Parkplatz. Hier befindet sich auch die Haltestelle Scherfede Hammerhof der Linie R37. Der Bus verkehrt vom Bahnhof Warburg-Scherfede, dorthin mit dem RE17 zwischen Kassel, Warburg und Hagen.

Tourenbeschreibung

Das Waldinformationszentrum Hammerhof als Ausgangs- und Endpunkt kann für diese Erlebnistour kaum besser gewählt sein. Es führt ein lebendiges Innenleben zu nachhaltiger Forstwirtschaft und ein einladendes Café. Die Umweltbildungseinrichtung thematisiert den Forst von einer ungewöhnlichen, sozusagen modern-traditionellen Seite. Sofort hinein oder später – oder beides, denn wer weiß, mit welchen Augen wir den Wald sehen werden.

Eine erste Brücke hilft über den Hammerbach, dann geht's links (Johannes-Wieschmann-Weg). Eine zweite Überbrückung folgt und mit der überdachten Wisentbrücke eine dritte. Das vor uns liegende eingezäunte Wisentgehege gehört zum Natur-Kultur-Konzept des Hammerhofes. Wir kommen zu einem Querweg, verlassen den Wisentweg Ost, übergehen letztmalig den Bach und finden, vorbei am Infostand zum Gehege und einer Wassergewinnungsanlage (Wisentweg West), einen Forstweg. Der hat es gut, liegt er doch oberhalb des munter mäandrierenden

Schwarzbaches und im lauschigen Rimbecker Wald. So eine Mischung aus Bachkühle und Waldfrische ist natürlich gelungen.Der Weg (A9) dreht auf Südwest, überlässt uns einer Forststraße und eröffnet den Blick auf eine weite Lichtung mit dem Haus Mittelwald. Nach einer Lokallegende verlebte hier der Wildschütz Hermann Klostermann seine vom Waldleben geprägte Kindheit. Hier verbringen wir ein paar ruhige Minuten, ehe es an den Rückweg geht.Auf bekannter Forststraße geht's zu einer Schutzhütte in der Nähe des Kleinen Knechtsberges. An einer Gabelung geradeaus. Einmal lichtet sich der Wald, lässt die mächtigen Sauerlandhöhen auftauchen. Wir steigen weit hinab im Scherfeder Wald, passieren eine Deponie in einem ehemaligen Sandsteinbruch und begehen deren Zufahrt. Dann stehen wir an gleich vier Querverbindungen: der B7, der Zugstrecke Westheim-Warburg, der Diemel und der Landesgrenze Nordrhein-Westfalen – Hessen.

An der Diemelbrücke nach Wrexen können wir uns beherrschen, ins angrenzende Sauerland einzudringen – die Waldlandschaft hätte es verdient. So bleiben wir im Diesseits und steigen hinauf. Am Steilrand eines Sandsteinbruches betört ein Aussichtspunkt. Wir lassen unsere Blicke schweifen. Ein Hangweg führt steil, teils sogar nahe der Abbruchkante oberhalb der Bundesstraße dahin. Er berührt Scherfede-West, an dessen ersten Häusern wir rechts gehen (Walme). Auf der Straße Trift gehen wir zur Klusmühle. Ein geteerter Feldweg führt zu einem Bildstock nahe einer Unterführung der B252. Wir gehen empor (Schwarzer Weg) zu einer Milchviehwirtschaft, die die Freilandidylle bereichert. An einem Quersträßchen links. Nochmals atmen wir Waldluft (Hammerhof 0,5 km). Auf dem Wisentweg Ost gehen wir hinab zum Hammerbach. Über die von den ersten Wandermetern bekannte Brücke zum Waldinformationszentrum Hammerhof und – früher oder später – zum Ausgangspunkt. Mit dieser Tour endet die Auswahl von Wandervorschlägen. Aber vielleicht wissen wir ja schon, woher der nächste Waldwind weht.

Autoren Tipp

Der Hammerhof, einst als Eisenhammer genutzt, ist eine Umweltbildungseinrichtung des Landbetriebes Wald und Holz NRW unter Leitung des Regionalforstamtes Hochstift. Zum Konzept gehören auch das Wisentgehege Hardehausen und der Walderlebnispfad Meerhof. Im Hammerhof ist ein Waldinformationszentrum untergebracht mit Ausstellungs- und Seminarräumen für Veranstaltungen zum Thema Wald, Holz & Natur sowie ein Café.
www.wald-und-holz.nrw.de/wald-erleben/infozentren/wiz--hammerhof-wisentgehege-hardehausen

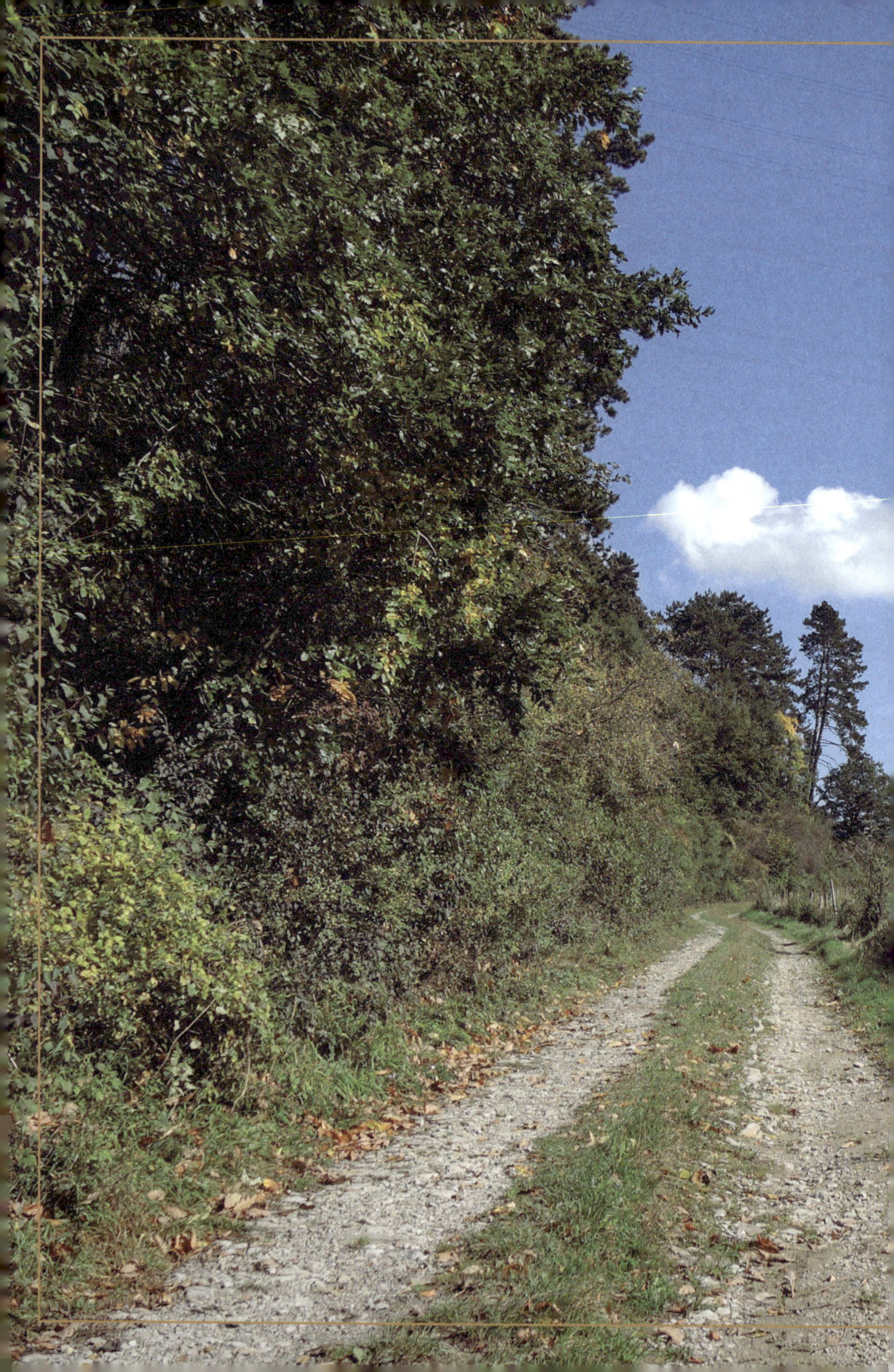

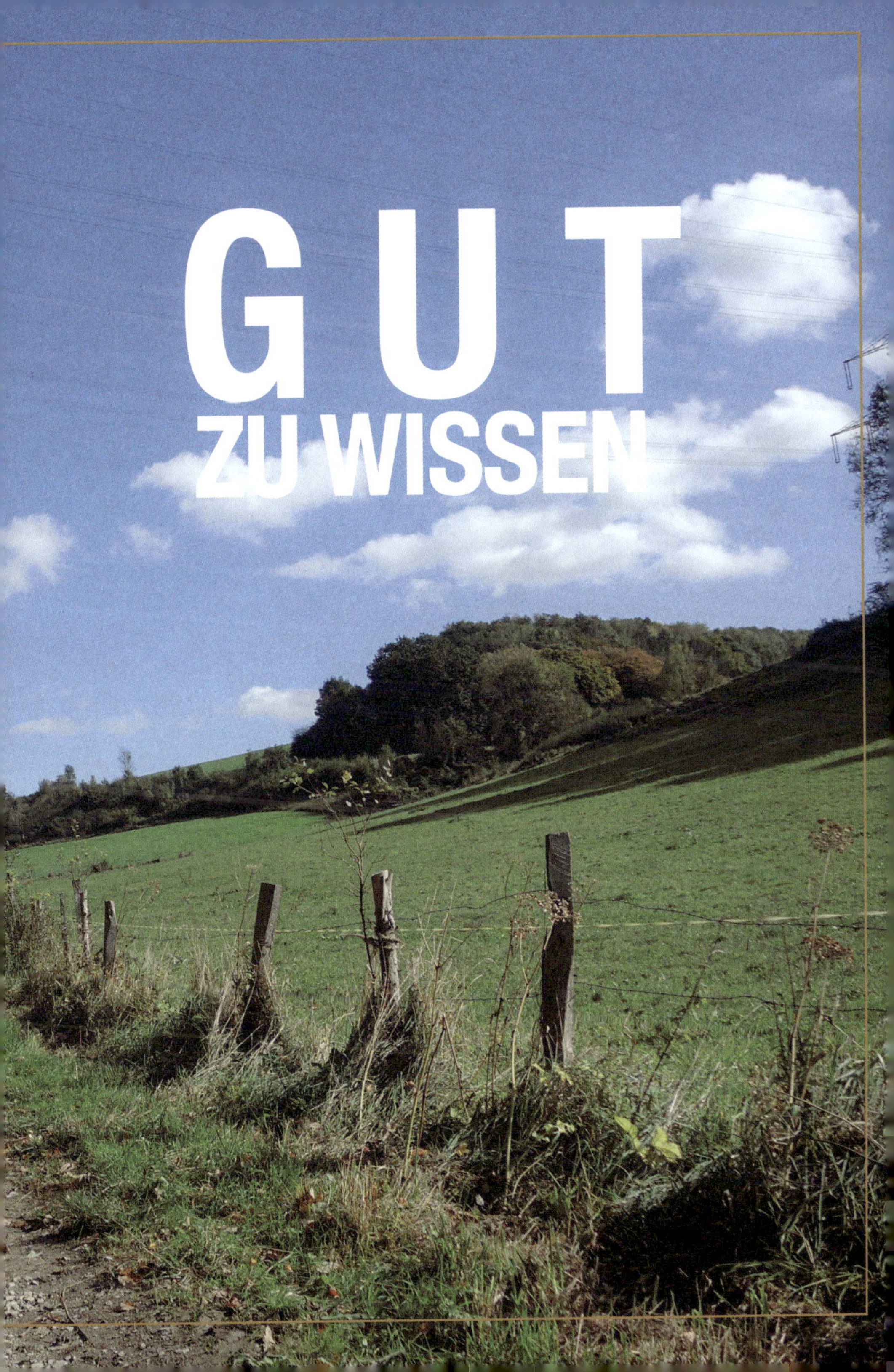
GUT
ZU WISSEN

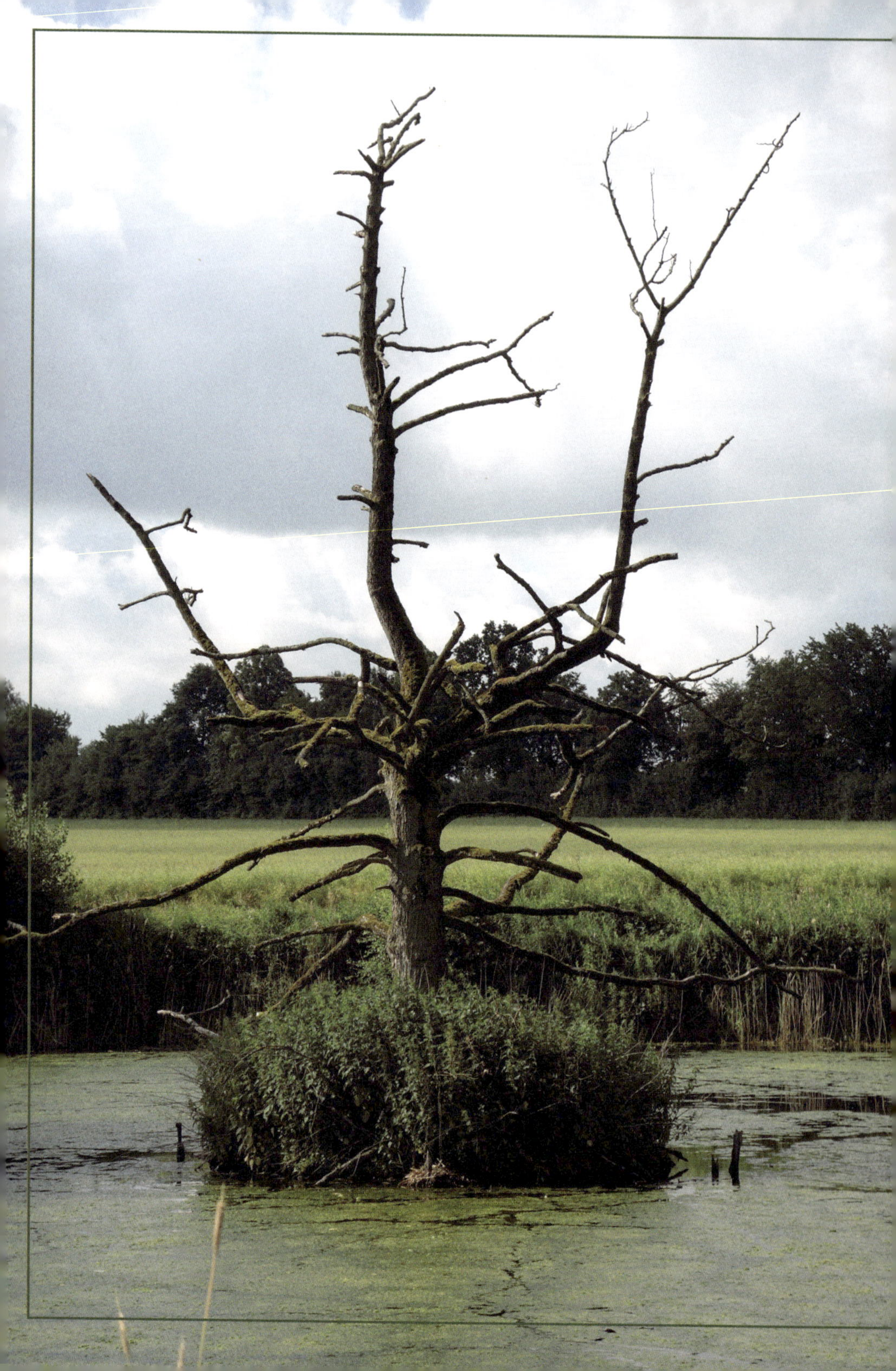

Unsere Wander-Hacks

Es geht auch einfacher

HACKS

SAISONSTART

1.000 Höhenmeter und 20 Kilometer sind etwas viel für die erste Tour, fange mit einigen gemütlichen Wanderungen an und steigere dich langsam. Je nach Fitness-level können das über 500 Höhenmeter am Anfang sein oder auch 200. Hör auf deinen Körper und überfordere dich nicht gleich am Anfang.

AUFWÄRMEN

Das Herz pumpt schon nach den ersten fünf Minuten wie verrückt? Dann bist du wohl zu schnell los! Wie bei jeder Sportart solltest du dich auch beim Wandern aufwärmen. Gehe die erste halbe Stunde etwas langsamer, bis der Kreislauf in Schwung gekommen ist. Vor allem in ungewohnten Höhenlagen muss sich dein Körper erst einmal an die neuen Bedingungen gewöhnen.

SCHUHWERK & SOCKEN

Das richtige Schuhwerk erspart dir sehr viel körperliches Leid – angefangen von Blasen und Druckstellen bis hin zu gefährlichen Stürzen durch Umknicken. Gleiches gilt für Wandersocken; sie sollten gut passen (lieber etwas zu klein kaufen) und Verstärkungen an der Ferse und Fußsohle haben, damit du hier keine schmerzhaften Blasen bekommst.

Endlich was Neues ausprobieren

Lust was Neues auszuprobieren?

WENN JA HABEN WIR EIN PAAR VORSCHLÄGE FÜR DICH.

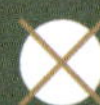

- **KANUTOUR:** Die Region rund um den Teutoburger Wald bietet sich durch seine vielen Fließgewässer perfekt an, auch vom Wasser aus entdeckt zu werden.

- **INLINE SKATING:** Die Urlaubs- und Freizeitregion Teutoburger Wald bietet ausgewählte Strecken für Inline Skater. Für alle, die eine Alternative zum Wandern und Radeln suchen.

- **WALDBADEN:** Einfach mal abseits des Weges ins weiche Gras oder Moos legen und den Wald mit deinen Sinnen erleben – riechen, fühlen, hören.

- **KIEZ-TOUR:** Genug vom Wald? Lerne das urbane Bielefeld mit der Kiez-Tour auf andere Weise kennen. Auf der geführten Tour stehen vor allem Kneipenkult und Street Art im Fokus.

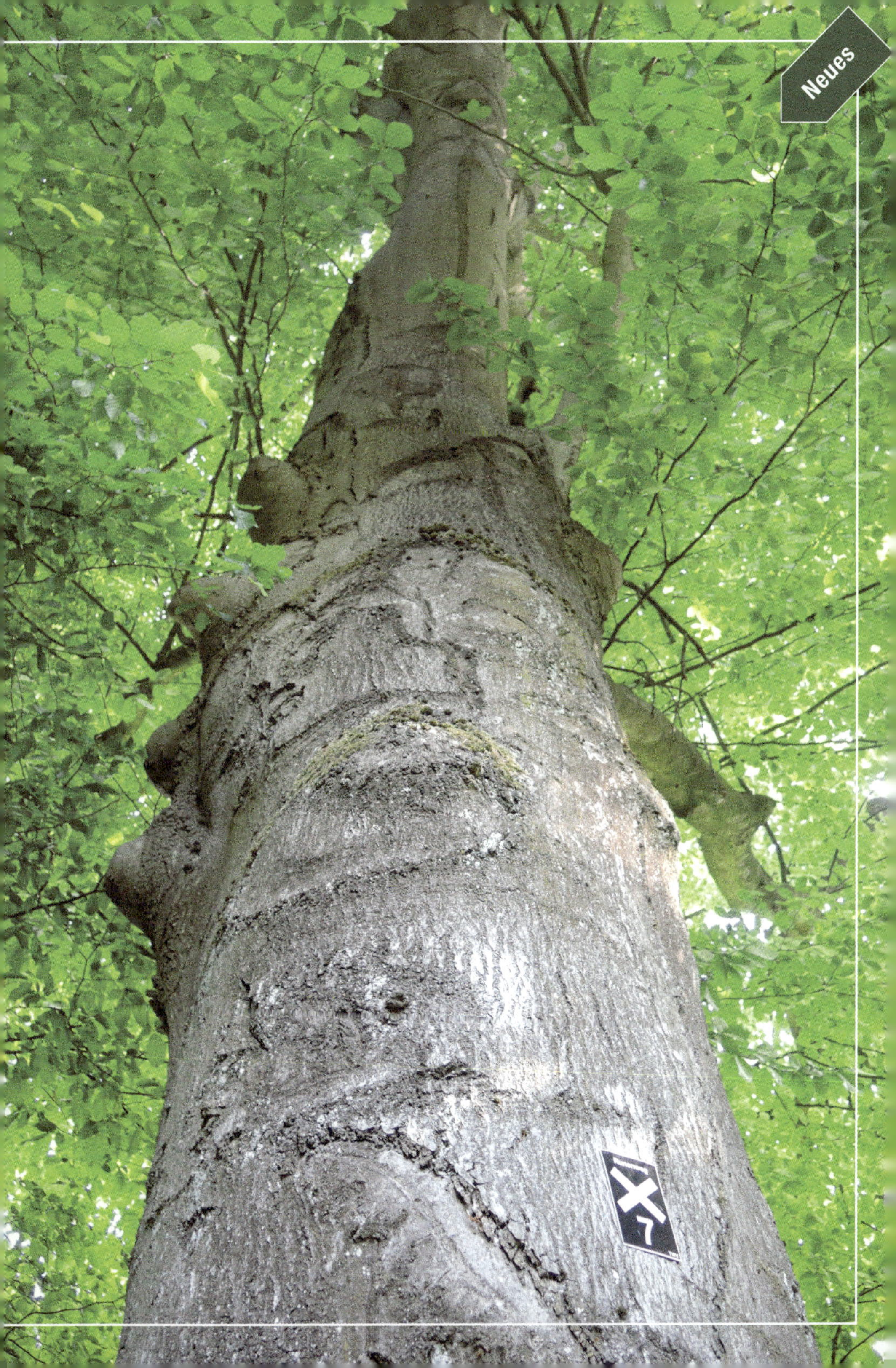
Neues

Von Vorteil
FÜR MENSCH & NATUR

Nachhaltigkeit

BEIM WANDERN

Wandern ist eine recht schonende Sportart für die Natur und unsere Umwelt, wenn wir einige wenige Dinge beachten. Denn das Gleichgewicht ist hier extrem sensibel: Jedes zurückgelassene Papierchen in schönster Umgebung, jede Plastikwasserflasche oder auch noch so tolle Outdoorjacke, dafür voll von chemischen Inhaltsstoffen, fallen ins Gewicht. Folgende fünf Punkte geben euch einen kurzen Überblick, was ihr für euch und die Natur tun könnt. Denn Umweltschutz betrifft uns alle, schließlich haben wir nur eine Erde und mit dieser sollten wir behutsam und respektvoll umgehen.

Und das kannst du machen …

Green-Guide

01 Nachhaltigkeit beginnt schon bei der Anreise: Je mehr Menschen mit dem Auto fahren, desto mehr CO_2-Ausstoß und desto mehr umweltschädlichen Gummiabrieb der Reifen gibt es. Doch viele Ausgangspunkte sind auch gut mit den öffentlichen Verkehrsmitteln zu erreichen. Also einfach mal das Auto stehen lassen oder Fahrgemeinschaften bilden.

02 Keine Einwegflaschen: Gerade das Trinken ist auf Wanderungen wichtig. Doch sollte man aus Rücksicht zur Natur und sich selbst zuliebe auf Einwegflaschen aus Plastik verzichten und lieber seine eigene Trinkflasche mitnehmen.

03 Kein Verpackungsmüll: Die Verpflegung für den Hunger zwischendurch ist mindestens genauso wichtig wie das Trinken. Brotdosen bieten sich zum Transport von Proviant an oder einfach alles in ein Bienenwachstuch einwickeln.

04 Wanderausrüstung leihen: Gerade beim Ausprobieren einer Sportart muss nicht gleich alles neu gekauft werden, was dann vielleicht im Keller landet. Manche Ausrüstungsgegenstände können auch erst einmal ausgeliehen werden. Auch ist es nicht notwendig, jedes Jahr ein neues Outfit zu kaufen. Achtet ihr schon beim ersten Kauf auf Qualität, macht sich das bemerkbar, denn qualitativ hochwertigere Produkte begleiten uns oft jahrelang.

05 Weniger ist mehr: Oft findet sich die schönste Natur in unmittelbarer Nähe. So muss es nicht immer die weit entfernte Gebirgskette sein. Auch Ziele, die aufgrund ihrer Bekanntheit an Wochenenden und in den Ferien total überlaufen sind, freuen sich über ein paar Besucher weniger. Weniger bekannte Ziele haben auch ihren Reiz und warten nur darauf, entdeckt zu werden.

Karl-Kapferer-Straße 5, A-6020 Innsbruck

1. Auflage 2023 (23.01)
Verlagsnummer 3538
ISBN 978-3-99121-808-1

Konzept und Bildnachweis

Konzept & Gestaltung: © KOMPASS-Karten GmbH

Projektleitung: Hannah Geuder & Jeff Reding

Text: KOMPASS-Karten AutorInnen (s. Klappe)

Grafische & Kartografische Herstellung:
© KOMPASS-Karten GmbH

Kartengrundlage:
© KOMPASS-Karten GmbH unter Verwendung von OpenStreetMap Contributors (www.openstreetmap.org)
© European Union, Copernicus Land Monitoring Service 2023, European Environment Agency (EEA)

Titelbild: Die Externsteine im Teutoburger Wald bei Detmold; © mojolo - stock.adobe.com

Cover Rückseite: Dunkler Waldhintergrund, Teutoburger Wald; © Alexander - stock-adobe.com

Bilder Innenteil: Sylvia & Thilo Behla
S.140/141: © crimson - stock.adobe.com

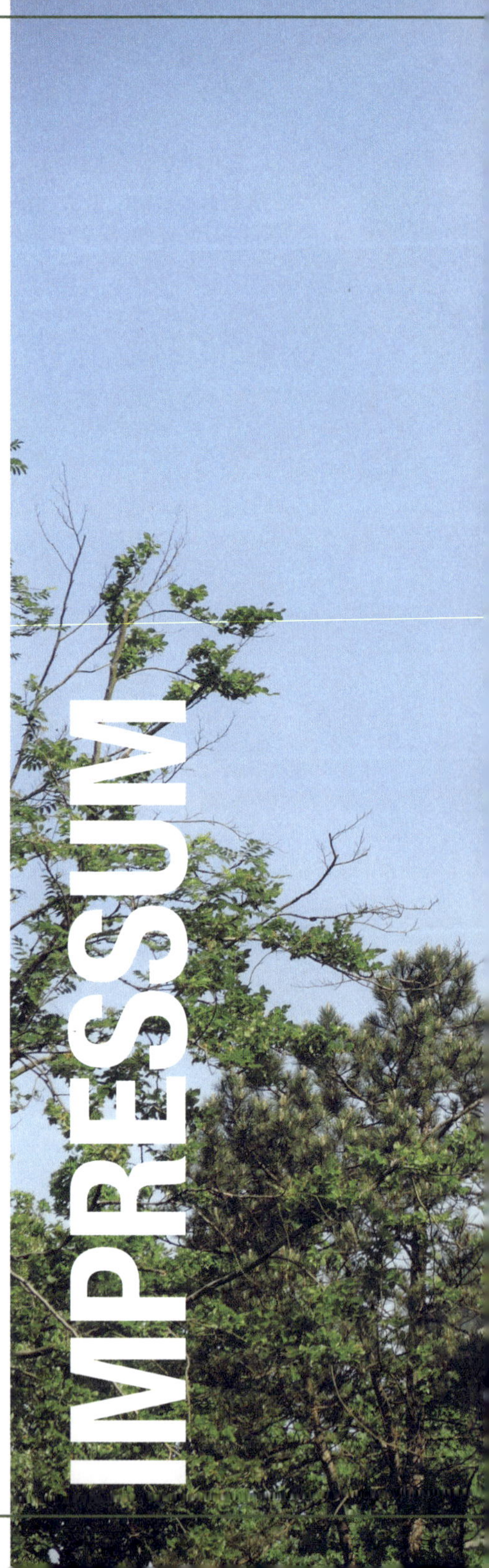

Deine Orientierung

Hallo!
Ich bin deine Anleitung, wie du zu den GPX-Tracks aus deinem neuen Buch kommst. Damit kannst du dir die Route in Outdoor-Apps und Navigationsgeräte laden. Scann den QR-Code oder gehe auf folgende Webseite:

www.kompass.de/gpx

Für Navigationsgeräte und Apps haben wir auf unserer Webseite alle Touren im GPX-Format zum Download bereitgestellt:
Hier findet man alle weiteren Informationen. Einfach das richtige Produkt auf der Seite auswählen, die Daten herunterladen und auf das Zielgerät oder in die gewünschte App importieren.

Was ist ein GPX-Track? GPX ist ein Datenformat für Geodaten. Das Wort GPS steht für Global Positioning System (Globales Positionsbestimmungssystem). Mit einem GPX-Track bekommt man die rote Linie, also den Wegverlauf, als geografische Koordinaten.

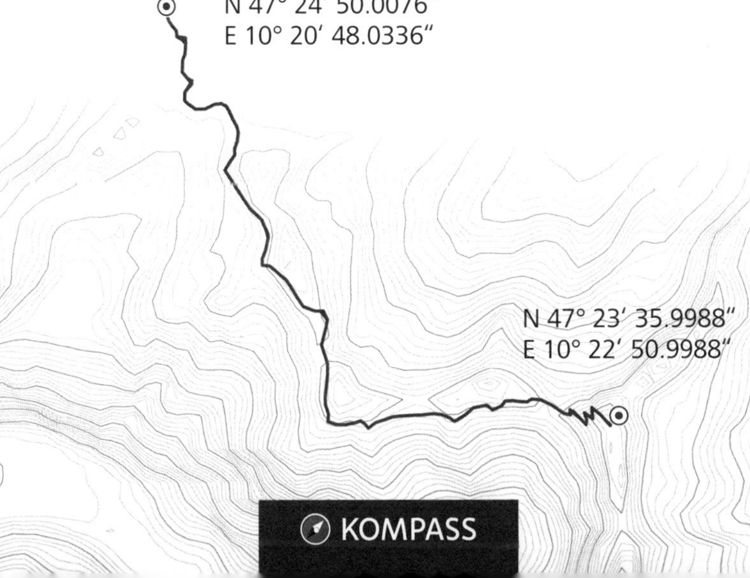

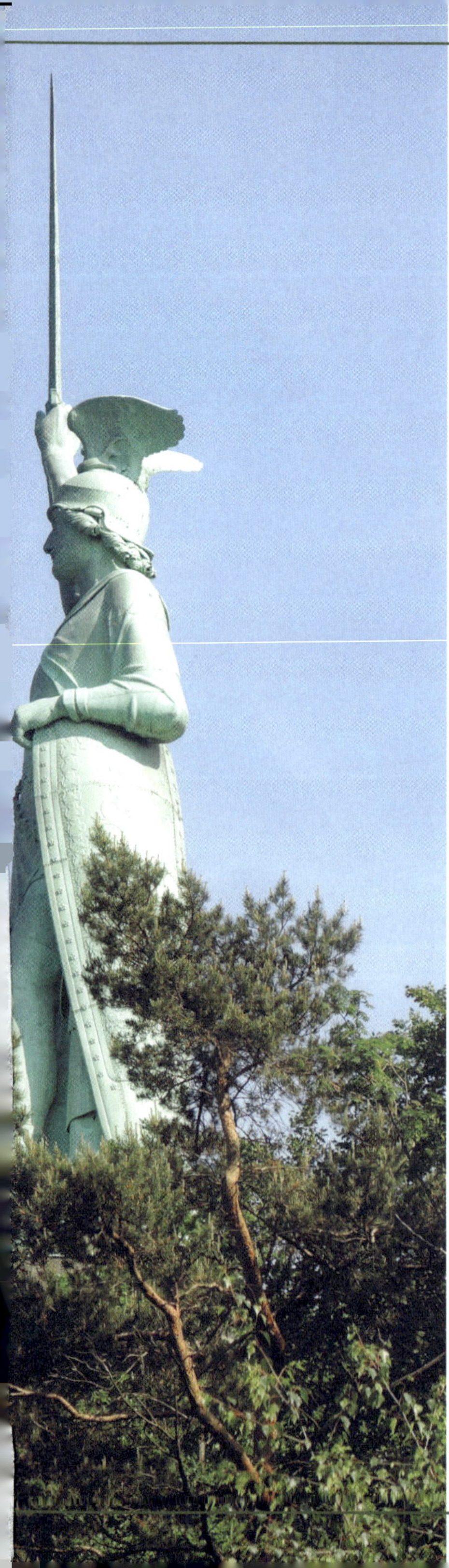

Alle Angaben und Routenbeschreibungen wurden nach bestem Wissen gemäß unserer derzeitigen Informationslage gemacht. Die Wanderungen wurden sehr sorgfältig ausgewählt und beschrieben, Schwierigkeiten werden im Text kurz angegeben. Es können jedoch Änderungen an Wegen und im aktuellen Naturzustand eintreten. Wanderer und alle Kartenbenützer müssen darauf achten, dass aufgrund ständiger Veränderungen die Wegzustände bezüglich Begehbarkeit sich nicht mit den Angaben in der Karte decken müssen. Bei der großen Fülle des bearbeiteten Materials sind daher vereinzelte Fehler und Unstimmigkeiten nicht vermeidbar. Die Verwendung dieses Führers erfolgt ausschließlich auf eigenes Risiko und auf eigene Gefahr, somit eigenverantwortlich. Eine Haftung für etwaige Unfälle oder Schäden jeder Art wird daher nicht übernommen. Für Berichtigungen und Verbesserungsvorschläge ist die Redaktion stets dankbar. Korrekturhinweise bitte an folgende Anschrift:

KOMPASS KARTEN GMBH
Karl-Kapferer-Straße 5, A-6020 Innsbruck
www.kompass.de/service/kontakt

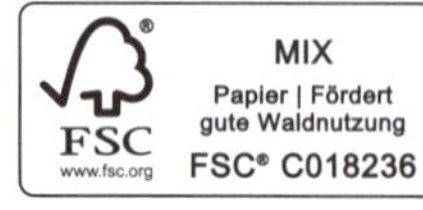